Guillermo H. Cantú

ASALTO A PALACIO

LAS ENTRAÑAS DE UNA GUERRA

RAYA
ENEL
AGUA

grijalbo

Guillermo H. Cantú

ASALTO A PALACIO

LAS ENTRAÑAS DE UNA GUERRA

RAYA
ENEL
AGUA

grijalbo

ASALTO A PALACIO
Las entrañas de una guerra

© 2001, Guillermo H. Cantú

Fotografía de la portada: Germán Canseco

D.R. ©2001 por EDITORIAL GRIJALBO, S.A. de C.V.
    (Grijalbo Mondadori)
    Homero núm. 544,
    Chapultepec Morales, 11570
    Miguel Hidalgo, México, D.F.

www.grijalbo.com.mx

D.R. ©2001 por HOJA CASA EDITORIAL, S.A. de C.V.
    Av. Cuauhtémoc núm. 1430,
    Sta. Cruz Atoyac, 11230
    Benito Juárez, México, D.F.

ISBN 970-05-1343-2

IMPRESO EN MÉXICO

Índice

Agradecimientos

Muchas personas participaron en el proceso de la transición democrática de México con fe en el país y con la seguridad de que tal paso podía darse civilizadamente. La actitud y la madurez social y política del pueblo mexicano confirmaron las razones de su entusiasmo. Relatar lo sucedido se volvió tema anhelado, el autor no fue inmune a este deseo.

El trabajo no podía haberse realizado sin la colaboración desinteresada y puntual de varios de los principales protagonistas y de sus auxiliares, que hicieron posible la metamorfosis política deseada. A ellos deseo agradecer el valioso tiempo que dedicaron a este esfuerzo:

A los oficiales del ejército foxiano: Marta Sahagún Jiménez, Ramón Muñoz Gutiérrez, Eduardo Sojo Garza Aldape, Lino Korrodi Cruz, José Luis González y González, Pedro Cerisola y Weber, Francisco Ortiz Ortiz, Carlos Rojas Magnon, Juan Antonio Fernández Ortiz, Carlos Gadsden Carrasco, Rodolfo Elizondo Torres, Alberto Ortega Venzor y Felipe Zabala Ponce.

A José Antonio Sosa Plata, Alberto Athié Gallo, Santiago Pando Marino y a Eduardo Ramírez Fabela. A Adolfo Aguilar Zinser, Manuel Camacho Solís y a Porfirio Muñoz Ledo.

A Alfonso Romo Garza, José Luis Siller Franco, Francisco León Olea, Bernardo Domínguez Cereceres, Lorena Viniegra Velásquez, Elena Aguirre Pardo, Luis Miguel Chong Chong y Adriana Becerra O'Leary.

A Juan Carlos Murillo Flores, Carlos Domínguez Bermúdez, Huitziliguitl Herrada Pineda, Ángela Georgina *Gina* Morris Montalvo, María Eugenia Hernández Magaña, José Luis Tapia Salinas, Rosa María Cabrero Valerio, Erika de la Fuente Castro, Fernanda Servin Gallardo, María Amparo Ríos Álvarez, Paloma Aréchiga García, María Amparo Clausell Arroyo, Perla García Aldana, Claudia Arias Mejía, Sandra Salgado Manríquez, Brenda Sánchez Salcedo, Alberto Bolaños Vera, Alberto Pérez Cano,

9

Darío Mendoza Atriano, Ana María García García, Verónica Lanz de la Isla, Angélica Aguilar Marmolejo y Guadalupe Martín Casillas.

A Rafael Rodríguez Castañeda, director general de la revista *Proceso*, a Fabiola García Ávila y a los fotógrafos de la revista; a Marco Antonio Cruz y a los fotógrafos de Imagen Latina. Y a Enrique Krauze Kleinbore, José Guadalupe Martínez García y Carmen Cabrera Núñez de la Editorial Clío, por sus invaluables fotografías.

A Rebeca Martínez Suárez, diseñadora de la portada.

A mi leal secretaria Rosa Elva Pérez Monroy.

Uno

Érase una vez un martes negro

La campaña marchaba viento en popa. Los resultados de las encuestas al 15 de mayo del 2000, mes y medio antes del día de la votación, revelaban un empate más que técnico: La diferencia era inferior a dos por ciento. Como la tendencia corría de menos a más era seguro que en cuestión de días Vicente Fox Quesada rebasaría sin remedio a Francisco Labastida Ochoa, el candidato del partido oficial.

El rotundo éxito de Fox en el primer debate había sido devastador para cuatro de los seis contendientes. Sólo Gilberto Rincón Gallardo había mejorado su posición, aunque sin despegarse del suelo. La segunda confrontación se programó, según lo acordado por todos los partidos políticos, con la participación exclusiva de los candidatos punteros. Los equipos de campaña de los tres competidores se preguntaban seriamente si el ejercicio valdría la pena. Aunque todos corrían riesgos, era evidente que el segundo debate sería decisivo para consolidar al ganador de la Presidencia de la República en la recta final de las campañas.

A esas fechas el ascenso de Fox era incuestionable, por lo que tocar algo que cambiara esa tendencia resultaba para algunos peligroso. El precepto de *no hay nada más difícil de detener que una tendencia*, no era todavía muy convincente a esa hora: Cuauhtémoc Cárdenas Solórzano y Francisco Labastida tenían la necesidad de ganar en una segunda oportunidad porque ya era mucho lo que habían perdido. Sin embargo, aprovechar la ocasión de elevarse con una victoria era poco probable para ellos. En el caso del priísta, porque su equipo de asesoría nacional e internacional había fracasado y en el caso del perredista por la escasa importancia que siempre ha concedido al uso eficaz de los medios de comunicación. El reto para el panista era enorme, pues tenía frente a sí la tentación de aprovechar el trance para rematar el triunfo y asegurar la elección.

Fox, quien en ocasiones parece desorientar a algunos de sus colaboradores con su peculiar estilo, les preguntó varias veces: "¿Cuál es el costo de asumir un segundo debate?" Acostumbrado a tomar decisiones audaces, hizo pensar a varios que se inclinaba por la negativa, pero no todos apreciaron así el cuestionamiento. Por el contrario, sólo algunos comprendieron que lo que deseaba era calcular el riesgo que significaba presionar a sus contrincantes a rendir su postura rehusando el debate, toda vez que, para su grupo de trabajo, era evidente la evasión de Cárdenas y Labastida.

Visto a la distancia, parecía que entonces a ninguno de los tres convenía el debate. Las recomendaciones que algunos hicieron a Vicente Fox de que se cancelara el enfrentamiento televisivo fueron muchas, pero no todos en su cuartel estaban de acuerdo. Así, mientras unos se inclinaban por rehuir el combate, otros estaban por aceptarlo aunque las condiciones fueran ventajosas para sus adversarios con un formato rígido y poco atractivo para los ciudadanos. En este contexto, surgió en el equipo asesor un tercer camino (atrevido, nada convencional, riesgoso): Decir no al debate cuando lo inevitable era que éste se llevaría a cabo.

El juego cayó en terrenos psicológicos. Si era cierto que los otros dos no querían el debate, la mejor señal que podía enviar el equipo de Fox a sus contrincantes era que tampoco ellos lo querían. Con estas cartas en mente se iniciaron las negociaciones. Hasta ese momento cada uno de los tres confiaba en poder culpar de la cancelación a los otros dos. Al mismo tiempo la dificultad de las conversaciones entre los equipos rivales, la incongruencia en declaraciones y discursos y las constantes contradicciones de todos hacían del conflicto una noticia muy atractiva. Los medios de comunicación la aprovecharon exhaustivamente ubicándola en las primeras páginas de los diarios y en los mejores tiempos de la pantalla hogareña. A partir de esta exposición pública el equipo del guanajuatense tenía ya un panorama muy claro. El debate era inevitable.

Desde el punto de vista de la comunicación política lo relevante para la decisión final era la forma en que salía a la superficie cada acontecimiento, cómo se iba desarrollando cada reunión, cómo se postergaban las decisiones, cómo se dejaban alargar los tiempos. Fue una ventana al interior de cada grupo que dejó ver con claridad quien quería realmente el debate y una prueba de fuego en los medios por dejar la decisión final hasta el último minuto. Con el paso de los días la ventaja que tuvo el equipo del panista fue que los otros dos candidatos ya no veían en el segundo debate una necesidad sino simplemente un riesgo muy peligroso.

Si la decisión aparentaba posponerse era porque ninguno podía darse el lujo de precipitarse. Si los otros candidatos declinaban y asumían el costo político de su pusilanimidad, la estrategia de no debatir era para Fox una solución, pero las condiciones favorables de este desenlace eran altamente improbables. Había que seguir engañando con la verdad, sugiriendo que no, cuando el sí era rotundo.

Un preámbulo gris

La crónica periodística de esos días dibujaba una negociación farragosa y una ausencia total de providencias para llevar a cabo el debate. No se había hecho ninguna reservación en los medios ni de locales para realizarlo; tampoco se había hablado formalmente con la Cámara de la Industria de Radio y Televisión para montar el evento y los días para la realización estaban muy cercanos. Ningún acuerdo parecía concretarse.

El sábado 20 de mayo del 2000, a tan sólo tres días de la fecha acordada para llevar a cabo el debate, Pedro Cerisola, representante de Fox en la mesa de negociación, alcanza un acuerdo con sus contrapartes, Jorge Alcocer por parte de Labastida y Lucas de la Garza en nombre de Cuauhtémoc. El debate, dadas las condiciones de negociación, era imposible. Y como Cerisola había percibido, sin sombra de duda, que la idea era pasarle la factura a Vicente Fox, tomó la iniciativa de expresar el acuerdo por escrito y que se emitiera un comunicado conjunto que finalmente fue transmitido en la madrugada del domingo 21 de mayo: "...todos presentamos propuestas y en su momento modificamos posiciones iniciales, no sólo en aras de construir un debate con reglas claras y equitativas, sino también de lograr el mejor formato para que las mexicanas y los mexicanos tuvieran oportunidad de escuchar, entender y valorar las distintas ideas y propuestas programáticas de los tres candidatos presidenciales con mayor peso en las encuestas. Hoy informamos a los ciudadanos, a través de los medios de comunicación, que hemos llegado de común acuerdo a la conclusión de que no es posible culminar favorablemente la negociación... (razón por la cual) el debate programado no podrá efectuarse".

Esta solución, sin embargo, no dejó satisfecho a ninguno. El objetivo de culpar a Fox no se lograba plenamente. El de salir inmune del compromiso prometido, anunciado y aceptado por los tres, tampoco cerraba satisfactoriamente el caso. La oportunidad que tenía Fox de rematar a los competidores se frustraba, pues posiblemente él era el único que estaba preparado para el lance. El público, azuzado por los medios, percibía la huida como una demostración de cobardía de todos los candidatos. Y todos estaban obligados a reaccionar para desbaratar el entuerto.

La primera maniobra de salvamento estuvo a cargo del apoderado de Labastida. Jorge Alcocer aprovechó que algunos medios de comunicación adjudicaron la culpa de la dilación y atribuyeron el endurecimiento al representante de Fox y dejó crecer una versión similar. Una postura muy parecida adoptó la gente de Cárdenas.

¿Cuáles eran las posiciones de los tres candidatos respecto a cómo realizar el debate? Vicente Fox peleaba por un formato que no fuera rígido. Todo lo contrario, pretendía un encuentro con un estilo suelto y flexible, al que asistieran varios periodistas que pudieran formular preguntas abiertas. No quería un debate acartonado, aburrido y seguro para los contendientes, como los pocos que se habían celebrado en México.

El objetivo era obvio. Su equipo buscaba un formato donde pudieran lucir mejor las habilidades de su candidato como naturalidad, estatura, voz, oportunidad de presentar sus propuestas de una manera abierta para poder destacar la calidad de las líneas argumentales que traía en cartera; al mismo tiempo, minimizar la actuación de sus contrincantes en el terreno que no dominaban. Labastida y Cárdenas, en contraste querían entrar con sendos chalecos salvavidas a fin de protegerse de sus debilidades. En otras palabras, ellos aceptaban el debate siempre y cuando disminuyeran las ventajas que habían consolidado a Vicente Fox en el ánimo de los electores.

El nerviosismo aumentaba. Las posiciones se endurecieron y las confrontaciones entre los negociadores subieron de tono. Un claro ejemplo de ello fue lo sucedido durante la madrugada del sábado 20, dado a conocer por Pedro Cerisola en la conferencia de prensa que puso al descubierto un incidente que dejaba muy mal parado a Jorge Alcocer. De acuerdo con el testimonio del negociador foxista, el representante de Labastida se había expresado en términos despectivos de la sociedad. Ante la petición de Cerisola de conocer qué pensaba ésta sobre el formato del debate, Alcocer respondió:

"La sociedad vale madre. Lo que aquí cuenta es lo que piensan los candidatos". Ésta fue, en dos ocasiones, su respuesta a la repetida solicitud de Cerisola.

Otro problema se presentó en la misma reunión. También suscitó amplias reacciones en los medios de comunicación y tuvo que ver con la propuesta de los representantes de Fox para incluir periodistas durante la confrontación. Julio Moguel (esposo de Rosario Robles y representante de Cuauhtémoc Cárdenas), fue quien más insistió en no permitir ningún tipo de cuestionamiento de terceros, ni siquiera de líderes reconocidos, como se había propuesto en un intento de conciliación. Se alegó que en México no había periodistas objetivos, ni nadie parecido a Bárbara Walters –la conocida conductora norteamericana. "Todos tienen precio", argumentó. ¿Intelectuales? Tampoco. "Todos traen tendencia". Mucho menos, entonces, introducir el ruido impertinente de algún niño de la calle, madre soltera o algún indígena, ¡Qué horror!, ¿Qué tenían que ver esos parias con los destinos de la patria?

Pedro Cerisola y José González Morfín, el otro representante de Fox, trataban de mantener la serenidad insistiendo en que todo era negociable, pero las filas se cerraban cada vez más y no aparecía ninguna posibilidad de acuerdo. El planteamiento regresaba a su punto de origen: Se aceptaba todo en paquete o no habría debate. Y esto incluía disponer de suficiente tiempo para prepararse, lo que hacía volver a los equipos de Labastida y

Cárdenas al formato rígido, con temas a debatir, tiempos fijos de duración por ronda, estructura de réplica y contra réplica con límite preciso de tiempo y todo lo acostumbrado en la cultura televisiva impuesta por el sistema.

Sin duda alguna permanecía fresco en la memoria de unos y otros el desempeño del primer debate. No querían caer de nuevo en ninguna trampa. Tal vez por esto llamó poderosamente la atención de los negociadores de Fox y Cárdenas que durante la importante reunión, celebrada por cierto en la casa de Lucas de la Garza, los negociadores de Labastida enseñaran la estorbosa desventaja de la experiencia, despachándose media botella de whisky mientras negociaban los términos del debate.

Control o no control, he ahí la cuestión

Al aparecer las primeras noticias que contradecían lo que habían firmado los tres representantes, la reacción inicial del grupo de Fox fue tomar el micrófono y soltar la verdad llana y simple de lo sucedido. Sin embargo, el guanajuatense mostró un rasgo de serenidad y grandeza:

—No voy a desacreditar lo que Pedro firmó y comprometió en la junta. La decisión, aclaró, era de él. Cerisola replicó, cuando todos los ojos se clavaron en su rostro serio y duro:

—No podemos quedarnos callados. Ellos rompieron el pacto, lo cual me libera a mí y a todos. Debemos comunicar la historia real. Y así lo hicieron. Fox y Cerisola aparecieron juntos ante el enjambre acostumbrado de periodistas y dijeron su verdad. "Lo que está difundiendo el PRI no es cierto. He aquí la historia real...".

El contraataque apuntó básicamente a Labastida. Todavía no se trazaba la estrategia para confrontar lo inevitable, que el debate se escenificaría a pesar del rechinar de los aparatos de campaña contrarios. Cada minuto la decisión principal se hacía más evidente, el costo político de no aceptarlo sería exorbitante. Situaciones inéditas se estaban viviendo en el país y la sociedad seguía el atractivo sainete con tanto interés como asombro. Los medios lucraban como nunca con sus abultados y ricos auditorios, Jauja cubría el cielo mexicano de las comunicaciones.

Sin embargo, un número considerable de medios insistía, conforme pasaban los días, que quien realmente rehuía el debate era Vicente Fox. La influencia del PRI sobre varios medios y líderes de opinión era evidente y la línea en contra del panista ya estaba permeando a la población, espoleada por un comercial de Labastida que decía: "Yo sí quiero debatir, Fox no". Éste decidió dar un paso al frente, que después se consideró como uno de los más arriesgados de la campaña: Demostrar claramente que sí quería asistir al debate y forzar a sus contrincantes a dar la cara y aceptar finalmente la indeseada disputa.

Varias medidas se lanzaron al teatro de operaciones. La primera consistió en responderle al priísta puntualmente. La agencia de publicidad preparó un comercial muy bien producido, fustigándolo: "Labastida y el PRI no quisieron el debate abierto que permita poner a los candidatos en la báscula –habló tronante Vicente Fox–. Ellos se echaron para atrás en el último minuto. No quisieron la libertad de hacer preguntas espontáneas... porque tienen miedo de no saber las respuestas. Quieren que les manden las preguntas por anticipado. Tampoco quisieron un sorteo inmediatamente previo al debate que muestre a los candidatos frente a los mexicanos tal y como somos, porque no quieren que la sociedad se dé cuenta de su incompetencia. Labastida y el PRI sólo quieren controlar, controlar y controlar; controlar la información, controlar tu dinero, controlar el voto. No quieren la democracia porque les quitaría el poder para seguir robando el fruto del trabajo de los mexicanos".

Fue un mensaje fuerte y directo. Sin embargo, algunos medios seguían martillando que la intención de Fox era no debatir. Internamente ya no había ninguna duda. Fox estaba listo para aparecer en la confrontación. Aún más: Su propia gente estaba convencida de que él era el único que estaba preparado para el encuentro. Varias fotos, que aparecieron en los medios confirmaban los ensayos a que se sometía el panista con la participación de Jorge Castañeda, Fausto Alzati, Rodolfo Elizondo y Adolfo Aguilar Zinser, en céntrico hotel. Poco a poco este sentimiento se fue filtrando al público hasta disipar la incertidumbre. Así, la carga negativa y el nerviosismo pasaba al lado de Labastida y Cárdenas.

Fox había recuperado la iniciativa pero la resistencia de sus contrincantes no estaba, ni por asomo, vencida. Presionó más el guanajuatense acelerando el paso. Cualquier observador agudo hubiera concluido que sus maniobras se veían precipitadas aunque, tal vez, todo el equipo sintió la misma urgencia manifestada por Fox frente a los medios el lunes 22 de mayo.

Los nubarrones se avecinaban y los medios de comunicación no desaprovecharían la atractiva noticia que desde hacía varias horas tenían en sus manos. Los canales 2, 11, 13 y 40 de televisión abrieron esa noche espacios a los candidatos. No a todos asistieron los tres contendientes, pero el 2 y el 13 hicieron la cobertura más amplia y completa. Aquí empezaron los predebates y éstos se prodigaron tanto, en tiempo y audiencia, que rebasaron la más descabellada expectativa.

En el canal 2, con Joaquín López Dóriga, estuvieron los tres por más de 30 minutos al estilo del norteamericano Larry King, cada uno en su despacho, discutiendo entre sí en pantalla. López Dóriga trató de darle tiempo similar a cada cual. Las acusaciones cruzadas entre Labastida y Fox fueron fuertes. Todo lo que los equipos del PRI y PRD habían tratado de evitar para

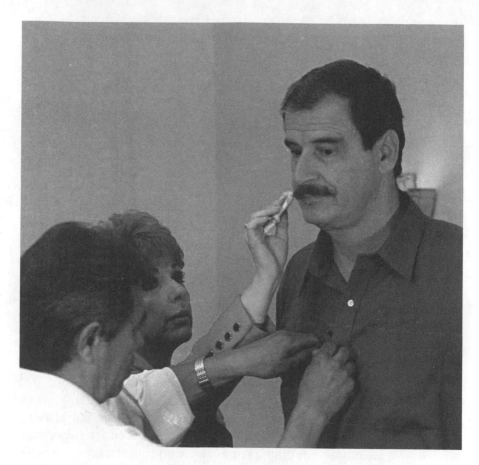

El equipo de Vicente Fox estaba convencido de que él era el único que estaba preparado para el debate.

sus candidatos se estaba dando en vivo, sin cortes y sin blindaje. Se podía presumir que Fox, no obstante la arriesgada exposición, estaba encantado. Cuauhtémoc se veía debilitado, apagado, cauteloso en extremo. Sin embargo, el perredista planteó la posibilidad de que hubiera un encuentro entre los tres, ya sin negociadores, hecho que Fox aprovechó inmediatamente. Esta actitud condujo, en primera instancia, a lo que posteriormente Fox buscaría y encontraría, deslizar la clara intención que tenían sus dos adversarios para atacarlo. Era una gran oportunidad para las intenciones de Fox, instar al público a emitir su voto de manera que resultara útil. La negativa de Cuauhtémoc de sumarse al que tuviera más posibilidades de destronar al PRI se trasluciría como un esfuerzo absolutamente estéril y sospechosamente coludido con el régimen.

Juan Antonio Zúñiga, Juan Manuel Venegas y José Gil Olmos analizaron en *La Jornada* del martes 23 de mayo, con otro punto de vista, su visión de este suceso: "Los tres ganaron: Fox sin cortapisas se dirigió al público televidente y mostró su habilidad ante las cámaras. Labastida profundizó las críticas contra el guanajuatense que habían quedado en enunciados en el debate del 25 de abril, y Cárdenas se salió con la suya, obligó a sus oponentes a una reunión sin intermediarios entre los tres". Ésta fue la semilla del martes negro, pero junto con ella venía una trampa, y esta consistía precisamente en que Cárdenas y Labastida harían un frente común contra Fox.

La aparición en el canal 13, minutos después que la del canal 2 de Televisa, fue únicamente de dos, Cárdenas y Fox. En ella, éste transparentaría algunas de sus precipitaciones: Ya había abandonado la táctica de atacar a Cuauhtémoc, pues Francisco Ortiz, su hábil mercadotecnista, había comprobado con los estudios de opinión que cada vez que lo atacaban, los votos del michoacano subían en la preferencia del público. Era, por lo tanto, una tontería recurrir a tan contraproducente expediente, así que estuvo condescendiente. No obstante, cometería un error que más tarde sería utilizado en uno más de los comerciales de televisión que se utilizaban para atacar su figura. Al tratar de elogiar la nacionalización petrolera, afirmó que la expropiación sucedió en 1936. Cárdenas no podía desaprovechar la falla, lo corrigió sin piedad dándole –según sus palabras– una lección de historia al ignorante: ¡La expropiación sucedió el 18 de marzo de 1938!

A la mañana siguiente los medios siguieron atizando el ánimo adverso a Fox al insistir en los elementos de campaña de sus oponentes: Su falta de congruencia, sus contradicciones y ahora, además, la ignorancia de la historia patria contemporánea. El equipo cercano a Labastida, Fernando Solís Cámara y Esteban Moctezuma, echaban leña al fuego catalogando a Vicente Fox, una vez más, de mentiroso.

La ofensiva contra Vicente Fox había alcanzado niveles muy altos. Las razones eran comprensibles, los resultados que arrojaba la campaña panista eran muy exitosos en la preferencia del público y en su intención de voto; la distancia entre Fox y Labastida, de acuerdo con las encuestas que cada uno llevaba, era terriblemente estrecha y el *momentum* que estaba cobrando el movimiento foxista pronosticaba que superaría inminentemente al contrario. La campaña tenía que ser revestida por tantas formas y ejemplos como fuera posible encontrar o inventar, con el fin de crear un contexto adverso.

Rosario Robles, por ejemplo, ensillada en la jefatura de gobierno del Distrito Federal, había dicho que Fox era un "sacatón", pues rehuía debatir con Cuauhtémoc. Labastida lo atacaba con supuestas encuestas desfavorables, mismas que el tiempo desenmascararía, y con declaraciones cada vez más agresivas. Cárdenas, por su parte, recalcaba las veleidades y contradicciones del guanajuatense. Los conceptos denigratorios volaban como abejas africanas, zumbando implacables al son de los supuestos defectos del panista, quien recibía calificativos de mentiroso, incongruente y cobarde por no enfrentar a los paladines del valor y del coraje.

Por si esto fuera poco, otra debilidad de Fox había trascendido, el dinero para respaldar su campaña estaba por agotarse y todavía faltaba el último tramo de la carrera, un cierre que se preveía costoso y desgastante. Todos en el equipo de campaña sabían que, durante los últimos 30 días, no se podría aflojar el paso. La realidad que muchos ciudadanos percibían, por otro lado, era que la mediocridad de los competidores ya no se podía ocultar, por lo que se volvía imperativo para ellos desprestigiar al que muy pronto se despegaría del grupo, infundir miedo a la población y desbaratar la plataforma de sinceridad y llaneza que había venido utilizando para convencer a la ciudadanía.

El equipo de campaña de primer nivel, esto es, los personajes más cercanos a Fox, los que discutían las decisiones fundamentales, estaban conscientes de la fragilidad del momento, por eso algunos habían considerado el debate como una futilidad. Y no era para menos. El pasaje por el que cruzaban fue tejiendo una atmósfera de nerviosismo que contagiaba a todos. El martes 23 por la mañana Fox reanudó la embestida, esta vez, con cierta desconfianza al juego que forjaban sus opositores y por una nueva actitud de manipulación de la opinión pública en su contra, por parte de la mayoría de los medios.

Desafíos para especialistas

Antes de entrar de lleno en lo que fue el martes negro, calificativo con el que fue bautizado por los proveedores profesionales de ideas y rumores del sistema, es conveniente conocer a dos figuras que jugaron un papel importante en esta etapa de la campaña, sin demérito de las demás actuaciones y personalidades, las cuales se analizarán más adelante: José Antonio Sosa Plata, especialista en comunicación política, y Francisco Ortiz Ortiz, mercadotecnista.

Se ha dado en llamar, descuidadamente, mercadotecnia política a las actividades de promoción, publicidad, mercadeo y otras utilizadas en las prácticas empresariales, para aplicarla a las tareas similares que se emplean en política. El concepto de mercadotecnia no tiene apellido. Se puede aplicar a los negocios, a programas sociales, a asuntos religiosos y también a la política, porque de lo que se trata es de identificar lo que la gente quiere. No hay que confundirlo con las técnicas de comercialización. Éstas forman parte de la materia genérica mercadológica, no del concepto. Ya lo analizaremos con más detenimiento, por lo pronto conviene distinguir las dos esferas de acción en que se divide la función comunicativa, la que se encarga de los denominados medios pagados (*paid media*), que es específicamente la publicidad, y la que asume la responsabilidad de los medios libres (*free media*), que es la comunicación política.

La diferencia resulta significativa en el ámbito de una campaña electoral porque mientras el publicista asume el control directo de sus mensajes y éstos se difunden tal y como él los concibió, el especialista en comunicación política entra de lleno al espacio de la confrontación que se desarrolla, principalmente a través de los medios noticiosos e informativos, en donde el político dependerá de las reglas que imponen los medios y los líderes de opinión.

Vicente Fox es un generalista que aprendió mercadotecnia como especialidad en su formación profesional. Fue largamente capacitado y es versado en este campo del conocimiento. Una materia tan incomprendida como criticada por espontáneos que se lanzan a tratarla sin tener la menor idea de lo que están hablando. Pero, en comunicación política su conocimiento es muy reciente, adquirido en la práctica como autodidacta, sobre todo a raíz de que buscó por primera vez la gubernatura de Guanajuato. A partir de ese momento, experimentó directamente diversas acciones ofensivas que sus adversarios le lanzaban desde los espacios noticiosos e informativos de los medios de comunicación masiva. Desde entonces, ha recorrido con éxito ese pantano de arenas movedizas gracias a su capacidad e intuición y al apoyo de expertos y políticos avezados. Uno de ellos es José Antonio Sosa Plata.

Corrían los últimos días de abril de 1999. José Luis González, coordinador general de la campaña de Fox, hizo contacto con Sosa Plata a través de José Antonio Hernández, un alumno de éste en el diplomado universitario en análisis y diseño de la comunicación política que ofrece la Universidad Iberoamericana. González causó una fuerte impresión en Sosa Plata, no sólo por la seguridad que mostró en el futuro triunfo de Fox, sino por la batería de preguntas que le formuló indagando su opinión sobre los obstáculos y retos que tenía frente a sí la campaña. Pareció quedar satisfecho porque sin dilación tramitó una reunión con el candidato. En ella, Fox se mostró muy confiado con la marcha general de su campaña en cuanto a mercadotecnia se refería, pero preocupado por lo relacionado con la información política. Su actitud fue cautelosa, escuchó con gran atención los conceptos del especialista y quedaron en llamarlo más adelante.

Pasaron varias semanas. José Luis González se retiró de la campaña y Marta Sahagún se hizo cargo del seguimiento. Se reunió por primera vez con Sosa Plata en la mesa de un Sanborn's al sur de la ciudad de México. Ahí, empezaron a establecer los primeros acuerdos: Quién era Sosa Plata, qué capacidades tenía, qué podía aportar a la campaña. Nació una relación de trabajo profesional muy productiva.

¿Cuál fue el diagnóstico del comunicador político sobre el estado de la campaña? Dos perspectivas de análisis sintetizaban sus observaciones. Primero, que era indispensable comprender la nueva relación que existía entre medios y sociedad. Los estudios de opinión revelan que la mayoría de la gente se informa primordialmente a través de los medios electrónicos, y que su credibilidad había llegado a niveles muy altos. Un ejemplo claro de esta situación era que, superado el desprestigio de Televisa por la época de Zabludovsky, los noticiarios de esta cadena televisiva habían recobrado la aceptación del público. Cualquier contradicción entre la publicidad desplegada y las noticias en la radio y televisión, por lo tanto, desvanecería el esfuerzo y hasta la volvería contraproducente. Segundo, que la información política de Vicente Fox en los medios enfrentaba tres problemas básicos: Un predominio muy marcado de información negativa, la falta de habilidad para colocar noticias de alto impacto que fueran bien recibidas por la sociedad, y la percepción ciudadana de que no parecía presidente de la República, lo que despertaba en algunos grupos desconfianza e incredulidad porque *para ser hay que parecer.*

Sin duda alguna, esta situación era bien aprovechada por sus adversarios, sobre todo los priístas. Éstos eran principalmente quienes utilizaban los recursos del Estado para lanzar mensajes y declaraciones difamatorias con el objetivo de exhibir su incapacidad, su impreparación política y, algo que trataba de perfilarse como sus fallas mayores, sus contradicciones; su aparente incongruencia; su lenguaje, a veces vulgar, a veces soez, que se alejaba mucho del estilo tradicional de los políticos. Además, Vicente Fox sabía bien que muchos periódicos y programas radiofónicos y televisivos estaban "comprados" y por lo tanto era muy difícil cambiar su opinión. Los partidos opositores, sobre todo el PRI, le exigían, en declaraciones y artículos de sus simpatizantes, que formulara definiciones claras y propuestas puntuales cuando muchos de esos dinosaurios eran los responsables de la cultura que preconizaba el esconderlas o minimizarlas. Mientras más propuestas hacía, más y con mayor fuerza cacareaban que el panista era un aspirante sin propuestas.

¿Cuál era la realidad? El candidato organizaba agotadoras giras con el común denominador de hacer contacto con la gente para divulgar sus propuestas. Sin embargo, al término de cada acto algunos de los reporteros que cubrían sus actividades se acercaban y le pedían opiniones sobre temas de coyuntura o sobre asuntos que estaban fuera de la orden del día. ¿Y qué era lo que transmitían muchos de los noticiarios en la noche o los matutinos y diarios del día siguiente? No su propuesta, sino la opinión que había expresado sobre los asuntos más candentes o atractivos del momento. ¿Fallaba el equipo de comunicación social de Fox? No, ya que había capacidad y experiencia probada. El problema lo generaba la espontaneidad del candidato y la escasez de recursos ante un adversario grande y complejo. Lo que hacía falta era reencauzar audazmente la estrategia.

En suma, la información que se difundía era muy atractiva para una parte de la sociedad. Para otra, en cambio, la misma comunicación le parecía confusa y le provocaba muchas dudas. El actuar entonces en distintos frentes, con diferentes sugerencias, era un reto enorme que José Antonio Sosa Plata encontró imposible rehusar. Cómo traducir la información que producía el equipo de Fox de tal manera que la entendieran con claridad los auditorios a los que iba dirigida, era el primer paso. Establecer buenas relaciones con los medios sin entrar en los procesos de corrupción comunes a la cultura del PRI-gobierno, para estrechar el entendimiento con los llamados "medios libres" era el segundo desafío que debería atender Sosa Plata, aportando ideas específicas. Fue una misión altamente motivante y enriquecedora, toda vez que frente al experto estaban personas que no solamente sabían escuchar, sino que se habían echado a cuestas la difícil tarea de llevar a su candidato a la presidencia de la República.

La participación de Sosa Plata se llevó a cabo con suma discreción, pues uno de los valores fundamentales de la consultoría en comunicación política es la confidencialidad, sobre todo cuando se trabaja en los más altos niveles políticos. En este caso, además, la cautela era indispensable porque el consultor había asesorado en el pasado a varias dependencias del gobierno y a políticos, que en ese momento estaban en el candelero con el equipo contrario (PRI). En virtud de que su experiencia era importante para la campaña de Fox se consideró prudente no sólo conservar el perfil bajo sino tomar algunas medidas adicionales que garantizaran la seguridad de su colaboración.

Esta situación no fue obstáculo para que tuviera una participación intensa y fue parte fundamental del llamado grupo de multiplicadores, encabezado por Marta Sahagún, cuya tarea principal era unir los esfuerzos de los voceros calificados del PAN con los del equipo de campaña a fin de reflejar en todos los medios de comunicación una imagen de unidad, fuerza, claridad y congruencia. Era indispensable enfrentar con eficacia la embestida de la campaña negativa en contra de Vicente Fox, al tiempo que dejar clara su oferta de cambio a la ciudadanía. En el mismo sentido, Sosa Plata jugó un papel significativo en la representación de comunicación de los estados, tanto con los que ejercían un gobierno panista como con los comités estatales del partido en las entidades gobernadas por priístas o perredistas. Se realizaron numerosos seminarios de largas jornadas, que sin piedad engullían mucho tiempo, hasta satisfacer la unificación de criterios entre lo que se hacía en el centro de operaciones y la conveniente correspondencia en el resto del país para asegurar repercusiones congruentes en la ciudadanía, que seguía atenta, con curiosidad y asombro, aunque también con mayor espíritu crítico cada movimiento que se estaba escenificando.

Los encuentros de Sosa Plata con Vicente Fox no eran muchos. Eran, eso sí, muy significativos. Aquél encontró a un hombre dispuesto a aceptar la crítica, que tomaba nota mental de los consejos recibidos y que los observaba en la práctica. La apertura del candidato permitía avanzar en cada sesión para aprender a romper aquellos obstáculos que impedían el desarrollo de la campaña cuando las cosas pintaban difíciles, y lo que más le llamaba la atención, siempre lo encontraba positivo, con fuerza interior, lleno de energía.

Uno de los objetivos de estas breves reuniones consistía en analizar formas de revertir la tendencia de los reporteros a encontrar la noticia del día, desviando el objetivo de la reunión formal que se había tenido, y también cómo sortear la malicia de corresponsales con consigna, quienes buscaban encontrar ecos claros para destacar que él no era la persona adecuada para gobernar el país.

Exploraban, por ejemplo, el concepto de "impacto", idea dominante en el lenguaje de Sosa Plata para manejar las motivaciones de los cronistas. Si lo que buscaban era una noticia impactante había que dárselas y, al mismo tiempo, cubrir los aspectos que eran importantes para Vicente Fox. Había que lograr que la declaración dada no fuera irrelevante, como muchas veces los medios trataban de aparentar, y que esa información, salida de la boca del candidato, condujera la atención a los espacios más atractivos en los noticiarios del día. Esos golpes de impacto transmitirían a la población el mensaje contrario al que pretendían sus contendientes: He aquí un hombre que sí tiene la capacidad para gobernar al país.

Impactos al corazón

Probablemente el encuentro más significativo de Sosa Plata con Fox, a finales de 1999, fue el concerniente a la primer confrontación. No por obvia era

25

menos relevante la sugerencia: "Vicente, tienes que prepararte *ya* para ese debate". Se le urgía a dedicar tiempo suficiente y Fox asentía sin discusión, sólo que su complicada agenda no permitía aterrizar la recomendación en la medida de lo deseable; sin embargo, hizo huecos entre los compromisos que, con mayor frecuencia, le pedían sus seguidores, y dio los primeros pasos para atenderlo satisfactoriamente.

Nuevamente se examinó y trabajó arduamente en la figura de los impactos, especialmente en cómo funcionan dentro de un debate. Los argumentos fluían de la mente del perito:

"Un debate no se gana tanto por la calidad y profundidad de las propuestas, que son necesarias y tienen que estar ahí, como por los puntos que la experiencia enseña y que han funcionado ya en las confrontaciones escenificadas en otras partes del mundo. Los debates se recuerdan por sus impactos, breves, lanzados al corazón de los televidentes y a la cabeza de los contrincantes, de modo que el sentimiento, el ingenio y las imágenes se apoderen de la acción".

Vicente no ofrecía problemas en cuanto a presencia y astucia frente a las cámaras. Su campaña sumaba ya casi tres años de dura brega, por lo que su caparazón de serenidad dejaba ver un callo bien formado. Él es un hacedor de impactos, que además, apalanca fuertemente en sus ideas y convicciones. Lo imperativo era practicar la escena para deslizarse sin esfuerzo a la hora de soltar los mensajes de diagnóstico y propuesta y, alerta, esperar las oportunidades de disparar las indispensables arremetidas.

El primer debate era crucial para destrabar de una buena vez el empate que Labastida y Fox tenían en las encuestas. Significaba la posibilidad de treparse en las intenciones de voto y poner en jaque al PRI para que cometiera errores. La oportunidad real de ganar la presidencia estaba al alcance de la mano si la actuación era contundente.

Con todo, había que tomar en cuenta que un debate no se gana solamente el día del encuentro. La estrategia debería incluir los tres espacios que contiene el enfrentamiento: El predebate —es decir, toda la información que se recibe y se lanza antes de la fecha escogida—, el debate mismo, y el postdebate. Era preciso preparar los tres momentos y ganar todos y cada uno de ellos. El trabajo de investigación, de análisis, de retroalimentación con la sociedad es materia muy sensible de mercadotecnia. Francisco Ortiz, el hombre de mercado del equipo, no tenía un minuto de reposo para obtener y traducir sucintamente los hallazgos de cada lapso.

Se armó un pequeño equipo con gente del primer círculo de dirección de la campaña: Pedro Cerisola, a cargo de la estrategia general; Eduardo Sojo, responsable del contenido y los aspectos conceptuales de las propuestas; Marta Sahagún, con el apoyo de Gina Morris, para establecer los puentes con los medios, proporcionándoles información fluida y oportu-

*Un debate no se gana solamente el día del encuentro
y Francisco Ortiz no tenía un minuto de reposo.*

na; y tres asesores expertos: José Antonio Sosa Plata, con el punto de vista metodológico, Rob Allyn, de Dallas, Texas, agudo y brillante colaborador de Vicente Fox desde sus días de gobernador, para orientar el trabajo frente a los medios, y Jorge Rábago, un español que había presenciado algunas experiencias europeas.

Si a lo anterior se suma la confianza que inspiraba Fox a su propia gente y el regalo increíble que ofreció Labastida durante el debate, el resultado no podía haber sido mejor. Todo se hizo en el tiempo y forma acordados. Las previsiones que había y la estrategia desarrollada durante largas y extenuantes jornadas darían los mejores resultados. Los tres aparecieron frente a las cámaras muy bien vestidos, con caras animosas y presentaciones firmes y bien articuladas. Sin embargo, súbitamente, Francisco Labastida le ofreció a Fox la oportunidad de la noche: Reclamó los ataques burlones que Fox le había lanzado en diferentes momentos de la campaña.

–Me ha llamado –balbuceó quejumbroso el priísta– chaparro, me ha dicho mariquita, lavestida, mandilón... –Vicente no lo podía creer. Velozmente vino a su mente lo que la esposa de Diego Fernández de Cevallos, por conducto de su marido, le había recomendado replicar al ser atacado por mal hablado. Agregó el punto de "malos para gobernar" y lanzó su andanada:

–Mi estimado señor Labastida, a mí tal vez se me quite lo majadero, pero a ustedes lo mañoso, lo malos para gobernar y lo corrupto no se les va a quitar nunca.

Fox empleó otra figura que impactó fuertemente al auditorio. Representó la imagen de ineficiencia de los gobiernos priístas, tronando contra los nombramientos de secretarios de Agricultura, hechos a favor de hombres que "¡jamás habían ordeñado una vaca!". Todo el mundo comprendió la metáfora, por más ajena que sonara en el ambiente tecnócrata que habían prohijado los últimos presidentes, pero esta práctica no era un resabio tecnocrático, sino una constante del sistema. Un botón de muestra: En 1970, Echeverría, recién inaugurado presidente demagogo, visitó Chihuahua para escenificar la entrega de la propiedad forestal de Bosques de Chihuahua a los campesinos. Alfredo B. Bonfil, orador oficial del acto, estalló en el micrófono, mintiendo con pleno conocimiento de causa: "Y conste que no recibimos un bosque sino un páramo". El encargado de la forestal en el estado no pudo reprimir las lágrimas al escuchar tamaño embuste. El discurso se refería al bosque mejor cuidado de la República.

El acto terminó con un profundo sentimiento de frustración, pues en lugar de entregar la propiedad a los campesinos que trabajaban en ella, como previamente había sido pactado, un grupo de acarreados de otras regiones del país resultó beneficiado. El presidente, antes de abordar el avión de regreso, cruzó unas palabras con Eloy S. Vallina, presidente del Consejo de Administración de Bosques de Chihuahua, para recomendarle, como una ocurrencia de despedida:

—Siembren árboles. —El chihuahuense, tragándose el coraje, le aclaró:

—Los árboles no se siembran señor presidente, se plantan.

El saldo del primer debate para Vicente Fox fue favorable y representó un fuerte golpe a la campaña de Francisco Labastida, ello sin contar los descalabros sufridos por el resto de los candidatos, quizás, con excepción de Gilberto Rincón Gallardo. El panista logró subir en las encuestas cinco puntos de un sólo golpe y una gran parte de la sociedad vio en él al líder que tenía la capacidad de dirigir los destinos de la Nación. Cada uno de los objetivos que se habían propuesto para el encuentro se habían cumplido puntual y eficazmente, a pesar de las campañas negativas lanzadas en algunos medios —encuestas apócrifas incluidas— en las que se decía, sin ninguna justificación y contra lo que millones de mexicanos habían visto, que el priísta había ganado.

Francisco Ortiz, la otra ala de la nave del conocimiento técnico, aplicaba rigurosa y sistemáticamente los métodos de su saber a la campaña y sus movimientos coyunturales, para navegar con el rumbo que la propia sociedad suscitaba al expresar sus deseos y señalamientos de aprobación o rechazo, de acuerdo con los diferentes segmentos en que se fracciona el país, haciendo de México un rompecabezas complejo y fascinante.

El monitoreo de formas de pensar, de sentimientos colectivos, de reacción a diferentes temas y propuestas se vuelve un instrumento indispensable para conducir con movilidad y derrotero la embarcación que surcaba los mares de oportunidad para el candidato. Por ejemplo, cuando Vicente Fox enarboló el estandarte de la Virgen de Guadalupe muchas voces trinaron de coraje por la osadía del guanajuatense al querer —denunciaron— apropiarse del símbolo de Hidalgo, el insurgente, y "mancillar" la laicidad del Estado mexicano; sin embargo, la reacción de la sociedad, verificada en una encuesta específica, fue de indiferencia. Fuera de unas cuantas sonrisas y caras atufadas, la curva de preferencias no se movió ni un milímetro. Es decir, no subió ni bajó en la intención del voto.

Trabajos como ése son la especialidad de Francisco Ortiz, quien monitorea los indicadores de la sismología social y política del país, en sus diferentes demarcaciones e identificaciones, a fin de informar al jefe y al grupo de dirección si van bien o se replantean. Escenarios, filmaciones, luces, formas de decir las cosas y las ideas, así como las puntadas y ocurrencias, pasaban por el cernidor de Ortiz, que no era otro sino los ojos y mentes de la propia sociedad. Mantenerse cerca del ciudadano —del consumidor— es la fórmula infalible del buen rumbo de cualquier empresa. Si lo que se está haciendo no gusta o no es aceptado, de nada valen los "proyectos de Nación" que alguien, individualmente o en grupo, traiga en la cabeza o en el corazón. Por supuesto que siempre se encontrará gente que se identifique con esos planes o ideologías –para eso sirve la sensibilidad–, pero si el cálculo de los seguidores no responde a la necesidad de la mayoría, el esfuerzo se pierde en las urnas.

Martes negro con cielo despejado

Ordenado el dispositivo de apoyo y decidido el curso de acción, comenzó a vivirse aceleradamente el martes 23 de mayo, con claros y azules cielos en el altiplano y una tormenta invisible que preparaba sus negruras para estallarlas en la tarde.

Por la mañana, para dar respuesta a lo que se había acordado la noche anterior en el programa de López Dóriga, Vicente Fox convocó a una conferencia de prensa en la que anunció haber tenido ya un primer acercamiento con Cuauhtémoc, y que éste le había concedido la oportunidad de elegir el lugar y la hora de la reunión. Hay que destacar que esa noche era la fecha en la que los partidos, a través de sus negociadores, habían acordado realizar el segundo debate. En plena conferencia, Fox tomó el teléfono y llamó a Labastida para que los medios ahí presentes se enteraran de quién realmente no quería el debate, pues la puso en altoparlante. Fernando Solís Cámara tomó la llamada e informó a Fox que su jefe estaba hablando por la otra línea. Este respondió con un sorpresivo "aquí espero" y, ante el nerviosismo de su interlocutor, coordinador de la estrategia de Labastida, agregó: "No tengo nada más que hacer, sólo esperarlo". Efectivamente, Vicente Fox, ante la mirada y oído de los reporteros, permanecía impávido esperando que Labastida le contestara. Pasaron muchos minutos más y por fin se escuchó la voz esperada. Sin saludos, el guanajuatense fue al grano: "¿A qué hora nos vamos a reunir?" Labastida contestó que primero lo hicieran los representantes, cuando lo acordado la noche anterior había sido que el encuentro sería directo y sin aretes. Fox replicó: "Francisco, me parece que nuevamente vamos a darle vuelta al asunto. El compromiso de ayer es que ahí estaríamos. Cuauhtémoc ya aceptó, ¿vas a ir tú o no?". "A mí Cuauhtémoc me dijo otra cosa –contestó Labastida– así que te pido hables con él nuevamente...". Rápidamente, el equipo de campaña localizó por otro teléfono a Cárdenas y enlazaron a los tres. La conversación se reanudó, Fox alternó durante varios minutos con uno y con otro. Labastida siempre estuvo nervioso y reticente. El acuerdo concluyó, Fox convino con el perredista estar en su casa a las cinco de la tarde, aunque Labastida no asistiera. Éste colgó el teléfono en tono molesto pues, agregó, tenía que hablar nuevamente con Cuauhtémoc. Fox, en esos momentos, se mostraba alegre, seguro, sonriente, locuaz. En su imaginación ya se habían disipado los temores de una trampa, justo cuando ésta se armaba peor que nunca.

Labastida ignoraba que la llamada de Fox había sido escuchada por los reporteros. Este hecho, que molestó mucho al priísta, hubiera sido una información de altísimo valor noticioso, porque dejaba en claro quién realmente no quería el debate. Su espectacularidad, no obstante, quedó opacada por lo que sucedió esa tarde.

Pero, ¿iba a haber debate esa noche? Todo indicaba que no, ya que era imposible escenificarlo. El único que estaba preparado para todo y con todo era Fox. Resultaba evidente que los otros dos candidatos, no. Por esta razón, hubiera sido una insensatez por parte de Cárdenas y Labastida aceptar tan desigual como precipitada confrontación, no obstante el compromiso previo de realizarlo. Vicente Fox estaba consciente de esta situación, lo cual no significaba que por rehusar la fecha rechazaría el debate. Candidatos, periodistas y público en general estaban a punto de presenciar la negociación no sólo de los candidatos en vivo y a todo color, sino la puesta en marcha de tres estrategias de comunicación política en uno de los momentos más decisivos de la campaña por la presidencia de la República.

¿Qué era lo que convenía más a Fox? Insistir en que el debate fuera realizado esa noche. De modo que, al afrontar el dilema de llevarlo a cabo o posponerlo, su postura se redujo a una sola palabra: El debate tenía que ser **hoy**.

Hoy, hoy, hoy

Las discusiones previas a la visita de Vicente Fox a la casa de campaña de Cuauhtémoc Cárdenas fueron de alto contraste. Asesores, colaboradores y gente del partido mostraban gran nerviosismo por la tensión tan fuerte que se vivía en esos días y por el riesgo que significaba la decisión de asistir de parte del candidato. Presionar a los contrincantes a debatir ese mismo día fue una decisión política muy delicada aunque, al mismo tiempo, se presentaba como una necesidad ineludible, dada la campaña negativa en marcha contra Fox.

Uno de los elementos fundamentales para precipitar esa decisión tenía que ver con la hipótesis de trabajo que José Antonio Sosa Plata barajaba desde tiempo atrás y que en varias ocasiones había puesto a prueba en distintos espacios políticos: Se cree, convencionalmente, que una información positiva acarreará resultados positivos y que una negativa, invariablemente va a dañar la imagen de las personas afectadas.

Sosa Plata sostiene y ha puesto en práctica muchas veces todo lo contrario. Con ciertos matices, la información negativa no siempre traerá consecuencias negativas. Claro que transitar cruzando fronteras entre una y otra posición es riesgoso, requiere mucho cálculo y medición políticos. Sólo que si éstos están bien hechos, o se sufre inevitablemente un ataque perjudicial y destructivo, esa información de los adversarios se puede convertir en

31

ganancia. A partir de esta premisa, que se le manifestó claramente al candidato, se alentó a seguir adelante con el objetivo principal de convertirlo a él en el centro de la noticia, producir diversos impactos en la ciudadanía y aprovechar la oportunidad para desenmascarar las trampas de sus adversarios. El hecho de que los dos candidatos más importantes de entre seis contendientes se aliaran contra Fox, colocaban a éste frente a la ciudadanía como el candidato ganador. Y esto haría, sin lugar a dudas, que los resultados de más de 15 encuestas que daban como ganador a Labastida por amplio margen, fueran puestas en duda por la ciudadanía. Era tanto el interés en golpear a Fox y desprestigiarlo que el ciudadano, con malicia, terminaría por comprender y rechazar el juego.

Ésa, al menos era la teoría. Pero algunos de los miembros del equipo no estaban tan seguros y sudaban frío ante las posibilidades de una pifia. Era tan fácil resbalarse en esa viscosa pista, que pocos respiraban tranquilos. Fox tenía frente a sí tres escenarios: Uno, el improbable, que los candidatos aceptaran el debate esa noche. Francisco Ortiz, por si las dudas, ya había reservado y pagado el anticipo del salón de conferencias del World Trade Center, de modo que si la liebre saltaba por esa vereda no se alegara el pretexto del escenario. Técnicamente era posible. Realmente ninguna televisora tenía problema para enviar una unidad móvil, tal vez sacrificando un poco el teatro ideal y la iluminación, pero nada que no fuera aceptable.

La segunda posibilidad consistía en transmitir el debate desde alguna de las instalaciones de las televisoras. El canal 7 de Televisión Azteca estaba listo y Marta Sahagún tenía previsto negociar que la transmisión se hiciera de manera conjunta con Televisa, de preferencia en un estudio neutral. El propósito apuntaba a eliminar los pretextos que los otros candidatos estaban esgrimiendo y a exhibir que su intención real era *no* realizar el debate. La tercera, la más probable, era que el debate se pospusiera.

Cuatro opciones alternas se asomaban con la tercera posibilidad. Podía ser el jueves 25 de mayo. Esta fecha ofrecía ventajas en cuanto a *rating*, pero desventajas por el escaso margen de maniobra, léase tiempo de preparación, que de seguro y aún sin decirlo, pedirían los otros candidatos. La segunda era el viernes 26, lo cual daría un mínimo de 72 horas a cada uno, si bien bajaría notablemente el *rating*, pues los viernes la audiencia televisiva es menor. Las tercera y cuarta opciones trasladaban el encuentro a la siguiente semana, lunes o martes, con mayor auditorio y altísimos riesgos de que aumentara la intensidad de la guerra, así como de que se dañara la imagen de cualquiera de los candidatos.

A pesar de la frenética actividad del día, Vicente Fox estaba preparado y llevaba consigo tres textos en los que expresaba la posición política para cualquiera de los desenlaces previstos. José Antonio Sosa Plata, Ana García y Darío Mendoza redactaron los mensajes de acuerdo con la línea

"No podemos estar a tu capricho, Vicente", dijo
Cuauhtémoc Cárdenas, mientras Fox desviaba la mirada.

que trazó Marta Sahagún. Lo que no se calculó fue el factor sorpresa que descubrió tres cartas inesperadas: Labastida arribó a la casa de campaña de Cárdenas 20 minutos antes de la hora citada y tuvo un diálogo a puerta cerrada con Cuauhtémoc. La segunda, que apareció en la reunión sin aviso previo Joaquín Vargas, presidente de la Cámara de Industria de la Radio y Televisión. Y la tercera, que los medios fueron invitados a transmitir el acto en vivo, con la consiguiente molestia y desconcierto del panista, quien asistía a una cancha rival repleta de partidarios y de periodistas ávidos de captar barridas y resbalones en el campo. Recordando la llamada abierta que Fox había hecho en la mañana, esta maniobra no era sino una sopa de su propio chocolate.

El segundo predebate se llevó a cabo en las peores condiciones para Vicente Fox. El público presente, ruidosamente en contra, jugaba a favor del equipo de casa y su improvisada coalición con el tricolor. El guanajuatense se fue endureciendo, como sucede en estos casos: La flexibilidad se atranca, las opciones se reducen. A pesar de sus previsiones, estaba jugando contra un dispositivo inesperado y en complicidad manifiesta. Los papelitos que se pasaban entre sí sus contrarios, las miradas y risitas furtivas, el apoyo torpe de Vargas, terminaron por enervar a Fox, hasta que se sembró inamovible en el hoy, hoy, hoy, en espera de los faxes confirmando el apoyo de las televisoras para transmitir el debate.

A las seis y media de la tarde un intolerante -por estar en su casa-, aunque jubiloso Cuauhtémoc, con la porra a su favor a todo pulmón, se levantó de su asiento y en actitud de regaño increpó: "Creo que no podemos estar esperando más, Vicente. Dijimos que esperaríamos hasta las 6:30 y ya son, la confirmación no ha llegado, vamos a lo que sigue, no podemos estar a tu capricho... Perdóname". Levantando la voz y realmente envalentonado, repitió: "No podemos estar a tu capricho". El aludido, socarrón, desviaba la mirada y permanecía terco en su asiento, cuajando una actitud, a todas luces inesperada, que al día siguiente dispararía las noticias en los medios. Labastida se levantó también y poco a poco se fue apagando el hoy, hoy, hoy hasta cubrirlo con su negrura.

El acto terminó con el compromiso de Vicente Fox de presentarse en las instalaciones de Televisión Azteca y, con su aparente negativa de asistir al debate del viernes 25 de mayo, propuesto por la dupla recién integrada para plasmar un inusitado partido entre antiguos camaradas. El guanajuatense regresó a su cuartel general. Reinaba un ambiente de sepelio. Llegó con la camisa azul sudada profusamente en las axilas y dijo a los que lo recibieron: "Perdimos una batalla, no la guerra". Enseguida intentó ponerse el saco, supuestamente suyo, sólo que no le sirvió ni para una manga, así de nerviosos estaban el mozo de espadas y la figura. Atendió entonces a los medios de comunicación y partió al estudio del canal 7 a fin de cumplir el compromiso contraído. Ahí, de nuevo se vio sudoroso, en un ambiente con luces demasiado brillantes que lo deslumbraban, y visiblemente cansado. Solamente José Antonio Sosa Plata se atrevió, sinceramente, a animarlo: "Bien Vicente, muy bien", dijo, ante la mirada dispersa del candidato y la incredulidad de sus asistentes, que querían *matar* al asesor sin comprender, quizás, que a pesar de todo la estrategia había funcionado, según lo mostrarían las encuestas y las reacciones esperadas por el comunicador político en los medios de comunicación.

Las crónicas nocturnas de ese fatídico martes y las noticias periodísticas del día siguiente no podían haber sido más virulentas. "Rehuye Fox acuerdo para debate", cabeceó *El Universal* una nota de Jesusa Cervantes, mientras que dedicó los siguientes titulares a reportes de Arturo Zárate Vite y José Luis Flores: "Jocoso, Cuauhtémoc dominó el encuentro", "Sorprendió y molestó a FLO la llamada de Fox". En tanto, Francisco Cárdenas Cruz escribió: "FLO y CC exhibieron a Fox, como caprichoso y necio. Joaquín Vargas le dejó claro que es un embustero. Quería debate anoche, no el viernes, y se montó en su macho". *Excélsior* a ocho columnas informó: "Fox apabullado; CCS, hábil anfitrión; FLO, serio, preciso".

Sergio Sarmiento, cuando todavía quedaban cenizas de la celebración del triunfo foxista, resumió los reportajes de aquel día en las páginas editoriales de *Reforma* el 25 de septiembre, más de dos meses después de la elección: "La animadversión de los medios hacia Fox quedó de manifiesto el 23 de mayo y en los días subsecuentes... La prolongada transmisión alcanzó un *rating* similar al de las telenovelas más populares... Fox había demostrado su intolerancia y había descarrilado su propia campaña". Manuel Mejido, en *El Sol de México*, describió así la gran paradoja que envolvió ese día: "En dos horas Vicente Fox perdió tres años de campaña... Pero lo curioso del caso es que las encuestas de opinión que se levantaron ese mismo martes y en los siguientes días señalaban una conclusión radicalmente distinta. Fox había sido el ganador por amplio margen del debate sobre el debate. En retrospectiva, el martes negro no sólo fue el momento en que Fox perdió tres años de campaña sino el punto de inflexión a partir del cual su victoria se hizo realmente posible".

Las fotografías de los diarios fueron consecuentes con las noticias. Captaron a Fox en sus peores ángulos y con encuadres abiertamente malintencionados. Era evidente que el brazo manipulador del sistema había entrado en operación nuevamente. Televisión Azteca se inclinó a favor de Vicente Fox respaldándole sus peticiones oportunamente. Televisa, más centrada, no traslució preferencia, se mostró institucional pero con disposición de servicio, y Joaquín Vargas se encharcó hasta el cuello, apoyando abiertamente la asociación de corte mafioso en contra del que sería presidente de la República.

La negativa de Fox de asistir al debate del viernes no fue fortuita. La tensión que vivió ese oscuro martes no le impidió barajar algunas ideas para recuperar terreno, mientras mostraba la cara dura de la terquedad y la intolerancia. Desde el punto de vista de la comunicación política –la nueva materia que con avidez asimilaba Fox– el decir "no asisto" mantenía muy alto el nivel de la noticia negativa. Era verdaderamente un *impacto* y buscaba demostrar que los otros dos estaban aliados. El atropellamiento del PAN declarando al día siguiente que ya había instruido a su candidato para que compareciera el viernes, no fue sino el destape de una ingenuidad de primeriza, brevas de una higuera verde. Hubiera sido mucho más espectacular que Vicente Fox dramatizara el momento y anunciara unas cuantas horas antes del debate que sí participaría, sólo que la novatez de su partido, dándole instrucciones como si fuera un chiquillo caprichoso, envío una señal de debilidad que afortunadamente pocos tuvieron tiempo de comerse.

Ahora bien, ¿cuáles fueron los objetivos políticos de esta riesgosa tragicomedia? En primer lugar, convencer a la mayor cantidad de votantes del PRD, a los disidentes y desilusionados del PRI, y a los simpatizantes de los demás partidos, que convirtieran su decisión electoral en voto útil para derrotar al sistema. Luego, lograr altos impactos en los noticiarios para sacar provecho de los importantes niveles de exposición, incluidos los aspectos abiertamente negativos con el propósito de evidenciar que, al ser Vicente Fox el eje de los ataques, significaba que ya estaba a la cabeza de las encuestas, así hubiera sudado el combate para lograrlo. Finalmente, como consecuencia de los afanes tan extenuantes que hubo que sufrir sin que nadie tuviera la certeza, ya no digamos de un final feliz, sino al menos de que éstos tuvieran un mínimo de rentabilidad, transformar el esfuerzo en resultados electorales, única forma de medir la sabiduría de las decisiones y acciones tomadas.

Dadas las condiciones en que se presentaron los acontecimientos de los días pasados, Fox y sus asesores tenían un claro diagnóstico del escenario, sabían de los riesgos, pero también de las oportunidades. Sus decisiones de comunicación política, a pesar de los tropiezos, traerían como consecuencia que el denominado martes negro se convirtiera en el parteaguas de su campaña.

Marta Sahagún y Francisco Ortiz no tuvieron descanso el miércoles, jueves y viernes previos al debate, confeccionando y soltando a la luz pública las evidencias de la asociación de la novísima mancuerna PRI-PRD. La finalidad, eliminar a Cuauhtémoc de la contienda para concentrar el ataque en Labastida, que representaba la línea más débil del frente de combate. Cárdenas acusó recibo de la andanada. En el debate del viernes desperdició tres cuartas partes de su tiempo para defenderse, deslindarse, desmentir lo que todos los televidentes vieron en las escenas filmadas en su casa de campaña. Poco tiempo le quedó para exponer sus propuestas.

El candidato de la Alianza para el Cambio aceptó todas las condiciones que le impusieron los ganadores confabulados. Expresó: "Estoy listo para un debate, no nos importa la altura del banquito, el color del fondo del escenario o el tipo de botana que se sirva a los invitados". Se sometió al formato, siguió obediente el guión, respetó el rito de la vieja autoridad y tronó en sus espacios con ataques dirigidos y propuestas claras, como torero que sabe qué hacer con el toro y conoce los tamaños de sus alternantes. Toma el engaño, enfrenta a la fiera, manda y acalla los gritos. Vicente Fox repitió la marca del primer debate: Ganador indiscutible con 40 por ciento de las preferencias. Ya nadie se le acercaría en las encuestas... Mucho menos en las urnas.

Dos

De mercadotecnia y otras ciencias ocultas

La modernidad arranca, según Peter F. Drucker, hace aproximadamente 7000 años, como consecuencia de la primera revolución tecnológica que el hombre creó en el mundo, la civilización de la irrigación[1]. El ser humano descubrió la agricultura y dejó de ser seminómada; 3000 años después construyó canales para regar sus tierras de cultivo y luego llevó, con la misma técnica, el líquido vital a los moradores del primer asentamiento de la historia. Varios milenios después, diseñó drenajes para disponer del desperdicio. Con el proyecto nació la ingeniería y junto con ella, como estallido pirotécnico, surgió la época más grande y productiva de innovaciones sociales y políticas del hombre.

En realidad, afirma Drucker, dicha revolución fue el principio de la historia al traer consigo la escritura. Pero el impacto que tuvo ese movimiento en la vida humana y social en lo que respecta a tecnología, herramientas, procesos, organización e instituciones, fue tan grande que permaneció esencialmente inalterable por miles de años. No fue sino hasta el siglo XVIII que se lograron igualar aquellos notables ingenios puestos en práctica por la inteligencia del individuo.

La ciudad irrigada necesitó también orden para regular las relaciones entre sus habitantes. Protegerse de los invasores nómadas que la asediaban para arrebatar su riqueza fue su preocupación original pues, por primera vez en la historia, se había logrado producir superávit. Así nació el gobierno y creó con él una estructura jerárquica, una burocracia para atender los asuntos rutinarios y un ejército que defendiera a los campesinos encargados de cosechar granos y frutos para la sociedad que había decidido asentarse en un sitio inmóvil y empezaba a ser próspera.

La era de las especialidades hizo su aparición súbita. Artesanos, artífices, herreros, armeros, ceramistas, tejedores, igual que profesionales

---

[1] *Technology, management and society*, Harper & Row, Nueva York,1970

tales como amanuenses, abogados, jueces y médicos, quienes se encargarían de atender las crecientes necesidades de los habitantes de esa prístina ciudad irrigada. Ésta pronto exportaría su tecnología y conocimiento a otros asentamientos, construyéndose el primer imperio, el imperio de la irrigación.

En esa primera ciudad, que bien pudo ser Ur, en Caldea, todo se producía por orden expresa. El desperdicio era mínimo. Con el crecimiento de la población las necesidades aumentaron y los proveedores se multiplicaron. Nació una nueva preocupación en la mente de los productores, la competencia. Con ella llegó la necesidad de pensar en lo que el cliente realmente deseaba antes de ponerse a fabricar cualquier producto, donde la imaginación y la destreza personales jugarían un papel importante. El individuo desde el seno de la tribu había saltado a la arena social.

Los elementos básicos de la mercadotecnia surgieron cuando el hombre hizo su primer intercambio de mercancías. La acuñación del término, por supuesto, estaba miles de años adelante en la historia; mientras tanto, si alguien se disponía a distribuir o fabricar algún producto, así como a proporcionar algún servicio, tenía que pensar en lo que el consumidor deseaba. Entre la satisfacción del cliente y el rechazo o el desperdicio se encontraba la ganancia. La otra alternativa era trabajar el doble y colocar como ganga lo que se había quedado en el taller o en el barco. Y ya que casi todo era personal y directo, la eficiencia formaba parte esencial de la sobrevivencia.

El término contemporáneo de mercadotecnia adquirió carta de ciudadanía cuando ya circulaba como compendio de actividades comercializadoras. Los observadores de las prácticas de negocios norteamericanas lo identificaron, lo aislaron de las demás actividades mercantiles y lo clasificaron como materia del conocimiento. Esto es, lo conceptualizaron, dándole validez académica. A partir de ese momento sirvió para efectos de capacitación en empresas y de enseñanza en tecnológicos y universidades, lo cual sucedió después del primer cuarto del siglo xx. En México, hasta 1946 el Tecnológico de Monterrey abrió la carrera de administración de negocios, convirtiéndose en la primera institución educativa que lo hacía después de las universidades estadunidenses.

En política, la mercadotecnia también es viejo conocimiento, tal vez más críptico por su circunstancia de acceso al poder, aunque vigente, toda vez que el hombre de Estado, el encargado por la sociedad para armonizar sus diferentes intereses, tenía y tiene como punto de partida comprender los deseos, las motivaciones, las creencias del individuo y de los grupos sociales o políticos organizados que la componen. Encontrar el justo medio, conciliador y posible, es su mayor reto, de tal forma que esa sociedad, o cuando menos la mayoría de ella, acepte la fórmula de equilibrio propuesta por el líder y finalmente el proyecto de institucionalidad que haga cumplir dos ideas fundacionales del Estado, paz y justicia.

¿Cómo lograban los comerciantes y los políticos dilucidar lo que su clientela o su población deseaban? Pues simple y sencillamente hablando con ellos, charlando sobre sus necesidades, sus anhelos, sus intereses económicos y políticos, tanto individuales como de grupo y estudiando cómo se relacionaban unos con otros. De igual manera trataban de saber cómo querían que se les proporcionaran los productos y servicios o cómo esperaban que fueran resueltos los conflictos internos de su sociedad.

En el mundo comercial, a ese proceso indagador y resolutivo de acciones concretas, se le ha llamado visión; en el ambiente político, se le denomina sensibilidad. Ambas percepciones siguen siendo imprescindibles, si bien ahora se pueden utilizar adicionalmente otros instrumentos que dan mayor exactitud y datos más específicos, con segmentaciones orientadoras pera comprender la composición laberíntica de la sociedad actual.

Cuando el mercado era reducido, el dueño de la pequeña o mediana empresa podía hablar prácticamente con todos y cada uno de sus clientes. La información era directa. Lo mismo sucedía en el campo político, la sociedad estaba constituida por un número limitado de familias que, con facilidad, podían comunicar sus ideas de qué hacer para vivir mejor y más armoniosamente. Conforme las sociedades crecieron en población y complejidad la consulta se volvió difícil, laboriosa y confusa, así que fue preciso inventar otras técnicas con objeto de identificar el sentir de la gente, sus estados de ánimo, las tendencias de sus opiniones, sus reacciones a determinadas medidas, el grado de aceptación a las propuestas de políticos y líderes sociales. Todo ese conocimiento hubo que dividirlo y clasificarlo geográficamente por regiones, ciudades y colonias. Ahora, hay que agregar la medición de los efectos que causan las continuas e intempestivas oleadas que lanza la globalidad y cómo influyen en los modos y tiempos, tanto de los negocios como de la política.

La mercadotecnia es un concepto, una de las innovaciones que el hombre ha concebido para comprender su entorno y enfrentar las complejidades del mercado, de la sociedad y de los individuos que la forman. Es un conocimiento del ser humano; es una técnica, una herramienta, igual que lo han sido las aleaciones metálicas, la invención de los anteojos, el teléfono, el automóvil, la computadora, la red. Ninguna de estas extensiones o destrezas cambian la naturaleza del hombre, si bien incrementan su eficacia y su ubicuidad, le permiten extender sus actividades, armar mayores empresas y hacerlo en menor tiempo, el único elemento no renovable del ser humano.

La lingüística también interviene en estos guisos improvisados pero, como en la cocina, casi siempre se crea primero el platillo y luego se bautiza, a pesar de que no siempre una cosa tiene que ver con la otra. La palabra mercadotecnia, traducida del vocablo inglés *marketing*, se utiliza desde el siglo XIX en Estados Unidos. Literalmente, técnica de mercado. Y está bien, mejor que en su idioma original *marketing*, un verbo convertido en sustantivo.

Lo curioso es que ninguna de las dos palabras se refiere al concepto que pausadamente cobró cuerpo en el lenguaje común de los negocios y que, en la década de los veinte, encontró su exactitud al salir explícito de la mente conceptualizadora de Alfred Sloan Jr., presidente de la General Motors. Práctica y teoría conjugaban armoniosamente en el cerebro privilegiado de este hombre de negocios, inventor de tantas formas novedosas de comercialización y organización que fácilmente pudieron trasladarse a la academia.

La palabra cobró notoriedad a raíz de la súbita irrupción que hizo en la vida pública de México. Los profesionales de la política la criticaron acremente por ser, argumentaron, una trivialización o simplificación grosera de sus sagradas ocupaciones. Es como si la función de entender a la gente, que es lo que hacen el mercader y el político, no hubiera sido una de las primeras habilidades que desarrolló el hombre en sociedad.

En inglés, *marketing* no significa técnica de mercado. Es una voz que responde a lo que se denomina una filosofía de negocios, orientada preponderantemente a satisfacer las necesidades, deseos, modas o estados de ánimo del mercado, es decir, de la gente, de la clientela, fragmentada en segmentos diferenciados. Dicho con otras palabras, es una lógica de negocios que considera al mercado como el origen de toda acción comercial, industrial, de distribución o de servicios. El enfoque al producto en sí quedó atrás, subordinado a la motivación que provoca su uso en el cliente que lo consume.

En el español de México, el uso corriente de la palabra implica la incorporación arbitraria de las técnicas empleadas para atender la comercialización de los productos y servicios que se ofrecen al público: Investigación de mercado, publicidad, promoción, canales de distribución, financiamiento de ventas, presentación, empaque, color, tamaño, sabor y servicios aliados o complementarios del producto o servicio de que se trate. La segunda connotación corresponde a la agrupación que hace la academia de todas estas actividades especializadas en un recipiente genérico.

Ninguno de estas acepciones encaja en el hallazgo original de Sloan, cuando comprobó que su apreciado comprador de automóviles había transformado el medio de transporte en una extensión de su personalidad, materializando su deseo de reflejar un estatus socioeconómico.

El concepto es tan sencillo como complicada parece su comprensión. La diferencia consiste en invertir los papeles. En vez de que el hombre invente productos y servicios, sale a la calle y se pone a escuchar a sus clientes para que ellos le digan qué clase de artículos y prestaciones desean

*El comprador de automóviles había transformado
el medio de transporte en una extensión de su personalidad.*

y *cuánto están dispuestos a pagar por ellos*. Es frecuente escuchar la expresión admirativa sobre la capacidad de invención de nuestros vecinos del norte al descubrir un nuevo producto: "Estos americanos en todo piensan, mira qué buena idea, exactamente lo que estaba necesitando". La realidad es que no piensan –aunque por supuesto lo hacen–, sino que *escuchan* lo que la gente quiere y se preparan para satisfacerla. Si un empresario o un emprendedor no arranca de este principio, en sus iniciativas de fabricación o servicio, está condenado a la mediocridad o al fracaso.

La existencia de genios que se adelantan a su momento o de estadistas capaces de imaginar soluciones y de ofrecer visiones superiores que traspasan los tiempos, es un hecho extraordinario que se da muy de vez en cuando en el tiempo y en el espacio. El hombre ordinario arriesga demasiado a la hora en que, sin prestar atención al consumidor potencial, dice "voy a fabricar un artículo que la gente se va a pelear por comprarme". O, en la arena política, "traigo un proyecto de Nación que *todo* el mundo va a respaldar".

Saber para servir

El concepto mercadotécnico es tan simple que su obviedad confunde. Y es que respira más en el laberinto de la actitud que en el piso seguro de la certeza "objetiva". Jorge González Arce, maestro de la materia en el Tecnológico de Monterrey, logra sintetizarlo en tal forma que parece poesía en acción: "Mercadotecnia **es saber para servir**". No se puede servir, vender, convencer, si antes no se sabe lo que la gente quiere. Tan diáfano y escueto como inexorable. Hay otras maneras de decirlo, aunque significan lo mismo: **Entender para atender** o **conocer para servir**. La clave parte del sacrificio de lo que *yo* quiero contra lo que el público pide, quiere, necesita, grita, muchas veces ante oídos sordos.

¿A qué vienen todas estas disquisiciones en torno a este rubro que empezó a manejarse en la administración de negocios? A la angustia que provoca el andar atrasados en técnicas que, en otras partes, son de uso corriente y nadie las cuestiona. Al contrario, la gente se asesora profesionalmente a fin de aplicarlas con mayor precisión a sus problemas y actividades, mientras acá seguimos llegando tarde al banquete de la historia.

No tener sitio todavía en el festín de la modernidad obedece a muchas razones históricas y circunstanciales. No obstante, hay tres grupos de personas que hoy por hoy rechazan solicitar el boleto de entrada o, cuando menos, la posibilidad de entender el platillo de la mercadotecnia: Los que llanamente ignoran la idea; los que hablan de la materia como si supieran su verdadero significado y uso si bien la confunden con las herramientas de comercialización (publicidad, promoción, propaganda), o peor aún, la trastocan pensando que es manipulación en vez de comprensión, costoso impulso o presión en lugar de respuesta; y, por último, los que la rechazan sin entenderla, pues consideran que echar mano de ella en la actividad política es frivolidad, simple empaque en vez de sustancia y lo mejor es alejarse de ella, "no es posible que se escoja a un presidente de la República como producto de la mercadotecnia". Esta declaración es como un grito desesperado que acusa el desconocimiento total del concepto y equivale a decir: "Si yo no la entiendo, si no sé nada de ella o de cómo se usa, entonces es falsa y no sirve".

Luis H. Álvarez, a mediados de los años setenta, decidió utilizar la mercadotecnia en unas elecciones municipales del estado de Chihuahua. Habló con dos asesores en la materia. Ellos lo escucharon atentamente y le preguntaron: "¿Cuánto dinero tienen para la campaña?". La cantidad era ridícula, de modo que la primera recomendación que hicieron fue estratégica:

–Concentra el esfuerzo. Escoge una sola ciudad y olvídate de las demás.

–No puedo –dijo Luis. Todos quieren dar pelea... aunque pierdan.

Después de una animada discusión, aceptó circunscribir el gasto a tres ciudades, Ojinaga, Meoqui y Delicias. La segunda recomendación respondía a la aplicación del concepto mercadotécnico a una ciudad en particular. "Hay que consultarle a la gente de Ojinaga qué desea, qué espera de la presidencia municipal, a fin de trazar la estrategia de propuesta y comunicación". Los encuestadores salieron a la calle. Obtuvieron una respuesta increíblemente sencilla: La gente quería parques, jardines para que los niños pudieran jugar, y que esos espacios estuvieran limpios, seguros y bien cuidados. Otras peticiones completaban el cuadro, pero lo básico eran los parques, un deseo alcanzable sin tener que aumentar el presupuesto.

La campaña propuso la solución de esta carencia, así se promovió y el día de la elección se cosechó el esfuerzo: El PAN y su candidato, Ernesto Poblano, ganaron. Durante la noche, el representante oficial del comité electoral reportó el resultado a la Secretaría de Gobernación y pidió instrucciones:

–¿Qué hacemos?– El hombre en México contestó con otra pregunta:

–¿Con qué porcentaje ganaron?

–Noventa por ciento, señor.

–Entonces denles el triunfo.

El presidente municipal se dedicó a cumplir lo prometido. Entonces el gobierno del estado fue cerrando las puertas. Cero participaciones, cero ayuda, suspensión de los desayunos escolares y otras lindezas. A los seis meses, el gobernador, Manuel Bernardo Aguirre, viejo y experimentado producto del sistema, habló con el presidente municipal y... lo alineó. Poblano se cambió al PRI y el triunfo efímero de la democracia terminó. Este incidente ilustra el uso de técnicas distintas para enfrentar problemas políticos: A la primera medida se le llama mercadotecnia; a la segunda "acción política". Y todos contentos, menos el pueblo, que tomó nota. Con el tiempo transformaría a Chihuahua en un bastión de la democracia mexicana.

En el otro extremo, hay ejemplos de rechazo que reflejan la premodernidad e incomprensión del entorno por parte de políticos que no han asimilado la esencia de su noble profesión pública, la cual consiste precisamente en servir a los demás. Ahí están las declaraciones de algunos que no estuvieron dispuestos a colaborar con el gobierno electo *porque su proyecto es otro,* distinto al propio y, desde luego, también al que la mayoría escogió para emitir su voto. ¿Quiénes son ellos para tener un proyecto que no están dispuestos a variar ni ante la manifestación expresa de una mayoría ciudadana? Esto no es más que dogmatismo, una adopción férrea a ciertos "principios" con los que disfrazan la decisión íntima de un autoritarismo del pasado, ajeno a las cualidades que debe tener un político: Instinto, sensibilidad, conocimiento de los deseos de la ciudadanía, flexibilidad, capacidad para escuchar a su pueblo y disposición de adaptarse a las circunstancias y señalamientos que la sociedad le haga. Su postura es una actitud focalizada en la filosofía del poder, más cercana a la autoridad impositiva del Estado que al individuo, que requiere una actitud de servicio.

Un grupúsculo de priístas alza sus voces y afirma que Ernesto Zedillo es sujeto de expulsión del partido por haberse "precipitado" al dar la noticia del triunfo de Vicente Fox. A estos militantes olvidados nadie les informó, es obvio, lo que el presidente y los altos jerarcas del partido sabían dos meses antes del día de la elección, que la tendencia en las preferencias del electorado era clara, creciente e irreversible por lo que, salvo un milagro, iba a desembocar en el triunfo de la oposición panista. Y los milagros no se dan si no hay magos en el ambiente.

Las encuestas de opinión pública, añeja herramienta para medir el mercado, funcionan con gran exactitud si quienes las realizan tienen la destreza y experiencia necesarias, caso en que se encuentra la mayoría de las firmas que operan en México desde hace muchos años. Sin embargo, en política se empleaban restrictiva y mayoritariamente por el gobierno. El margen de error varía entre 2.5 y tres por ciento, por lo que su evaluación resulta confiable. De hecho, ninguna de estas firmas, al aplicar su técnica, tiene por qué equivocarse, lo cual no las hace invulnerables a la corrupción. "A ver cómo le haces, pero mi candidato tiene que salir arriba", instruían los encargados de la manipulación, acostumbrados a comprar conciencias, a manejar a su antojo grupos y situaciones, a preparar reportes donde todo salía bien a pesar de las evidencias en contrario de la realidad.

En estos casos ni siquiera es necesario modificar la aplicación del método, basta introducir dos o tres cedazos para ajustar de antemano el resultado. Por ejemplo, si se eliminan a los que no votaron en 1997, quedan fuera los electores que todavía no cumplían los 18 años. Y si además se excluyen los que no votaron porque la concurrencia fue menos copiosa de la que se esperaba para el 2000, el resultado varía entre cinco o seis por ciento, por encima del margen de error. Hubo un caso en que el encuestador reportaba una ventaja del candidato oficial ¡17 puntos! Descaros del subdesarrollo.

A finales de mayo, algunos periódicos daban esperanza a Labastida al decir, por ejemplo, que "el impulso que Fox tomó en abril parece debilitarse... su imagen se ha deteriorado en las últimas semanas: Los electores lo perciben como un líder fuerte y honesto, sí, pero también como un hombre terco y poco tolerante". El cálculo hecho el 27 de mayo, publicado en *Reforma*, daba 46 por ciento a Labastida, 38 a Fox y 17 puntos porcentuales para Cárdenas.

Sin embargo, Roberto Reyna González, observador minucioso de estos cálculos, dudaba de las cifras.

> Tratándose de encuestas domiciliarias, se puede identificar al encuestado, por lo que con frecuencia la gente se inclina a ocultar su intención del voto. Si, además, aquéllas se hacen en boletas similares a las de elección, la desconfianza aumenta. El ejemplo frecuentemente citado es el de Nicaragua, donde perdieron los sandinistas con una expectativa ganadora. Los técnicos dan por válido prorratear a los indecisos de acuerdo con la proporcionalidad de los que sí expresaron su simpatía, pero aplicar ese criterio con los que no contestaron no es correcto. Para mí, lo más exacto es dividir el universo de los que no contestaron en dos: La mitad de acuerdo con el comportamiento de los que sí escogieron y la otra mitad a la oposición, proporcionalmente. Entonces, el resultado es diferente: Labastida obtendría 37.9 por ciento contra 40.9 de Fox y 18.1 de Cárdenas.

Las encuestas de salida son todavía más precisas. Su margen de error no llega a uno por ciento. El 2 de julio reportaron una variación menor a medio punto porcentual. Para las 10 de la mañana de ese día ya tenían suficientes resultados que anticipaban el desenlace. A la una de la tarde, prácticamente todos los profesionales de esta industria sabían cómo iba a terminar el cómputo. El presidente Zedillo habló con Vicente Fox a las seis de la tarde a fin de comunicarle la tendencia de la votación y a esa misma hora la noticia ya estaba en la radio.

El presidente volvió a llamar a Fox a las ocho de la noche. Le confirmó el resultado y a las 11 de la noche el IFE dio su apreciación formal. A continuación, Zedillo escenificó la mejor actuación política de su mandato. Con la cara seria, casi compungida, y algunos rasgos de abatimiento, informó a la nación. Tuvo cerca de dos meses para pensar y preparar el mensaje que diría a la sociedad mexicana. En el moderno cuarto de información que manejaba Liébano Sáenz, su secretario particular, tenía los datos en pantalla, no había sombra de duda. Claro que el mandatario tenía la opción de dejar que los encargados de la campaña de Labastida trampearan el resultado, sólo que dejarlos sacar de la chistera al conejo del triunfo falso suponía cometer un fraude monumental y él no estaba dispuesto a permitirlo.

La sombra de uno de los últimos trogloditas sudamericanos rondaba en el ambiente como animal infectado. Fujimori, con ayuda de los militares en el Perú, metió descaradamente la mano y arrebató el resultado a su opositor antes de que se hiciera realidad indisputable. No pasó nada, cuando menos en ese momento. Ernesto Zedillo, consciente de la hora que vivía el país y de la coyuntura que él mismo había propiciado con su reforma política, así como de su responsabilidad histórica, decidió dar el salto a la cumbre de estadista, al adelantarse a cualquier intento de enturbiar los comicios. Con patriotismo –todos los presidentes albergan en su alma este sentimiento–, renunció a la posibilidad de una victoria espuria del candidato de su partido, mancha que lo hubiera llenado de ignominia.

Zedillo, así, pasará a la memoria escrita de este país como el primer presidente de la etapa tecnocrática –y, finalmente, del sistema político mexicano– en rendir buenas cuentas macroeconómicas, en llegar al fin de su mandato sin sobresaltos, y en entregar la presidencia a la oposición pacíficamente, que fue lo verdaderamente extraordinario. ¡Qué fin de fiesta para cualquier jefe de Estado! Trascender a los anales de la Nación agigantado a pesar de un ambiente que nunca le permitió disfrutar plenamente del poder, a diferencia de sus antecesores.

Mercadotecnia y comunicación política

¿Cómo utilizó Vicente Fox las herramientas de mercadotecnia y comunicación política adquiridas por el hombre? ¿Quién instrumentó su aplicación? ¿Qué dificultades enfrentaron en el camino? Estas preguntas se pueden responder trazando los rasgos, perfiles y experiencias de los hombres expertos en sus respectivos campos, así como entendiendo la participación, enlace y aprovechamiento de un publicista y de todo el equipo de dirección de la campaña, incluida la coordinada labor de los medios de comunicación, esenciales receptores y difusores de la acción política.

José Antonio Sosa Plata, un joven con 40 años de edad en el 2000, nació el 15 de mayo de 1960. Tiene un largo historial en comunicación política, especialidad de la que es pionero en el país. Egresado de la licenciatura en periodismo y comunicación colectiva de la UNAM (1981) y con estudios en el Instituto de Mercadotecnia y Publicidad, desarrolló sus primeras actividades como especialista en las secretarías de Gobernación y de Desarrollo Urbano y Ecología, así como en el gobierno del Distrito Federal. Luego de ocupar por espacio de un año la Dirección General de Comunicación Social del Sindicato Nacional de Trabajadores de la Educación, dio un

Al empezar a colaborar con Fox, José Antonio Sosa Platas no imaginó los pasajes de angustia que cruzaría.

giro definitivo en su trayectoria al dedicarse de lleno al espacio privado de la consultoría, justo cuando iniciaba la década de los noventa. A partir de entonces, ha asesorado a innumerables instituciones y personajes políticos de primer nivel en México y varios países de América Latina.

En el ámbito académico, Sosa Plata cuenta con una larga trayectoria. Ha impartido cursos y conferencias en más de 20 universidades del país y del extranjero. Sus primeras experiencias académicas se remontan a 1982, cuando se inició como profesor titular en la materia de régimen legal de los medios de comunicación en México, dentro del plan de estudios de licenciatura en periodismo y comunicación colectiva que se impartía en la UNAM. En 1986 se incorporó al diplomado en análisis político en la Universidad Iberoamericana y, a partir de 1993, puso en marcha el primer diplomado en análisis y diseño de la comunicación política, espacio que se mantiene a la fecha como uno de los más reconocidos dentro de la institución. En el ITAM ha sido profesor invitado para impartir cursos especiales sobre medios y comunicación, al igual que manejo de imagen política en los diplomados de mercadotecnia política y comunicación internacional.

Su experiencia académica lo ha llevado, además, a impartir cursos y seminarios especiales destinados a la formación de cuadros de diversas instituciones públicas y privadas. Entre sus muchas experiencias destaca la de ser uno de los académicos invitados, desde hace varios años, por la Escuela Militar de Inteligencia de la Secretaría de la Defensa Nacional.

Sosa Plata es considerado, por muchos, como uno de los mejores *media trainers* de México. Esta actividad la emprendió gracias al apoyo y visión de la maestra Lidia Camacho y del doctor Gerardo Ojeda, cuando ambos colaboraban para la Universidad del Claustro de Sor Juana. Capacitado en una primer etapa por André Routá y Jacques Seguí del Institut National Audiovisuel (INA) de Francia, impartió durante un par de años diversos talleres de expresión frente a las cámaras de televisión en el Centro de Entrenamiento en Televisión Educativa de la Secretaría de Educación Pública y en la maestría en tecnología educativa del Instituto Latinoamericano de Comunicación Educativa de la UNESCO.

Con estas bases, y luego de mucho tiempo dedicado a la investigación y práctica de las técnicas que se estaban desarrollando en varios países, el comunicador desarrolló el programa de imagen pública en medios electrónicos, que tiene como columna vertebral una de las propuestas metodológicas más avanzadas en cuanto a entrenamiento en medios se refiere. Su área de influencia en esta materia ha sido definitivo y contundente, no sólo por el número de personajes de primer nivel que ha capacitado, sino por los resultados que ha alcanzado, especialmente en el debate político.

En 1993 y 1994 fue coordinador ejecutivo de la Dirección de Sistemas de Información de Televisa y, ahí mismo, coordinador general del noticiero *Punto por Punto*, de 1995 a 1996. Por otra parte, el Fondo Mundial de Población de la Organización de las Naciones Unidas, en combinación con la Secretaría de Salud de México, financiaron un proyecto audiovisual para que el consultor posicionara el concepto de salud reproductiva en los altos ámbitos directivos de los países de América Latina.

José Antonio ha sido comentarista político y de imagen en diversos medios de comunicación, asesor de varios programas noticiosos e informativos de radio y televisión, tanto en Televisa como en el canal 11 del Instituto Politécnico Nacional, ha realizado investigaciones sobre comunicación política, imagen gubernamental y procesos electorales en Perú, Guatemala, Chile, Brasil, El Salvador, Nicaragua, España, Estados Unidos y en más de 15 estados de la República Mexicana.

A partir de estos conocimientos y experiencias ha publicado artículos especializados en medios de circulación nacional y es autor del libro *Información política: Enfoque analítico y perspectiva estratégica*, publicado por el Instituto Federal Electoral. Actualmente es director general de la empresa consultora Apoyo, Asesoría en Comunicación Política.

Este impresionante currículum no informa, sin embargo, sobre los antecedentes que soportan su inclinación frenética al trabajo. Sus primeros contactos con la política y la comunicación los tuvo en su niñez. No había cumplido los siete años cuando ya visitaba todas las redacciones de los principales medios de comunicación para entregar los boletines de prensa que elaboraba Eduardo Sosa Olvera, su padre. Haber asumido responsabilidades desde pequeño e incursionar a edad temprana en los medios de comunicación (a los 15 años en el diario *Novedades* y a los 17 en *Notimex*), le dieron dos herramientas esenciales para su profesión: Disciplina y constancia.

Don Eduardo Sosa fue un periodista honrado que se ufanaba de serlo y lo transmitía, orgulloso y machacón, como asignatura obligada y cotidiana a sus hijos. A pesar de las tentaciones continuas que lo asediaban, el señor Sosa vivía su honradez con alegría y congruencia estrictas, a veces llevándola al extremo. Baste un ejemplo: Entre los servicios que prestaba como profesional independiente fue pieza clave en la instauración y organización anual durante muchos años del día del barrendero, para el cual organizó espectáculos, rifas de casas, automóviles y muchos premios más, cobrando por ello un magro honorario. Él mismo conseguía los premios, donados por los más modestos contribuyentes o por el mismísimo presidente de la República. Al terminar una de estas tómbolas nacionales, el éxito fue tan grande que los patrocinadores decidieron regalarle una casa, sólo para encontrarse con la negativa terminante de don Eduardo, quien les dijo: "Yo establecí el honorario, me lo pagaron, estamos en paz". Era tan estricto que no permitía que sacaran del lugar de acopio de los premios ni una bolsa de dulces.

Pero el anhelo real del padre de José Antonio era que sus hijos fueran políticos, noble profesión cuando se tienen antecedentes de honradez y generosidad. Aunque la aspiración no sería cumplida, porque el hijo se decidió por seguir los pasos del padre, sí imbuyó en él un deseo irrefrenable de superación personal y el hábito de la lectura, como instrumento de apoyo y arma para triunfar en la vida.

Al empezar a colaborar con Vicente Fox y su equipo, Sosa Plata jamás imaginó que cruzaría por pasajes de angustia inéditos. Su disposición a servir a la causa democrática representada por el guanajuatense y su atractivo sueño, y la ilusión de aportar algún cimiento al México nuevo que vislumbraban millones de mexicanos, lo hicieron levantarse de la silla de espectador y enrolarse en la cruzada.

Si bien la relación fue transparente desde un principio, era evidente que cualquiera que colaborara para el guanajuatense corría algunos riesgos. Por esta razón, el contacto se mantuvo siempre en los términos estrictos de la consultoría: Ética profesional y confidencialidad.

En las más altas esferas políticas del país la labor de Sosa Plata ha sido ampliamente conocida. Quizás por ello, cuando se enteraron en el partido oficial del apoyo que daba a Fox, se promovieron varios acercamientos con algunos de sus amigos y clientes del pasado. Uno de los objetivos de estas reuniones era disuadirlo de que lo mejor que podía hacer era apoyar la campaña de Francisco Labastida. Sin embargo, y en virtud de que no hubo puntos de coincidencia profesionales o políticos con el equipo de campaña del priísta, el comunicador político rechazó el ofrecimiento y siguió adelante con su asesoría al panista, convencido de que era lo mejor para el país. Además, Sosa Plata sabía bien que tenía que cumplir con otra regla fundamental de la consultoría: No apoyar al mismo tiempo ni en el mismo espacio a dos adversarios políticos.

José Antonio confió en que el secreto profesional estaría a salvo y decidió pagar los costos: Satisfacción intrínseca y nulo reconocimiento público. Pero ahí no quedó todo. Con el objetivo de borrar del horizonte cualquier confusión o conflicto, aun con el propio equipo de Vicente Fox, el comunicador dejó en claro desde un principio que su interés, en caso de que resultara ganador, no estaba cifrado en obtener ninguna posición dentro del gobierno federal. Y así sucedió. No tenía por qué haberlo puntualizado pues esa norma es básica en el estilo de Fox, pero él aún no lo sabía.

A pesar de algunas presiones, sobre todo en los días previos al segundo debate, Sosa Plata se sostuvo y tomó algunas providencias. Recordó lo que Fox había dicho cuando, descaradamente, le acumulaban obstáculos: "Haremos el partido como nos jueguen. Si lo quieren rudo, así jugaremos". Es un hecho que su participación generó conflictos, dudas y desconcierto en más de uno de los participantes, sobre todo si tomamos en cuenta las difíciles condiciones de su colaboración. Sin embargo, la comunicación eficiente y el apoyo que recibió en forma permanente de Vicente Fox, Marta Sahagún y Gina Morris fueron garantía de que su labor se desarrollara en los mejores términos y condiciones posibles.

Pero todo esto se habría mantenido en el terreno de la confidencialidad de no ser porque, un par de meses después de la elección del 2 de julio, *Milenio* publicó un reportaje difamatorio el 11 de septiembre del 2000, salido de la pluma de Alberto Aguirre M. Con el encabezado de "El hombre que traicionó el debate", la revista presentó una investigación periodística deficiente que, además de dañar la imagen del comunicador, ponía en entredicho la eficiencia de la campaña de Fox. El reportaje arrancaba con un resumen:

"¿Hasta donde un consultor político está obligado a guardar la confidencialidad en los asuntos que su cliente le encarga? La pregunta cobra validez al conocerse el caso de José Antonio Sosa Plata, el mejor *media trainer* de México, quien asesoró, el mismo día –el previo al segundo debate–, a Vicente Fox y a Francisco Labastida, entonces contendientes por la Presidencia".

Fueron muchas las imprecisiones ahí publicadas y evidentes las malas intenciones de los "informantes", quienes optaron por no dar la cara, si es que realmente existieron, sobre todo cuando eran tan graves las acusaciones que hacían. Sin necesidad de entrar en más detalles, ya que Sosa Plata ejerció su derecho de réplica (aunque no en los términos de ley porque la revista mandó su respuesta a la sección de correspondencia), es un hecho que las historias ahí contadas no tuvieron mayores repercusiones pues estaban sustentadas en falsedades, imprecisiones y equivocaciones. Un ejemplo sirve para sintetizar el sesgo negativo de la investigación: "La primera semana de junio, Fox estaba desesperado. Había pasado el primer debate y los reportes demostraban que su ventaja se estaba derrumbando".

Si analizamos la gráfica de preferencia electoral correspondiente a los meses de mayo y junio de Arcop[2], que el periodista cita, veremos una estabilidad continua, hecho que desmiente la afirmación de que la ventaja de Fox "se estaba derrumbando". Parte de 38.8 por ciento el 20 de mayo para Fox contra 32.6 de Labastida. Éste casi toca la línea de Fox el 25 y el 27 de mayo, justo después del martes negro así como el 4 de junio, pero jamás la sobrepasa. A partir de ahí Labastida ya nunca se acerca. El 16 de junio Fox punteaba con 39.3 contra un 32.6 de Labastida, una diferencia de 6.7 puntos que es prácticamente con la que terminó: El 43.5 de Fox contra 36.5 de Labastida. El interés de venganza contra Sosa Plata no podía ser más claro.

---

[2] Análisis y Resultados de Comunicación y Opinión Pública.

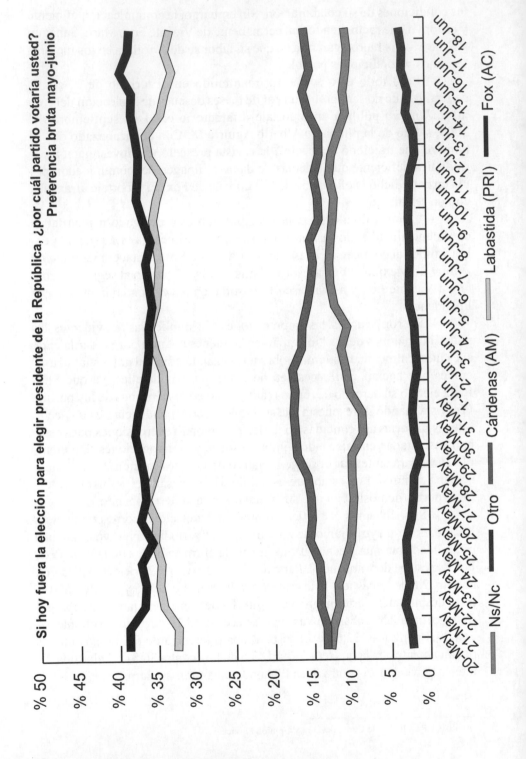

Si hoy fuera la elección para elegir presidente de la República, ¿por cuál partido votaría usted?

Preferencia bruta mayo-junio

Cárdenas (AM) — Labastida (PRI) — Fox (AC)

Otro — Ns/Nc

20-May, 21-May, 22-May, 23-May, 24-May, 25-May, 26-May, 27-May, 28-May, 29-May, 30-May, 31-May, 1-Jun, 2-Jun, 3-Jun, 4-Jun, 5-Jun, 6-Jun, 7-Jun, 8-Jun, 9-Jun, 10-Jun, 11-Jun, 12-Jun, 13-Jun, 14-Jun, 15-Jun, 16-Jun, 17-Jun, 18-Jun

% 50, % 45, % 40, % 35, % 30, % 25, % 20, % 15, % 10, % 5, %

En el número correspondiente al 18 de septiembre, Sosa Plata refutó la información de Aguirre, mencionando datos imprecisos, equivocados, inventados o falsos. Por ejemplo, Sosa Plata no es "uno de los pioneros en la mercadotecnia política", sino en comunicación política, algo muy distinto. Inventa que Sosa Plata "ha enseñado a prácticamente todos los políticos priístas de importancia", una inexactitud monumental. Luego, remata su premisa concluyendo que es "el *media trainer* de cabecera del PRI". Agrega otras dos falsedades: "Fue puntal en la preparación de la expresidenta nicaraguense, Violeta Barrios", y que la doctora Claudia Calvin Vevero fue su alumna. El reportero contestó, en la misma página de la réplica, que sus "fuentes" le habían confirmado la participación de Sosa Plata en la preparación de Labastida, aunque no se atrevió a soltarlas y, sobre todo, nunca aportó algún documento o comprobación fehaciente de sus afirmaciones. Alberto Aguirre mostró su intención de confundir al lector, pues alegó la "confidencialidad" de sus informantes sin demostrar el hecho. Es como afirmar que alguien está muerto, según una "fuente confidencial", sin mostrar el cuerpo del difunto o su acta de defunción.

El caso de los asesores es un aspecto sumamente interesante de analizar. Con frecuencia se piensa que el triunfo depende de la calidad y actuación de los auxiliares. Esto no es necesariamente cierto ¿De qué sirve tener a los mejores consejeros del mundo si quien recibe la orientación no tiene criterio, dimensión o calibre? El hombre, en lugar de aclarar la mente, se confunde. A los asesores se les pide información, datos, puntos de vista, ideas; el que resuelve qué usar es el líder, el presidente, el hombre de empresa. El embajador de Estados Unidos en Francia, en tiempos de Napoleón, relata el despiadado manejo que el emperador hacía de esa facultad: "Rara vez puede vérsele; cuando esto sucede, difícilmente puede hablársele...; y jamás escucha algo que no preguntó". De esta manera, los mismos consejeros pudieron haber estado en los cuartos de guerra de los dos generales contrincantes y pudieron haber escuchado las estrategias de sus rivales. El curso de la acción, sin embargo, habría sido muy diferente si uno hubiera aprovechado la información del otro. Sólo que ya en el ruedo el torero se queda solo, con sus recursos, su carácter, nada más. Puede ir y preguntar, "¿qué hago?". Pero todo el mundo en la plaza se daría cuenta.

Otra ciencia oculta

Francisco Javier Ortiz Ortiz es un joven de 41 años de edad que nació en la ciudad de México el 29 de junio de 1959. Francisco vio la luz en una cuna con sonajas mercadotécnicas. Es un producto puro de esta incomprendida disciplina. Piensa y canta cuando usa el cerebro porque se conecta con el alma alegre y libre de sus clientes. El desafío fascinante es descubrir qué quieren, cómo lo

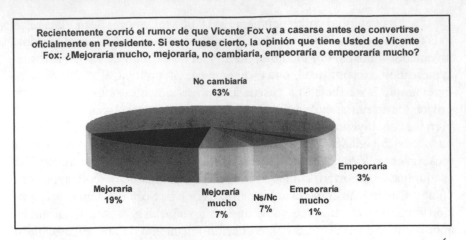

Recientemente corrió el rumor de que Vicente Fox va a casarse antes de convertirse oficialmente en Presidente. Si esto fuese cierto, la opinión que tiene Usted de Vicente Fox: ¿Mejoraría mucho, mejoraría, no cambiaría, empeoraría o empeoraría mucho?

No cambiaría 63%
Empeoraría 3%
Mejoraría 19%
Mejoraría mucho 7%
Ns/Nc 7%
Empeoraría mucho 1%

quieren y cuánto están dispuestos a pagar por la satisfacción de esos deseos. Él dispara rápido, exige, *echa madres*, aunque su ánimo jamás desfallece. ¿Por qué? porque siempre va adelante, hombro a hombro con la punta de la flecha que se desliza dibujando la tendencia del mercado que está observando.

Si alguien pregunta y tiene derecho o necesidad operativa de saber un dato inusitado, por ejemplo, ¿qué piensa la gente del matrimonio de Marta Sahagún con Vicente Fox?, Francisco lo tiene listo sin que nadie se lo haya pedido. Está en su escritorio desde hace varios días y la información es actualizada constantemente. "Pero eso cuesta mucho dinero –dirán algunos–, se pueden investigar mil cosas...". En eso consiste, precisamente, la pericia y la diversión de Francisco: Producir la información relevante, necesaria para pelear con ventaja y ganar la guerra.

Francisco Javier Ortiz estudió administración y finanzas en la Universidad Panamericana, una dependencia del IPADE, en la ciudad de México. No pudo graduarse, los compromisos prematuros de trabajo no le permitieron tener el tiempo para rematar sus estudios; sin embargo, la formación de una sólida moral, el equipamiento de su interior con un generador de principios éticos y de respeto al prójimo y los hábitos útiles de estudio y trabajo inculcados por los lasallistas en el Colegio Cristóbal Colón, lo pertrecharon sobradamente para el viaje de la vida. Desde la preparatoria tuvo que costearse su carrera. Vendía vinos, tapetes persas, chamarras de piel y relojes Cartier que compraba en Tepito. Su maestro de finanzas, Ian Muir, lo sacó de las aulas. Le ofreció la gerencia administrativa de ventas de una de las direcciones de Banamex y lo llenó de trabajo.

En 1984 su maestro de investigación de mercados, Paulino Díaz Fernández, se lo llevó a la compañía Richardson Merrell como gerente de mercados. Una empresa con grandes productos ganadores, Choco Milk, Vick, Clearasil, Sal de Uvas Picot, Larín. Luego, ascendió a un puesto denominado *group product manager* y, al igual que Rosario Robles, exjefa de gobierno del Distrito Federal, se dio cuenta que no sabía hablar inglés. Él, en vez de declinar el nombramiento y dejar que la ignorancia le ganara, utilizó intensamente sus tiempos de descanso, de seis a nueve de la noche, y en seis meses ya estaba discutiendo con sus colegas extranjeros en ese idioma.

Richardson Merrel fue adquirido hostilmente por Procter and Gamble. Esto es, mediante una oferta directa a los accionistas de la compañía sin consultar antes con sus directivos. Francisco Ortiz fue a parar al inventario humano de la empresa campeona en el uso global de la mercadotecnia. Normalmente no hubiera sido aceptado porque no posee título universitario, sólo que como parte de los bienes que *piensan* no tuvo problema. Aquí sí era indispensable el mentado idioma de Shakespeare. Es más, en las juntas de trabajo de esta arrogante empresa, los ejecutivos, aun siendo todos mexicanos, se conducen en inglés. "Una vez que traspasas la entrada de la compañía –recuerda Francisco– te sientes en la embajada de Estados Unidos", aunque su origen sea británico y sea ya una transnacional mundializada.

La estructura de Procter es plana. Tiene solamente tres niveles en su organización, odian la burocracia y su disciplina es feroz. Todo reporte debe caber en una hoja, de lo contrario es basura y nadie lo lee. Ortiz ocupó el puesto de gerente de marca (*brand manager*) y se casó con Choco Milk, uno de los productos más exitosos del mercado. Cuatro asistentes capeaban sus ventoleras imaginativas. Al fin se aburrió. Tanta eficiencia, aun a la hora de efectuar cambios, sistemáticamente rutinarios, le quitó sabor a su vida. Intentó una aventura independiente, abriendo un restorán, el Ambiance, sólo que nunca tuvo el tiempo y la concentración necesaria, por lo que decidió cambiar radicalmente de aires. Alejandro Quintero Ramírez, presidente de Radiópolis, el grupo radiofónico de Televisa, le propuso trabajar con libertad plena.

–¿Qué voy a hacer? –preguntó Francisco Ortiz.

–Cosas, muchas cosas: Nuevos proyectos, llenar los huecos en la programación. La pantalla no cuesta y si alguien no compra espacios, conviene llenarlos por nuestra cuenta, ya los venderemos después.

"Magnífico –pensó–, ahora si me voy a divertir". La comercialización de esos programas estaba a cargo de otra división de Televisa, pero el contacto con el televidente, sus gustos, preferencias y necesidades no eran ajenas a Ortiz Ortiz, sino su responsabilidad directa.

Pronto estuvo a cargo de la vicepresidencia de mercadotecnia del grupo editorial de la televisora del *Tigre* Azcárraga, que tiene entre sus trofeos el primer lugar mundial en ventas de revistas en español, con éxitos como *Vanidades* o la revista *Tv y novelas*. Un trabajo que de rutinario no tenía ni un pelo y al que Francisco Ortiz manejaba sin agobio, como que es un monstruo sin rival: 2.5 millones a la semana sólo de *Tv y novelas*, más otras revistas.

Korn Ferry, firma de buscadores de talento, dio con él. Francisco aceptó conversar con Fox y lo escuchó durante 40 minutos el 13 de septiembre de 1999. "Fascinante –pensó entusiasmado–, qué oportunidad de agarrar el columpio y sentir el vértigo de la incertidumbre". Se lo dijo a su esposa, Martha Murga Villaseñor. Ella lo comprendió, no solamente por confiar en él y en sus habilidades, sino porque ella misma proviene de una familia que vivió intensamente el servicio público. Su abuelo, Víctor Manuel Villaseñor, fue todo un personaje de la política. De pasado porfiriano y con recursos económicos sobrados, escogió la filosofía de la izquierda para aplicar sus ideas. Ocupó puestos muy importantes en el gobierno federal y cerró su vida escribiendo un libro rico en enseñanzas: *Memorias de un hombre de izquierda*. "Sí Paco, vamos a subirnos al columpio", fue su respuesta, adivinándole el pensamiento.

Tres días después, el 16 de septiembre, Fox lo llamó de acuerdo con lo convenido. Francisco aceptó la oferta y de inmediato se puso a formular un plan que incluyera los materiales del comportamiento humano, de esos que están a la alza y que los sicólogos llaman ganar-ganar. Se lanzó a buscar un publicista que tradujera los hallazgos, las estrategias, los problemas publicitarios que tuviese el candidato al lenguaje creativo. Éste, dadas las circunstancias y características del "producto" que manejarían, debería ser sencillo, penetrante, pegajoso y movilizador de voluntades, sin soslayar por supuesto su concordancia con los deseos y motivaciones de los electores. La esencia mercadotécnica presente era: No vamos a vender, vamos a hacer que nos compren.

Francisco convocó a varios publicistas. El más audaz se desprendió del grupo y ganó el encargo, Santiago Pando Marino, ¡un poeta! Las inclinaciones literarias del nuevo colaborador fueron bien vistas en el equipo pues, se decía, "el tanque de la cultura lo traemos muy bajo". Pando Merino es todavía más joven que los otros dos especialistas y, como ellos, proviene de un mundo externo al de la política, ese universo voluble donde se realizan las ventas y al cual pertenece una masa humana aparentemente informe y desconocida a la que, no obstante, hay que respetar y consentir si se trata de atenderla y comunicarse con ella. En otras palabras, el mercado.

Santiago Pando nació en Guadalajara, Jalisco, el 23 de julio de 1964, por lo que en el 2000 completó apenas 36 años de edad. Su padre, Antonio Pando Quesada, es del mismo pueblo de los Quesada ancestros de Fox, Llanes, Asturias. Su madre, Marcela Marino, es originaria de la capital tapatía e hija de italiano. Todos, pues, habitantes de Jalisco, por lo que no resulta extraño que Santiago tuviera una educación católica, si bien tiene facha y lenguaje de agnóstico. Estudió primaria y secundaria con los hermanos maristas, licenciándose en publicidad en el Centro de Estudios en Ciencias de la Comunicación de Guadalajara. Y joven, también, contrajo matrimonio con Maritza Pérez.

El creativo, antes de echarse un clavado en el estanque de la imaginación, pidió a Ortiz una entrevista con Vicente Fox. "Tengo que verlo, hablar con él, conocerlo". Conforme transcurrió la hora que pasaron juntos,

Santiago Pando abrió el armario de su imaginación
y echó a andar la locura de las ideas.

Santiago fue casando sus propias ideas con los conceptos políticos y sociales del candidato sobre lo que México necesitaba para enfilarse hacia la democracia plena, liberarse de sus estorbos, sumar talentos, provocar un movimiento ciudadano de conciencias. Su sensibilidad le decía que la gente estaba lista, pero ésta tenía que sincerarse con ella misma. En una palabra, despertar al país, sacudirlo, sacarlo de su mediocre comodidad y evitar el sacrificio de su autoestima. Pando comprendió que tomar esa cuesta sería riesgoso, pero no podía estar más de acuerdo con él en intentarlo. "No se trataba de ir a la izquierda o a la derecha, eso era un pleito del pasado. Había que desafiar a la sociedad para que hiciera un alto en el camino y, en esa pausa, se armara de fuerzas y se atreviera a pasar por la puerta del cambio a un futuro mejor".

Su hijo Daniel, de apenas 11 años de edad, platicó unos minutos con Vicente Fox mientras él traía unos papeles. Al salir de casa del candidato, el niño le dijo a su padre:

–Vete con Vicente, me cae bien–. El publicista, incrédulo, le preguntó:

–¿Por qué hijo?

–Porque dice palabrotas, lo he oído en la televisión.

Santiago Pando no lo pensó más. Abrió el armario de su imaginación y echó a andar la locura de las ideas. Empezó por el **Ya basta** zapatista, simplemente por ser simpatizante del movimiento y de sus ideas o, mejor dicho, de los objetivos de la izquierda, porque en métodos no son precisamente eficaces. Recordó también que el PRD había usado un estribillo similar, aunque más ciudadano, menos abstracto: **Democracia ya**. El adverbio monosilábico **ya** es una palabra corta, simple, aunque muy significativa. Tan pronto captó la atención de Pando y resonó en su cabeza, *ya* no la dejó ir. Vocalmente es abierta, buena para enfatizar algún discurso, imperativa y coloquial. "Estaba flotando en el aire, yo simplemente la bajé a la tierra, la hice punto de reunión, de cohesión y la presenté tal cual, sin adornos": **Ya**.

Al presidente del PAN, Luis Felipe Bravo, le gustó, pero además, Santiago Pando cree que sirvió para unir a Fox con su partido. El **Ya** logró ese *match*, la conjunción de candidato y partido, la unión de Vicente Fox con el Partido de Acción Nacional.

La publicidad, para ser eficaz, tiene que aplicarse a resolver problemas publicitarios, no otros. Tal es su función. Es una aceleradora, una divulgadora de los atributos de la persona o producto que promueve. Querer engañar al público anunciando propiedades o cualidades que no posee el objeto, el sujeto o la idea transmitida, es igual que usar una maraca jacarandosa como martillo: Hace ruido pero se rompe al primer impacto.

Santiago Pando entró de lleno a la campaña, consciente de que los mensajes debían dirigirse tanto al personal interno como a la multitud ciudadana, a fin de aprovechar la sinergia unificadora y movilizadora prevista.

El **Ya somos más** tenía ese propósito, afirmar el crecimiento de las huestes de la sociedad que querían sacudirse la postración política que padecían. Al mismo tiempo, había que contestar los ataques del enemigo con comunicaciones igualmente cortas, si bien contundentes y, sobre todo, oportunas, lo cual suponía una actividad acelerada, siempre acelerada, lo mismo de Francisco Ortiz que de la producción creativa del publicista.

En los ratos libres, la musa de Santiago Pando dirigía su inspiración para cantarle a la patria:

MÉXICO YA DESPERTÓ

La conciencia dormida abrió los ojos ante el sueño de una nación.
Los mexicanos se identificaron entre sí y varios
milenios de sabiduría fluyeron.
Despertar es recordar, ante todo, recordar.
Despertar es continuar, después de todo, continuar despertando.
Ya es de conocimiento público: El país de la virgen despertó.

Los comerciales, decenas de ellos, salían del aparato creativo como cartuchos de balas en la línea ensambladora, cubriendo avisos tanto de propuesta y esperanza como de ataque y contraataque. Temas sobre educación, trabajo, seguridad, economía y cambio –**Ya llegó el cambio que a ti te conviene**–, lo mismo que de comparación, memoria y celebración. El **Ya ganamos** apareció después del debate del 23 de abril y no era una presunción o alarde de victoria: Anunciaba la realidad de la preferencia que Fox había conquistado entre el electorado en varias posiciones fundamentales. Desde el 23 de marzo, había igualado a Labastida con una preferencia bruta de 37 por ciento. El 24 lo sobrepasó con 38 *versus* 36 y, si luego el candidato oficial, como reacción estertora, repuntaría del 29 de marzo al 5 de abril, logrando 42 contra 37 del guanajuatense, enseguida inició la caída. El 16 de abril Fox estaba nuevamente arriba con 38 contra 35 del sinaloense. Labastida subiría el día del debate, 23 de abril, con 39 *versus* 37, nada más que los resultados del enfrentamiento televisivo serían contundentes, pues Fox ganó a sus contendientes en la confrontación, acaparando el 41 por ciento.

A la pregunta, ¿me podría decir que opinión tiene de Vicente Fox?, los encuestados contestaron: Muy buena/buena, 50 por ciento para Fox, 44 para Labastida y solamente 25 para Cárdenas. El **Ya ganamos** era la pura verdad. El paso se aligeraba, por lo que se introdujeron algunos comerciales para rematar a Labastida, pues Cárdenas ya no tenía posibilidad alguna.

¿Qué pasaría si el PRI pierde?, rezaba el estribillo, animado con imágenes de fiesta, gente llena de alegría, lágrimas de contento y abrazos entre personas de diferentes generaciones que además resultaron premonitorias. Los seguidores de Fox, con el mensaje de **Ya ganamos**, in-

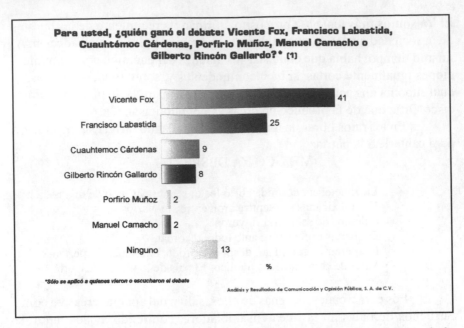

Para usted, ¿quién ganó el debate: Vicente Fox, Francisco Labastida, Cuauhtémoc Cárdenas, Porfirio Muñoz, Manuel Camacho o Gilberto Rincón Gallardo? [1]

- Vicente Fox — 41
- Francisco Labastida — 25
- Cuauhtemoc Cárdenas — 9
- Gilberto Rincón Gallardo — 8
- Porfirio Muñoz — 2
- Manuel Camacho — 2
- Ninguno — 13

%

Sólo se aplicó a quienes vieron o escucharon el debate

Análisis y Resultados de Comunicación y Opinión Pública, S. A. de C.V.

corporaban a su vida la sensación de triunfo, a la vez que los del otro lado sentían lo contrario. La tendencia era definitiva.

Santiago Pando deja hablar al poeta y evoca esos momentos como algo más cerca de la magia que de cualquier otra cosa. Un acto de fe, una erupción mística, una veladora muy mexicana encendida de fe, de esperanza, con imágenes de la gente rompiendo las etiquetas rojas y azules que la separaban entre sí. Pero el poeta también se pone serio y reflexiona: "Advertí que esa euforia, el llegar anticipadamente a la tierra prometida, la espiritualidad desatada a punto erótico, la expulsión de todo lo que quería decir y sentir, traería problemas a Fox y a su equipo".

Esta premonición "técnica" se volvería realidad. Ocurrió el llamado martes negro, aunque éste sería providencial. Fue un calambre, un latigazo para centrar a los eufóricos, para sentar a todos a meditar, a revisar el proceso, la actitud y la conducta. El tren descarrilado había que ponerlo de nuevo en la vía. Y eso hicieron.

Para empezar, había que deshacer el nudo de la terquedad proyectada por Vicente un día antes. Francisco Ortiz se reunió con el equipo a soltar ideas, pero casi todos seguían enredados en el lazo encantado. Él insistía: Hay que decir que la noción era *no dejar para mañana lo que se puede hacer hoy*. La lumbre, sin embargo, no prendía. No ahí, ni en ese momento, pero sí un poco después, quizás minutos u horas. Nadie se acuerda cuándo surgió el **hoy, hoy, hoy** esplendoroso, tal vez sin mucha convicción al principio, aunque definitivo. Santiago Creel compró el boleto y, en su siguiente discurso, enfatizó la fórmula y la palabra: **Hoy, hoy, hoy.**

Tres

El México que se va

Era un adolescente Lázaro cuando escribió, en los apuntes que desde entonces y hasta el final de sus días habría de llevar: "Creo que para algo nací. Para algo y algo he de ser. Vivo siempre fijo en la idea de que he de conquistar fama". Y como tantos otros hombres ligados al poder absoluto, de Francisco Franco a Augusto Pinochet, pasando por los tiranos de la novelística latinoamericana, tuvo un día un sueño.

El de Lázaro Cárdenas del Río lo hizo verse en plena batalla, en medio de una noche cerrada, al frente de un ejército. Era un combate contra el yugo opresor y había que salvar a la patria. "¿Acaso se realizará este sueño?", reflexionó más tarde. "¿De qué pues lograré esta fama?". Concluía: "Tan sólo de libertador de la patria[1]".

Aquel sueño, sin duda, debió transformarse con el tiempo, conforme el adolescente se convirtió en un hombre sensible a las necesidades del pueblo, en un político pragmático, en un populista con tal amplitud de mira que construyó, sobre los andamiajes que dejaron sus antecesores, el monstruoso edificio del sistema presidencialista mexicano.

Una breve mirada al México que termina el 2 de julio del 2000, día de elecciones, permite comprender mejor el alborozo de la sociedad al ver realizado el sueño de transición democrática y la derrota de la formidable organización que enfrentaron Vicente Fox y sus seguidores, el aparato estatal del PRI, esa bestia imbatible en la mente de muchos mexicanos y casi inmortal, pues logró sobrevivir 71 años, caso único en el mundo.

El origen del régimen se gesta en el hecho violento de la revolución mexicana, la cual sacude las estructuras heredadas de la colonia y las cenizas de la lucha fratricida por la independencia. Varias causas provoca-

---

[1] Luis González, "Los artífices del cardenismo", *Historia de la revolución mexicana, periodo 1934-1940*, t. 14, El Colegio de México, México, 1979.

ron el movimiento armado: La Ley Lerdo de Tejada, promulgada por los liberales a mediados del siglo XIX, despojando de tierras a las comunidades indígenas; los latifundios con baja productividad y pésimas condiciones de trabajo para los campesinos, estimulados durante el porfiriato; y la explotación cruel de los obreros en las minas y en la incipiente industria que añaden encono al descontento generalizado. La esperanza que inspiró Madero al terminar incruentamente la revolución muere con su asesinato y enciende la pólvora social acumulada.

Iniciada en 1910, la revolución enarbola tres banderas de lucha, dos políticas, sufragio efectivo y no reelección, recogidas de los anhelos liberales que desde el siglo XIX eran pregonadas pero jamás llevadas a la práctica y, posteriormente, una social, el reparto agrario a los campesinos.

El siglo XX fue un periodo de transformación rural y de experimentación social, política y económica en gran parte del mundo. Los dictados comunistas irrumpieron extremosos en sus planteamientos, aunque seductores en sus promesas; el reparto agrario parecía respuesta indiscutible en el objetivo de disolver la acumulación excesiva de la tierra; posteriormente, apareció el fascismo como violenta reacción anticomunista, nacido del nacionalismo recién consolidado en el siglo anterior. Nadie sabía todavía los resultados que rendirían tales innovaciones, incluida la democracia, pues en los primeros 50 años del siglo ésta representaba solamente una modesta e improbable forma de gobierno.

La bandera del *sufragio efectivo* lució orgullosa al culminar la campaña de Francisco I. Madero. Después, jamás ondeó en su asta. Permaneció inmóvil hasta los años ochenta, si bien el régimen recurrió al uso periódico de un sufragio real aunque falsificado a fin de legitimar las decisiones no democráticas, tomadas previamente por la cúpula gobernante.

El principio de *no reelección* fue puesto a prueba en 1928, cuando el general Álvaro Obregón intentó reelegirse. Con tal motivo modificó la Constitución, asesinó a los candidatos rivales, paisanos y amigos de él –Francisco Serrano y Arnulfo R. Gómez, junto con sus seguidores– y "ganó" las elecciones. Sólo que antes de tomar posesión fue asesinado por un individuo sin antecedentes políticos, que lo hizo más bien por motivos religiosos, León Toral.

Para resolver la crisis, el entonces presidente de la República, general Plutarco Elías Calles, en su último informe al Congreso de la Unión en 1928, convocó a todos los partidos políticos a formar uno solo de cobertura nacional –realmente una federación de caudillos–, agrupando bajo su manto a todos los revolucionarios que andaban sueltos sembrando desconcierto y muerte, con el fin de resolver en su interior las luchas por el poder. Lo llamó Partido Nacional Revolucionario (PNR) y con este nombre nació el PRI, como hijo predilecto y consentido del

Estado mexicano, acompañado de algunos entenados que hacían séquito legitimador.

El gran elector

De 1928 a 1934 el general Calles utilizó el partido recién formado con objeto de constituirse en el poder tras el trono, sin oposición dentro o fuera del mismo, de suerte que él fue el gran elector, tanto del presidente de la República como de los gobernadores, diputados y senadores, lo que por un lado implicaba un reconocimiento a su autoridad y una frágil legitimidad, y por el otro, un control político absoluto de todo el aparato gubernamental, incluida la burocracia responsable de los procesos electorales, control logrado por la cooptación de todo aquel que tuviera apetito por un cargo público, por alguna compensación mediante prebendas o contratos otorgados por el gobierno federal o porque fueran auténticos opositores en busca del poder.

Con vistas a las elecciones de 1934, el general Calles designó candidato presidencial por el partido al general Lázaro Cárdenas, un joven que se había unido a las filas revolucionarias tras abandonar su trabajo de impresor y que se ganó la confianza de don Plutarco. Ya investido del cargo, rápidamente rechazó el control del *Jefe Máximo* de la revolución, título que se adjudicó Calles, y en el plazo de un año logró que éste saliera del país y lo dejara gobernar sin su interferencia.

Cárdenas refundó la incipiente federación de cacicazgos locales en el Partido de la Revolución Mexicana (PRM), señalando así la decisión cualitativa de darle una nueva estructura y una mayor dimensión. Ello se logró a través de la incorporación masiva y obligada de obreros, campesinos, burócratas y militares en los sectores integrantes del partido, que adquirió una organización marcadamente corporativa y dio lugar a una extraña combinación: Una estructura similar a la de organismos políticos de los países fascistas y una acción de gobierno caracterizada por su orientación popular.

Con Cárdenas se mantuvieron los juegos de cooptación de las figuras con alguna fuerza política. También se iniciaron las actitudes tutelares primero y después paternalistas del gobierno federal hacia los obreros, campesinos y burócratas a fin de asegurar su fidelidad al partido, lo cual condujo a que fuera considerado un patriarca benefactor, figura que vive aún en la memoria colectiva del pueblo. Además, ganó en personalidad al llevar a la práctica el reparto agrario, bandera enarbolada por sus antecesores pero aplicada con muy pocas ganas. El fin fue imponer la explotación colectiva de la tierra expropiada a particulares y dársela a millones de campesinos en todo el país. Una medida de inspiración socialista seguida de otra de corte nacionalista: La expropiación de la industria petrolera, en manos de empresas inglesas y norteamericanas, con la venia del gobierno estadunidense, que vio con buenos ojos sacar a los europeos de la explotación petrolera mexicana.

Creó también el Instituto Politécnico Nacional, con el propósito político de tener otra institución educativa que le justificara disminuir la asignación presupuestal a la UNAM, dirigida entonces por el rector Manuel Gómez Morín (después fundador del PAN), quien libró intensa lucha por deshacer el intento. Fue una disputa política entre élites más que del estudiantado.

Durante su periodo, la reforma agraria se impuso a rajatabla, sin tomar en cuenta las aspiraciones que existían en las diferentes regiones del país. Mientras en el norte la gente pretendía un cambio político, en el centro y sur, lo que ambicionaba era acceder a la propiedad de la tierra. En algunos casos, como lo fueron varias haciendas en Michoacán, los propios campesinos se opusieron sin éxito al reparto. Los resultados de esta reforma serían después un ejemplo clásico en el mundo de cómo no hacer las cosas; sin embargo, en ese momento fue aceptada por la mayoría de los campesinos en el país, lo cual acarreó paz y tranquilidad sociales, y los dirigentes pudieron dedicarse a la conciliación política.

El nuevo partido tuvo su prueba de fuego en las elecciones de 1940. De un desprendimiento del mismo surgió la oposición activa a la candidatura decidida por Cárdenas en favor del general Manuel Ávila Camacho. La personalizó el general Juan Andrew Almazán, quien atrajo a su candidatura a la entonces pequeña clase media y a los ricos afectados por las políticas presuntamente socialistas del general Cárdenas, y tuvo presencia relevante en todo el país, con mayor fuerza en la capital de la República. Allí fue donde se hizo uso de la violencia –hubo un número considerable de muertos– con objeto de imponer el triunfo de Ávila Camacho, quien estuvo a punto de reconocer el triunfo de la oposición –según lo recuerda Gonzalo N. Santos–, si bien el partido lo obligó a *aceptar su* "victoria".

Felipe Calderón recordaba, a raíz del triunfo de Vicente Fox, una anécdota según la cual, en la casilla en donde correspondía sufragar a Gómez Morín y Cárdenas, cerca de Los Pinos, el ejército ametralló la fila de votantes donde se encontraban varios panistas. El comandante militar encargado de la ciudad de México ordenó limpiar rápida y cuidadosamente la sangre, de tal suerte que cuando llegó el presidente a votar y ver aquel resplandor, le dijo al encargado del orden en la casilla:

–Qué limpiecito está todo, general. ¿Va a haber baile?

–No mi general, el baile ya fue.

La realidad, en este caso, resulta más rica que la memoria popular: Según las crónicas periodísticas de la época, Lázaro Cárdenas no pudo siquiera votar debido a las disputas entre opositores y los defensores del régimen, encabezados por Gonzalo N. Santos.

Lázaro Cárdenas se había unido a las filas revolucionarias tras abandonar su trabajo de impresor.

Durante el gobierno del general Ávila Camacho –de hecho un civil vestido de militar, pues prácticamente nunca estuvo en combate–, se suprimió la presencia de los militares como sector del partido, al tiempo que se amplió el sector popular mediante la Confederación Nacional de Organizaciones Populares (CNOP) al agregar, además de los burócratas, a los pequeños comerciantes, a los gremios de trabajadores no asalariados, a los habitantes organizados de barrios populares y a las asociaciones de profesionales.

El partido presumía de haber incorporado a sus filas a prácticamente toda la población nacional –con excepción de la pequeña clase media no agremiada y de los ciudadanos económicamente pudientes–, ofreciéndoles a todos los afiliados una expectativa de alcanzar puestos públicos y beneficios diversos por la actitud paternalista del gobierno hacia los más desprotegidos. Es decir, el partido se constituyó en el único medio de permeabilidad social.

El gobierno de Ávila Camacho, que fue contemporáneo de la segunda guerra mundial, estableció las bases del *Estado benefactor* con la creación, entre otros organismos, del Instituto Mexicano del Seguro Social –que a la fecha subsiste con 40 millones de cuentahabientes–, y con la primera campaña nacional de alfabetización, con lo cual se acerca a una identificación más clara de lo que sería el sistema, según la definición de Octavio Paz: El ogro filantrópico.

Los *compañeros de banca*

En las elecciones de 1946 el general Ávila Camacho se decidió por un civil, el licenciado Miguel Alemán Valdés, y con él llegaron al poder los universitarios –los llamados *compañeros de banca*–, hecho que puso de manifiesto la capacidad de cooptación del partido, pues Alemán era hijo de un general muerto en batalla contra el sistema en 1928, cuando secundaba al general Arnulfo R. Gómez, opositor de Álvaro Obregón.

En esta ocasión la oposición surgió de un nuevo y recurrente desprendimiento del partido, encabezada por el que fue secretario de Relaciones Exteriores en el gobierno de Ávila Camacho, el licenciado Ezequiel Padilla, sin mayores consecuencias.

La última metamorfosis del partido tuvo efecto en enero de 1946, y su objetivo fue ajustar las normas del organismo a la nueva ley electoral, promovida por Ávila Camacho a finales de 1945, efeméride relevante porque a partir de este acto se denominó Partido Revolucionario Institucional (PRI), nombre por demás contradictorio semánticamente. Los ideólogos de la "revolución" lo justificaron, sin embargo, diciendo que los ideales de la misma habían cristalizado en instituciones.

En el gobierno de Alemán el Estado, además de benefactor, se constituyó en impulsor del desarrollo por medio del gasto y la inversión pública, con la intención de crear una clase empresarial moderna orientada hacia la industrialización del país. Levantó barreras proteccionistas siguiendo el modelo en boga de sustitución de importaciones.

En el sexenio alemanista el PRI empezó a alejarse de sus bases populares en aras de la modernización y capitalización de la economía, ya que el proyecto de industrialización implicaba, por su promoción tardía, controlar y detener el movimiento obrero y modificar las relaciones de intercambio campo-ciudad en detrimento de los campesinos. Se inició así el acelerado proceso de urbanización del país. Las clases populares, a pesar de todo, se mantuvieron leales al PRI, en parte por falta de opciones, en parte por la esperanza de continuar siendo beneficiados por tener mayores posibilidades de empleo y en parte por temor a perder los beneficios alcanzados. Fue también entonces que la corrupción alcanzó niveles considerables, de suerte que los *compañeros de banca* acabaron convertidos en empresarios millonarios.

Apoyado en una popularidad que fue fruto del comportamiento macroeconómico y con un espectacular crecimiento de las ciudades, Alemán pretendió reelegirse. Al enfrentar la oposición de los expresidentes, especialmente de Cárdenas, buscó prolongar su mandato, y al continuar encontrando oposición manifiesta se decidió en 1952 por elegir como sucesor al que consideraba el más débil de los miembros de su gabinete, don Adolfo Ruiz Cortines —el "don" surge porque ni era militar ni tenía título profesional.

La oposición significativa emergió nuevamente de un desprendimiento del PRI, encabezado por el general Miguel Henríquez Guzmán, quien movilizó a importantes grupos campesinos que lo consideraban heredero de Cárdenas y se sentían agraviados por las políticas modernizadoras de Alemán.

El día de las elecciones se habló de un levantamiento encabezado por Henríquez Guzmán. Todo se redujo a un motín en la capital de la República con algunos muertos y heridos, porque finalmente los campesinos ni fueron organizados ni se organizaron para levantarse en armas. El movimiento pecó de ingenuidad, toda vez que Henríquez, aún sabiendo que el partido haría el fraude acostumbrado, optó por dar la batalla en las urnas, rechazando de antemano el uso de las armas.

Amalia Solórzano y su hijo Cuauhtémoc participaron con gran entusiasmo en las organizaciones henriquistas, si bien Lázaro Cárdenas, benevolente con el movimiento, nunca ofreció promesa alguna de respaldo. En una conversación sostenida con Henríquez en 1951, don Lázaro le advirtió: "A la representación nacional sólo se llega por dos caminos, por voluntad unánime del pueblo, al grado que el gobierno se ve obligado a reconocer el triunfo, o cuando el gobierno simpatiza con el candidato en juego[2]".

Ruiz Cortines calificó su gestión como austera y moralizadora y, en aras de estas virtudes, mantuvo controlado el gasto, la inversión pública, los precios de los productos básicos, además de los salarios, con lo que provocó el disgusto de una parte del sector empresarial, de los trabajadores y de los campesinos. En el último año de su gobierno hubo de enfrentar violentas manifestaciones de telegrafistas, petroleros y especialmente de ferrocarrileros. En el norte, Jacinto López invadió tierras, y en el magisterio las protestas estuvieron a cargo de Othón Salazar. No obstante, logró el beneplácito de las clases medias y populares urbanas. El discurso moralizador se tradujo en un desaceleramiento temporal de la corrupción alcanzada durante el gobierno alemanista, pero no logró detener el deterioro tutelar de las bases, lo que forzó a las organizaciones a iniciar nuevos desprendimientos del partido.

En vistas a las elecciones de 1958, eligió como candidato del PRI al licenciado Adolfo López Mateos. No hubo desgajamientos del partido, aunque sí numerosos aspirantes apoyados por otros partidos políticos. El único candidato notable fue Luis H. Álvarez del PAN, a quien los medios de comunicación le dieron una cobertura "avasalladora", cuatro minutos en total durante los ocho meses que duró su campaña, según recuerda él mismo.

López Mateos fue un presidente carismático, el pueblo le festejaba lo que en otros presidentes hubiera sido motivo de escándalo, y hasta le aplaudía en la plaza de toros. Como gobernante y jefe del PRI mantuvo las tendencias de su predecesor, e incluso debió enfrentar en el primer año de su gobierno las consecuencias de la represión que ejerció personalmente Ruiz Cortines en aras de protegerlo, porque ya lo había escogido como sucesor. López Mateos tuvo que quedarse quieto a pesar de ser el responsable de la Secretaría del Trabajo, pues actuar lo hubiera puesto en riesgo de manchar su hoja de servicios. Quienes sufrieron el ataque fueron los ferrocarrileros y petroleros, al igual que grupos de campesinos radicales.

El apoyo de López Mateos a la revolución cubana y algunas declaraciones suyas –"soy de extrema izquierda dentro de la Constitución"–, además de contradecir su conducta con obreros y campesinos, le generó críticas y acciones de presión de sectores empresariales. En conjunto, con López Mateos se mantuvo la identificación del PRI–gobierno como única fuente de poder político y como exclusivo medio de ascenso social. Durante su periodo nacionalizó la industria eléctrica, otra medida que fortalecía el control económico de Estado.

---

[2] *Obras*, vol. 2, UNAM, México, 1973, pp. 452-453.

*A López Mateos el pueblo le festejaba lo que
en otros presidentes hubiera sido motivo de escándalo.*

Las elecciones de 1964 fueron prácticamente sin oposición. López Mateos eligió como candidato presidencial al licenciado Gustavo Díaz Ordaz y éste, ya en funciones, ejerció un gobierno autoritario, exaltando la defensa de lo que él llamaba *el Poder sagrado del presidente de la República*, lo que provocó una serie de movimientos de protesta, significativamente urbanos y de la clase media. El descontento empezó con los médicos en la primera etapa de su gobierno y culminó con el famoso movimiento estudiantil de 1968, al cual aplastó en forma sangrienta y despiadada, enlutando miles de hogares en la capital del país.

Los buenos resultados macroeconómicos y el sostenimiento de políticas de beneficio social mantuvieron la identificación del PRI-gobierno como dispensador de bienes y única fuente de poder político; el conflicto con las clases medias urbanas, en especial en la ciudad de México, fue pasando al olvido, si bien dejó sedimentos que se tradujeron en levantamientos guerrilleros en los años del futuro inmediato. El modelo económico había llegado a su límite, mostraba ya los primeros síntomas de declinación. No obstante, la determinación de Díaz Ordaz en lo político –posible válvula de escape– fue la de cerrar el sistema, lo cual, al no existir alternativa pacífica, abrió la puerta a los movimientos subversivos.

En las elecciones de 1970 tampoco hubo oposición relevante. Por primera vez en la historia priísta, el presidente en el poder eligió como candidato a la Presidencia a un personaje que nunca participó antes en elecciones para un puesto público, pues toda su carrera la realizó dentro del aparato burocrático del gobierno federal, con una breve incursión como auxiliar del presidente del partido en sus primeros años de vida profesional: El licenciado Luis Echeverría Álvarez.

Echeverría desarrolló un estilo hiperactivo, claramente populista con cargo al déficit público, y con medidas económicas de pretendida orientación keynesiana, al tiempo que combatía la guerrilla con toda clase de acciones legales y extralegales.

En un principio, constituyó la antítesis del gobierno de Díaz Ordaz con su apertura política, logrando el apoyo de destacados intelectuales, anteriormente críticos del gobierno de Díaz Ordaz –ilustrativa es la declaración de Carlos Fuentes: "O Echeverría o el fascismo". Obtuvo también la incorporación de un numeroso grupo de jóvenes profesionistas, que habían sido opositores al régimen y participantes del movimiento estudiantil del 68. Echeverría inicia una tímida liberalización soltando a los presos políticos que languidecían en prisión. Los más notables, el ferrocarrilero Demetrio Vallejo y el maestro Heberto Castillo, quien fuera secretario particular de Lázaro Cárdenas.

Benefició a los obreros con aumentos reales a los salarios y contratos colectivos francamente desproporcionados en prestaciones laborales.

Movilizó a los campesinos en la ocupación y posterior reparto de tierras que supuestamente formaban parte de latifundios prohibidos por las leyes, y estatizó industrias como la azucarera, tratando de emular a Cárdenas; la erosión del sistema continuó, no obstante, y el doble juego de Echeverría no logró convencer a los sindicalistas, lo que provocó la formación de corrientes democratizadoras. Surge Rafael Galván entre los electricistas y Francisco Hernández Juárez en los telefonistas.

Hacia el final de su gobierno, apoyado en la ilusión eufórica de su populismo, pretendió primero la reelección y luego la prolongación de su mandato. Al toparse con el rechazo institucionalizado del sistema designó como candidato a su amigo de juventud y miembro más débil de su gabinete, el licenciado José López Portillo.

En los últimos cuatro meses de su gestión la economía mostró las consecuencias de sus excesos y tuvo que devaluar el peso. El sector privado se manifestó inconforme con gran fuerza por las medidas populistas y confrontadoras de todo el sexenio y hasta se llegó a hablar de un golpe de estado.

El candidato elegido por Echeverría, José López Portillo —también carente de experiencia en la lucha electoral—, no tuvo oposición formal porque el otro aspirante fue Valentín Campa del Partido Comunista, a pesar de no tener registro. El PAN, único partido real de oposición, se negó a contender porque internamente jamás se pusieron de acuerdo sus hombres sobre quién debería representarlos. Los dos contendientes fueron Efraín González Morfín, respaldado por los doctrinarios del partido y José Ángel Conchello del grupo de pragmáticos progresistas que seguían a Pablo Emilio Madero. Éste fue acusado de favorecer al grupo Monterrey para que se apoderara del PAN. La lucha terminó con la renuncia de González Morfín al partido.

López Portillo encontró condiciones favorables al principio de su gestión por la simpatía que despertó su personalidad entre la población y porque durante su gobierno se presentó una de las oportunidades históricas más brillantes de darle la vuelta a la deteriorada economía del país y mejorar las condiciones de vida de sus habitantes, el incremento brutal de los precios del petróleo. Lamentablemente su desempeño dio al traste con las nacientes esperanzas. Su imagen hoy es una de las más negativas entre los expresidentes porque desaprovechó la promisoria coyuntura, por frivolidad personal, por carecer de una política petrolera que apuntalara el desarrollo del país, y por la enorme corrupción de su equipo de trabajo. El desentendimiento de su gestión como gobernante, a pesar de haber sido el primer presidente en intentar gobernar a partir de un plan global de desarrollo, llevó al país a una práctica de impulsos lamentablemente fallidos, cuyas consecuencias aún prevalecen en la situación económica actual.

Entreabrió la puerta de lo político al permitir el registro de nuevos partidos y promover la creación de los diputados de representación proporcional, con lo que se fortaleció la oposición en la Cámara. Estos pequeños grupos consiguieron una tribuna donde expresarse, sólo que no tuvieron peso en las votaciones, pues seguían siendo aplastantemente dominadas por el PRI. Esa mínima apertura y el uso del viejo recurso de la cooptación le permitió acabar con los núcleos guerrilleros que se habían formado.

En lo social promovió un programa denominado Coplamar dirigido principalmente al medio rural, que pretendía el desarrollo integral de las comunidades, de suerte que lograba la convergencia de la acción gubernamental federal en salud, alimentación, educación, agua potable, caminos y apoyo a las actividades económicas. Fue particularmente exitoso, al grado de que, 16 años después de concluido el sexenio lopezportillista, algunos de los subprogramas no sólo se mantienen, sino que se han fortalecido. Coplamar es el padre de Solidaridad, el renombrado programa de Salinas. Cada presidente editaba el suyo propio con tal de obtener el respaldo de cuantiosos recursos extra ajenos a los controles burocráticos normales del presupuesto y hacer uso político de sus bondades sin tener la obligación de rendirle cuentas a nadie.

En lo económico, López Portillo elevó la bandera del nacionalismo, sostuvo las barreras proteccionistas, rechazó la incorporación de México al GATT, consintió una balanza comercial y de pagos deficitaria acompañada de una paridad monetaria fija y, al final de su gobierno, en plena crisis económica y política, estatizó la banca destruyendo irresponsablemente el sistema financiero mexicano. No contento con esto, desconoció las inversiones en dólares que estaban depositadas en el sistema bancario y no tuvo más remedio que imponer control de divisas a fin de evitar el desplome total, disolviendo con esta medida toda la credibilidad financiera que había acumulado el país en décadas. Un acto político de una insensatez inimaginable que le costó a la Nación incontables daños y cuyas consecuencias se trasladarían inevitablemente al futuro económico de México. Si a estas decisiones desastrosas se añade el impacto del entorno económico internacional que produjo una precipitada caída en los precios del petróleo, el resultado fue una crisis de proporciones desorbitantes que obligó a soportar entre otras cosas dos macrodevaluaciones en el último año de su gobierno.

El relevo tecnocrático

López Portillo consideró que el factor crítico del momento para designar al candidato del PRI a la Presidencia de la República era la crisis económica, que ya se veía venir a fines de 1981. Por ello eligió a Miguel de la Madrid, también sin experiencia en lides electorales. A cambio, contaba con una sólida trayectoria en el sector financiero del gobierno federal, iniciada en el Banco de México y culminada como titular de la Secretaría de Programación y Presupuesto, responsable de las decisiones macroeconómicas de la Federación y de la formulación y aplicación del presupuesto.

Las elecciones fueron tranquilas, sin oposición destacada y sin mayores complicaciones. De la Madrid recibió el gobierno en el momento más álgido de la crisis de la deuda externa, soportó el gran sismo de 1985, que cimbró despiadadamente la ciudad de México con un enorme costo social y económico, y en los años de 1986 y 1987 enfrentó una nueva y fuerte caída de los precios del petróleo, lo que agravó todavía más la situación. Por su formación tecnocrática, por las condiciones particularmente difíciles que le tocó enfrentar y por las imposiciones de los organismos financieros internacionales que presionaban en busca de una solución al problema de la deuda externa, De la Madrid tuvo que tomar medidas de carácter económico que afectaron aún más las condiciones de vida de la clase media y popular. Intentó, sin éxito, iniciar el proceso de privatización de las empresas públicas no estratégicas y amagó con desmantelar los intereses corporativos de las grandes centrales sindicales, dando la espalda a las bases del partido. Con él llegaron a su fin los llamados gobiernos de la revolución e iniciaron los tecnocráticos.

En lo político, lo más destacado fue el manejo sucio que se practicó en las elecciones por la gubernatura en el estado de Chihuahua, las cuales, conforme a la opinión general, fueron ganadas por el PAN. Sólo que se hizo intervenir al aparato federal y lograron sacar adelante al candidato del PRI. Lo anterior desnudó el sistema político frente a la sociedad, y si a esto se suman las fricciones emprendidas contra la estructura corporativa del partido, obreros y algunos sectores de las clases medias y populares, el principio del fin estaba a la vista.

El término *revolución*, como recurso retórico en busca de legitimidad, empezó a desaparecer de los discursos oficiales.

Dentro del Partido se manifestaron los primeros síntomas de división. En 1986 se formó la llamada Corriente Democrática, con objeto de promover la elección del futuro candidato a la Presidencia a través de la participación de las bases del partido y no como una decisión del presidente de la República. Formaron esta corriente el ingeniero Cuauhtémoc Cárdenas, hijo del expresidente Lázaro Cárdenas, por aquellas fechas ya fallecido, y Porfirio Muñoz Ledo, político identificado con el expresidente Echeverría, de quien fue secretario del Trabajo y Previsión Social y presidente del PRI. Durante su mandato partidista, por cierto, fue practicado el fraude electoral contra el Partido Popular Socialista (PPS) en los comicios de Nayarit por la gubernatura del estado.

De la Madrid, en uso de los poderes metaconstitucionales del presidente, organizó una novedosa pasarela de los precandidatos del partido a la Presidencia. Buscaba una imagen de apertura democrática interna e hizo un poco el ridículo. Con todo, no tenía ninguna intención de modificar su decisión a favor de Carlos Salinas de Gortari, secretario de Programación y Presupuesto, y responsable de la política económica, considerando que éste concluiría lo que él había iniciado con tímidos intentos, o sea la cancelación del Estado benefactor y promotor del desarrollo, el desmantelamiento del corporativismo, la privatización de las empresas públicas y la apertura de la economía al mercado internacional.

Las razones del presidente De la Madrid para optar por Salinas eran conocidas, puesto que su *destape* fue, por primera vez, abiertamente conflictivo. En la ceremonia manifestaron su disgusto los dos más importantes líderes obreros del país, miembros del partido y presentes en el *presidium* en el acto del *destape*. Uno de ellos fue Joaquín Hernández Galicia, *La Quina*, líder real del rico y políticamente poderoso sindicato de petroleros. El otro, don Fidel Velázquez, líder eterno de la Confederación de Trabajadores de México (CTM)

Con Salinas se repitió el caso del candidato sin experiencia en lides electorales, porque nunca participó en una elección popular; su experiencia se limitaba a la campaña de Miguel De la Madrid, en donde fungió como responsable de la formulación de la plataforma de campaña y del programa de gobierno. Sin embargo, pasará a la historia como uno de los presidentes más preparados que ha producido el país. Estudió economía en la UNAM, maestrías en administración pública y en economía política y gobierno, así como el doctorado en esta última especialidad, en la Universidad de Harvard.

Cárdenas y Muñoz Ledo se acogieron a un partido pequeño y desacreditado por oficialista, el Partido Auténtico de la Revolución Mexicana (PARM), de modo que el primero pudiera participar en las elecciones a la Presidencia de la República como opositor de Salinas. Rápidamente se les unieron otros partidos y numerosas organizaciones formando el llamado Frente Democrático, con el apoyo del sindicato de petroleros, liderado por *La Quina*, quien, haciendo una declaración audaz de independencia, decretó el voto libre de sus agremiados, resquebrajando su afiliación y lealtad priísta. Cárdenas aprovechó el atrevido lance y se recargó en el corporativismo para consolidar su movimiento.

Por su lado, el PAN, en un intento serio de llegar al poder, lanzó como candidato a Manuel Clouthier, un empresario sinaloense carismático que con su pragmatismo convincente, su hoja de honradez intachable, su capacidad de trabajo y su valor a toda prueba, sacudió al propio PAN y a la Nación con sus planteamientos directos y claridosos, dándole nuevo aliento a la posibilidad de hacer realidad el sufragio efectivo y convenciendo a

Vicente Fox, por añadidura, de que se sumara a la lucha política. "Quejándonos –le dijo– no vamos a cambiar el gobierno, es necesario comprometernos a hacerlo nosotros mismos."

Las elecciones fueron realmente competidas por primera vez desde la de Madero en 1912 y las ganó oficialmente Salinas con un porcentaje menor a 50 por ciento (De la Madrid había triunfado con cerca de 70 por ciento). De acuerdo con el Frente Democrático, el PAN y gran parte de la ciudadanía, hubo fraude y desde entonces se ha argumentado que esas elecciones fueron ganadas legalmente por Cuauhtémoc Cárdenas.

El gobierno de Salinas también fue hiperquinético. Su primer propósito fue alcanzar legitimidad ante lo controvertido de su elección. Por ello, inició sus días dando golpes efectistas con ritmo cuidadosamente estudiado. En el primero –metió a la cárcel al líder petrolero *La Quina*–, logró ganar el aplauso de una parte numerosa de la población, que consideraba a Hernández Galicia arquetipo de la corrupción, y cobró venganza del agravio público inferido por éste en la ceremonia del *destape* y de la libertad que se tomó –pecado mortal dentro del sistema– al apoyar a Cárdenas, el opositor.

En lo económico Salinas hizo casi todo lo contrario de López Portillo, abrió las fronteras al comercio internacional, incorporó a México al GATT y mantuvo el peso en flotación, además de privatizar a la mayoría de las empresas públicas. Los principales problemas fueron la fuerte concentración del ingreso en pocas manos y el gran desequilibrio de la balanza comercial, que compensaba con la atracción de capital especulativo extranjero mediante instrumentos con altas tasas de interés, nominados en pesos pero con el compromiso de pagarlos en dólares, y que fueron el disparador de la nueva crisis en diciembre de 1994.

Otro logro económico fue la firma con Estados Unidos y Canadá del Tratado de Libre Comercio para América del Norte, (TLC), que ciertamente perjudicó por su aplicación brusca a los productores nacionales, especialmente a los agropecuarios y a los medianos y pequeños industriales. En contraparte ha generado muchos empleos, especialmente en la industria maquiladora, electrónica y automotriz.

El manejo de la política económica y fiscal del gobierno de Salinas se caracterizó, entre otras muchas cosas, a diferencia de los gobiernos anteriores, por el poco cuidado de las formas legales, pues hizo modificaciones a la legislación con objeto de adecuarla a los objetivos económicos que resultaron mal redactadas y en ocasiones contradictorias con otras leyes, incluso con la propia Constitución. Por ejemplo, en un desplante "generoso" bajó el IVA de 15 a 10 por ciento, olvidando que el presidente no tiene esa facultad, sino sólo el Congreso. En diciembre de 1993 logró que se modificara la Ley de Expropiación, de modo que se saldaran las indemnizaciones a valor comercial, en lugar de lo establecido en la fracción VI del artículo 27 constitucional, que consigna el pago a valor catastral. Esto permanece así hasta la fecha, descuidos que han generado conflictos ulteriores de consecuencias muy variadas y con obvias repercusiones políticas.

En lo social Salinas desarrolló el llamado Programa Nacional de Solidaridad, Pronasol, con la idea de financiar con una mínima burocracia la formación de células sociales en las comunidades rurales y en los barrios populares de las ciudades, capaces de organizarse a sí mismas y de administrar pequeños proyectos de mejoramiento de los servicios y de vivienda, y también de apoyar a los gobiernos estatales y municipales en proyectos de infraestructura urbana. En complemento, creó el Fondo Nacional de Empresas en Solidaridad, Fonaes, financiando microproyectos productivos en el campo y en la ciudad, también con un pequeño aparato administrativo de apoyo técnico a las células sociales interesadas en actividades productivas. Pronasol tuvo éxito y el Fonaes fue un fracaso; el primero fue cancelado al cambio de gobierno y el segundo permanece con exiguos resultados.

Al mezclar lo económico con lo social, Salinas promovió un cambio legislativo de enorme trascendencia, combinando la subsistencia del régimen agrario vigente, que protege al ejidatario y comunero del riesgo de perder las tierras por créditos insolutos, permitiéndoles asociarse con empresarios privados, caso en el que se les impide disponer libremente de las tierras. Sólo que también abrió la posibilidad de cambiar el régimen con el fin de poder vender o explotar las tierras una vez obtenido el dominio pleno de la propiedad, caso que en la práctica ha resultado sumamente complejo para el campesino.

Este cambio, considerado por muchos como destructor de uno de los grandes logros de la revolución, fue promovido argumentando dos hechos, el minifundismo a que condujo el reparto agrario y la descapitalización del campo, producida al no encontrar los empresarios condiciones legales favorables en un negocio que, por su naturaleza, es de riesgo. Además, ya no había tierras que repartir, por lo que el Estado no estaba en condiciones de cumplir esta obligación. En los hechos, la nueva legislación agraria ha permitido la incorporación de terrenos ejidales a proyectos urbanos, si bien todavía en muy poco ha favorecido la reconversión y recapitalización del campo. Hay que recordar que en el salinato la mejor política era no tener política, sólo que un Estado no puede darse el lujo ingrato de dejar a la deriva 30 por ciento de su población, particularmente cuando es la más débil.

En lo político, el gobierno de Salinas tuvo muchas aristas. Dos aspectos destacan fundamentalmente. Uno, se vio obligado a reconocer triunfos a la oposición. Por primera vez en la historia posrevolucionaria se aceptaron gobernadores de estados y presidentes municipales de la oposición en las principales ciudades del país; y segundo, trató infructuosamente de sustituir el PRI por un nuevo partido, el Partido de Solidaridad Nacional, que sería constituido a partir de la base social de Pronasol con el apoyo de empresarios favorecidos por las privatizaciones de las empresas públicas. El fracaso de este proyecto no debilitó a Salinas como presidente, pero sí al PRI en la medida en que se fortaleció a la oposición y se separaron aún más sus bases corporativas y sociales de las cúpulas, que obedecían instrucciones de Salinas.

Un síntoma revelador fue el olvido casi absoluto del término "revolución" en el lenguaje y el discurso político de Salinas y de sus colaboradores, el cual fue sustituido por el de *liberalismo social* que, a juicio de los críticos, no era más que el nombre maquillado de la corriente económica de moda: el *neoliberalismo*. La bandera del *liberalismo social* también fue abandonada al término del sexenio.

A mitad de su administración, Salinas se sintió en la cima del poder y la gloria. Aceptado por conacionales y extranjeros como brillante presidente, le llegó la hora de reflexionar sobre el futuro del país e, interesadamente, sobre el suyo propio. Al igual que Alemán y Echeverría en sus respectivos momentos, sondeó la posibilidad de reelección. Gonzalo Martínez Corbalá, amigo de Raúl Salinas Lozano (padre del presidente) y exjefe del propio Carlos Salinas, fue designado gobernador interino de San Luis Potosí por decisión del Congreso local. Al acercarse el término de su mandato pasajero, lanzó una iniciativa de reelección en el estado, en respuesta a diversas manifestaciones de apoyo que "propusieron" algunos ciudadanos, contraviniendo nada menos que el mismísimo Plan de San Luis que en esa capital había sido firmado como el primer documento de la triunfante revolución. La respuesta en contra fue virulenta. Se formaron clubes antirreeleccionistas en toda la República pues la clase política –la *nomenklatura* de acuerdo con el lenguaje salinista–, adivinó el propósito superior del intento, hizo sus cálculos y envió su enérgica respuesta: ¡No!

Si este antecedente representa solamente una golondrina, analicemos el reportaje que Antonio Jaques escribió[3] sobre la petición de reelección que hicieron algunos comerciantes de la Laguna en agosto de 1991.

En la Comarca Lagunera, tierra de Francisco I. Madero, el más notable antirreeleccionista que combatió la dictadura de Porfirio Díaz, brota hoy la tendencia contraria, es decir un movimiento en favor de la reelección presidencial, encabezado por la Asociación de Comerciantes de La Laguna, A.C. (Acolac), organismo que agrupa a empresarios medianos y pequeños de la región. En un desplegado a cuarto de plana, dirigido al presidente Carlos Salinas de Gortari, publicado en el diario local *La Opinión*, el viernes 8, día en que Salinas visitaba el vecino municipio de Lerdo, Durango, la Acolac se atrevió a tocar un tema tabú, manifestando lo siguiente:

---

[3] *Proceso*, núm. 772, 19 de agosto 1991.

"En esta magnífica oportunidad que se nos presenta al distinguirnos con su presencia, solicitamos por medio de este inmejorable conducto, una entrevista privada para exponerle formalmente con fundamentos políticos, sociales, históricos y económicos y conocer su valiosa opinión en torno a nuestras intenciones de iniciar con verdadero espíritu nacionalista, una campaña a nivel nacional para lograr la modificación del artículo 83 de nuestra Constitución Política Mexicana, de tal manera que permita la reelección por un periodo inmediato posterior, logrando con este hecho, entre otras, las ventajas democráticas de nuestro poderoso vecino del norte, con el que en un futuro no muy lejano, celebraremos operaciones comerciales con una intensidad que requiere y exige reducir al máximo nuestras históricas desventajas. La marcha ascendente que su visión política administrativa propició para el desarrollo del México moderno, no debe ser frenada por conceptos anacrónicos, mitológicos atavismos, tan improductivos como improcedentes".

Suscribieron el desplegado Alejandro Méndez Romandía y Salvador Alvarado González, presidente y secretario de la agrupación empresarial. Entrevistado por el reportero, Méndez Romandía se mostró feliz por su iniciativa y por la respuesta que, aseguraba, obtuvo la carta:

Desde el día que se publicó he recibido muchas llamadas de gente de todos los niveles para ofrecerme su apoyo; también me han llamado de los medios para pedirme entrevistas... Decidimos publicarlo en *La Opinión* porque tenemos muy buenas relaciones con este periódico; no nos censuraron nada del texto que les llevamos, salvo el encabezado que decía "Sufragio efectivo sí reelección".

Un gesto plausible de sensibilidad del diario lagunero.

El problema de Salinas, según dejó ver, era que su proyecto modernizador requería de un plazo no menor de 24 años, y probablemente su apetito de poder no sólo igualaba sino excedía ese término, entendible en un hombre de 45 años de edad, que además era el poderoso presidente de México. Eso también explica su intento de cambiar al PRI por un nuevo partido.

A fines de 1993, Salinas se enfrentaba a la necesidad de designar al candidato a la Presidencia de la República que gobernaría el sexenio 1994-2000, último del siglo XX, de acuerdo con la fórmula tradicional del sistema político mexicano, y de prepararle el ambiente de modo que realizara una campaña electoral triunfante, aunque dejando bien claro que la victoria se la debería a él mismo, garantizando así la continuidad de su proyecto.

A la mitad de su administración, Salinas de Gortari
se sintió en la cima del poder y la gloria.

El sucesor designado fue Luis Donaldo Colosio, economista como Salinas, egresado del Instituto Tecnólogico y de Estudios Superiores de Monterrey, con estudios de posgrado en Estados Unidos y Europa y que, además de haber competido por una diputación federal y por una senaduría, presidió el Comité Ejecutivo Nacional del PRI y fue Secretario de Desarrollo Social durante año y medio, responsable entre otras cosas, de operar el Pronasol. Colosio sí tenía experiencia electoral, era un hombre proveniente de la "cultura del esfuerzo", como él mismo lo anunciaba. Su elección denotaba un cambio, el énfasis se trasladaba de lo económico a la solución del problema social. Detrás de esta focalización aparente lo que se traslucía era el deseo de Salinas de seguir gobernando, pues Colosio era el aspirante más débil de los posibles sucesores.

El *destape* de Colosio en noviembre de 1993 reveló una nueva división dentro del PRI que logró neutralizarse con la intervención de Salinas. La acción, no obstante, desgastó al candidato. El problema se agravó cuando el primer día del año de 1994, festivo en la agenda de Salinas. porque entraba en vigor el TLC, los mexicanos nos desayunamos con la noticia del levantamiento armado en Chiapas encabezado por el ahora famoso subcomandante Marcos.

La campaña de Colosio empezaba con mal tiempo, que empeoró cuando Salinas impuso la prioridad de resolver el conflicto de Chiapas, obstaculizando los esfuerzos del candidato por identificarse con el electorado. Finalmente, el presidente introdujo al difícil juego político del momento un elemento perverso: Encargó al rival de Luis Donaldo, Manuel Camacho Solís, atender el conflicto.

A principios de marzo de 1994, aprovechando el aniversario del PRI y ante una enorme concurrencia –principalmente integrada por representantes de la alta burocracia del gobierno federal y de representantes de las corporaciones de empleados, obreros y campesinos–, Colosio leyó un discurso en el que marcaba su distanciamiento con Salinas, buscando por ese medio darle fuerza a su campaña.

Colosio fue asesinado 20 días después. El asesino material, como se hizo costumbre en el sexenio zedillista, fue apresado, juzgado, sentenciado y actualmente vive purgando su condena. La imaginación popular acusa a Salinas de ser el autor intelectual del crimen. Un análisis de las circunstancias y los propósitos conducen a concluir que no existe lógica en tal sospecha; además, el hecho era contrario a su proyecto, por lo que la teoría se tambalea. Las investigaciones, como en otros magnicidios en otros países, no han llegado a ninguna parte y probablemente nunca se sabrá si hubo autores intelectuales o quiénes fueron.

El crimen obligó a Salinas a oficiar nuevamente el acto sacramental de designar sucesor. Esta vez se encontró con obstáculos legales en su pretensión de ampliar la baraja de aspirantes posibles –la Constitucional obliga a un candidato a la Presidencia a renunciar a determinados puestos públicos seis meses antes de la elección–, y cabildeó inútilmente con diputados de la oposición a fin de modificar la Carta Magna. Ante esta situación se vio obligado a designar a Ernesto Zedillo, exsecretario de Programación y Presupuesto y de Educación Pública en el gobierno de Salinas y coordinador de la campaña de Colosio. Mito o realidad, esto refleja una deliberada preparación del que finalmente fue el sustituto de Luis Donaldo, quien al igual que Zedillo había manejado la campaña de Salinas y éste a su vez había manejado la de Miguel de la Madrid.

El doctor Ernesto Zedillo es un tecnócrata egresado del Instituto Politécnico Nacional, con maestría y doctorado obtenidos en la Universidad de Yale en Estados Unidos. Se formó profesionalmente en el poderoso sector financiero del gobierno federal y como los anteriores tecnócratas tampoco tenía ninguna experiencia electoral.

La campaña de Zedillo se montó sobre la imagen idealizada de *Colosio mártir*, en los éxitos del gobierno de Salinas, incluyendo el Pronasol, en un ofrecimiento que denominó *bienestar para la familia* –lema de campaña–, y en el temor de la población a que se despertara el "México bronco", siempre presente en la realidad nacional. La oposición fue representada por Cárdenas nuevamente, ahora candidato de un partido con personalidad, el PRD, y con Diego Fernández de Cevallos, postulado por un PAN con mayor apetito de triunfo.

Las elecciones de julio de 1994 las ganó ampliamente Zedillo, con legitimidad y aceptación de sus rivales. No obstante, en la Cámara de Diputados aparecieron un mayor número de legisladores de oposición, aunque todavía en minoría.

En septiembre de 1994 fue asesinado José Francisco Ruiz Massieu, político relevante, que en ese momento ocupaba el segundo puesto en importancia del PRI, y que había estado casado con Adriana, la única hermana de Salinas. Su divorcio generó algunos conflictos en la familia si bien, según rumores, nunca rompieron la amistad del difunto con Carlos Salinas.

El asesino material y sus cómplices más obvios fueron, también en esta ocasión, apresados, juzgados, sentenciados y actualmente cumplen su condena. Sólo que desapareció desde entonces y hasta la fecha el hombre de en medio, el operador que organizó el crimen, quien muchos creen que ya está muerto.

Las sospechas de la autoría intelectual de este nuevo asesinato iban de un lado al otro en el interior del PRI, aunque las tensiones políticas que generó este hecho no afectaron mayormente a Zedillo.

La debacle

En noviembre de 1994, días antes de la toma de posesión de Zedillo como presidente de la República, se manifestaron los síntomas de una nueva crisis financiera. El 20 de ese mes, a escasos 10 días de la fecha esperada, Zedillo le propuso a Salinas la devaluación del peso con objeto de enfrentar la fuga de capitales al extranjero, lo que no fue aceptado por el entonces presidente de la República.

El 1º de diciembre de 1994, Zedillo tomó posesión de la Presidencia. Veinte días después estalló la crisis financiera más fuerte que ha sufrido el país en los últimos 70 años, con repercusiones internacionales que condujeron a bautizar al fenómeno con el nombre de *efecto tequila*.

Mientras Salinas iniciaba un recorrido por el mundo, ya como expresidente de México, buscando votos para su candidatura como primer director general de la Organización Mundial de Comercio (OMC) con el apoyo explícito de los Estados Unidos, Zedillo se enfrentó a la crisis financiera, que derivó en un momento crítico en la política interna al generarse una recesión económica, con la consiguiente pérdida de empleos, cierre de empresas, alza en las tasas de interés, insolvencia de deudores de la banca y un salto en la cartera vencida.

El trance político despertó el interés de la sociedad de encontrar al culpable de la crisis financiera. El equipo de Zedillo culpó a Salinas por haber creado el monstruo de los bonos denominados en pesos, pagaderos en dólares que agotaron las reservas del Banco de México, así como por su rechazo a devaluar el peso el 20 de noviembre, como se lo pidió el presidente electo. Por su parte Salinas responsabilizó de la crisis financiera al gobierno entrante, por no haber sabido operar la coyuntura presentada, dando seguridades a los inversionistas y evitar que huyeran con su dinero del país. La catástrofe financiera se resolvió con el apoyo extraordinario y multimillonario del presidente de los Estados Unidos, lo que no impidió que los problemas económicos y políticos continuaran.

Probablemente para aliviar la crisis política y ganarse la simpatía popular, dado que en la imagen del pueblo el culpable de la crisis era Carlos Salinas, en febrero de 1995, Raúl su hermano mayor, fue a dar a la cárcel siguiendo el método bien establecido de culpar al presidente anterior con el fin de confirmar la alternancia y hacerse del poder plenamente. La Procuraduría General de la República lo acusó de ser el autor intelectual del asesinato de su excuñado Ruiz Massieu, acumulándole posteriormente nuevas acusaciones por diversos delitos, como el de lavado de dinero, enriquecimiento inexplicable y otros de la misma índole.

El resultado fue la renuncia del expresidente Salinas como candidato a la dirección general de la OMC y su salida voluntaria del país, una mayor división al interior del PRI y un ambiente de tensión entre los empresarios que habían prosperado al amparo de Salinas, algunos por la intermediación de su hermano Raúl, que de pronto se vieron claramente involucrados en diligencias judiciales, y otros obligados a vivir con la angustia de ser citados en cualquier momento.

Tanto por convicción propia, como porque las circunstancias lo obligaban y porque así lo establecían los compromisos con los organismos internacionales que intervinieron en la solución de la crisis financiera, Zedillo implantó a partir de 1995 recetas económicas amargas en detrimento de los niveles de vida de la gran mayoría de la población, medidas que alimentaron la inconformidad, el fortalecimiento de los dos más importantes partidos de oposición −PAN y PRD−, y el aumento de simpatías por el movimiento zapatista de Chiapas que había dejado de ser un problema militar, convirtiéndose en un dolor de cabeza político.

En la retórica del discurso gubernamental y del PRI desapareció la bandera del liberalismo social y aparecieron las de la estabilidad económica, el fortalecimiento de la democracia y las limitaciones al poder presidencial.

El efecto político fue que el PRI salió derrotado en algunas elecciones de gobernadores, diputados locales y presidentes municipales de ciudades importantes en 1995 y 1996. La culminación llegó a las elecciones federales de 1997, en las que por primera vez en su historia el PRI no alcanzó la mayoría absoluta en la Cámara de Diputados, se eligió una minoría importante de senadores de oposición y, en diciembre de 1997, Cuauhtémoc Cárdenas fue el primer gobernador electo en la historia del Distrito Federal, acompañado de una bancada mayoritaria del PRD en la Asamblea Legislativa.

En lo económico, el país mejoró sus indicadores macroeconómicos en 1998, pese a la violenta caída de los precios del petróleo y a las crisis financieras de los países asiáticos. El llamado *efecto dragón* llegó a México y se encontró con la destreza económica de un presidente capaz de anticipar efectos de esta naturaleza y decidido a tomar las medidas necesarias para disolverlo, lo que no frenó el crecimiento de la cartera vencida −haciendo precipitar el ya incubado problema financiero que desembocó en el infamante Fobaproa, institución encargada de rescatar a los bancos de la quiebra técnica mediante financiamiento fiscal. Aquella mejoría no se sintió en el bienestar de las familias. Al reconocerlo, el propio presidente Zedillo tuvo que anunciar que 1999 sería otro año difícil en lo económico, con mayores sacrificios familiares.

Adiós a la silla

En 1998 las clases media y popular observaron con angustia la desaparición de los vestigios del Estado benefactor, y en lo político, la desilusión invadió el ánimo ciudadano, que ya empezaba a cuestionarse la utilidad de las costosas organizaciones políticas del país. Una transformación profunda prendió en la conciencia colectiva de la sociedad y lanzó al ciudadano común a participar en la lucha electoral que se avecinaba, con una decisión y entusiasmo que sorprendería a propios y extraños.

El desenlace de la Presidencia encabezada por Ernesto Zedillo tendría un final feliz; su figura crecería en reconocimiento y respeto tanto dentro del país como internacionalmente. Ahora bien, antes de este destello de factura democrática involuntaria, ¿en qué condiciones llegaba a la contienda electoral el monstruo imbatible que habitaba en el imaginario colectivo de la sociedad?

La curva de desempeño del régimen presenta una trayectoria creciente que culmina en 1982, tiempo en que comienza a plagarse de enfermedades políticas y sociales, consecuencia de las decisiones populistas lanzadas a la sociedad en un intento de aplacar sus reclamos, y a la destrucción brutal de sus instituciones y bases financieras que minaron la salud del régimen en los años subsecuentes. Sin embargo, el monstruo conservaba aún fuerzas que le permitían librar una batalla desahogada económica y organizacionalmente, salvo en lo que se refiere al control de las elecciones, a la autonomía real de las instituciones electorales, lucha anticipada que los partidos opositores habían ganado y que el 2 de julio pondrían a prueba. Sin embargo, gran parte de la ciudadanía ignoraba este hecho crucial o bien, sabiéndolo, tenía profunda desconfianza de que fuera efectivo, un factor sicológico digno de tomarse en cuenta. El monstruo pues, llegaba entero, con voces de reclamo democrático interno, al tiempo que consciente hasta la médula de que no había nada peor que perder la Presidencia.

Cuatro

La voluntad del señor presidente

Nunca se le dice no al señor presidente, cuentan que le dijo un día López Mateos a Gustavo Díaz Ordaz cuando, por encomienda de Adolfo Ruiz Cortines, debió convencer a su amigo *Gustavito* de que aceptara convertirse en director jurídico de la Secretaría de Gobernación[1]. Gracias a que el entonces senador siguió el consejo de *Adolfito*, su compañero de andanzas políticas, es que Díaz Ordaz sucedió a López Mateos en la silla de Palacio Nacional y probó el dulce sabor del poder sin límites que el humor de los mexicanos caricaturizó poniendo a Miguel Alemán en el papel protagónico:

–¿Qué hora es? –preguntaba el presidente.

–La que usted guste –respondían sus asistentes y colaboradores. Y porque Alemán, Ruiz Cortines, López Mateos, Díaz Ordaz supieron transmitir a otras generaciones aquella gran lección del sistema presidencialista que Lázaro Cárdenas llevó hasta sus últimas consecuencias estructurales, es que otros selectos priístas fueron beneficiarios del *gran dedo* elector y pudieron asegurar, como Miguel de la Madrid: "El hecho de sentirme no el principal, sino el único responsable de los destinos de mi patria en este periodo que me ha tocado gobernar... ha sido una experiencia muy positiva".

Julio Scherer rescató esa declaración del *Excélsior* en los días de Regino Díaz Redondo y la reprodujo en *Los presidentes*[2]. Otro protagonista de esa obra, Octavio Paz, confesó alguna vez al director fundador de la revista *Proceso*, a propósito de la condición humana de esos seres todopoderosos: "El presidente en México puede hacer todo el mal que quiera y aunque quiera apenas puede hacer el bien".

El acontecer político nacional presenta una historia de hombres de poder, de voluntades individuales que conducen un país a un destino personalista. No es la memoria de una sociedad con mandatarios a cargo de

---

[1] Enrique Krauze, *La presidencia imperial*, Tusquets editores, Barcelona, 1997.
[2] Grijalbo, México, 1986.

una misión social y patriótica por medio de la política, sino de presidentes que durante cuatro o seis años se volvieron dioses, como deidades del Olimpo, jugando al capricho, bebiendo ambiciones, aplastando hombres sin consideración o arrepentimiento. Es decir, se trastornaron al ejercer la función pública, así permanecieron y así legaron a sus sucesores, con su ejemplo y consejo, la práctica iniciada.

Cada uno de ellos lidió con grandes problemas y tuvo al alcance de su mando suficientes oportunidades de transformar el país a fin de dejarlo en manos de una sociedad más participativa, menos dependiente de las decisiones de una persona, más institucional. Una y otra vez escogieron resolver los asuntos utilizando sólo sus recursos individuales, sin abrir el juego político, dejando ir muchas coyunturas favorables por no tener una mayor colaboración ciudadana que hubiera sido enriquecedora y ninguno, ni uno solo, se comprometió a realizar algo que se pareciera a un acto heroico. Ni siquiera pudieron renunciar a enriquecerse, lo que era indispensable con objeto de romper el nervio de la complicidad tan esmeradamente sembrada y que, fatalmente, avanzó como una enfermedad implacable, contagiando a toda la sociedad.

Esos hombres, encumbrados por sus propias comparsas, confundieron los intereses superiores de la patria con el bienestar de la organización que colectivamente habían creado, y parte de la sociedad y sus élites –la clase política y sus beneficiarios–, embebidas en esta dinámica perversa de tintes sadomasoquistas, ahogaron la crítica y permanecieron pasivas gozando de los beneficios ilegítimos de la revolución al olvidar deliberadamente ponerle un alto al proceso vicioso que se gestaba, exprimiendo de su raciocinio explicaciones que justificaran los actos de gobierno –aunque fueran criminales, como las numerosas matanzas perpetradas en cada sexenio o el fraude electoral "patriótico"– como si se tratara de las mejores o inclusive las únicas soluciones que requería el Estado mexicano.

Por supuesto, muchas cosas se hicieron bien. Hubo progreso y no todo estaba mal en el tránsito al siglo XXI. Sólo que la lentitud en el avance, las crisis recurrentes, la obstinación de no soltar nada dejaban una sucia estela de rezago social, de desarrollo político nulo y de falta de respeto a la ley que terminaron por ser demasiada carga para una sola persona –como lo reflejaron expresamente Díaz Ordaz y López Portillo– y su reducido grupo, que eran los actores que se hacían cargo en cada alternancia heredada por el sistema. Es cierto que hubo algunas concesiones, pero éstas fueron solamente una improvisada y pragmática respuesta a las demandas urgentes que exigía una sociedad que ya había rebasado a su sistema político.

Y mientras el régimen se revolvía sobre sí mismo con objeto de conservarse inalterable, soltaba sin darse cuenta la manija del servicio a su pueblo, cometiendo dos de los peores pecados que se le pueden hacer a una sociedad: La inhibición del desarrollo sano y equilibrado de sus instituciones, es decir, de su organización política, de reglas claras de convivencia, de responsabilidad social, legal y económica; y la pauperización de la población, prueba suprema de la ineficacia de un Estado y sus gobernantes.

Si nos comparamos con los países que alcanzaron un desarrollo notable durante el siglo xx, podemos confirmar que nuestro fraccionado cuerpo social y el aparato político que debería servirle permanecieron en un estado de raquitismo incapaz de resolver con justicia los asuntos internos y de competir exitosamente en la arena de las naciones para traer victorias que se reflejaran en el bienestar de todos los ciudadanos; que el sistema siempre subsistía dependiente de las decisiones de un hombre y su pequeña camarilla, y que éstos, a su vez, concentraban su esfuerzo en perdurar en el poder como clase, con desprecio de quienes se atrevían a competir con ellos, con burlas y venganzas hacia los opositores, absteniéndose de usar otros talentos nacionales que no fueran los amigos y allegados, y haciendo ostentación de sus riquezas mal habidas.

Algunas razones permiten comprender dicho comportamiento, varias constantes que explican el proceder de esa clase política y ciertas características que sirvieron en el cometido de desarrollar un sistema político diferente, que comprometía deliberadamente a los hombres que tenían contacto con él. Veamos:

1) Varios presidentes contemplaron con avidez la posibilidad de arriar la bandera de la no reelección a fin de prolongar su mandato. Si un solo hombre mandaba, razonaron, qué caso tenía cambiar y desperdiciar tanta experiencia. Una herencia del siglo XIX, personificada por los oaxaqueños Benito Juárez y Porfirio Díaz, y de la cultura gobernante en este espacio mesoamericano.

Derribarla o permanecer en el mando a trasmano lo intentaron Álvaro Obregón y Calles. El primero murió en el esfuerzo. El sistema, ayudado por la providencia, reveló su primera lección antirreleccionista. Calles, mediante su maximato impuesto a tres presidentes, que Cárdenas se encargó visionariamente de destrozar, representa la segunda lección: Todo el poder sólo un sexenio. También Alemán y Echeverría tantearon la reelección y nuevamente el régimen les mostró la cara agria del rechazo.

Y Salinas, que con su juventud energética y su ambición desmedida trató de romper el último tabú del sistema que había dejado vivo en su gobierno, sólo que, al ver que no era posible la reelección, trató de extender su influencia transmilenaria por medio de sus elegidos Le mataron al primero, otra señal de la providencia, al segundo tuvo que pararlo tierno, muy tierno, y tal vez tenía un tercero, Jaime Serra Puche, de otra manera no se explica su empeño por modificar el artículo 82 de la Constitución, permitiendo que un mexicano con padres extranjeros pudiera ser presidente. El sistema lanzó su tercera y última lección: Una vez puesta la banda tricolor en el presidente electo, el sueño transexenal termina. El régimen puso en la cárcel a su hermano Raúl y la ilusión voló por los cielos.

El presidente, en el sistema político mexicano, todo lo podía. Carlos Salinas, bien enterado de este poder, lo empleó a su máxima potencia; revirtió las leyes sagradas de Reforma estableciendo relaciones con la Iglesia católica; canceló el reparto agrario con lo que permitió que se pudiera reprivatizar la tierra ejidal; abandonó bruscamente el proteccionismo sin considerar las lecciones que el mundo le ofrecía claramente (Taiwán y Corea, por ejemplo, se tomaron más de 20 años en dar ese paso); apuró la copa del endeudamiento público (aunque en esto nadie le ganó a López Portillo ni a De la Madrid), pegándole nuevamente y de frente a la cacareada soberanía; se olvidó del principio de la economía mixta, reprivatizando bancos y prácticamente todo lo demás –sin olvidar beneficiar a la élite en el esfuerzo–; implantó el neoliberalismo con un deslumbrante eufemismo: liberalismo social. Caminó del brazo con la recién "descubierta" magnanimidad norteamericana; puso al país en la modernidad sin preámbulo alguno y concertacedió con la oposición de derecha presidencias municipales y gubernaturas. Todo lo podía el poder del presidente. Todo, menos interrumpir, alterar o prolongar el intocable rito de la sucesión presidencial, nervio y músculo del sistema político mexicano.

2) El método de sucesión presidencial resultó sumamente eficaz por varias razones. Las primeras decisiones fueron acertadas. El hombre escogido en cada caso era el que garantizaba la continuidad, ajustando el énfasis político a la izquierda o a la derecha, según orientara la experiencia del periodo precedente.

El mecanismo, basado en un secreto personal del presidente, tenía la gran virtud de dividir a los grupos políticos cuyo líder aspirara a la primera magistratura, de tal manera que se conformaran cuatro o cinco contingentes lanzados a favorecer con sus acciones al precandidato de su preferencia. El objetivo de cada grupo consistía en resaltar las virtudes de su líder y en poner trampas a los demás aspirantes, de modo que cometieran errores. El resultado, independientemente de la paralización de actividades que implicaban alguna exposición riesgosa por parte de los secretarios de Estado –cantera exclusiva de presidenciables–, era la fraccionalización del cuerpo político en porciones que albergaban 20 o 25 por ciento del total interesado. En el momento del destape, cualquier oposición a la determinación del presidente representaba sólo una fracción del total, pues las demás camarillas hacían el juego de la cargada, sumándose al ganador, obedeciendo la decisión presidencial. El procedimiento fue aceptado paulatinamente por la mayoría de los participantes, quienes no podían darse el lujo de disentir, so pena de perder la membresía en el club de los privilegios nacionales.

Durante el periodo previo al destape, el presidente procuraba favorecer a uno y otro precandidato con diversos gestos reveladores de su aparente preferencia, lo que mantenía viva la esperanza de cada grupo en su candidato. Un juego muy serio y perverso largamente elaborado, que prevenía las manifestaciones de poder de los posibles sucesores. La disciplina y la discreción evitaban las luchas abiertas que podían convertirse en movimientos riesgosos para la paz interna o, peor, para la soberanía: No fuera a ser que alguien del exterior decidiera ayudar a algún pretendiente y el compromiso derivado comprometiera después a la patria.

3)   La doctrina de no intervención en los asuntos de otros estados, formulada en septiembre de 1930 por Genaro Estrada, a la sazón secretario de Relaciones Exteriores del presidente Emilio Portes Gil, fue el gran escudo diplomático que México estableció con objeto de librarse de las presiones de las grandes potencias en materia de política interna. México, como Estado independiente, no tenía intención ni fuerza para interferir en los asuntos de otros países, así que utilizó la doctrina Estrada con un doble propósito, encapsularse en su territorio y controlar a su masa ciudadana. El negocio era demasiado jugoso para compartirlo con alguien fuera del grupo revolucionario que se había apoderado del país por las armas, de esa manera podían hacer lo que les viniera en gana dentro del territorio sin tener que dar explicación alguna.

Había razones para que el discurso oficial por lo tanto sacralizara la soberanía. La historia del siglo XIX y la imposición de las políticas estadunidenses en América iniciando el XX, junto con los desplantes militares de las dos conflagraciones mundiales y la prolongación hostil de la guerra fría, nos decía, por medio del sentido común y de la interpretación de nuestros gobernantes, que había que andarse con cuidado con el poderoso vecino de al lado, que la unidad de la Nación sin disidencia era la única fórmula aplicable que permitía lidiar con los embates imperialistas, más refinados y amenazantes en el siglo XX. La visión, convicción y lemas públicos se enfocaron en glorificar la defensa indeclinable de la soberanía nacional, tan legítima como justificadora a la hora de sortear cualquier diferencia, aunque también inexorable para permanecer encerrados, por autodeterminación" del pueblo.

Y como disentir vulneraba la soberanía del país, hacerlo se convirtió en delito de traición a la patria y el concepto se incorporó al Código Penal con nombres diversos como el de disolución social, derogado hasta después de los sucesos de 1968. Con esas armas morales y legales de un nacionalismo tramposo y miope se fue consolidando el régimen hasta llegar a tener un sistema político encerrado e inexpugnable.

Obediencia y subordinación, lealtad y discreción –con su inmovilidad consecuente–, fueron las virtudes teologales del endiosado sistema político mexicano, utilizadas como las mejores herramientas destinadas a controlar el proceso sucesorio que, efectivamente, cada seis años, realizaba una alternancia legitimadora. ¿Qué mejor prueba de que en México se practicaba la democracia?

4) Consecuentemente la alternancia no democrática, aplicada hasta sus últimas consecuencias, fue otra de las medidas que permitió consolidar rápidamente la ascensión del nuevo Tlatoani, que a la vez preservaba la vida del sistema político. Ésta se efectuaba al suspender brusca y definitivamente los planes del presidente anterior con el fin concreto de romper la estructura de poder establecida durante el sexenio, así como las redes de influencia política, pues éstas podían sentir la tentación de no someterse al nuevo orden. Una medida muy costosa para la Nación, aplicada a nombre y en contra del continuismo, si bien ideada con objeto de recoger las riendas que acababa de soltar, casi siempre con renuencia, el presidente anterior.

5) Hay que recordar que, en ese periodo de la historia, la democracia no operaba en el mundo sino por excepción, pues si bien nuestros vecinos del norte la practicaban desde su independencia nacional –sólo con varones blancos–, Estados Unidos no eran un ejemplo político a seguir, sino una amenaza real y agresiva de imperialismo que había provocado varias guerras, despojo de territorios nacionales y cientos de intervenciones prepotentes que afectaban nuestro modo de ser Nación. El otro caso, Inglaterra, estaba demasiado lejos y sus ambiciones no eran menores en lo que a dominio se refiere. Ambos países, orgullosos de sus avances sociales y políticos, no estaban interesados en exportar sus logros de convivencia ciudadana, sino en conservar y acrecentar su hegemonía, por lo que México no podía tomarlos como paradigma por más que copiara su discurso público, sus proclamas políticas y algunas de sus formas democráticas, aunque sin preocuparse mucho por su contenido real.

En el resto del mundo y en especial en Latinoamérica, la democracia siguió siendo una materia de filosofía griega, revisada con curiosidad por pensadores y viajeros franceses e ingleses que visitaban Estados Unidos, si bien es cierto que nadie había intentado llevarla a la práctica. De hecho, en Europa occidental, después de la borrachera fascista, la democracia penetró en Alemania al terminar la segunda guerra mundial, sólo que lo hizo acom-

*Y como disentir vulneraba la soberanía del país,
hacerlo se convirtió en delito de traición a la patria.*

pañada por el ejército estadunidense; así se impuso en Italia y McArthur, en otro acto militar inconfundible, la implantó obligatoriamente en Japón.

A Francia, después de numerosos intentos interrumpidos, no le quedó más remedio que adoptarla, esta vez como vacuna contra el comunismo, no sin pocos incidentes de rebelión de su clase política, ante los gestos audaces y decididos del general De Gaulle, que encabezó dramáticamente la prolongación modernizada del imperio de sus vistosos reyes, ahora vestido de civil.

La tercera expansión de la democracia se presentaría en Europa hasta mediados de los años setenta, a la muerte de Francisco Franco en España en 1975, y en Portugal, donde el tránsito que inició en 1974 no pudo culminar sino en 1977. Desde entonces, su crecimiento no ha parado.

6) Sin embargo, México, una vez pasada la segunda guerra mundial, había logrado establecer un rumbo propio, original y estable, con una filosofía pragmática de rostro camaleónico, volcado hacía una economía mixta y sumamente versátil en lo político, pues se valía de un sistema pendular, que se acomodaba como los buenos marineros, según soplara el viento.

Los mexicanos parecían ejemplificar una tercera vía con un régimen que, entre otros aciertos, aseguraba los relevos generacionales, tan ausentes en otros países. Además, marcaba distancias lo mismo frente a la expansión desalmada de las economías de mercado, que preconizaban por un lado el neoliberalismo y por el otro la democracia, que ante la segunda vía, el socialismo, el cual hacía sus barbaridades en las sociedades que hubieron de padecerlo. Sus jerarcas cacareaban sus ejércitos impresionantes y los triunfos en el espacio sideral al tiempo que cavaban fosas de desastre y sufrimiento entre sus propios ciudadanos.

7) En cualquier organismo formado por seres humanos, con diversas modalidades y matices, estarán presentes el liderazgo, la élite y la masa más o menos pasiva, integrados los tres en un sistema que permite el funcionamiento del conjunto. Este sistema puede entrar en crisis cuando se presenta un desequilibrio entre los integrantes o, bien, por causas externas, las cuales resultan más importantes porque no dependen del país sino de factores exógenos incontrolables desde el interior. Pero un descontento de las élites o la intransigencia del liderazgo será más importante que las inconformidades del pueblo, a menos que éstas sean tan graves que logren movilizar a la masa.

En la medida que el sistema se vuelve complejo los miembros del organismo van creando subsistemas, de suerte que cada uno de ellos actúa con cierto grado de independencia. Y así sucesivamente. Si el subsistema del liderazgo tiende a concentrar el poder en un individuo, el riesgo es el caudillismo; y si se reduce en exceso el poder del ejecutivo, se puede caer en el parlamentarismo paralizador. Si las élites asumen indirectamente el poder (clase política, líderes sindicales y empresarios dominantes), el extremo es el fascismo. Si son las masas las que gobiernan, el riesgo es la anarquía.

Peter H. Smith analiza estos fenómenos en su libro *Los laberintos del poder*[3] y escoge una hipótesis como la que más se aproxima a la realidad mexicana: La élite del poder se forma por círculos políticos y económicos que, como un conjunto intrincado de camarillas, se traslapan e imbrican, participando en las decisiones de consecuencias nacionales. Hasta hace muy poco las élites se consideraban a sí mismas como parte del sistema PRI-gobierno. Si algún empresario o grupo de ellos se manifestaba independientemente del sistema, corría el riesgo de carecer de capacidad de interlocución con los políticos y, por tanto, de fracasar en sus empresas.

Las recomendaciones que irónicamente hizo Smith para ingresar y ascender en la élite política pintan de cuerpo entero el sistema en el que estábamos viviendo, algunas de las cuales, como podrá apreciarse, han perdido total vigencia:

- Estudie una carrera universitaria, de preferencia en la UNAM.
- Ingrese al PRI.
- Acepte cualquier cargo que le ofrezcan, en la política o en la rama ejecutiva.
- Prepárese a la lucha por el ascenso.
- Estudie el sistema, forme su archivo, domine el quién es quién y conozca todas las relaciones de poder, de corrupción, de parentesco, etcétera.
- Luche porque el puesto que le asignen sea en la ciudad de México.
- Haga todos los amigos que pueda, sobre todo entre sus superiores.
- Capitalice sus relaciones familiares.
- Si se decidió a formar parte de un equipo o de una camarilla, elija con mucho cuidado a su jefe.
- No se enemiste con nadie.
- No provoque dificultades a sus superiores jerárquicos; ellos controlan su destino.
- No se equivoque en público ni provoque controversias; es conveniente mantener un bajo perfil.
- Turne las decisiones difíciles a sus superiores.
- Trabaje rápido pero en largas jornadas.

---

[3] El Colegio de México, México 1981.

- En vez de perder el tiempo en el cargo que ocupa, dedíquese a aumentar sus relaciones.
- Respete la ley de ineficiencia productiva, que le permite al superior hacer de sus decisiones instrumentos de política.
- Tenga paciencia; espere su momento.
- Una vez que esté en la élite política, prepárese a salir de ella.
- Aún en la cúspide de su carrera sea amable con sus subordinados; uno nunca sabe.

El sistema político mexicano, en tanto régimen presidencialista, combina el caudillismo con un esquema autoritario de matices corporativos, y por lo tanto pariente cercano del fascismo en proceso continuo de transformación no sólo propiciado, sino estimulado por el sacrificio sexenal del presidente saliente y su equipo, y con tendencia muy débil aunque sostenida a la democracia, al menos electoral. Tal combinación tiene sus virtudes, si bien es una mezcla explosiva puesto que en gran medida depende de la personalidad del caudillo –esto es, el presidente–, de las alianzas que logre concertar con las élites dentro del esquema corporativo y de la paciencia tolerante de las masas.

Tal vez el candidato del PRI perdió, entre otras causas, porque el caudillo dejó de comportarse como tal en la transmisión del poder. Ante la ausencia del guía las élites entraron en conflicto interno, se dividieron, y fracciones de ellas significativas en número y fuerza, se pasaron con armas y bagajes a la oposición. Además, las masas dejaron de encontrar en el sistema un canal para presentar sus demandas y encontrar respuesta a ellas y, por tanto, se abstuvieron de apoyarlo, o igualmente se pasaron al contrario.

Esta realidad rompió reglas fundamentales de operación del sistema, leyes no escritas aunque religiosamente observadas. Carlos Ramírez las compendia bajo el título general de ley del silencio: "Las tres principales leyes de la política mexicana eran a un tiempo identificables e inaprehensibles: la *sumisión* para ocultar las verdaderas ambiciones y demostrar la disciplina, la *discreción* para ocultar el mundo secreto de la corrupción política como regla básica para ascender y la *paciencia* para esperar el premio político a la complicidad del silencio[4]".

En lo económico México permaneció atrincherado bajo el proteccionismo, prolongando la medida alemanista de sustitución de importaciones demasiado tiempo. El régimen se olvidó de poner término a ese prolongado paréntesis que por naturaleza propia era temporal, y la industria incipiente terminó por apoltronarse tras las fronteras nacionales acumulando beneficios a costa del consumidor y retrasándose en su eficiencia y competitividad mundiales.

---

[4] "Indicador político", *El Universal*, 10 de octubre 2000.

Nuevas fuerzas emergían de la sociedad que alteraban la paz del corporativismo complaciente por no ser tomadas en cuenta. Por ejemplo, el estudiantado, la creciente y enterada clase media, los hombres de negocios, aún los que habían amasado fortunas al abrigo del reparto de privilegios del gobierno, y los mixtos, esto es, los que siendo políticos habían invadido el campo de los negocios, rompiendo la regla no escrita de que unos no se metían en las actividades de los otros. A ellos se sumaron los nuevos comerciantes e industriales que la globalidad iba produciendo, y los que habían recurrido a la economía informal por falta de oportunidades y que ya representaban 40 por ciento de la economía.

Que esa forma *sui generis* de gobierno del pueblo "para el pueblo" ya no estaba resultando benéfica porque su modernidad se había rezagado a pesar de sus ajustes sexenales; que sus frutos en el terreno internacional ya no eran competitivos; que se había vuelto incapaz de aprovechar los talentos nacionales; que no era justa ni equitativa por el flujo de ciudadanos que enviaba crecientemente a engrosar las filas de la pobreza y marginación, no tenía la menor importancia, esas carencias eran irrelevantes. Lo que era verdaderamente fundamental en la meta de continuar el avance de la revolución consistía en permanecer en el poder, pasar pacífica e institucionalmente la estafeta de mando a la siguiente generación seleccionada por ellos mismos y a otra cosa, que el sistema debería continuar si bien nunca terminaba "lo mucho que faltaba por hacer", como anunciaba sincero el estribillo recurrente en los informes presidenciales.

Y el poder, sin resistencia efectiva al frente, sin contrapesos y sin crítica creció en abusos, aumentó la apropiación de los privilegios de una manera descarada y empezó a cerrar el círculo de su clase política poniendo en rotación a sus desgastados personajes de siempre, impidiendo la competencia que propiciara una renovación de hombres y mujeres que dieran frescura a la acción pública.

Los movimientos de modernización social y política fueron aplastados, el sistema se convirtió en una dictadura institucional "perfecta", según denunció con escándalo Mario Vargas Llosa. Un régimen que, sin ser dictatorial realmente, mantenía en manos del Ejecutivo todos los controles del país, desde las elecciones, el presupuesto federal, los sindicatos, la mayoría de las organizaciones sociales, hasta el funcionamiento y decisiones de los otros dos poderes de la Unión. Un régimen autoritario y complejo, institucional y mutante, que arrebataba y absorbía todas las banderas de emancipación que aparecían en el horizonte y que, cada vez, por su abrumadora presencia, resultaba más difícil de competir con él, no obstante los signos de decadencia patente que mostraba. En las dictaduras clásicas una crisis severa o la muerte del dictador bastan para terminar con ellas, porque están centradas en una persona. En un régimen institucional enraizado hasta en el último servidor público, con numerosos sindicatos y hombres de negocios articulados en su funcionamiento, particularmente los usufructuarios de los favores del sistema, el problema del cambio se magnifica exponencialmente.

Sólo que el impetuoso torrente democrático, engrosado por las aguas inesperadas de la tecnología y la globalización, comenzó a minar los diques infranqueables que preservaban la soberanía de los países rezagados política, social y económicamente.

Los estados nacionales ya no pudieron controlar la información que, franca y sin afeites, llegaba a los oídos de los ciudadanos, sin importar su condición económica. Los servicios de información y entretenimiento sobrevolaron las aduanas oficiales, la globalización del capital –primer instrumento en desnacionalizarse totalmente– limitó la facultad de los estados para emitir moneda y para ejercer control autónomo de su economía. El uso extenso de las prácticas mercadotécnicas, que ofrecían mejores productos y servicios, sirvieron de catapulta con objeto de apreciar el talento humano. La revolución informática y del conocimiento superó el valor que tenían y tienen en el mercado las empresas con gigantescas inversiones en activos fijos. Estos elementos constituyeron el gran cambio mundial que afectó a todos, a los países de libre comercio en particular, pero también a sus vecinos y socios comerciales, clientes o proveedores de occidente. Confirmando el fenómeno, en 1989 el muro de Berlín se vino abajo estrepitosamente.

En este mismo periodo de los años ochenta, dos frentes aparecieron beligerantes e irreductibles en el interior del país, que hicieron levantar las cejas de los jerarcas del todopoderoso sistema y encendieron las luces de la esperanza de la ciudadanía que había permanecido apática y resignada: La reivindicación política del sufragio efectivo en Chihuahua por el fortalecimiento del PAN y la rebelión del doctor Salvador Nava en San Luis Potosí y, a la par, los movimientos sociales de izquierda, siempre presentes y perseguidos, que convergieron solidarios en 1997.

En México, el pueblo, armado con estas nuevas herramientas internas y externas, empezó a perderle miedo a los poderosos, que ya no lo eran tanto. Amplios sectores de la población recibieron el impacto informador de las comunicaciones y la maquinaria humana del partido, flácida en sus músculos propulsores por la indulgencia con la corrupción, por la ineptitud y falta de competencia interna, ya no pudo ejercer la misma influencia a fin de manipular o cooptar a los votantes. El último gran fraude perpetrado desde el Estado fue la elección presidencial y del congreso en 1988. Las alertas ciudadanas de todo el país repiquetearon con insistencia y la conciencia colectiva despertó decidida a no permitir más la burla de la clase gobernante.

*La rebelión de hombres emblemáticos del partido oficial influyó en
mayores triunfos opositores.*

Los embates del hartazgo ciudadano habían avanzado hasta tener éxitos en Baja California, Chihuahua, y Guanajuato, y la rebelión de hombres emblemáticos que decidieron separarse del partido oficial, Cuauhtémoc Cárdenas y Porfirio Muñoz Ledo, empezó a manifestarse en mayores triunfos municipales y estatales, incluida la capital de la República. El régimen se abrió un poco para no cambiar y accedió a regañadientes a introducir una nueva reforma política. El objetivo improvisado fue admitir el cambio con la mayor lentitud posible y así se dio. Cada sexenio era necesario hacer *otra* reforma electoral hasta que, finalmente, se realizó la que dio vida al Instituto Federal Electoral (IFE), responsable de organizar las elecciones, y al Tribunal Federal Electoral (TRIFE), calificador de los resultados electorales, ambos organismos autónomos, hecho que completó los requisitos indispensables y definitivos que permitieron pasar el último precipicio que nos separaba de la democracia. La oposición tomó nuevo aliento después de haber mordido el polvo, soportando el sarcasmo de los ganadores eternos, y se aprestaba, todavía un poco incrédula, a librar la madre de todas la batallas, la conquista de la Presidencia de la República, centro gravitacional del mando político, militar y económico de la Nación y guardián celoso del presupuesto federal que controla y utiliza, con un aparato gigantesco, 80 por ciento de los ingresos de la federación.

Las condiciones del cambio avanzaban amenazando al sistema, eso era un hecho. Asegurar el triunfo en las urnas y sentarse en la silla con objeto de emprender la recomposición de la patria, eran otra cosa muy distinta.

La maquinaria priísta con su combustible económico permanecía íntegra, enmohecida sin duda, pero lista para realizar su experimentado esfuerzo electoral. No así el aparato del Estado, que ya había soltado el último reducto de su autoritarismo, el control de las elecciones. Es cierto, además, que los logros del sistema ya se habían olvidado o asimilado como lo que siempre debieron ser, una obligación de los mandatarios con la sociedad. También, que los agravios infligidos a la población por los gobiernos de la revolución se habían acumulado hasta causar indignación, y que las risas burlonas de los operadores priístas aún sobrepasaban las sonrisas socarronas con que se protegían los indefensos electores cuando sus reclamaciones ponían en jaque a los dirigentes todopoderosos, si bien los sorruedos del camino eran tan hondos que el vehículo moderno de la democracia podía quedar varado, ruedas en vilo, imposibilitando su arribo a la meta.

Los orquestadores electorales del sistema sacaron de su inagotable manga una carta novedosa, una mudanza capaz de sorprender a todos, y se aprestaron a utilizarla en congruencia con la promesa del presidente Zedillo al inicio de su mandato: Él no utilizaría el dedazo para designar sucesor.

Echando mano de la imaginación, organizaron una primaria al mejor estilo estadunidense a fin de resolver quién sería el candidato del PRI, y dejaron correr las ambiciones de los que se habían adelantado al suceso. Cuatro hombres subieron a la palestra de los milagros, dos impulsados por sus propias ambiciones, Manuel Bartlett y Roberto Madrazo, uno por lealtad al presidente, Humberto Roque Villanueva –vieja fórmula para fraccionar el voto–, y el *bueno,* Francisco Labastida. El hecho manipulador con nuevo ropaje fue denunciado profusamente por militantes que simpatizaban con alguno de ellos, por tres de los propios contendientes y por numerosos ciudadanos y articulistas. Aún así, corrieron las amonestaciones, la mente fija en los objetivos siguientes: Dar a conocer a su candidato con una costosa campaña de presentación y promoción sin control y vigilancia del IFE, pues todavía no corría el término legal; implantar al escogido en la mente del electorado como el más sereno y maduro de los precandidatos; legitimar el inédito procedimiento democrático dentro del partido, no obstante la inevitable incredulidad popular y el escepticismo de los correligionarios acostumbrados a la línea; y, sobre todo escenificar un ensayo general de la elección que se llevaría a cabo el 2 de julio del siguiente año. De esta manera se acarrearían millones de votantes a las urnas priístas con el propósito de escoger al candidato del partido, comprometiéndolos a repetir el ejercicio de su propia elección a la hora de la verdad en el 2000 y aprovechando deliberadamente el esfuerzo para recuperar con rapidez la ventaja que llevaba la campaña de Fox quien, consciente de la necesidad de cambiar los tiempos del PRI, se había adelantado dos años, trastocando estratégicamente los tractos sagrados del ritual nacional. La respuesta oficial al audaz acto del retador fue la primaria y en efecto, durante los meses de septiembre a diciembre el PRI recuperó la agenda política.

Un panorama tan promisorio para la continuidad imperial como la sonrisa franca de una bella jovencita. Congelar esa sonrisa y tornarla en faz de incertidumbre sería la misión de los contrincantes.

Dar el paso gigantesco de ganar en las urnas requería la determinación categórica de la sociedad y el liderazgo de un hombre fuera de lo común, un personaje con rasgos carismáticos pero con los pies en el suelo. Una persona con ambición aunque sin alardes demasiado ostentosos, que se atreviera a decir verdades sin espantar al ciudadano, temeroso de los riesgos enormes de un cambio brusco, de un salto al vacío, temas fundamentales del alegato propagandístico del sistema en los dos últimos sexenios.

Un hombre hecho y derecho que transparentara seguridad e infundiera confianza sin apartarse de la ponderación y la sensatez, tal vez con menos solemnidad de la acostumbrada, sólo que con empaque de presidente. Una fórmula harto peliaguda de satisfacer, pues se trataba de un espécimen humano realmente contradictorio, un fenómeno que solamente podía ser extraído de una imaginación alucinante.

Por supuesto que Vicente Fox Quesada no llenaba todas esas cualidades tan apreciadas como controvertidas –nadie las tiene. Lo importante en la feroz campaña que se avecinaba, era tener instinto político y determinación.

México está formado –dividido– desde la independencia por conservadores y liberales. Pactar con la derecha es pecado, inclinarse hacia la izquierda asusta a las buenas almas que ya suman legión. Fox supo leer el partido, entender al toro que tenía enfrente, arrancó como populista de derecha y fue cambiando, adaptándose a las reacciones de la gente, mismas que iba midiendo con su endemoniado ritmo de trabajo, hasta consolidar una personalidad atractiva que llegó primeramente a los ciudadanos de la parte baja de la pirámide social y luego, no antes, ni un minuto antes, a las élites escépticas, cuya influencia es determinante en el resto de la sociedad y que, como siempre, piensan que primero hay que ver para creer.

Vicente Fox, al iniciar su campaña, poseía otras cualidades que serían definitivas en la búsqueda del triunfo: Experiencia exitosa de gobierno (en Guanajuato), dominio teórico y práctico de las modernas prácticas de mercado que le permitieron anticipar sin sombra de duda lo que la sociedad deseaba y estaba dispuesta a pelear por conseguirlo; enorme y sincera disposición para escuchar, herramienta indispensable en la tarea de perfeccionar el conocimiento de las necesidades ciudadanas y sus sentimientos; capacidad para armar grupos de trabajo con misiones claras y objetivos concretos; una humanidad con gran estatura y buena voz que impresionan en cualquier parte del mundo; y un carácter a prueba de cualquier desánimo.

Los defectos, los errores, las carencias y los resbalones ya vendrían. Por lo pronto, enfrente aguardaba una feroz y descomunal batalla...

¿Y el ejército? ...¿Dónde está el ejército?

Cinco

¿Dónde está el ejército?

Vicente Fox inició la campaña por la Presidencia de la República sin ejército electoral. No había oficiales, soldados o siquiera una oficina de reclutamiento. Mucho menos contaba con armas o artillería; es decir, dinero. Era necesario empezar recorriendo el campo de batalla donde se competiría para ganar electores y, entre ellos, conocer a quienes podrían convertirse en parte del movimiento, encontrar contribuyentes económicos, reclutar a un puñado de representantes en el territorio a fin de recurrir a ellos como postas de avanzada. Y algo más: conforme corriera el proceso, se requería acceder masivamente al público en general mientras, internamente, se ponía un poco de orden y concierto con objeto de accionar mejor a la hora de la contienda.

Es cierto que ya había dirigido tres campañas similares, una aspirando a la diputación federal y dos a la gubernatura de Guanajuato, de modo que, seguramente, por ahí andaban desperdigadas algunas piezas de la maquinaria original. Sin embargo, emprender un esfuerzo nacional era otra cosa, algo fuera de toda proporción en tamaño, visión, costo y cobertura. Sólo que su percepción de lo que vendría, surgida de las conversaciones con toda clase de ciudadanos en diversas partes de la República, le decía que la población estaba lista para la gran aventura democrática; que el hartazgo del sistema político estaba en su más alto nivel; que el estilo abusivo, burlón y alejado de la legalidad del régimen los tenía hasta la coronilla. Invariablemente lo mismo, con los personajes de siempre, quienes igual servían para un barrido que para un fregado.

No existía esperanza de enmienda: El salto a la modernidad, al bienestar económico, a la libertad política, a la resolución de los problemas sociales, a ser alguien entre las naciones, cada día se veía más lejano. Inútil apoyarse en lo que tenían. El pueblo se lo decía directo, sin ambages y los ciudadanos lo instaban, una y otra vez, a que se la jugara con ellos. Lo que les faltaba era un líder, un general con pantalones. Y él, sintiéndose aludido, aceptó el reto.

Fue un proceso lento para una mente ágil acostumbrada a medir el esfuerzo que requiere toda acción antes de convertirse en algo concreto. No obstante, los enemigos que cosechó por su acometividad atrabancada y los observadores celosos del *statu quo*, se apresuraron a calificar como "prematuro" el desafío del cambio. A pesar de ello, en su imaginación germinaba el convencimiento que la propia gente le imbuía todos los días. Era cosa de transformar la inquietud personal y colectiva en determinación firme a la hora de emprender la andanza.

El hallazgo del instinto y la sensibilidad de Fox fue interpretar el deseo claro de la gente, que le manifestaba el anhelo de transitar a una etapa mejor de gobierno en su vida comunitaria. Palpitaba en todas partes un sentimiento de frustración producto de las formas viciadas de la vida pública, del comportamiento descuidado de los gobernantes, de la ausencia de paz y tranquilidad en calles y casas, de las injusticias cotidianas, o de la inactividad de hombres y mujeres que medraban, cada vez con mayor descaro, en las instituciones del Estado.

En la visión de Fox el cuadro era inconfundible. La urgencia de actuar le gritaba incesantemente en los oídos. Parecía que toda la sociedad sabía esto, menos los que gozando de privilegios habían aprendido el discurso de las justificaciones. No quedaba un minuto que perder, pero su responsabilidad como gobernador de Guanajuato le impedía aprovechar todo su tiempo en esta nueva causa. Utilizó entonces, sin decirlo a ninguno de sus colaboradores, todas las actividades de desarrollo que emprendía por Guanajuato en busca de compenetrarse más de la circunstancia nacional, establecer contactos, rescatar y hacer amigos, medir con precisión las posibilidades de éxito y estimar en detalle el soporte del proceso necesario. Maduro el conocimiento, convencido de que las relaciones habían formado un tejido resistente, avanzó al podio imaginario y anunció su decisión el domingo 6 de julio de 1997, tres años antes de la fecha de elecciones del próximo sexenio.

Vicente Fox conocía muy bien sus habilidades y también sus limitaciones. Hombre extrovertido, hábil a la hora de comprender lo que la gente quiere y capaz de conocer inclinaciones o fobias de sus semejantes, tenía un punto débil: La organización. Estaba consciente de que debía cubrir esa carencia con personas de amplia comprensión de los filtros y engranes organizacionales. Ésa fue su primera preocupación y, rápidamente, tomó cartas en el asunto. Sin embargo, en la reunión semanaria de gabinete el lunes 7 de julio de 1997, día siguiente de su pronunciamiento, no dijo una sola palabra. Su personal ejecutivo, que había sido tomado por sorpresa, esperaba una explicación, alguna palabra del gobernador sobre el importante suceso. No mencionó el asunto, inició la sesión como si nada hubiese pasado. Pocos minutos después, los asistentes habían enterrado la inquietud y se concentraron en los pendientes del día, esperando un mejor momento. Sólo que éste nunca llegó. Un muy reducido número de personas de su grupo de gobierno en Guanajuato participarían en la campaña del candidato presidencial.

Al salir del salón de juntas, Fox detuvo a Ramón Muñoz y lo invitó al rancho, el sábado. "El organizador entra primero que nadie", se dijo su coordinador de asesores en materia de desarrollo gubernamental y asintió con la cabeza, sin más gestos ni pedir explicaciones.

El primer círculo

¿Quién es Ramón Muñoz Gutiérrez, que mereció la primera mención del candidato en cierne, convirtiéndose en el primer oficial del ejército que se aprestaba a formar el guanajuatense? Nació en Lagos de Moreno, Jalisco, el día 8 de agosto de 1960. Graduado en sicología por la Universidad de Guanajuato en León, con prácticas que genéricamente se denominan como desarrollo organizacional –una de esas áreas del conocimiento desconocidas en la cultura del amiguismo y por algunos intelectuales que han ignorado el lenguaje empresarial por parecerles bárbaro o advenedizo en el campo de las humanidades, si bien indispensable en cualquier organización moderna.

Además, tuvo una sólida formación filosófica adquirida en el seminario diocesano de San Juan de los Lagos, donde estuvo de los 16 a los 20 años de edad, tiempo valioso que le permitió prepararse mientras comprobaba que su verdadera vocación no era ser sacerdote. En cambio, la política lo hacía vibrar intensamente, hecho que no pasó desapercibido a Pablo Emilio Madero, presidente del PAN, a quien entrevistó en Lagos de Moreno cuando trabajaba de reportero en un periódico de León. Madero, antes de terminar la entrevista, ya lo había reclutado, lo cual era inusitado porque el PAN nunca ha sido rápido con la pistola de cazar cabezas que engrosaran su membresía: Luis H. Álvarez, por ejemplo, ya era dirigente nacional y todavía no le extendían credencial como miembro del partido.

Ramón Muñoz ingresó al PAN con muchas ganas de trabajar. Tantas que, al cumplir 22 años, ya fungía como secretario del organismo en León y era diputado federal suplente. La suplencia la ganó gastando la suela de los zapatos y sudando la gota gorda en visitas domiciliarias en las que repartía volantes con su plan de trabajo por si obtenía el respaldo de la gente de su distrito.

Su trabajo le parecía tan divertido que llamó la atención de los reclutadores de Bimbo. Lo contrataron como jefe de calidad total, no sin que antes le advirtiera el entrevistador de esta enorme empresa panificadora:

–Entrará por un periodo de prueba...

–Muy buena idea –replicó–. Así yo también podré evaluarlos.

¿Alardear es defecto de la juventud? Ambos quedaron satisfechos y esa experiencia de orden, sistema y organización le sería muy útil a Ramón Muñoz en sus futuras actividades como funcionario público.

Conviene conocer estos antecedentes porque ganarle al PRI no fue un asunto de principiantes o espontáneos. La hazaña requirió preparación técnica, dedicación, creatividad, un espíritu bien templado por la pasión y fe, mucha fe. Pero también un ejército soportado por pivotes humanos, encargados de crear y sustentar las redes de ciudadanos normales que, pertrechadas con procedimientos prácticos, pudieron alcanzar resultados extraordinarios. Uno de esos pivotes fue Muñoz, un hombre de personalidad discreta y cuya labor puede perderse en el anonimato, algo conveniente para el PAN, por aquello de preservar para el futuro los métodos empleados, aunque injusto con la historia de la democracia que los mexicanos decidieron poner en práctica al inaugurar el siglo XXI dándose la posibilidad de desplegar la competencia política y ofrecerle al ciudadano varias opciones, pues en el poder escoger radica el fundamento de la libertad.

Observador de conductas y actitudes, Vicente Fox tomaba nota de los conceptos que exponía Ramón en la Asociación de Industriales de Guanajuato (Fox Quesada era vicepresidente), de la forma en que impartía la capacitación al personal de la asociación, de sus correrías partidistas como coordinador regional de varios municipios aledaños a Irapuato y de su actuación exitosa como director de desarrollo organizacional y de planeación en el municipio de León, puesto que obtuvo sin proponérselo por manejar la campaña rumbo a la presidencia municipal al ingeniero Luis Manuel Quirós Echegaray. Sin embargo, Ramón Muñoz había tenido muy pocos contactos personales con Fox, quien le parecía rudo, caudillista, un hombre que hablaba sin preámbulos, como si no tomara en cuenta la psicología de los participantes. Jamás pensó que pudieran trabajar juntos.

Fox, ojo avizor, siguió observando. Le llamaban la atención los métodos con que Muñoz reclutaba y, todavía mejor, conservaba la lealtad de esos ciudadanos interesados en mejorar la comunidad leonesa. También admiraba la imaginación desplegada en la institucionalización de mecanismos dirigidos a escuchar a la sociedad, por ejemplo aquellos *miércoles ciudadanos* en los que, semana a semana, el presidente municipal acrecentaba una rica experiencia humanista y conocía lo mismo carencias que problemas de los ciudadanos, así como las formas que ellos mismos sugerían, buscando resolver o aliviar las miserias que aquejaban a ese pueblo grande, industrioso, un poco fanático en lo religioso, aunque sano y deseoso de hacer algo por ayudarse a sí mismo.

El programa tuvo tanta aceptación que Ramón Muñoz y Quirós Echegaray decidieron delinearlo por escrito y divulgarlo. Actualmente, más de 100 municipios siguen el procedimiento, incluidos varios de extracción priísta, si bien lo han mutilado por el prurito de no copiarle a la competencia, ignorando que antes de mejorar hay que dominar, tal como han hecho los japoneses con un éxito envidiable. Ésta y otras prácticas ciudadanas pueden leerse en cuatro libros que Ramón Muñoz ha escrito con generosidad y en los cuales recoge, además de sistemas y procedimientos ciudadanos novedosos, una filosofía que transparenta su profunda vocación de servir a la comunidad[1].

A pesar de la indiferencia que aparentaba Vicente Fox y del desconocimiento de Ramón Muñoz en torno a los planes que éste maquinaba, dos años antes del anuncio del 7 de julio, Fox le dijo, sorpresivamente: "Luis (Quirós) no va por la candidatura del gobierno de Guanajuato. Te necesito en la campaña".

Era un mediodía caluroso, en marzo de 1995, y el aspirante a gobernador lo localizó telefónicamente, con su estilo informal, a la vez que efectivo, mientras Ramón Muñoz esperaba en un semáforo a que la luz cambiara a verde. Los comicios eran en mayo, de modo que Fox llevaba dos meses en la empresa electoral y la invitación demuestra que había reparado en cuánto contribuyó en el camino de Quirós Echegaray rumbo a la alcaldía. Muñoz desvió el rumbo, dirigiéndose al hotel donde Fox se hospedaba con objeto de darle una respuesta. Se trató de un breve encuentro en el que, siguiendo el mismo estilo del futuro jefe, le dijo: "Sí, pero tú convence a Luis Quirós".

Al presidente municipal no le gustó nada la idea. Había sido Muñoz quien lo convenció de disputar el cargo con la promesa de que lo ayudaría no sólo en la campaña, sino también en el ejercicio del mandato logrado. Quirós sugirió dos o tres candidatos más al puesto. Ante la insistencia de aquel hombre alto y terco que lo contemplaba sin quitarle los ojos de encima, propuso dividir el trabajo de Ramón Muñoz: cincuenta por ciento del tiempo para la presidencia municipal y el resto para la campaña de gobernador. Una solución inútil, conociendo la forma de trabajar de Fox, siempre absorbente.

Muñoz tenía un despacho de consultoría en ingeniería y estrategias para desarrollar la competitividad de empresas que operaban en el corredor industrial de Irapuato. No le faltaba trabajo, sólo que la campaña acapararía todo su tiempo, pues era forzoso concentrarse en la contienda. Vicente Fox ya había perdido una elección tres años antes contra Ramón Aguirre, candidato del PRI, y si bien los resultados fraudulentos se impugnaron con gran escándalo, la controversia la resolvió políticamente Carlos Salinas, estre-

---

[1] *La voluntad de servir*, Escribano editores, México, noviembre 1994. *La ciudad, motor del desarrollo, conversaciones con Luis Manuel Quirós Echegaray*, Escribano editores, México, noviembre 1997. *El Municipalismo como camino de la transición*, Escribano editores, México, noviembre 1998 y *Pasión por un buen gobierno*, Ediciones 2000, México, mayo 1999.

nando lo que después serían sus famosas *concertacesiones*: "Correcto", les dijo a los aguerridos panistas, "Ramón Aguirre renunciará". Sólo que el presidente estampó en el acuerdo la rúbrica de su venganza: "Pero de ninguna manera acepto a Fox como gobernador". De este modo, Carlos Medina Plascencia tomó posesión por un período indefinido y, tres años después, el estado de Guanajuato convocó a elecciones de gobernador a fin de deshacer el entuerto.

Vicente Fox decidió participar nuevamente. Y esta vez ganó.

De acuerdo con su costumbre, organizó una pequeña fiesta de celebración con todos sus generales una vez concluida la contienda y, muy contento, empezó a bromear. No se aguantó las ganas de alardear frente a Ramón Muñoz:

–¡Claro que ganamos! Con este candidato, ¿cuál era el problema?

–De acuerdo –replicó Muñoz, que aunque amigo de la discreción tampoco pudo contenerse y agregó–: Sin embargo, no con cualquiera hubieras evitado la derrota.

El responsable de la organización de la campaña se refería a la embestida priísta que le arrebató el triunfo en el primer intento. Las mañas del *partidazo* pudieron anticipar la acción de sus contingentes, anulándola en el campo electoral, una asignatura que Ramón Muñoz dominaba sobradamente. El candidato triunfante, sin dejar de reír, volvió a tomar nota. Su asesor tenía razón y la lucha por la Presidencia requería prevención frente a esas prácticas, de sobra conocidas, sólo que pocas veces contrarrestadas con la eficacia y determinación debidas.

Ideas, conceptos y lemas, sustentados en el humanismo político, ocuparían el lenguaje foxiano durante la campaña presidencial, elementos afines a la erudición de Ramón Muñoz en materia del bien común, que se alcanza con eficacia en el gobierno de los hombres y eficiencia en la administración de las cosas. Estos temas pasaron a ser valiosas municiones de comunicación que el candidato expresaba buscando convencer a su auditorio. De este modo, habló de "la aspiración por un buen gobierno que trabaje mejor y cueste menos", en donde "la gente sea más libre y menos dependiente". Y también de que "la solución está en un proceso de educación social responsable" en el que "la política es filosofía en acción". Otros conceptos que se repitieron fueron el de "reinventar el gobierno", o el de "gobernar más que administrar", con lo que palabras como calidad y estrategia se aplicaron a la administración pública y a la educación en tanto elementos de búsqueda indispensables. Los competidores de los demás partidos, al confirmar el impacto de estos reclamos en la sociedad, incorporó varios de ellos a su discurso político. Labastida y Cárdenas, por ejemplo, incluyeron en su repertorio de promesas el concepto de calidad en la educación.

Ramón Muñoz tenía razón y Vicente Fox tomó nota:
La lucha por la Presidencia requería prevención.

Nada te turbe, nada te espante

Ramón Muñoz no fue el único invitado a conversar con Vicente Fox aquel sábado 14 de julio. Dos colaboradores más fueron convocados al rancho San Cristobal: Marta Sahagún y Eduardo Sojo. Olvidándose del colesterol, desayunaron ricos frijoles y cecina a la orilla de una pequeña presa, bajo la sombra de un árbol y, antes de que el sol guanajuatense inflamara de calor aquella fresca mañana, trazaron en sus rasgos generales el proyecto de cambiar las formas políticas de México.

Marta Sahagún Jiménez , segunda hija de una familia zamorana de seis vástagos, cuatro mujeres y dos hombres, es una mujer alegre y optimista, acostumbrada a compartir sus dones con gran sentido de la compasión – por la profesión médica de su padre. De ahí su proclividad a servir a los más desamparados, seres invadidos por la enfermedad y el dolor o privados de la libertad, sobre todo los que permanecen en las cárceles injustamente, pan de todos los días en nuestras prisiones.

La familia Sahagún Jiménez no es muy diferente a millones de progenies que habitan el territorio nacional, sea en Michoacán, Guanajuato, Nuevo León o Coahuila. Con numerosos descendientes en el pasado inmediato, viven llenas de bullicio diario, lo que impide materialmente las depresiones personales por el ataque inmisericorde no sólo de los ruidosos hermanos, sino también por el de los infaltables invitados. Albergan en su seno a miembros devotos de su religión, lo mismo que a liberales y agnósticos no tan preocupados por ritos y creencias. Sólo que tanto el aplicado como el amante de las pintas escolares, todos cuentan con una sólida formación de valores, fundamentalmente por el ejemplo de los padres, aunque también por la vigilancia de los hermanos que, al primer pleito, vuelcan en la mesa del comedor los secretos de la conducta de sus consanguíneos, útil información para normar los correctivos que aplican los padres educadores.

La cohesión familiar es uno de los valores que prevalecen en México. Gracias a ella, y a otras razones culturales, somos nación y tenemos orgullo de serlo. La unión en la familia es muy fuerte todavía, no así en la sociedad. En los países más desarrollados la relación es al revés: La familia es un desastre, si bien hay responsabilidad con la sociedad. En México, la familia es todo y la sociedad se ve con cierta indiferencia, por ello el Estado de derecho no es tan importante.

No obstante, también sobreviven fuerzas disgregantes que destemplan la fortaleza de la sociedad mexicana. Aún no comprendemos cabalmente la naturaleza de nuestra heterogeneidad racial, por ejemplo. Una buena porción de la élite mexicana no se siente parte del pueblo. Su lealtad con la población entera resulta de consistencia porosa y, a la hora de soportar un estirón solidario con ella, se desbarata por su fragilidad, por el desentendimiento o por incomprensión manifiesta ante la realidad que viven los ciudadanos más débiles.

Marta Sahagún estudió con las madres teresianas del Colegio América, en Zamora, donde reafirmó serenamente las enseñanzas de disciplina de su madre, el ejemplo religioso de su abuela materna, así como la bondad y deseo de triunfo de su padre y de su abuelo materno, quien igual dirigía empresas importantes (molinos de trigo y agencias de automóviles Ford), que se sentaba en la banqueta a comerse un soberbio helado con su amigo el notario del pueblo, todos ellos señores dueños de una sencillez ejemplar.

Santa Teresa, por boca de sus maestras, le decía: *Nada te turbe, nada te espante, todo se pasa, Dios no se muda, la paciencia todo lo alcanza, quien a Dios tiene nada le falta, sólo Dios basta.* Inolvidables versos que impulsaban a la señorita Sahagún a tener gusto por el estudio, a competir y a buscar siempre los primeros lugares en todo lo que emprendía.

Ella y su hermana Beatriz fueron las primeras muchachas que salieron de Zamora a estudiar en el extranjero. Viajaron a Dublín, Irlanda, al colegio de San José de Climent, donde aprendieron inglés. Marta lo hizo tan bien y tan rápido, que pudo inscribirse en la Universidad de Cambridge y obtener el certificado de maestra de ese idioma, que se podía sacar si la aplicación de la alumna era excelente. Ella lo logró en el mínimo tiempo establecido: 24 meses, de los 14 a los 16 años de edad.

Muy joven, a los 17 años, contrajo matrimonio y se fue a vivir a otro planeta: Chilpancingo, Guerrero, donde la gente era tan brava que traía machete o cargaba pistola al cinto. Y no era adorno, sino pura y simple defensa personal, pues hasta los curas andaban armados. En una ocasión, cuando el ahora cardenal Ernesto Corripio Ahumada visitaba esas tierras, al ver al párroco empistolado le dijo:

—Oiga padre, no creo que cargar un arma sea el mejor ejemplo de caridad cristiana que podemos ofrecer.

—Si no la cargo, al salir a la esquina... me cargan —respondió el cura y Corripio Ahumada no pudo replicar a tan aplastante lógica.

Era un mundo tan diferente al de Zamora que parecía una selva de pistoleros, destartalada y peligrosa, en la que no podía salir sola a la calle sin que la siguieran, pensando que era una artista de cine despistada que se había perdido en esas tierras. Ante tan formidable realidad, el matrimonio decidió cambiar de domicilio a Celaya, Guanajuato. Ahí terminaría sus inconclusos estudios de preparatoria y trabajaría en la Universidad La Salle Benavente como maestra de inglés. Además, echó a andar, con su marido, lo que después sería una importante distribuidora de medicamentos veterinarios, pues él es médico en esta especialidad. Ya estabilizados,

Marta Sahagún regresó a la acción social, trabajando en colonias pobres, y al mundo apreciado del estudio, pues se inscribía en cuanto diplomado tuvo al alcance: administración de ventas, finanzas, manejo de negocios, inclusive uno de ciencias políticas, materia que, a la par que el amor por México y por el PAN como medio de introducción de la competencia en el rancio y monopólico ambiente político nacional, previamente le había inculcado su suegro, Manuel Bribiesca.

El entusiasmo por servir políticamente prendió al conocer a Manuel Clouthier, *Maquío*, el panista más atrevido, durante un mitin en Celaya en 1988. Marta Sahagún quedó fascinada. "He aquí –pensó– un hombre que se atreve a hacer pedazos el miedo del ciudadano". A sus ojos, aparecía como una persona gigantesca. Y no por su corpulencia, que era hermosa, sino por las agallas que traslucía su personalidad. Con emoción, se dijo: "Ahora sí quiero ser militante, deseo comprometerme. Esta lucha vale la pena". Entonces, decidió hacerse cargo de la promoción política del partido en la Secretaría de Educación Pública. Luego se puso a estudiar todos los diplomados que el PAN ofrecía y, en 1994, fue candidata a la alcaldía de Celaya. Nadie podía detenerla, salvo la maquinaria oficial. Por supuesto que perdió, al igual que había ocurrido con su marido, quien inflamado por el mismo entusiasmo, intentó ganar la diputación federal en 1991, o con Vicente Fox en la gubernatura. El *partidazo* y su compadre, el Estado, no dejaban todavía resquicio alguno en Guanajuato.

La derrota resultó enriquecedora, pues se potenció su decisión política y asumió cuanto encargo le confiaron en la dirección del PAN municipal, luego en la de Guanajuato, donde llegó a ser consejera, puesto en el que repitió en la estructura nacional del partido y que aún ocupa. El *vía crucis* que *Maquío* tuvo que soportar en Sonora, se hizo presente en su propia vida, con toda crudeza. Sólo que los innumerables problemas en sus empresas personales y familiares, en vez de arredrarla, la fortalecían. El reto, simplemente, fue mayor: "Si el monstruo de pequeñas y viscosas cabezas me trata de derrotar con miedo... ¡A ver quién puede más!", se dijo, resuelta.

No lo pensaba con enfurecida soberbia, ni mascullando una venganza futura. Eso hubiese sido la negación de la lucha que había emprendido. No, su rabia tenía un sentido más elevado, el de una aspiración legítima de la sociedad, reclamada cada día con más fuerza. Hostigamiento de autoridades, negación de permisos, arbitrios excesivos, auditorías fiscales y otras lindezas que, metódicamente, empleaba el sistema. Los pioneros en el combate opositor casi siempre llevan la peor parte. Nada más que las imágenes de tantos niños sedientos y no sólo de agua, porque carecían de todo, hasta del reconocimiento mínimo de los padres para nutrir la autoestima porque ellos laboraban en el extranjero y ellas batallaban todo el día por llevar pan a casa, adquirían en la mente de esta mujer compasiva proporciones dantescas que la empujaban a robustecer su entrega.

Un día el partido le encomendó organizar en Celaya foros, juntas, reuniones de carácter regional y actividades de promoción y cuidado del voto. Las movilizaciones enfatizaban la participación femenina y requirieron gran laboriosidad. El saldo fue muy gratificante. Con su contingente panista cubrió región por región, cuadra tras cuadra, casi casa a casa, especialmente en Celaya. ¿El objetivo? Fox para gobernador, segunda vuelta, año de 1995.

Aunque conoció a Vicente Fox en el mitin de Clouthier, fue sólo de vista. Durante la campaña por la gubernatura las reuniones con él eran esporádicas y en medio de tumultos, si bien es difícil que el candidato no haya reparado en sus enormes ojos y en el hambre de triunfo que contagiaban. Por tanto, jamás esperó que la contemplara dentro del gobierno del estado, hasta que un buen día la llamó y, sin rodeos, soltó la oferta por el teléfono:

–Quisiera platicar contigo, Marta. Me gustaría que formaras parte de mi gabinete.

–Estoy muy contenta de que hayas ganado, Vicente –replicó, y sin siquiera pensarlo, añadió–: Pero no, vivo en Celaya y pienso seguir en lo mío.

Fox le pidió una oportunidad de platicar, sin compromisos. Al día siguiente se entrevistaron y a Marta Sahagún ni siquiera se le ocurrió llevar su *curriculum vitae*. No faltó, sin embargo, quien se diera a la tarea de proporcionárselo al candidato sin su autorización. Renuente, escuchó a ese hombre: La necesitaba a cargo de la oficina de comunicación social del gobierno de Guanajuato. La sorpresa fue mayúscula, pues su formación profesional era la de administradora de negocios Además, durante la campaña por la presidencia municipal su contacto con los medios había sido muy limitado, y así se lo hizo saber a Vicente Fox, quien continuó con su charla persuasiva:

–Se trata de la relación con los medios de comunicación, Marta. Hay que informarles lo que hace la administración de manera adecuada y cuidar que la imagen del gobierno corresponda con el trabajo realizado. Estoy absolutamente seguro de que lo puedes manejar, tú tienes las características necesarias para hacerlo bien.

–Y..., ¿cuáles son esas características? –inquirió, escéptica. Fox echó mano de uno de sus mejores recursos, la enumeración sencilla y ordenada de argumentos.

–Uno, porque no perteneces al medio; es decir, no tienes prejuicios ni compromisos. Dos, porque tienes amplia experiencia empresarial –lo cual encajaba con su estilo emprendedor de gobernar, con base en objetivos y resultados. Y había más:

"Tres, porque tienes sensibilidad y sentido común; cuatro, porque sabes trabajar con pasión; y cinco, porque eres mujer, y yo creo que esa cartera está exactamente diseñada para una mujer. No tengo duda de que ello elevará la categoría de la relación con los periodistas".

Quedó muda ante la eficaz andanada. Recuperó el habla y dijo, otra vez sin pensarlo:

"Acepto".

Vicente Fox acertó. Ella es una mujer competitiva y, en efecto, en ese momento era la más apta para el puesto, amén de una luchadora social que cualquier partido quisiera tener en sus filas. Con todo, antes tuvo que pasar por el tamiz selectivo que el candidato emplea habitualmente al momento de integrar sus grupos de trabajo. Sin embargo, ella no había contemplado la posibilidad de abandonar Celaya y no se dio cuenta de que había competido con otros candidatos por el puesto. Saberlo no fue de su agrado; ya que el episodio le había pasado de noche, lo cargó dócilmente a la cuenta de su historia personal.

De regresó en Celaya mil pensamientos bullían en su cabeza. Para empezar, comunicó la noticia a su padre. Él, haciendo a un lado egoísmos, como la idea de mantener a su hija cerca, la animó efusivamente, a fin de que emprendiera el vuelo personal e independiente de la política. Y allá se fue, una vez que puso en orden casa, negocio y familia, llena de ilusiones y anhelos emancipadores. Los del ciudadano, y los de la mujer, pues serlo le había brindado la oportunidad de reivindicar su género.

El nuevo estilo de gobernar irrumpió simbólicamente en el antiguo y bello edificio de cantera, sede anterior de la Escuela de Música y, hasta ese momento, lúgubre recinto de la oficina de Comunicación Social. Marta Sahagún, antes de recibir al titular que le entregaría el inmueble, ordenó que abrieran ventanas y balcones, que le trajeran un gran ramo de flores, que dejaran entrar la luz, pues debían transformar ese sombrío despacho en un centro de alegría y calidez que invitara a la gente a compartir el gusto de una nueva época de oportunidades, de apertura y transparencia.

Las ideas empezaron a fluir. Y no pararon hasta el día en que Fox decidió ir por la grande, con lo que Marta Sahagún sufriría otra metamorfosis. De su base provinciana en el centro geográfico de la República, saltaba al ejército foxista, donde se encargaría de las comunicaciones en la campaña. Un trabajo de tiempo completo, realmente de dos turnos diarios, siete días a la semana, en medio de un trajín solamente comparable con el estruendo y tensión que impone una batalla definitiva.

La paz que antecede al relámpago

El tercer personaje de esta historia, cuyo desenlace apuntaba a la libertad política de México, es Eduardo Sojo Garza Aldape, guanajuatense oriundo de León, con educación jesuítica en el Instituto Lux de esa ciudad, donde

*Marta Sahagún sufrió otra metamorfosis al saltar
de su base provinciana al ejército foxista.*

cursó desde preescolar hasta preparatoria. Su carrera profesional, economía, la estudió en el Instituto Tecnológico y de Estudios Superiores de Monterrey (ITESM), campus León, aprovechando la beca que ofrece esa institución denominada Andrés Sojo Correa, casualmente su abuelo paterno. Obtuvo la maestría en la Universidad de Pennsylvania y cursó ahí mismo estudios doctorales en organización industrial y finanzas, realizando varios trabajos con el Premio Nobel de economía en 1980, Lawrence Klein.

Eduardo Sojo conocía muy bien a la familia de Fox, pero con él no había tenido ningún contacto. Asesoraba a la sazón a Cecilia, su hermana, en el funcionamiento de la Casa Cuna Amigo Daniel para niños huérfanos, que el matrimonio Fox-De la Concha había creado como homenaje a un sobrino muy querido (hijo de su hermano Cristóbal y de Ema, su cuñada), muerto siendo niño y de la cual Cecilia se había hecho cargo al divorcio de Vicente Fox.

Eduardo Sojo trabajó cinco años como funcionario del Instituto Nacional de Estadística, Geografía e Informática (INEGI) y, luego, se dedicó a brindar asesoría en estrategia de negocios a las cámaras de comercio e industria, así como a organizaciones exportadoras de León, ciudad que cada día se aplicaba más en su modernización industrial. Por otro lado, daba clases de metodología de consensos en grado de licenciatura y postgrado en el Tecnológico de Monterrey, y organizaba grupos de administración interactiva, convocando a expertos internacionales diestros en esos campos. Ello hacía muy atractiva y fructífera la participación de hombres de negocios interesados en actualizar conocimientos o en intercambiar experiencias con sus colegas.

A Vicente Fox le gustó la sensatez de las soluciones que ofrecía Sojo en sus consultas, por lo que le pidió colaborar aportando ideas que nutrieran la plataforma del candidato del PAN a la presidencia de la República en 1994, compromiso que había adquirido con el partido. Entonces, trabajó intensamente con él, preparando las propuestas que ofertaría como candidato al gobierno de Guanajuato en 1995 y, a la par de este esfuerzo programático, terminó un estudio que resultó muy oportuno para su labor, *Guanajuato Siglo XXI*, el que aportaba un horizonte de 25 años, de 1995 al 2020.

En la plataforma de gobierno, Sojo profundizó en la formulación detallada de diagnósticos de diversas situaciones que prevalecían en la realidad regional. En ellos, estableció objetivos concretos y medibles con objeto de aliviar o mejorar sustancialmente los caminos del progreso humano, así como los ingresos económicos de la población. Además, planteó las estrategias que convenían seguir con tal de alcanzar con rapidez esas metas, enumerando complementariamente las tácticas y planes de contingencia necesarios a la hora de sortear algunas sorpresas imprevistas. En otras palabras, un contenido académico impecable que fue posible llevar a la práctica con éxito. Y, una vez investido Fox como gobernador, lo nombró coordinador del gabinete económico del estado.

Con su estilo suave y persuasivo fue ganándose la confianza del mandatario, hasta convertirse en acompañante indispensable lo mismo en las giras internacionales que en todas las demás. Le preparaba agendas, discursos, declaraciones y supervisaba, junto con Marta Sahagún, el aspecto formal de sus presentaciones, por ejemplo las ayudas visuales o los arreglos de los escenarios correspondientes. La compenetración llegó a ser tan grande que, en muchas ocasiones, le entregaba el discurso que pronunciaría minutos después, escrito en un estilo llano y directo, adaptado a la personalidad y al ritmo de oratoria habitual de Fox, quien no tenía que leerlo antes.

Le bastaban breves miradas al papel para descubrir los puntos que brevemente habían comentado o el énfasis adecuado que requería la ocasión y así lo entregaba al público.

Enemigo del alarde, Eduardo Sojo permanecía siempre atento al lado del gobernador, con objeto de resolver cualquier duda o precisar algún punto. Sin embargo, podía pasarse sesiones enteras sin pronunciar palabra, lo cual no quiere decir que rehusara hablar o aparecer en público. Más bien, entraba en juego sólo cuando era absolutamente necesario, pues el gobernador —y después el candidato presidencial— era el hombre de la palabra, el de las propuestas, el del relámpago en las contestaciones, no él. Oculto tras una barba entrecana y dotado de una breve, aunque fuerte complexión, podría pensarse que es una persona tímida o vulnerable; sólo que sus interlocutores con frecuencia descubren a un hombre de fácil palabra e irreductible argumentación, que responde con seguridad a los dardos incisivos que le lanzan los entrevistadores con deseos de no encontrar respuesta.

Ejemplo de esto fue aquella sesión televisiva en el canal 40, donde los conductores del noticiero, Ciro Gómez Leyva y Denise Maerker lo entrevistaron junto a Luis Ernesto Derbez. Como éste había contestado con destreza a la pregunta: ¿que traen ustedes de nuevo que sea mejor que lo que existe en el gabinete de Zedillo?, voltearon los ojos a Eduardo Sojo, con ganas de encontrar debilidad y dejarlo callado, de modo que Denise inquirió:

—¿No suena un poco, Eduardo, a bienestar para la familia? —. Maerker se refería a la similitud de las respuestas de Luis Ernesto con los enunciados que Ernesto Zedillo había utilizado en su campaña por la presidencia. Sojo contestó:

—Suena a crecer, pero que el crecimiento le toque a todos... Suena a que el desarrollo sea visible para todos... Suena a que no sólo se beneficien las grandes empresas, sino también las medianas y pequeñas... Suena a que no sólo se beneficien las familias de arriba, las ricas, sino a que las oportunidades lleguen a las de abajo... Suena a un crecimiento compartido, a un desarrollo sensible para todos... Suena... —intentó continuar. El interés de la entrevistadora ya había desaparecido, así que cambió de tema.

Sojo es uno de los pocos colaboradores de Vicente Fox que no pasó por el cedazo de los buscadores de talentos, porque él lo descubrió personalmente. Sus méritos estaban a la vista y no hubo necesidad de mayor indagación, la invitación fue directa. Poco a poco, Sojo fue concentrándose en el contenido de las propuestas –que parecían no tener fin–, en la exposición de motivos, en problemas económicos y sus soluciones, en la plataforma de gobierno, así como en la contratación de las primeras encuestas sobre el conocimiento y posicionamiento del candidato con el público.

Fox disparaba ideas frenéticamente. Les encargó a Eduardo Sojo, Ramón Muñoz y Luis Ernesto Derbez (de reciente ingreso) propuestas sobre los temas más diversos: Definir el cambio del sistema fiscal, a fin de alcanzar al menos veinte por ciento del Producto Interno Bruto; estimar el ingreso del gobierno federal por concepto de petróleo en los siguientes diez años; comparar ese estimado contra el total dedicado a educación, ciencia y tecnología; desarrollar un plan educativo que permitiera, quemando etapas, pasar de una educación arcaica a los sistemas más actuales del mundo; consultar a dos o tres expertos mexicanos en el tema que pudieran asumir la responsabilidad de manejar el nuevo modelo; rediseñar y reinventar las estructuras –lo mismo la organización que el aspecto operativo– del gobierno federal, con objeto de lograr una reducción sustancial de su costo burocrático en cuenta corriente y en el consumo interno de dinero; determinar los factores fundamentales de una economía funcional y exitosa, incrustada en la globalización y beneficiada por ella, con fuerte orientación exportadora y atractiva a la inversión.

El candidato no cesó de demandar datos en busca de una economía con rostro humano. Pensaba en un sistema que antepusiera la generación de oportunidades para todos, optimizando lo nuestro, y que aprovechara los recursos naturales; que diera un gran impulso a millones de hombres y mujeres emprendedores, integrando a los excluidos del desarrollo, y que promoviera la distribución equitativa del ingreso. Una economía que creciera, con sustento, a una tasa de siete por ciento anual, y fuera ininterrumpida generadora de empleos, pero también capaz de mejorar, en forma gradual y constante, lo mismo el ingreso de las personas que su poder adquisitivo.

Ávido de conocimiento, el candidato solicitaba también el diseño de una secretaría inspirada en conceptos como el de Miki, en Japón. Ésta la integran profesionales operativos de muy alto nivel que apoyan las estructuras de la mediana y pequeña empresa, de modo que puedan convertirse en proveedores de la industria nacional. Otra alternativa era el esquema italiano, pequeñas empresas respaldadas por cámaras, centros tecnológicos y de diseño. Y había que investigar también el modelo estratégico de ciencia y tecnología de la Academia Sineka de Taiwán...

Fox pedía como pedirle a Dios. Además, ponía términos perentorios de tiempo y en dos meses como máximo debía estar el primer borrador. Menuda tarea por tres hombres que, aunque talentosos, contaban con pocas herramientas en la mano. Sin embargo, pudieron satisfacer gran parte de este monumental pedido.

Las necesidades de información crecieron desde el primer día. Eduardo Sojo tuvo que recurrir a una versátil computadora móvil, igual que a apoyos fijos que le permitieran ordenar datos sobre esos temas y sobre otros con complejidades muy diversas que el candidato necesitaba constantemente en sus reuniones cotidianas. ¿El propósito? Auxiliarlo, proporcionándole respuestas rápidas sobre cuestiones políticas, económicas y sociales; preparando guías técnicas, resúmenes, conferencias y demás materiales de respaldo a la agenda; evaluando, conjuntamente con los responsables, la participación de Fox en las reuniones y, al terminar la conferencia, corriendo a entregarle a los asistentes volantes que permitieran recoger su opinión sobre la ponencia que había presentado el candidato.

En la soledad de su cuarto de hotel, antes de dormir, aún debía integrar en la memoria cibernética la nueva información, así como procesarla de modo que resultara útil a la hora de producir resúmenes o síntesis indispensables en momentos precisos. Por ejemplo, trabajaba en guías para discursos, en redes de datos técnicos y temáticos, en asuntos de la agenda nacional o en el monitoreo de declaraciones de líderes de opinión sobre sucesos y tópicos relevantes de la vida nacional.

Esta base de información organizada le permitía (y permite) elaborar discursos marco, de acuerdo con cada foro, lo mismo a jóvenes que a mujeres, empresarios o público abierto. Sojo perseguía el equilibrio entre el contenido emocional de los mensajes y la sustancia del tema del día. No podía eludir, claro está, los elementos básicos de la campaña, como la misión nacional, la historia del éxito en Guanajuato o los rasgos biográficos de Fox, el líder del movimiento; y, por otro lado, debía contemplar el comunicado específico del día, el contenido que aportaba la localidad visitada, las materias específicas que dictaba la ocasión, y la confrontación de las posiciones del candidato con la de otros aspirantes a la presidencia.

Organizar las apariciones del candidato implicaba poner en marcha mecanismos que le permitieran a Sojo Garza Aldape evaluar el tipo de audiencia a la que se dirigía, la problemática del entorno regional, estatal o municipal y la percepción de Fox del conjunto. De este modo, se aprovechaban su intuición y sensibilidad, ingredientes indispensables en la fórmula de aceptación del proponente. Posteriormente, era preciso analizar el impacto en los asistentes a través de cuestionarios al calor de la inmediatez, juntas de grupos focales y mediciones de las reacciones en los medios de comunicación.

Los rivales y algunos observadores captaron con rapidez que, en el terreno verbal, Fox se movía con flexibilidad y oportunamente, de modo que se apresuraron a denunciar que le decía a cada público que visitaba lo que quería oír. Lo que no comprendían –o, mejor dicho, no se dignaban aceptar– es que existía un pequeño, aunque eficaz, aparato humano, el cual hacía posible la evidente versatilidad. Si alguien seguía el curso de la campaña, podía aprender los temas y argumentos del candidato; y si el público recibía el mensaje por vez primera, acusaba recibo tanto de un contenido nacional (que no variaba mucho), como de la comprensión que mostraba sobre problemas locales y regionales. Así es que lograba sensibilizar y convencer a los auditorios más diversos.

El banco de datos ambulante de Eduardo Sojo, mismo que cargaba y aún lleva consigo en la mente y en su minúscula computadora, le permitía cumplir con los propósitos de campaña de una forma cada vez más eficiente. Ello incluía registrar un amplio inventario de preguntas recurrentes, con sus respuestas apropiadas, así como de las posiciones políticas de Fox sobre temas importantes de la agenda nacional y de los 50 principales logros del gobierno de Guanajuato, o de la información numérica y conceptual del país en general. Con estas armas, no hay duda que Fox pudo (y puede) expresar con propiedad lo que cada audiencia está interesada en escuchar.

Tres alegres cocacoleros

Lino Korrodi Cruz no acudió al desayuno en el rancho, no fue invitado. No era necesario. Él formaba parte inseparable de la vida profesional de Vicente Fox. Lino Korrodi nació el 5 de diciembre de 1943 en Ciudad Mante, Tamaulipas. Con nombre y apellido paterno de origen suizo, se graduó en economía, a la edad de 23 años, en el Instituto Tecnológico de Monterrey (campus Monterrey). Al ingresar a The Coca-Cola Export Corporation en la ciudad de México, como aprendiz en adiestramiento, Vicente Fox, ejecutivo de la compañía, se encargó de recibirlo, evaluarlo y llevarlo con él al distrito sur, del cual era gerente. Su capacitación duró seis meses en las embotelladoras de esa parte de la República y, luego, se encargaría de la supervisión de operaciones, siendo asignado a uno de los dos grupos en que se dividió el antiguo feudo cocacolero de H. H. Fleishman en Tampico, Tamaulipas. El otro grupo quedaría a cargo de José Luis González, un joven prometedor que, también, hizo carrera brillante al lado del candidato.

Fox, Korrodi y González fueron vivir a esa región como misioneros en campaña: Célibes, dedicados al trabajo, sobrados de energía y con el hábito-camisola de la Coca-Cola bien enfundado, aunque sin la severidad de la vida religiosa, salvo la excepción que imponía la empresa, la mística de conocer y mejorar la posición del producto en el mercado de refrescos de las zonas encomendadas. Esa misión y objetivo eran indeclinables.

Fuera del trabajo, los tres compartían una vida muy sana. Jugaban al golf en las ciudades que visitaban, aún en aquellas donde los campos estaban abandonados. Como el de Tamuín, que era puro monte y el reto consistía en encontrar la bola entre los matorrales. Vistos de lejos, parecían soldados en faena, limpiando el terreno con sendos machetes. Pero en el puerto tampiqueño, el cicerón era José Luis González. Los llevaba al box y a la lucha libre, a soltar el pecho y, en la noche, a verificar el servicio que el embotellador local daba en las casas *non sanctas* de la ciudad.

Vicente Fox ascendió pronto a director de mercadotecnia de la compañía (1969) y Lino Korrodi, que ya dominaba la técnica madre del negocio, se hizo cargo de la gerencia del pacífico (1971), básicamente el grupo de Fernando Madero. Una vez que la compañía consolidó posiciones, su gerente regional Brian Dyson fue promovido, en 1974, a Brasil y posteriormente a la presidencia nacional de la compañía en Estados Unidos, con lo que se abrió el hueco más codiciado del organigrama de la corporación en México.

Dos candidatos disputaron el cargo: Alfonso Gómez Palacio y Vicente Fox. Éste, que traía el puesto en la mira, había pugnado porque Lino Korrodi avanzara a la posición de asistente del director de planeación y diversificación, a cargo de Gómez Palacio. La competencia se resolvió a favor de Fox quien subió a la gerencia regional y, en 1976, su rival emigró para convertirse en director general del grupo embotellador de los Madero. Lino Korrodi, por su parte, se hizo cargo de esa dirección, si bien no duraría mucho tiempo. Seis meses después le ofrecieron dirigir la Distribuidora Komatsu en el norte del país, con asiento en Monterrey, una empresa que formaba parte de los negocios del chihuahuense Guillermo Enríquez, a su vez jefe de asesores de Eloy S. Vallina, presidente del Grupo Chihuahua, quien armó un escándalo en la industria refresquera en 1972 con una drástica decisión: Al no entenderse con su franquiciador de Pepsi-Cola, vendió los activos de cinco empresas a los embotelladores de Coca-Cola que atendían el mismo territorio.

Lino Korrodi, apoyado en la alta cotización que los ejecutivos de Coca-Cola tienen en el mercado, escuchó nuevamente el dulce canto de los buscadores de talentos y aceptó un puesto muy atractivo en la compañía holandesa Hunter Douglas, uno de los refinadores de metales más grandes del mundo. Viajó a Amsterdam, a familiarizarse con los productos y sistemas de ese grupo, recorriendo toda Europa y luego Sudamérica, en especial Brasil. De regreso en México, trató de organizar una empresa con inversionistas locales, aunque al no encontrar al socio ideal (era época del nacionalismo echeverrista, y un extranjero no podía tener más de 49 por ciento de las acciones de una empresa), lo invitaron a jugar ese papel, con financiamiento de Hunter Douglas, pues se había ganado la confianza de Henry Sonenberg, el dueño, y de su hijo Ralph. Finalmente, Korrodi se ocupó de la fabricación de persianas delgadas, conocidas como *miniblinds*, después de conseguir que esa importante transnacional conquistara el primer lugar en ventas.

Hábil para las relaciones humanas, nuevos negocios seguirían tocando a su puerta. Organizó, con la orientación y apoyo de sus excompañeros de Coca-Cola, una comercializadora de azúcar, que proveía de esta materia prima a los que no participaron en la privatización de los ingenios azucareros. Su empresa surtiría a Coca-Cola, pero también a Pepsi-Cola, pues Enrique Molina, el más importante embotellador de este producto competidor y dueño de varios ingenios, accede a ser su proveedor. El contacto con refresqueros de todas las marcas le abrió otra línea de negocios, la asesoría profesional en prácticas mercadotécnicas.

A pesar de que sus caminos se bifurcaron, Vicente Fox y Lino Korrodi mantuvieron una estrecha relación. Si en México, cuando trabajaron juntos, habían sido vecinos y compañeros, las visitas de Fox a la capital les permitieron reencontrarse e intercambiar ideas sobre sus visiones, planes de vida, deseos, frustraciones o acciones presentes y futuras. Y mientras uno parecía querer más matrimonios que negocios, el otro empezaría a llenar su vida de episodios políticos, ya que en 1988 ganó la diputación federal por Guanajuato y, en 1990, se lanzó en pos de la gubernatura de su tierra natal, actividades que lo obligaron a viajar con frecuencia a la ciudad de México.

Korrodi le proporcionaba una base de apoyo en la ciudad, indispensable en la nueva empresa, acompañándolo a la Cámara de Diputados o a sus reuniones con otros políticos, preocupados como él por la situación de podredumbre que mostraba el país. Entonces confirmó la percepción de *Maquío*: A Vicente Fox la vocación política le nacía y no le costó ningún trabajo captar los flujos y reflujos de la contaminada corriente del arroyo político mexicano, la cual amenazaba con ahogar las posibilidades de un repunte republicano, de lograr un tránsito pacífico hacia la democracia sin violencias destructoras que postraran de nuevo a la población, tal como sucedió en la conquista, en la independencia, en la revolución. Y también en los años de la revolución institucionalizada, cuando varios presidentes mandaron a un destierro criminal a la riqueza acumulada de México, que voló del país o se evaporó de la escena económica, en vez de usarse como palanca de emancipación social, como base para el desarrollo político, o como fuerza para enfrentar los retos que se avecinaban con la competencia mundial.

Julio Scherer, uno de los comensales de esas tertulias interminables, le decía a Fox:

El banco de datos de Eduardo Sojo le permitía a Fox cumplir
los propósitos de campaña en forma eficiente.

"Traes la política a flor de piel, Vicente".

La opinión prendía poco a poco en todos los que trababan contacto con el guanajuatense. Su inclinación natural, alentada por la pasión, lo convencía cada vez más de emprender mayores retos en ese aventurado campo, desafíos que a sus contertulios les parecían utópicos, cuando no ingenuos. La circunspección del hombre, concentrado en sus reflexiones, no le impedía escuchar y grabar en la mente los relatos con que pintaban la ruta, llena de monstruos y trampas, como el camino que debía recorrer un moderno Odiseo con tal de reconquistar el reino arrebatado a los mexicanos.

Doña Mercedes, su madre, tenía razón: Su hijo era un *terco de porra*. Entre más dificultades le pintaba el horizonte, más crecía la ambición del hombre por encarar y superar obstáculos, aplastando engendros de ser necesario. A veces, alguna sonrisa traicionaba el secreto de sus pensamientos, regocijándose interiormente de las posibilidades de triunfo si se atrevía a emprender el azaroso viaje. Ya sabía el ajetreo que le esperaba: Vagar, a veces improductivamente, y luchar, sin descanso, durante diez largos años.

Políticos, hombres con visión y algunos exploradores profesionales del sistema también percibieron el liderazgo innato de Vicente Fox y apresuraron el intento de cooptarlo, a fin de que se sumara a la causa simbiótica de un régimen que se pretendía eterno. Buscaban a Korrodi con el propósito de concertar reuniones y Fox aceptaba algunas. Liébano Sáenz, después secretario particular del presidente Zedillo, tuvo tantas que llegó a entablar amistad con el colaborador del candidato. Éste, en ejercicio pleno de su talento político, rechazaba las que no le parecían provechosas. Nunca aceptó, por ejemplo, reunirse con Luis Donaldo Colosio. Según él era tan claro el inconveniente de transigir con el enemigo, que se divertía escuchando, ante su aparente falta de voluntad, la exasperación de sus contrincantes, contagiados por la enfermedad del contubernio y de la obtención miserable de privilegios que aconsejaba don Porfirio: darle *maíz* al gallo que cacareaba, mientras en la cúpula del poder se ponían las botas a costa de todo el pueblo.

Vicente Fox tenía, en ese momento, el gran escollo del artículo 82 constitucional. Si bien por accidente su madre vio la luz primera en San Sebastián, en el País Vasco español, pues allá se había ido la abuela durante la revolución. Sus hermanos, en cambio, habían nacido en México. La niña fue traída al país al cumplir los cinco años de edad, sin saber que la decisión de sus padres acarrearía horas de trabajo extra a su entonces inimaginado vástago. No obstante, esa circunstancia también le serviría como ensayo en pos de fortalecer la voluntad y la práctica de saltar con éxito vallas políticas.

Fox inició la lucha contra este impedimento entusiasmando a varios ciudadanos, entre ellos a la economista potosina y después diputada federal por el PAN, Leticia Calzada, quien realizó toda una cruzada dirigida a conseguir el respaldo a la reforma de la fracción I del 82 constitucional de personalidades diversas y con peso específico en la opinión pública, como Octavio Paz, Genaro Alamilla, Juan Sánchez Navarro o Néstor de Buen. Otro caso fue el de Santiago Creel, recién llegado a las filas del PAN, que trabajó intensamente en la propuesta desde el día en que el aspirante a la Presidencia le pidió asesoría legal sobre el tema. Vicente Fox ofreció al partido preparar la plataforma de gobierno del candidato si el PAN, a su vez, respaldaba la iniciativa de derogar el mentado candado legal.

Lino Korrodi, en tanto, orquestó la publicación constante de desplegados dirigidos al presidente Salinas, presionando con el propósito de eliminar el estorbo constitucional. Para su sorpresa, aparecieron más anuncios de los contratados. Y, por supuesto, no se quejaba. Rápidamente comprendió quienes estaban interesados en pagar esas otras cartas. Se trataba de políticos o funcionarios, como Carlos Hank y Jaime Serra Puche, a su vez sospechosos de simpatizar con el lance anulatorio. Sólo que, como parte de esta iniciativa de presión, también se encontró el esfuerzo subyacente de hombres ajenos al sistema, entre ellos Enrique Krauze, Carlos Fuentes y Jorge Castañeda.

El compromiso del PAN era obtener la derogación ese mismo año, 1994. Diego Fernández de Cevallos, envuelto en la tan publicitada relación truculenta con el sistema y, en particular, con Carlos Salinas, súbitamente reveló la fórmula que hacían vislumbrar las negociaciones entre el Ejecutivo y el Legislativo: La reforma sería una realidad, pero ¡hasta las elecciones del 2000!

Lino Korrodi, de faz morena, rasgos angulosos y a veces de gesto adusto cuando la ocasión lo exige, es un hombre accesible, de trato informal y afable. Escucha con atención y dispara sus respuestas con rapidez. Es mal hablado, descuidado con el lenguaje y reiterativo, aunque claro en la transmisión de las ideas que trae en mente. Resulta un auténtico galimatías al vestirse, pues ora tortura sin piedad el buen gusto, ora luce impecable. Como sea, su figura es inconfundible, sube las cejas cuando escucha con atención y no manifiesta inseguridad en el trato. Si el atrevimiento que usa en las palabras pone alerta a su interlocutor, pronto la expresión amable de lo que quiere suaviza el encuentro y es aceptado sin reparo alguno. No se arredra ante ningún auditorio. Su irrupción en el mundo televisivo fue frecuente durante la campaña. Tal vez una de las más notables se escenificó en junio del 2000 en el noticiero del canal 40: El priísta Enrique Jackson había acusado a Fox de recibir recursos del extranjero y utilizarlos en la campaña. Korrodi, como si estuviera en su casa y no al aire con un auditorio múltiple, contestó la llamada de Denise Maerker para aclarar el punto:

–¡Qué onda, Denise! –sin complejos siguió respondiendo a las acusaciones, mientras otro priísta, Jesús Murillo Karam, permanecía en una línea telefónica diferente.

–Ese diputadillo –soltó con rabia Korrodi por el infundio que deseaban endilgarle a su candidato. La reclamación no se hizo esperar. Rasgándose las vestiduras, Murillo Karam se quejó de "la falta de respeto a un representante del pueblo". Ciro Gómez Leyva no lo dejó terminar, recordándole la insultante intervención que Manuel Bartlett, sumando a su cinismo acostumbrado una nueva pose de payaso, había tenido un poco antes en contra de Santiago Creel, un caballero sin tacha.

No todos los problemas que enfrentó Korrodi trascendieron a los medios de comunicación. Su compromiso de proveer los recursos económicos a la campaña implicó un esfuerzo agobiante en un camino áspero, lleno de hoyancos y piedras. Y es que todo el mundo quería gastar, las ideas inundaban el recipiente de las recetas, sólo que el costo de su realización no corría por cuenta de los imaginativos. Además, no faltaron los espontáneos que se arrimaron a ver qué vendían. Una ocasión, durante una junta de trabajo, Fox trató de reducir la tensión que generaban pedigüeños y proveedores. Así, ante la impotencia que provocaba invertir sólo lo indispensable, le dijo:

–Sabes qué, Lino: me gustaría que Eduardo Bours (financiero de Francisco Labastida) fuera mi jefe de finanzas–. Con mirada torva, Korrodi paseó lentamente la vista por la humanidad de Vicente Fox y replicó:

–Si, y a mi me encantaría tener a Labastida de candidato en vez de andar con miserias...

Lino Korrodi, a cargo de la artillería económica del ejército, empezó el trabajo retomando las listas de personas que contribuyeron en la campaña de gobernador. Sin embargo, antes de salir a pedir, tuvo que poner 450 mil pesos de su bolsa para el arranque, como préstamo. El núcleo básico de los contribuyentes iniciales recayó en gente que conocía a Vicente Fox desde sus tiempos cocacoleros, embotelladores, proveedores, grandes clientes y ejecutivos de todas las empresas relacionadas, incluyendo a algunos pepsicoleros, quienes habiendo sido sus contrincantes, reconocían en él a un hombre probo, leal competidor, combatiente ético e incansable compañero de industria. Su carisma, su sencillez y disposición a escuchar ideas o recomendaciones, así como para rendir cuentas sobre la forma en que gastarían el dinero donado, fueron armas eficaces que Korrodi tuvo irrestrictamente a su disposición. Él tenía derecho a utilizar la agenda de Fox con el fin de organizar reuniones con empresarios, ejecutivos, grupos de mujeres y simpatizantes, llevando por delante las cualidades del candidato como promotor de la democracia y aspirante idóneo.

Sólo que, después de las juntas y de las sonrisas, de la expresión de buenos deseos y de las declaratorias sobre el hartazgo del sistema, venía el seguimiento, la "talacha" que Lino Korrodi debía realizar: 10, 15 y hasta 20 llamadas a cada uno de los asistentes con objeto de que aportaran dinero y cumplieran las promesas insinuadas durante las reuniones. Aceptaba cualquier aportación, lo mismo en efectivo que en especie, o intercambios entre compañeros y muchas formas más de contribución un tanto ocultas, pues todavía prevalecía el temor de que los verdugos del sistema la tomaran en contra de ciudadanos que habían decidido ayudar a la oposición.

Se captaron, con base en pequeñas aportaciones, un poco más de 90 millones de pesos. Sólo que lograrlo tomó todo el tiempo que duró la campaña: Más de mil días recogiendo dinero, cheques post-fechados, donativos en especie, pagos directos a proveedores, hoteles, aviones, combustibles, camionetas y camiones, medios de comunicación, todo lo que implicó una gira interminable en la que Vicente Fox abusaba de su voz hasta quedar ronco, robando al tiempo de su vida porciones valiosas de un descanso irremplazable.

Cuatro pilares indispensables tuvo la plataforma militar del ejército foxiano. Fueron indispensables, no insustituibles. Y cada uno se hizo cargo de una función vital:

Ramón Muñoz. La organización: Cuadros, selección de individuos, métodos, políticas, definición de objetivos y medición de resultados. El concepto de su aportación se apoyó en tres columnas fundamentales: Estructuras, sistemas y procedimientos operativos de una desusada organización, tan incipiente como dinámica.

Eduardo Sojo. El contenido: Las razones de la lucha, el raciocinio ético y moral; las ambiciones y los soportes del desarrollo económico; la filosofía y la introducción del método consensual.

Marta Sahagún. La comunicación pública: Participar, en forma abierta a los medios y a la sociedad, lo que hacía el candidato, el cómo, el por qué; nada por debajo de la mesa, un compromiso de transparencia y oportunidad.

Y Lino Korrodi. La artillería: El soporte económico para armar, desarrollar y pertrechar el contingente de lucha.

Cuatro oficiales incansables, aunque suaves de estilo, para un ejército que enfrentaría una batalla descomunal contra una auténtica maquinaria de guerra acostumbrada a obedecer ciegamente, sin contemplaciones, dispuesta a atropellar, avasallar, amedrentar y, de ser necesario, hasta matar. Esgrimía razones "patrióticas" y las llamaba "razones de Estado". Sólo que era *su Estado,* algo de su propiedad, pues quienes detentaban el poder lo habían conquistado por las armas, como recordó un día Fidel Velázquez que, de paso, anunció una contienda cruenta como única forma de regresarlo a la sociedad.

Seis

Plan de batalla

Pero cuatro oficiales no hacen un ejército, la pregunta seguía viva: ¿Dónde está el ejército? En la primera reunión de trabajo, Vicente Fox la lanzó a sus colaboradores:

—¿Con quiénes contamos?

—Con los 390 mil efectivos que tiene el PAN en todo el territorio nacional —respondieron los panistas del grupo, Marta Sahagún y Ramón Muñoz. Optimistas, agregaron—: Y están bien preparados...

Fox imaginó a ese modesto contingente enfrentando el ataque que lanzarían el PRI y sus millones de reclutas y promotores del voto, bien pagados, vestidos con uniformes nuevos y flamantes cachuchas, comandados por jefes de amplísima experiencia y cargando cajas de municiones presupuestales interminables. Sintió un instantáneo escalofrío. Sólo fue una ráfaga de preocupación, una sombra pasajera.

—Necesitamos muchos más —masculló, planteando la carencia, aunque sin decir cómo solventarla. Era una orden tácita: Todos a pensar, que necesitamos reclutas, muchos reclutas. Y rápidamente, porque el tiempo apremia. Una urgencia trazada previsoramente, tres años antes de la elección.

"Ni siquiera hemos ganado la candidatura en el PAN", pensó Ramón Muñoz. Al vuelo, abandonó la reflexión, para volver la mente al cómo del asunto, aunque dándose tiempo de recordar el origen de su nombre. Proviene del celta *Raymundo*, consejero. Y los consejos, en este caso, debían ser frescos, igual a los mariscos que su padre le había enseñado a vender en el negocio familiar. No pudo evitar el recuerdo de la experiencia que sufrió el equipo de la primera campaña de Fox para gobernador. El sistema de informática instalado se les cayó —y no precisamente al estilo Bartlett—, de modo que Muñoz tuvo que centrarse, en la segunda campaña, en asegurar que funcionara bien. Ahora, las dificultades iban a ser múltiples, complejas, abrumadoras. Y su persona y su familia iban a resultar afectadas sin remedio.

Los senderos de la mente lo trasladaron a un terreno estrictamente práctico: "Tengo dos clientes que atender, en este momento y en los próximos tres años", pensó. Hizo un alto en el camino. "¿Tres años...?¡Si nos va mal! ¡Si no, serán muchos más...!

Pragmático, esbozó el escenario, pues había que prever: Los clientes eran Vicente Fox, el candidato y su propia esposa, la señora Muñoz. Necesitaría combinarlos adecuadamente y dejar satisfechos a ambos, sin descuidar la educación de los hijos, no obstante que durante la semana trabajaría en la buena marcha del estado de Guanajuato y, sábados y domingos, en la campaña presidencial.

¿Cómo clavar esa flecha en un árbol del equilibrio? ¿Cómo satisfacer dos objetivos, a un tiempo vitales y tiranos competidores del tiempo disponible? A la hora de resolver el dilema, Ramón Muñoz evocó un cuento persa, aquel del chamaco que clavaba la flecha, invariablemente, en el centro del círculo trazado en la corteza del árbol. Su puntería llamó la atención del Rey que, cabalgaba por el bosque y al ser testigo de su destreza, le preguntó:

—¿Cómo logras esa puntería, hijo?

—Primero coloco la flecha, majestad —respondió, sin inmutarse—. Luego trazo los aros del blanco. Nunca fallo.

Con estas ideas en mente, Muñoz se volcó a construir el proceso de satisfacer a sus dos clientes iniciales. Calidad y participación fueron puntos esenciales. Lo mismo en casa que en la campaña, el tiempo se convertiría en asunto de calidad, más que de cantidad. Su señora se involucraría en el trabajo, sugiriéndole planes alternos que permitieran resolver problemas inesperados de la campaña, y haciéndose cargo de los niños. Ambos atenderían necesidades, no necedades, lo cual habla muy bien del grado de compenetración que, como pareja, tienen, pues saben distinguir la diferencia entre las dos palabras.

Otro recurso, indispensable en estas situaciones, es el de procurar anticiparse al cliente. Si uno va por delante el trabajo se vuelve fácil, rápido, divertido; si uno espera a que las cosas sucedan sin haberlas inducido, la reacción a realizar se torna preocupante, urgente y angustiosa.

Todos los conocimientos adquiridos en el estudio de tecnologías para mejorar la capacidad de gobernar venían al caso ahora. Había que sintetizarlas en máximas susceptibles de ser llevadas a la práctica, en principios sencillos y directos. Por ejemplo, tecnologías políticas determinan resultados políticos, usted sólo obtendrá lo que mida, cuando el paradigma cambia —de acuerdo con Joel Barker— todo el mundo vuelve a cero. Y también estos: La necesidad es madre de la inteligencia, y el tiempo escaso para alcanzar una meta apura la eficiencia.

Con estas máximas cual balas en cartuchera, y muchas otras más aportadas por los otros oficiales, se enfrascaron en la tarea que tenían enfrente. Ramón Muñoz dibujó en el pizarrón las metas iniciales, después de haber clavado la fecha del éxito en el centro:

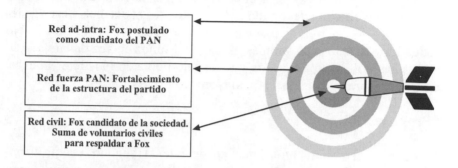

Nuevos hombres serían agregados a las filas de oficiales del incipiente ejército: Juan Manuel Oliva operaría la Red *ad-intra* (del latín, hacia adentro). Ramón Muñoz armó la organización de Red fuerza PAN, y Gonzalo Enrique Robles Prada dirigiría la Red civil.

Fox se mueve con base en proyectos concretos y finitos en el tiempo, por eso el itinerario que diseñan es lineal y sencillo, alimentado con mapas mentales en forma paralela y clarificando ideas sobre la marcha.

1997	1998	1999	2000
Ganar convención del PAN y darlo a conocer nacionalmente: Fox candidato. Primeras encuestas de penetración.	Organización de la campaña. Proyecto Omega. Cuadros de organización y funciones. Avance en la intención de voto.	Desarrollo de la campaña. Cobertura nacional, prioridades en zonas electorales. Encuestas de posicionamiento. Denuncia y proposición.	Respuesta fulminante a los ataques. Propuestas integrales. Preparación de debates.

El planteamiento, aunque ofensivo en visión, organización y sustancia, seguiría las reglas del futbol moderno: Primero la defensa, luego el ataque, de tal manera que lo primero que Muñoz concibió organizacionalmente fue la defensa electoral, la cual se denominó Operación Blindaje: Cómo anticipar y anular la acción del enemigo. Lo segundo fue la promoción del voto. En ambos dispositivos se buscaba conectar funcionalmente recursos, gente y destreza, esto es, conocimiento de técnicas y procesos para hacer marchar la campaña y alcanzar los objetivos.

Atrás habían quedado las puyas que Vicente Fox acostumbraba lanzar a sus colaboradores con objeto de mantenerlos alerta –durmiendo sobre el caballo– listos a entrar en acción. Al terminar la campaña triunfadora rumbo a la gubernatura del estado en 1994, Fox les había dicho a sus generales "No les veo piernas de jinete para ocupar puestos en el gabinete". No a todos les gustaban estas bromas. A Ramón Muñoz en vez de enojarlo lo estimulaban a demostrarle a Fox que no sólo podía con los retos nuevos, sino que le sobraba empaque para mayores empresas.

El Proyecto Millenium

Los motores del movimiento comenzaban a calentar aunque la gente disponible y el enganche de nuevos elementos iban lentos. Había que sumar nuevas fuerzas. Las actividades eran numerosas y variadas y requerían habilidades específicas. La necesidad de agregar un coordinador general a la campaña se volvió urgente a finales del mes de septiembre de 1997.

En octubre, durante el Festival Cervantino de Guanajuato, un antiguo compañero y subalterno de Vicente Fox se presentó al conocido acto cultural. Se trataba de José Luis González y González, de la veta gonzalera regiomontana y primer presidente de la compañía Coca-Cola de México –ese mismo puesto que el candidato había ocupado y que en su tiempo se denominaba gerente regional. Cuando Fox salió de la compañía su puesto fue ocupado por Cristóbal Jaime Jaquez; José Luis González ya estaba en la línea de sustitución, de manera que entró al puesto en cuanto Jaime Jaquez aceptó un cargo mejor remunerado en otra firma. En ese puesto permanecería siete años.

José Luis González, *El Bigotón*, como todos sus amigos lo llaman, efectivamente porta un soberbio bigote que le da personalidad, y gusta ahora de usar corbata de moño exclusivamente, lo cual le otorga una peculiar individualidad. Conocedor de sus habilidades como organizador y operador, Fox se apresuró a invitarlo a coordinar la campaña que estaba justo en el punto de expansión.

El Bigotón, también emigrado de las filas cocacoleras con el fin de independizarse al igual que Vicente Fox, adquirió su propio negocio y tuvo enorme éxito. Se las ingenió financieramente para comprar la cadena Helados Holanda en 1987 y con una celeridad asombrosa la llevó al estrellato al abrir sucursales en toda la república. Vendió la compañía en 1997 y siguió comprando otras empresas. Un hombre de negocios con éxito sonante en la bolsa y con deseos –como muchos mexicanos– de colaborar en un gran proyecto nacional, uno que coincidentemente personificaba su compañero

José Luis González entró a trabajar precisamente
a la Coca-Cola, bajo la supervisión de Vicente Fox.

y apreciado jefe de mil batallas. La tentación de sumarse a una cruzada cívica y política era irresistible, no obstante que en esa aventura no ganara dinero.

José Luis González y González es oriundo de un pequeño pueblo neoleonés que está situado a 40 kilómetros al norte de Monterrey, Nuevo León. Se llama Higueras, donde nació el 25 de agosto de 1944 y fue educado en las ideas de ahorro y trabajo de esa tierra norteña. Ahí mismo cursó su primaria, emigrando luego a la metrópoli regiomontana donde estudió la secundaria con los hermanos maristas en el Instituto México. Se graduó de licenciado en economía en la Universidad de Nuevo León y entró a trabajar precisamente a la Coca-Cola, bajo la supervisión personal de Vicente Fox.

González llegó a León lleno de entusiasmo, encontró al equipo primario del candidato un poco despistado pero igualmente contagiado con el espíritu de renovar la patria. Aceptó la coordinación y regresó a su casa en la ciudad de México después de haber recogido las ideas de los que ya colaboraban con Fox y enseguida compró todos los libros que pudo encontrar sobre cómo hacer campañas políticas. Una mirada a títulos y autores nos revela la razón de su interés por el conocimiento en el que abrevó con avidez: *The making of the President* (Kennedy) de Theodore H. White; *The Selling of the President* (Nixon) de Joe McGinnis; *Packaging The Presidency* (Nixon) de Kathleen Hall Jamierson; *Winning the Presidency in the Nineties* (Clinton) de Dick Morris, y otros más[1].

Una vez que José Luis González estuvo listo, enterado de las campañas que habían hecho otros candidatos en el mundo y de cómo llevar esas ideas a la práctica en el entorno nacional escribió un Manifiesto en febrero de 1998 bajo el nombre de "Proyecto Millenium: Para que Fox sea presidente necesitamos..." y lo presentó en la primera reunión del equipo de campaña. Su contenido sintetizado es el siguiente:

Introducción:

Tenemos ante nosotros un desafío mayor. Algunos podrían pensar que es imposible ganarlo. No obstante creemos que su éxito depende exclusivamente de nosotros. Nuestra misión consiste en afianzar el liderazgo de Fox como principal

---

[1] *Researching the presidency* de George C. Edward III, John H. Kessel y Bert A. Rockman; *Mandate for change,* (edit) por Will Marshall y Martin Schram; *Manual de campaña* de Mario Martínez Silva; *The New York idea* de Mario Cuomo; *High hopes* de Stanley A. Renshon; *The commanding heights* de Daniel Yergin y Joseph Stanislaw; *Richard Nixon beyond peace, ideology and leadership* de Marvin J. Folkertsma Jr.; *Divided we fall* de Haynes Johnson; *Intensive care* de Richard Ben Cramer; *Restoring the dream,* editado por Stephen Moore, *Reinventing government* de David Osborne y Ted Gaebler; *Reason to believe* de Mario Cuomo; *Un mundo sin rumbo* de Ignacio Ramonet; *Gran visibilidad* de Irving Rein, Philip Kotler y Martin Stoller.

opositor del régimen actual y lanzar su imagen para que se perfile y se perciba como la más viable y promisoria opción de un verdadero cambio en la forma de gobernar el país.

No es tarea fácil, se requiere de una mística que nos llegue al corazón y así dedicarle a ella toda nuestra constancia, humildad, energía, talento y la firme convicción de que el éxito de esta epopeya se logrará mediante el trabajo productivo, espíritu de grupo, análisis racional, planeación y organización profesional y una estrategia superior, flexible y dinámica, junto con su puntual cumplimiento.

Transformaremos la imagen de un gobernador de provincia que ha tenido éxito en un nuevo y ejemplar político nacional, de estatura internacional y con amplia capacidad para responder a los problemas nacionales y a las aspiraciones, sentimientos y esperanzas del pueblo mexicano.

Mediante un ejercicio de investigación y análisis profundo de las motivaciones políticas del electorado podremos trazar una estrategia de acción que no sólo nos lleve a la victoria electoral con la mayor cantidad de votos, sino que logre acercar al candidato al conocimiento de la realidad nacional de modo que pueda formular su compromiso de solución a los problemas que aquejan a los ciudadanos de todos los estratos sociales.

Comprendo que la falta de experiencia política de algunos de nosotros requiere de una aceleración del aprendizaje de esta materia volátil y caprichosa. Con todo, el esfuerzo extra ayudará a convencer a los votantes (el PAN y los electores nacionales) de que elijan con la misma espontaneidad a nuestro candidato. No debemos reclutar voluntarios, recaudar fondos, gastar, hacer giras y preparar discursos si detrás de estas actividades no hay una estricta estrategia global que enderece las acciones hacia el aprovechamiento de las oportunidades políticas que se presenten en el camino.

La organización de este proyecto es únicamente para 1998. El próximo año modificaremos el plan y la estrategia de acuerdo con la experiencia de estos meses y las necesidades que nos depare el futuro. Por lo pronto estableceremos metas y objetivos razonables y mediremos los resultados con una batería de indicadores que denominaremos *signos vitales*, los cuales nos dirán el grado en que se encuentra la salud de la campaña. Serán la guía a seguir hasta el día del triunfo. el "día V", V de la Victoria, V de Vicente, V de Vamos a hacer que esto ocurra.

I Seguridad.

El candidato requiere llegar vivo, sano, equilibrado mental y emocionalmente a las elecciones del 2 de julio del 2000. Deberá hacerse un reconocimiento médico ahora y cada seis meses. No deberemos abusar de su tiempo delegando hacia arriba, incumpliendo expectativas o creando fricciones o animadversiones dentro de nuestro grupo de trabajo. El equipo deberá por tanto respetar el tiempo del candidato y contribuir a su tranquilidad emocional.

Deberemos cuestionar con respeto sus decisiones y mantenerlo informado y alerta a fin de que no sea sorprendido por algún grupo social o político, o por los medios de comunicación. Vacunarlo contra sus propias debilidades al recordarle que un "candidato cansado siempre será un mal candidato" y que sus discursos, entrevistas y apariciones públicas nunca serán las óptimas en esas condiciones. Tener siempre presente que lo más valioso es la persona del candidato y lo más escaso es el *tiempo* de que dispone.

Deberemos determinar claramente cuánto esfuerzo dedicaremos a la operación y cuánto a la planeación estratégica. Las funciones deberán ser proactivas en vez de reactivas y con el fin de optimizar la agenda recordar que por cada hora del candidato deberá haber por lo menos 10 horas de trabajo previo de sus colaboradores.

Otro tema de seguridad es la imagen personal y profesional que proyecte el candidato como ser humano y como hombre de negocios, la cual deberá ser intachable. El objetivo es que sea percibido como hombre impecable, evitando escándalos e inclusive posibles dificultades o quiebras en los negocios familiares. Convendrá explorar la constitución de un *fideicomiso ciego* que deslinde al candidato de posibles malas interpretaciones. Este proyecto deberá ser estrictamente confidencial. (Figura jurídica no utilizada en México. La persona que tiene los bienes *no* participa, sólo el comité técnico o el beneficiario.)

La apertura de la propaganda deberá basarse en el desempeño que ha logrado como gobernador. Habrá que cuidar los resultados y revisar periódicamente las metas establecidas de acuerdo con el concepto de *signos vitales*, y así asegurar que vamos por buen camino.

Nunca deberá hacerse uso de los recursos del gobierno del estado en el proyecto presidencial, y jamás emplear el tiempo de trabajo de los colaboradores del gobierno de Guanajuato en horas hábiles, pues esto podría vulnerar nuestros planes y volverse una amenaza para la limpieza que requiere el manejo de la campaña.

II El Candidato.

El candidato es el eje central del proyecto. Buscar la presidencia significa una gran responsabilidad consigo mismo, su familia, los que lo apoyamos y los futuros simpatizantes que depositarán en él su confianza. Su comportamiento personal, su conducta reflejarán la imagen que la gente percibirá y que será determinante en el éxito de su candidatura.

La persona que más trabajo tendrá y que dispondrá de menor tiempo es el candidato. Él será el principal comunicador pues representa la personificación del "producto" que los electores adquirirán como la mejor propuesta humana para dirigir el país. Él deberá poner el tono de la campaña, integrar su personalidad al tema y al grito de guerra del proyecto de modo que estos mensajes, congruentes consigo mismos, resulten sinceros y atractivos, de tal suerte que puedan ser asimilados con sencillez y claridad por el ciudadano, motivándolo a actuar en favor de la empresa que nos hemos propuesto.

El candidato ha mostrado un gran carisma, una forma de ser atractiva, llana y coloquial al comunicarse con todo el mundo. Este entusiasmo y naturalidad que transmite son las mejores armas que tenemos contra el enemigo solemne y ampuloso que enfrentaremos, pero conforme penetren en el ánimo público la observación de la gente y de los medios de comunicación será más aguda, más minuciosa. Habrá que cuidar cada comentario, gesto y acción que realice pues las figuras públicas están sujetas a un escrutinio más severo. Cada inseguridad, titubeo, duda y, lo peor, cada mentira que diga en sus declaraciones cotidianas, aunque sea involuntaria, será penada por la sociedad.

Fox deberá continuar teniendo éxito como gobernador, convertir a Guanajuato, cuna de la independencia, corazón histórico de México, en la cuna del futuro de México, de un México nuevo, lleno de oportunidades para todos los mexicanos que actúen con responsabilidad. De esa manera podremos decir que "si en Guanajuato se pudo, en México se podrá" o que en "Guanajuato se sigue forjando la historia de México", "Guanajuato es un estado por el que pasa toda la historia mexicana", "Guanajuato es el gran laboratorio de México".

La labor del candidato es ganar votos todos los días y conservarlos para que se acumulen. Habrá que concentrarse en actividades políticas, de fomento social y económico, haciendo una combinación inteligente entre las acciones que demande el estado y las que requiere la campaña nacional, y en cada iniciativa, acto o función pública mostrar seguridad y optimismo, evitando traslucir desánimo o contrariedad por algún resultado desfavorable.

Ser buen candidato, sin dejar de obrar como gobernador de tiempo completo, requiere tener capacidad de escuchar a la gente, estar siempre dispuesto a registrar con atención las necesidades, reclamos o aspiraciones que los ciudadanos expresen y aprovechar esta sabiduría, que la gente proporciona generosamente, en *réclames* políticos que hagan atractivo, conocedor y sincero el discurso del candidato. El hombre que recoge las inquietudes de la sociedad y propone cómo resolver problemas concretos de manera llana y entendible es el que tiene madera de líder.

Fox deberá seguir retando al sistema, destacando las miserias e injusticias de la realidad nacional. Al mismo tiempo deberá comunicar al pueblo cómo transitar a una mejor vida comunitaria, brindarle esperanzas e ilusiones basado en una mejor forma de hacer política, de gobernar en beneficio de todos y en particular de los menos privilegiados.

Como candidato Fox ya es un líder nacional y como tal debe iniciar el cambio al asumir y vivir el papel de servidor público íntegro, innovador, profesional y moderno por lo que debe estar al tanto de los asuntos críticos que afectan la agenda nacional sin excepción. Por el momento, a fin de lograr mejor penetración pública deberá escoger sólo unos cuantos temas esenciales para la comunidad nacional y ofrecer su liderazgo con objeto de solucionarlos cuando sea presidente.

Fox deberá arrebatarle a la izquierda algunas banderas de reclamo social y de justicia que se han adjudicado como si fueran exclusivas de ella tales como reivindicar el crimen de Tlatelolco, la marginación y acoso latente que sufre el pueblo de Chiapas, el retraso del sistema educativo, la sangría de trabajadores que abandonan el país por no tener empleo en su propia tierra y deberá anticiparse a los acontecimientos para alcanzar un México más moderno, más justo, que genere más riqueza y que ésta tenga una mejor distribución social.

El candidato deberá enfatizar en su discurso la doctrina social de su partido, enarbolar sus divisas, mantener un sabio acercamiento con sus dirigentes y asegurarles que él jamás irá "por la libre", sino en compañía y con el respaldo del PAN.

Para lograr el éxito el postulante necesita la comprensión, colaboración y apoyo de su familia, evitar en lo posible tener preocupaciones de orden personal pues tendrá grandes ausencias hogareñas. Será preciso preservar un día entero a la semana para el descanso y atención de sus allegados. Ese día es sagrado y no deberemos invadirlo aunque la aparente necesidad del momento lo requiera. Fox deberá seguir una agenda estricta y un calendario preciso que sean productivos políticamente, distribuyendo apropiadamente su escaso tiempo en áreas geográficas, grupos y asuntos que le reditúen mejores beneficios electorales.

El candidato deberá confiar en los colaboradores a los que se les deleguen responsabilidades pues aunque él preside la campaña necesita la participación de todo el equipo humano, y en especial del coordinador general quien deberá quitarle la mayor cantidad de golpes. Fox y éste no deberán comprometer todo su tiempo a fin de tener margen de maniobra y atender algún asunto urgente o altamente conveniente en la campaña. La delegación de funciones es imperativa y la responsabilidad de cubrirlas bien corresponde a todos nosotros, los que estamos tras bambalinas.

Las actividades más importantes del candidato y su coordinador de campaña consisten en supervisar diariamente la marcha de la empresa, conocer las reacciones de la gente, saber las estrategias y actividades de los competidores y una vital, la recaudación de fondos para financiar la campaña. Hay que recordar que nosotros no tenemos acceso a fondos públicos y si los tuviéramos, como sucede con el candidato oficial, no los utilizaríamos, entonces la necesidad de fondear nuestras acciones se vuelve crucial en el proyecto. Al mismo tiempo que es una escasez representa una oportunidad: En la medida que tengamos éxito y penetración en nuestras actividades de campaña tendremos más flujo económico de respaldo. Es, en otros términos, la medida más clara de qué tan bien lo estamos haciendo. En este contexto el candidato es el principal recaudador de fondos.

Por otro lado el país está lleno de teóricos que aparentemente hablan bonito, sólo que no tienen la más remota idea de cómo llevar a buen término sus promesas. Ésta es otra oportunidad. Fox debe reforzar su imagen de hombre práctico y experimentado político que ha viajado por todo el estado con el propósito de gobernarlo mejor y que ahora viaja por todo el país buscando conocerlo a fondo. El candidato, con estos atributos que se traducen en resultados palpables, deberá ser

*Para lograr el éxito Vicente Fox necesitaba
la comprensión, colaboración y apoyo de su familia.*

percibido como valiente y entrón, pero no como atravesado e imprudente y desde luego deberá alejarse palpablemente de la etiqueta de arrogante, soberbio y vanidoso que traen colgada al cuello los candidatos oficiales, que en vez de escuchar al pueblo le hacen el favor de visitar sus miserias. Por el contrario, el candidato procurará tejer alianzas duraderas con todas las personas y públicos con quienes tenga contacto.

Aunque el momento del lanzamiento ha sido muy oportuno, es conveniente evitar la sobreexposición y sobreventa del candidato a través de una rigurosa planeación de los tiempos, distancias y lugares de aparición personal. Fox deberá cuidarse de opinar de todo, de hablar sobre temas o conceptos que no estén explícitamente argumentados, más bien limitarse a bordar sobre cinco o siete ideas básicas que además de tener la ventaja de lograr en el público mejor recordación le permitirán adueñarse de una mayor pericia en la concepción y exposición de esas materias y en la forma variada de presentarlas. Debemos recordar que los grandes estadistas mundiales han sido poco locuaces.

El programa se dividirá en los periodos siguientes:

PRECAMPAÑA 1998: ¿QUIÉN ES VICENTE FOX QUESADA?

OBJETIVOS:	Dar a conocer al candidato en escala nacional, posicionarlo en la mente del elector, mejorar las intenciones de voto.
MEDICIÓN:	Pasar de 40 a 60 por ciento de identificación en la mente del electorado y con una intención de voto de 25 por ciento.
ESTRATEGIAS POLÍTICAS:	• Sueño de nación. • Uno o dos temas básicos. • Generación de propuesta general.
ESTRATEGIAS MERCADOTÉCNICAS	• Identificación como candidato presidencial y actual gobernador de Guanajuato. • Identificar la percepción del electorado sobre Fox y el PAN. • Optimización de medios de comunicación. • Inteligencia: Posibles competidores. • Planeación y creación de redes de soporte: Amigos de Fox, mujeres y jóvenes, iglesias, alianzas políticas, internacional. • Inicio de Foximanía.

PRECAMPAÑA 1999:   ¿QUÉ SE PROPONE HACER FOX?

OBJETIVOS	Proyectar su «Visión de México», su oferta política, lo que ha logrado como gobernador de Guanajuato.

MEDICIÓN	Pasar de 60 a 80 por ciento de identificación en la mente del electorado y con una intención de voto de 35 por ciento.

ESTRATEGIAS POLÍTICAS	• Ganar la convención del PAN con 75 por ciento de apoyo. • Proyecto de nación. • Concentrarse en cuatro o cinco temas básicos. • Formular plataforma ante el IFE.

ESTRATEGIAS MERCADOTÉCNICAS	• Posicionar el perfil ideal FOX/PAN. • Desarrollo de redes organizadas en 1998. • Estrategia detallada de uso de medios de comunicación. • Inteligencia: Competidores reales y sus características. • Constitución de alianzas políticas. • Identificación de segmentos.

CAMPAÑA 2000:   POR QUÉ VOTAR POR FOX

OBJETIVOS	Dar a conocer su plan de gobierno, proyectar su imagen en el exterior, lograr que el electorado lo adopte como «propio» para asegurar el voto. Comunicar que 1999 fue el último año del siglo y que ha servido para planear el futuro de México en el siglo XXI.

MEDICIÓN	Llegar a 95 por ciento de identificación en la mente del electorado, con una intención de voto de 45 por ciento.

ESTRATEGIAS POLÍTICAS	• Divulgación del plan de gobierno. • Plataforma nacional. • Cinco o seis temas básicos con mención de prioridades. • Consolidación de alianzas políticas.

ESTRATEGIAS MERCADOTÉCNICAS	• Identificación precisa de segmentos electorales. • Intensificación de medios masivos: Televisión y radio. • Consolidación y eficacia de redes de apoyo. • Inteligencia: Ser distintivo en comparación con los competidores y afinar el conocimiento de las debilidades de éstos. • Intensificación de la Foximanía.

El candidato deberá hablarles a los votantes, anticipándose a sus competidores, en forma directa, clara y novedosa, destacando el hecho de que con él cambiará la forma de hacer política en México. Deberemos aprovechar una de las mejores fortalezas de Fox, su atractivo con el sexo femenino, pues las mujeres son grandes voluntarias y simpatizantes fervientes. Lo mismo podemos decir de los jóvenes estudiantes de ambos sexos. Deberá usar corbata en sus visitas a la ciudad de México o en situaciones especiales (recomendación que no adoptó sino hasta marzo del 2000). Cotidianamente usará, de acuerdo con su costumbre actual, camisa azul arremangada, botas y cinturón de hebilla plateada con la marca Fox y no se apartará de su conocido lenguaje coloquial. Ésa es su identidad, no hay que tratar de ser o, peor, de aparentar ser, lo que uno *no* es. A finales de 1998 se analizará si conviene continuar con estas prácticas.

Fox deberá aprovechar todos los eventos de la entidad (Festival Cervantino, feria de León, foros y reuniones nacionales e internacionales) para promover su candidatura y estrechar relaciones personales. Deberemos contar con un departamento de relaciones públicas y encargarle la imagen óptima de su persona actual. Sus participaciones con los medios de comunicación, además de reflejar su forma de pensar, estilo y vocabulario procurarán tener formatos más cortos y chispeantes con tal de jamás llegar a aburrir a sus representantes. Los discursos deberán ser pronunciados de viva voz, sin leer el texto pero bien preparados, buscando un hilo conductor que permita insertar anécdotas, metáforas, analogías ilustrativas y cierta *magia* en la forma de comunicar sus mensajes para hacer uso deliberado de su carisma.

Si todo lo que emprendamos con la persona del candidato está bien planteado y ensayado no deberemos tener temor de sobreexponerlo aunque nunca deberemos permitir que diga algo de lo cual mañana pudiera ser acusado de haber engañado a la gente. Es obvio recomendar que la vida íntima del candidato deberá seguir conservándose en la mayor discreción.

III Éxito del gobierno de Guanajuato.

El objetivo de este apartado consiste en asegurar el éxito de la gestión en los cinco grandes propósitos del gobierno estatal para poder proclamar el lema "Si en Guanajuato se pudo, en México se podrá", a saber:

1)   Crear las condiciones para lograr un desarrollo económico sustentable y competitivo en escala mundial, que sea plataforma del progreso de todos los guanajuatenses, sin dejar de observar el debido respeto al equilibrio ecológico de la entidad.

2)   Alcanzar un desarrollo social equilibrado y equitativo donde exista como prioridad humana la calidad de vida y la salud de los guanajuatenses.

3)   Realizar una transformación educativa sustancial que promueva prioritariamente en los alumnos los valores humanos, los conocimientos y las habilidades necesarias para triunfar social y económicamente en sus comunidades.

4) Lograr la vigencia real del estado de derecho en su territorio: Seguridad, justicia, convivencia pacífica, participación y paz social.

5) Forjar un buen gobierno, competitivo, transparente, participativo, proactivo y democrático, que trabaje mejor que cueste menos y que genere mayores beneficios a la sociedad.

Para lograr estos objetivos deberán cuidarse los resultados periódicamente (mensual, trimestral o semestralmente), analizar su evolución y tomar las medidas correctivas del caso siguiendo el sistema de evaluación de *signos vitales* a fin de identificar las actividades clave que tengan desviación o evitar que se atoren en su desempeño.

IV Estrategia Política.

El camino político a seguir consiste en trazar la Visión de México para el tercer milenio a través de reinventar la confianza en las instituciones políticas y propiciar un ambiente de credibilidad que genere nuevas esperanzas personificadas por el candidato. Esto requiere construir varias trincheras:

1) Candidato: Carisma, apariencia, escenarios, discursos, información de datos generales y específicos, aprovechamiento de fuerzas, y apuntalamiento de puntos débiles.

2) Comunicación: Entrevistas formales y casuales, boletines de prensa, cobertura en televisión, radio, correo electrónico, correo directo y volantes, y comunicación interna, introduciendo el factor deportivo de llevar la cuenta diaria de los días que faltan para la elección, una medida que destacará el sentido de urgencia entre los colaboradores.

3) Itinerario: De acuerdo con la planeación estratégica pero con los ajustes tácticos necesarios y con planes alternos de respuesta al despliegue de acciones de la competencia.

4) Ideas *réclame* (*gimmicks*): V de Vicente, V de Victoria, Fox con X de México, con la X de siglo XXI, Vota con la X de Fox México, 2 de julio cumpleaños de Fox, utilizar el corrido de Guanajuato, organización de porras.

5) Acción: Votos, votos, votos.

6) Ideas básicas: Posicionar al candidato en función de los segmentos de mercado. Definir ideas con respecto a Pemex. Destrabar Chiapas: Fox debe convocar a un acuerdo nacional por la paz, invitando a Zedillo, Cárdenas, Samuel Ruiz y por supuesto, a Marcos. Fox debe ser el agente de cambio que provoque una catarsis de unidad nacional. Tema del poder: Después del triunfo del PRD en el Distrito Federal no debe haber temor al cambio. Plan de Fox: Verde, blanco y educado. Utilizar el consejo de López Portillo: Cambien los pistones al sistema político mexicano sin parar el motor.

V Planeación y Organización

1) Integración de un *think tank* (grupo multidisciplinario de reflexión) que analice entornos, posibilidades, proponga ideas, conceptos, y sugerencias de cómo implementarlos.

2) Establecimiento de los *signos vitales* del Proyecto Millenium.

3) Programación de juntas de trabajo: De asesores, de mercadotecnia y de estrategia.

4) Armar un grupo de información general con objeto de conocer las características y curricula de los candidatos potenciales que competirán con Vicente tanto del PAN en primera instancia, como de los demás partidos. Identificar el electorado potencial de mexicanos que viven en Estados Unidos. Obtener datos de desempeño económico de los gobiernos priístas, especialmente de los tres últimos sexenios.

5) Selección rigurosa de colaboradores, coordinación de cazadores de talento.

6) Organigramas con operadores de línea, asesores internos y externos.

7) Itinerario de operaciones.

8) Organigrama.

PRECAMAPAÑA 98 ORGANIGRAMA

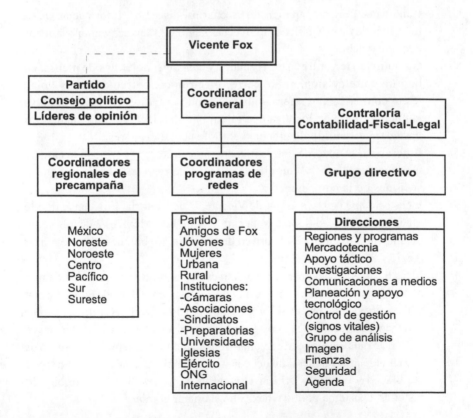

154

El candidato debía ser el agente de cambio
que provocara una catarsis nacional.

VI Partido

1)   Lograr el apoyo del PAN local y nacional mediante la aceptación del candidato como persona y por sus resultados y lealtad partidista.

2)   Mantener informado al PAN y lograr la comprensión de que detrás de Fox hay todo un equipo profesional, eficaz y motivado para triunfar en la tarea democrática que se ha echado a cuestas.

3)   Campaña con los delegados panistas a la Convención donde se elegirá al candidato presidencial.

4)   Apadrinamiento de Fox a los gobiernos panistas municipales y estatales, y a los candidatos de las mismas entidades que estén en campaña.

5)   Apoyo formal a la imagen pública del PAN con especial atención a la organización del partido en el Distrito Federal.

VII Sinergias

1)   Acercamiento a los diferentes partidos con el objetivo de explorar y visualizar la posibilidad de concertar alianzas en el futuro.

2)   Constituir una organización que denominaremos Amigos de Fox, buscando reforzar el contingente humano necesario en la cobertura nacional de promoción y vigilancia del voto antes y durante la elección y particularmente para obtener el respaldo financiero que solvente los gastos de la campaña. Suscitar la propagación de lo que llamaremos Foximanía y, conforme prenda esta idea, clasificar el financiamiento conseguido por los amigos de Fox para distinguirlos de acuerdo con sus contribuciones. Amigos de Fox hasta 100 mil pesos de cuota, Super Amigos de Fox de 100 mil a 150 mil pesos, Padrinos de Fox arriba de 500 mil pesos.

3)   Instituir Millenium, un grupo de intelectuales, politólogos y escritores que organicen foros, mesas redondas y debates destinados a estudiar los problemas políticos de la nación y analizar la agenda política nacional.

4)   Formar un grupo de trabajo voluntario que estudie y propague soluciones a los problemas rurales del campo y a los problemas en las zonas marginadas de las ciudades.

VIII Financiamiento

Para que Fox sea presidente es necesario que los planes estratégicos, la organización y las actividades programadas del personal se lleven a la práctica, es decir, se necesita dinero, mucho dinero sobre todo en la etapa de precampaña. El periodo crítico será 1998 y 1999, después en el 2000 contaremos con recursos federales de acuerdo con la ley.

Otro factor que se debe tomar en cuenta es que dichos recursos deberán llegar de una manera clara y transparente pues el propósito en esta delicada materia, además de resolver nuestros gastos de campaña, es respetar estrictamente la ley. Desafortunadamente existe gran desconfianza hacia el gobierno, por aquello de que puedan tomar represalias contra los donantes. En virtud de lo anterior estas serán las reglas que deberemos observar sin excepciones:

1)   No podrá desviarse ningún recurso oficial del estado en la precampaña.

2)   Todo simpatizante que desee colaborar deberá hacerlo por medio y exclusivamente de Amigos de Fox, A. C.

3)   Cualquier tipo de aportación en especie deberá ser aprobada y reciclada a la cuenta de Amigos de Fox, A. C.

4)   Las aportaciones directas que deseen hacerse anónimamente deberán ser canalizadas por medio de una sola persona, Marcelo de los Santos.

5)   No se aceptarán aportaciones del extranjero.

6)   Los egresos también deberán ser autorizados por una sola persona, Carlos Rojas Magnon, el cual llevará un reporte contable mensual de ingresos y egresos con sus comprobantes correspondientes y auditado por una firma reconocida de contadores públicos.

7)   Someter a análisis los requisitos legales de aportaciones anónimas, límites de aportación por persona y si existe alguna posibilidad de recibir contribuciones del extranjero. El departamento jurídico del partido es el único que puede contestar estos asuntos.

8)   El presupuesto tentativo de egresos del período 1998-1999 es de dos millones mensuales, 48 millones de pesos en total.

9)   Deberemos elaborar el presupuesto con sus controles internos correspondientes, procurando mejorar al máximo el gasto interno del personal que colabora con nosotros y sus herramientas de trabajo indispensables.

IX Competencia

Para que Fox sea Presidente es elemental analizar, monitorear, contrarrestar, atacar y eliminar las posibilidades del triunfo de la competencia por lo que abriremos en la computadora una página de cada competidor potencial, registrando sus acciones, declaraciones, curriculum, fallas en su vida anterior, relaciones comprometedoras, sus puntos fuertes y débiles de personalidad y de conducta así como sus experiencias y rasgos de estilo.

1)   PAN Precampaña: Diego Fernández de Cevallos, Francisco Barrio, Carlos Medina Plascencia y cualquier otro que asome la cabeza.

2)   PRI: Francisco Labastida, José Angel Gurría, Manuel Bartlett, Roberto Madrazo.

3) PRD: Cuauhtémoc Cárdenas, Andrés Manuel López Obrador.

4) PCD: Manuel Camacho Solís.

5) PT: Jorge González Torres.

(Gilberto Rincón Gallardo todavía no aparecía en el horizonte).

X Funciones

1. Consejo Político.

   Desarrollar estrategias para elaborar o presentar estrategias políticas convincentes y oportunas con respecto a: Visión del país, plataforma del PAN al IFE, plataforma política nacional, temas y asuntos claves, tiempos políticos convenientes, oportunidades, coyunturas, alianzas con grupos de peso, evaluar costos y beneficios de concertaciones y acuerdos con otras fuerzas políticas y sociales.

   Análisis de estrategias políticas de los competidores; estimación de sus fuerzas y debilidades; proposición de acciones concretas que aprovechen circunstancias o contrarresten acciones; realización de análisis de inteligencia política sobre los demás candidatos y partidos.

2. Coordinadores regionales.

   Organización de redes regionales de simpatizantes voluntarios que difundan el conocimiento de Fox mediante contactos personales en las diversas comunidades locales, coordinación de las visitas del candidato y apoyo logístico a las visitas.

3. Coordinadores de programas.

   Identificación, recluta y selección de las cabezas de las distintas redes de simpatizantes voluntarios según los segmentos electorales, desarrollo de planes, estrategias y tácticas aplicables a la captación de votos en cada segmento específico, desarrollo de materiales de promoción, apoyo y difusión para dar a conocer al candidato conforme los lineamientos de la dirección de estrategia de mercadotecnia y recopilación de información sobre las actividades de difusión que los demás partidos están utilizando en la promoción de sus candidatos.

4. Grupo directivo.

   Actividades según la especialidad de cada dirección: Seguridad, agenda, planeación y apoyo tecnológico, comunicaciones y medios, imagen, investigaciones, finanzas, grupo de reflexión (*think tank*), apoyo táctico, control de gestión y contraloría.

La aplicación del plan de batalla tendría variaciones. En el momento de su diseño aún había muchas interrogantes que se fueron respondiendo conforme transcurrió el tiempo y creció el interés del electorado que poco a poco se fue sumando a la refriega hasta afectar notoriamente su desarrollo. Mientras tanto las escaramuzas de los adversarios subirían en número y tono. La imaginación de los contendientes, sus acciones pensadas o desesperadas y el fragor del combate afectarían el contenido de la estrategia, la necesidad de utilizar tácticas de ajuste y avance o posposición de algunos movimientos pero en general el plan inicial se respetaría en 75-80 por ciento. Lo que resulta relevante ahora es despejar la humareda de los disparos y saber de donde vinieron esas ideas y los hombres y mujeres que consumaron exitosamente la batalla por la democracia en México y, tal vez lo más importante: Cómo lo hicieron, secreto básico de la posibilidad práctica de una idea.

Siete

De talentos, ideas y desencuentros

Todas las recomendaciones que aparecen en los planes preparados entre 1997 y 1998 pueden parecer elementales ahora, después de ver lo sucedido y de escuchar en la radio y televisión los esfuerzos desplegados por cada candidato junto con sus aciertos, imprevisiones y resbalones. Es fácil entender los planteamientos una vez que se han leído relatos y notas periodísticas como los que circularon por todo el país a lo largo del 2000, pero en 1997, estas ideas y sugerencias no eran tan obvias. La visualización que cada candidato tenía sobre la contienda, sobre los recursos humanos y financieros y sobre la pericia que se utilizaría, era totalmente oscura. La precampaña interna del PRI, por ejemplo, fue una sorpresa total, de gran impacto y movilización política que hizo levantar la cabeza de los demás partidos para mirar y evaluar el indudable tino que tuvieron los dirigentes priístas.

Vicente Fox y su gente sorprenderían también con su actividad frenética, sus técnicas modernas de mercadotecnia, sus propuestas sencillas y bien comunicadas, los estribillos musicales frescos, además de contagiosos, los oportunos comerciales de contraataque en radio y televisión, los volantes, periódicos y tiras cómicas en ediciones especiales. Los partidos pequeños también aportarían nuevas e imaginativas ideas. Tal vez, el único que no cambió método y acciones fue Cuauhtémoc Cárdenas, aunque sí gastó mucho dinero, tanto que lo hizo presente en la contienda. No obstante los más de 326 millones que le proporcionó el IFE al PRD, no tuvieron un uso muy productivo. Según Carlos Castillo Peraza[1], cada voto por Cárdenas costó 81.80 contra 28.30 pesos por voto a favor de Fox. La publicidad y la promoción funcionan cuando el proyecto coincide con los deseos del votante.

Varias observaciones se pueden hacer sobre las ideas que predominaron en los proyectos preparados por el equipo de campaña de Vicente Fox:

---

[1] Estos datos los proporcionó Carlos Castillo Peraza en el programa de televisión "Primer Plano" el 10 de julio del 2000.

1) La primera conclusión que apareció en la pantalla cibernética de los estrategas foxianos fue clara y simple, no se puede ganar la elección sólo con apoyo del PAN.

2) La segunda, consecuencia de la anterior, fue que era imprescindible convocar a la sociedad civil a formar una organización no politizada anteriormente, fuera de las filas del PAN, que atrajera a todos los estratos de la sociedad. El objetivo era sumar electores, particularmente los que no hubieran participado antes en política, aunque sin apartarse del partido. Aquí nació la idea de Amigos de Fox. Ramón Muñoz inició la recluta hasta sumar tres mil adeptos; luego José Luis González acuñó el término y desarrolló el concepto de mercado para nombrar y multiplicar simpatizantes, bajo un título que resultó sumamente atractivo.

3) La persona del candidato se volvía vital para el proyecto. Era preciso preservarlo vivo, sano, tranquilo, dueño de su tiempo, limpio como ser humano, realmente impoluto, en la concepción exigente de José Luis González.

4) La experiencia no tiene substituto. La actuación exitosa de Fox como gobernador de Guanjuato era un valioso activo, útil a la hora de convencer a la ciudadanía de su capacidad para hacerse cargo de la Nación, y

5) La credibilidad, como ingrediente distintivo de Vicente Fox frente a sus adversarios, era un concepto fundamental. Se sabía que todos los candidatos iban a decir o prometer más o menos lo mismo, razón primaria para identificar a Fox con la certidumbre, de tal suerte que el ciudadano supiera que solamente el candidato del PAN era digno de crédito, aun en contra de los ineludibles ataques que recibiría. Si el hombre mantenía una línea de conducta intachable y transparente, se llegaría al objetivo. Si no, el camino sería pantanoso.

José Luis González tenía razones para albergar estas ideas en el raciocinio de su plan estratégico. La admiración personal que sentía por su amigo Vicente Fox lo hacía idealizar su figura. Y no es que Fox apareciera ante sus ojos como más inteligente, más trabajador, con mayor visión o inclusive dueño de una atracción contagiosa que arrastrara a todos hacia su liderazgo. Simplemente, lo cautivaba una virtud tan sencilla como difícil de poseer: Vicente Fox era y es una buena persona. En su espíritu hay una ausencia de maldad, de rencor, de intención de herir a sus semejantes.

González lo conocía muy bien, veía en él los atributos que lo calificaban ampliamente para el ambicioso intento, sólo que también sabía de sus limitaciones. Un poco mayor que él –dos años–, arribó primero a la compañía donde fueron compañeros. Ahí, compartieron tareas y aprendieron juntos el negocio. Fox rápidamente se convirtió en el jefe de la organización y, bajo su mando, la empresa había dado un salto de progreso. Después, ambos emprendieron la aventura de ser dueños de su destino y de sendos negocios. Sin embargo, a Vicente Fox se le metió entre ceja y ceja echarse a la espalda la emancipación de la patria y a esa tarea enfiló todo su esfuerzo.

Lo que traslucía el guanajuatense, con su esforzada dedicación, no era otra cosa que entusiasmo, esa sustancia divina que se gesta en el alma y que significa posesión o inspiración de Dios. Del griego *énthous*, dentro, poseído, y *theos*, dios o, descomponiendo de otra manera la etimología, del griego *en*, dentro, y *seismós*, terremoto, es decir: sismo del alma. El entusiasmo es la fuerza que transfigura la vida, la que extrae la energía pura de la imaginación, la que mueve la voluntad. Es tan fuerte como el amor, pero el amor –han dicho algunos filósofos– resta, mientras que el entusiasmo suma. El fenómeno que empezó a nacer a mediados de 1997 era precisamente eso, entusiasmo. Por ello, los jóvenes a los que deslumbró con sus destellos, abandonaron otros propósitos de vida y se unieron a fin de conquistar la gloria de la libertad ciudadana, una ambición tan intensa que devino en dolencia contagiosa.

Es coincidente la apreciación de la gente sobre la personalidad de Vicente Fox, no solamente de los que lo conocieron en el trabajo, sino del ciudadano común que empezó a tener contacto con él. Percibían –influencia del entusiasmo–, a un mexicano comprometido mesiánicamente, hombre bueno, tanto que a veces les parecía ingenuo, pues conocían al monstruo organizado al que se estaba enfrentando. Su supuesta incultura y obsequioso coloquialismo le daban un aire antisolemne y sincero. Lucía como un ranchero valiente. Transmitía con facilidad una corriente empática que aceleraba con pasión y arrebato. Y, lo más importante, realmente inspiraba credibilidad.

José Luis González era el más convencido de la vigencia de estos elementos humanos en la persona del candidato. Con esos atributos lo había conocido y así había permanecido, inalterable, observando la misma conducta con amigos, compañeros y conocidos a pesar de su meteórica carrera política, ahora, en trance de conseguir la primera magistratura del país. Esto hacía crecer la dimensión del hombre. Tanto que, para muchos y para González en particular, ya se había convertido en un héroe. Pero no existen héroes sin tacha, un titán suscita expectativas difíciles de alcanzar porque la persona –aún agigantada– sigue siendo un ser humano, con fuerzas y valores, aunque también con debilidades. No hay blancos y negros absolutos en el espectro de los hombres, sino infinidad de matices de gris, según la calidez, calidad moral, inclinaciones o frialdad de cada persona. Estas variaciones desazonaban a José Luis González y cada vez se ponía más exigente. Si alguien en el grupo no observaba estrictamente las reglas o condescendía descuidadamente en algún procedimiento, él pensaba que violaban la integridad y limpieza del proceso, vulnerando las armas letales con que contaban en el combate contra el corrupto enemigo que tenían enfrente.

Dos fuerzas chocarían irremediablemente. La campaña, después de 550 días de acción penetrante, había tomado velocidad. La gente fue respondiendo y sumándose a la cruzada democratizadora en forma creciente. Los mensajes correspondían a los sentimientos del electorado, puesto que de ahí mismo salían y, por primera vez, el ciudadano percibió que el ambiente y el momento eran propicios para adelantar el cambio. Esta palabra, aunque todavía no se manifestaba plenamente, ya resonaba de regreso en las gargantas de los electores, poco a poco con mayor ímpetu, como si se tratara de un nuevo anhelo. Fox y su gente ya lo habían captado, sólo que todavía no se atrevían a centrar la campaña alrededor del tema, pues en años anteriores ya se había frustrado el mensaje. Mientras decidían la mudanza al lema del cambio, nuevos simpatizantes colmaban las casas de campaña en toda la República, contribuyendo de inimaginadas maneras a que el sueño se hiciera realidad.

Cuando la avalancha empieza a crecer, lo primero que se desajusta es la disciplina. Ya no se tiene control del movimiento, las iniciativas saltan por todas partes y el dilema de control o de apertura indiscriminada se presenta inevitablemente. Fox, consciente del fenómeno, deliberadamente lo dejaba prosperar. Así había sido su estilo de administración en el gobierno del estado y en las empresas que tuvo al mando. No era hora de cambiar de filosofía, sino de montarse en la ola entusiasta y buscar el equilibrio en medio del vértigo de la velocidad. Esa energía chocaría de frente con la esmerada disciplina de la organización que José Luis González pretendía.

Además, la gente quería tener contacto directo con el candidato, proponerle ideas, colaborar con múltiples apoyos y, ¿por qué no?, recibir su reconocimiento, mínima gratificación requerida por su acto de audacia. Los ojos del simpatizante activo y los de la sociedad así lo veían, ya era hora de desbancar a los opresores. Y como personas importantes formaban parte de esta cresta envolvente, no había forma de rehusar el contacto, de evitar el intercambio de ideas y anhelos directamente con el candidato, sólo de reforzar acciones y voluntades. El enemigo, azorado, contemplaba impotente la incontenible ola.

¿Represalias? ¿De dónde o cómo? Las chispas del entusiasmo prendían la hojarasca de la inconformidad. En las filas del *partidazo* también se avivaba la lumbre. Los olvidados, los rechazados, los políticos postergados por tecnócratas advenedizos eran ocotes encendidos que sonreían y atizaban el fuego. La hora de la rebelión había llegado. Pero no sólo Fox estaba lucrando políticamente con el descontento y con el empuje generalizado, Cuauhtémoc Cárdenas también llenaba alforjas, y los pequeños partidos sumaban adeptos, aunque éstos fueran ajenos a la calculada dispersión que el sistema había diseñado para fraccionar el peso opositor.

La maquinaria priísta

En la organización de Fox sobrevino, por motivos prácticos, una segregación de fuerzas. José Luis González manejaba la campaña desde la ciudad de México, mientras Marta Sahagún, Muñoz y Sojo todavía conducían los trabajos desde León. Se hicieron dos divisiones: Grupo México (marketing-milenio) en el Distrito Federal y Grupo San Cristóbal (producto-contenido) en León, Guanajuato. Los trabajos avanzaron a todo vapor, con ciertos signos de frivolidad que preocuparon a González: "Parecía que andaban en un picnic, no en la guerra". Y efectivamente, era la guerra. Denisse Dresser hizo[2] un inventario de los recursos guerreros del PRI, contestando así a su propia pregunta, ¿qué es la maquinaria del PRI?:

>...Es la amenaza de condena y cárcel a empresarios que aplauden a Labastida en público pero apoyan a Vicente Fox en privado. Es la capacidad de convertir a viejos socios en nuevos chivos expiatorios. Es la mano dura de Hacienda contra los que evaden los pagos al PRI. Es el avión particular que se le ha prestado al candidato (y a su esposa). Es la autoridad que crea monopolios y amenaza con deshacerlos. Es el Estado que ofrece protección a empresarios leales y la supervivencia del más fuerte a quienes no lo son. Es el gobierno que abre la puerta de Los Pinos a "los cómodos 200" del empresariado nacional pero les cobra cara la entrada.
>
>¿Qué es la maquinaria del PRI? Es el acto de asesinar a dos cercanos colaboradores de Cuauhtémoc Cárdenas en vísperas de la elección de 1998. Es la caída del sistema y el ratón loco y la urna embarazada y la boleta quemada. Es la cruzada por la hombría que utiliza a *La Quina* y a Legorreta como viagra político. Es la quema de paquetes electorales y la pérdida de toda prueba. Es la voz de Carlos Salinas de Gortari diciendo que no ve y no oye a quienes lo critican. Es la imagen del gobierno con los ojos cerrados y los oídos tapados. Es la consigna de ignorar e intimidar a Cárdenas sin respiro durante seis años. Es la orden de espiar a sus asesores, intervenir sus líneas telefónicas, interrumpir su ascenso. Es el odio personal de Salinas hacia el cardenismo convertido en política pública a lo largo del sexenio. Es cada anuncio lacrimógeno y lastimoso del Programa Nacional de Solidaridad. Es el Banco de México rindiendo pleitesía a las directrices económicas de Los Pinos durante 1994. Es el "voto del miedo" que mete a los mexicanos cada seis años en el redil.
>
>¿Qué es la maquinaria del PRI? Es el servicio civil que sirve al partido en el poder. Es la destitución de embajadores que hablaron con o

---

[2] *Proceso*, núm. 1231, 4 de junio 2000.

de Carlos Salinas. Es la conversión de embajadas y consulados que representan a México en oficinas de relaciones públicas del PRI. Es el veto de embajadores a intelectuales incómodos en eventos en el extranjero. Es la forma en la cual miembros del cuerpo diplomático se refieren a Vicente Fox como "ese engendro". Es la transformación de tecnócratas en talacheros de campaña.

¿Qué es la maquinaria del PRI? Es el albazo de Roberto Albores. Es la orden de ordeñar la obra pública durante el ciclo electoral. Es la telenovela tabasqueña de Roberto Madrazo y las 13 cajas que documentan cuánto pagó por su gubernatura. Es Roberto Madrazo asegurando que la elección que nulificó a Núñez fue tan limpia como la primaria priísta. Es la entrevista con Mario Villanueva donde saca los trapos sucios al sol y se esconde de nuevo en la sombra de la selva. Es la famosa fotografía de un hombre con pistola presionando a priístas durante la primaria del PRI. Es el cheque de Procampo y la promesa de Progresa. Es Manuel Bartlett diciendo que nos dejemos de tonterías, que el PRI recurrirá sin cuestionamientos al clientelismo. Es la distribución de despensas y la repartición de pollos. Es la torta y el refresco al final del mitin. Es el operador que ofrece vacunas a cambio de votos. Es el gobernador que manda a los maestros a marchar a la capital para desquiciarla.

¿Qué es la maquinaria del PRI? Es la mancuerna con los medios que convirtió a Cárdenas en un hombre invisible en la pantalla y el hombre perseguido en la prensa. Es la presión presidencial que llevó a la salida de Lorenzo Meyer de un programa de radio cuando criticó a Ernesto Zedillo hace varios años. Es el helicóptero de Lolita de la Vega descendiendo sobre La Realidad. Es la cruzada de muchos comentaristas contra el gobierno capitalino. Es el séquito de guaruras que sigue a Lily Téllez. Es la llamada telefónica que pide la cabeza de un encuestólogo o un editorialista. Es la amenaza de quitar una concesión radiofónica o no renovarla. Es la nota pagada que tacha a comunicadores de "cardenistas" o a fotógrafos de "foxistas". Es la presión para cambiar los titulares o los contenidos o las líneas editoriales. Es la orden de anunciar "Labastida ganó el debate" cuando incluso su esposa reconoce que lo perdió. Es la actitud alarmante de la Cámara de la Industria de la Radio y la Televisión frente a la elección. Es el golpeteo a los consejeros electorales y las insinuaciones cuestionando la imparcialidad del Instituto Federal Electoral.

¿Qué es la maquinaria del PRI? Es la participación de intelectuales en giras presidenciales. Es el financiamiento con ataduras y candados y bozales a centros de investigación. Es el esfuerzo por silenciar a quienes han alzado la voz. Es el intento por desacreditar a quienes no se ha podido domesticar. Es la amenaza de muerte a conciencias críticas en el sexenio salinista. Es el pago por biografías supuestamente independientes hechas por escritores dependientes. Es el intento de someter a líderes de universi-

La maquinaria del PRI era también la telenovela tabasqueña de Roberto Madrazo y cuánto pagó por su gubernatura.

dades privadas a los lineamientos del poder público. Es sugerir que quienes cuestionan al PRI lo hacen por despecho, por desbalances hormonales, por protagonismo masculino, por histeria femenina.

A esta implacable lista de abusos del poder, se pueden añadir las prácticas de ingeniería electoral aplicadas sistemáticamente por los obedientes soldados del partido oficial:

1) Operación hormiga, practicada con votantes comprados y una boleta debidamente cruzada. El primero entra a la casilla, se identifica, recoge su papeleta, deposita la que lleva preparada y regresa con su boleta en blanco. El siguiente repite el procedimiento y así sucesivamente.

2) Operación hormiga con boletas ilegales. En este caso el controlador ya tiene en su poder boletas ilegales, impresas como si fueran billetes falsos. El método es igual, pero aquí el encargado se queda con las boletas legales para usarlas en otras casillas.

3) Operación despensas o dinero. Se compran los votos a cambio de una despensa con artículos comestibles o de plano con dinero en efectivo, en cantidades según se deje el cliente.

4) Operación bodega o portafolios. Se llena una bodega con materiales para construcción o productos agrícolas, se contacta al líder que puede influir en ganar una casilla determinada y, si el resultado es favorable, puede quedarse con el contenido. Si pierden, la bodega permanece cerrada. Igual ofrecimiento se hace con dinero en efectivo. Si ganan el líder dispone del portafolios y los billetes, luego parte y comparte con los votantes reclutados.

5) Operación amenaza, en la que se intimida al votante condicionando las prestaciones y subsidios que tienen los ciudadanos más pobres a través de los programas: Progresa, Procampo, repartición de leche, tortillas y otros, que en total suman 173.

6) Operación credenciales de elector, caso en el que piden prestadas las credenciales para justificar alguna mejora en el barrio, pavimento, banquetas, agua o electricidad. Los operadores las regresan una vez pasada la elección, cancelando el posible voto en contra o usándolas fraudulentamente.

7) Operación cibernética o rasurado del padrón, realizada en las casillas donde domina la oposición para reducir el voto en contra.

8) Operación tamal. Los operadores consiguen fraudulentamente boletas en blanco, las llenan a favor del PRI y las depositan hechas "tamal" en la urna, junto con la suya propia.

9) Operación ignorancia en casillas rurales. Los representantes del PRI tratan de llenar las actas de escrutinio en papelería improvisada, no oficial, para no tener que dar copia a los representantes de los demás partidos y poder manipular el resultado.

10) Operación ausencia de oficiales de casillas. En zonas rurales o pequeños pueblos, se acostumbra ir a comer a sus casas o atender algún asunto urgente en el rancho, tiempo que aprovechan los operadores del PRI para rellenar urnas.

11) Operación manipulación de las casillas. Los operadores del PRI cambian de lugar la casilla, abren el lugar antes de las ocho de la mañana o lo mantienen abierto después de las seis de la tarde, tiempo que aprovechan para rellenar urnas antes o después de las horas legales o bien, hacen uso de violencia física o amenazas con armas de fuego a los representantes de los demás partidos.

12) Operación casillas especiales, donde no hay padrón con fotografías, porque atienden a votantes en tránsito. En otros años, esta figura electoral había sido materialmente asaltada por las huestes priístas, donde hacían votar a miles de acarreados. Los partidos opositores limitaron el número de boletas a 750 por casilla y ¡oh sorpresa!, la limitación jugó en contra de ellos. Muchos ciudadanos se quedaron sin votar y la mayoría eran sufragios opositores.

Los principales partidos de oposición desarrollaron diversas medidas antídoto para cada una de estas operaciones y las difundieron con antelación entre sus seguidores, si bien en esas fechas aún no sabían si podrían aplicarlas con eficacia. La incertidumbre que precede a toda contienda estaba presente, de manera que las tribulaciones del *Bigotón* no eran imaginarias, sino amenazas reales y vigentes. El coordinador de la campaña apretó las riendas.

El desenvolvimiento de la elección en julio del 2000 trastocaría tradiciones, trampas, expectativas y pronósticos, antes tan certeramente anticipados y festinados por algunos ciudadanos que con orgullo proclamaban la eficacia del sistema político mexicano, como si representaran alegremente al buey que lame la coyunta.

La realidad mostró una cara muy diferente. La mayor parte de las trampas resultó muy costosa para los operadores priístas, no en términos económicos, pues aun tuvieron a su disposición inagotables bolsas de efectivo, sino en una materia tan fugaz como insustituible, el tiempo. Las últimas reformas electorales se aplicaron cabalmente durante la jornada y los operadores de mañas no tuvieron más horas de acción que las del día electoral. Los dinosaurios políticos son grandes; como los animales antediluvianos, impresionantes, imbatibles en una lucha de frente o de tú a tú. Sin embargo, son lentos. El tiempo no les dio para llevar a la práctica todos las marrullerías del pasado. El PAN calculó que alteraron la votación general en 2.5 o 3 por ciento, insuficiente para la ventaja que Fox había asegurado.

Y el presidente Zedillo, tan criticado durante el sexenio por su falta de pericia política, decidió jugar a tres bandas, con una destreza inimaginable. Por un lado, ofició el acto de escoger sucesor para evitar que los canes de su partido se soltaran enfurecidos en busca de la estafeta independentista; luego, respaldó, con todo el poder que le quedaba, la costosa escenificación de la primaria interna para erigir *democráticamente* a su candidato; en seguida, dejó correr los acontecimientos sin quitar el pie del acelerador del Estado, publicitando ostentosamente los logros de los programas sociales de su gobierno y haciendo todo lo que permite la ley –que es bastante– en favor del candidato oficial; finalmente, esperó tranquilamente el desenlace dictado por la sociedad, teniendo en la mano las encuestas reales de las preferencias de la ciudadanía, para actuar en el momento preciso y realizar su última jugada, trascender históricamente al lugar privilegiado que el destino le había puesto al alcance de la mano.

Su actuación el 2 de julio a las 11 de la noche sería la culminación de un dificultoso desempeño en el arte de la representación política, durante el dilatado –por angustiante y vilipendiado– sexenio que le tocó vivir. Su aparición ante las cámaras de televisión nacional anunciando el triunfo de Fox fue casi perfecta. Serio, compungido, realmente triste anunció con gravedad la realidad electoral que habían escogido la mayoría de los mexicanos en contra de su propia selección, por la que "unos ganaron y otros perdimos", exclamó, alterando premeditadamente la institucionalidad de la Presidencia, tal vez el único desliz de su discurso. Nadie pudo atisbar el regocijo de su alma al confirmar la materialización del tramo que faltaba para que México fuera considerado un país con democracia plena, amor y propósito que proclamó desde el inicio de su mandato, aunque nadie le hubiese creído.

Este desenlace, sin embargo, no podía preverse durante la campaña. Para el propio Vicente Fox fue sorpresivo, tanto que a partir de esa fecha empezó a llamar presidente al titular del ejecutivo, cosa que no había hecho durante los tres años anteriores.

La sabiduría popular dice que el diablo sabe más por viejo que por diablo. En el ser humano la limitación de la sabiduría personal reside en el tiempo. El hombre, a diferencia de Lucifer, envejece y muere llevándose a la tumba la experiencia y los modos de utilizarla eficazmente. Para que esa sabiduría sobreviva socialmente es imperativo volverla colectiva, y eso es precisamente lo que hizo el diablo del PRI. Solamente que hubo una interrupción vital en el proceso, el mensaje cifrado del conocimiento y los enlaces claros o sutiles dejaron de fluir armoniosamente. Llegaron los abusivos del poder y se olvidaron del futuro. Luego, los tecnócratas desconocían las formas y los contenidos del pasado. Trastornaron las conexiones y cortaron los fluidos esenciales. Lo viejo se volvió nuevo y los errores hicieron cola para enlazarse en una acumulación suicida de yerros. La sociedad acusó recibo.

*Conforme creció el apoyo a la campaña el mando
de José Luis González perdió cohesión.*

En el seno de la campaña de Fox, las cosas marchaban bien, pero una transformación acelerada estaba sucediendo. Los nuevos contingentes se sumaron a los militantes y ambos se nutrieron recíprocamente de la energía acumulada. Súbitamente, como si alguien hubiera accionado el botón de una maquinaria poderosa, empezaron a llegar amigos, antiguos clientes y proveedores, gente que en el pasado tuvo la oportunidad de conocer y tratar a Vicente Fox, y ciudadanos de todas los estratos que finalmente se habían percatado de que en él había un candidato capaz de vencer al monstruo opresor y transformar al país. A partir de ese momento el flujo de apoyo ya no tuvo ninguna intermitencia.

Para José Luis González, en cambio, el orden bajo su mando empezó a perder cohesión. El trato a los colaboradores tenía que ser diferente, se trataba de voluntarios, algunos con exceso de ánimo y la iniciativa desatada. Difícilmente se podía detener esta dinámica, así fuera para ordenar el esfuerzo. Se iniciaron ciertos desprendimientos del mando, primero, el manejo del dinero que González no quiso asumir, luego, ciertos oficiales, por la urgencia o efervescencia del momento, empezaron a reportarse directamente con el candidato y, finalmente, algunos huecos de autoridad, cuando él tenía que estar fuera, eran llenados por gente que en el aceleramiento de la campaña, se tomaba atribuciones para resolver asuntos inmediatos.

Por su parte, Fox no podía ni quería detener las iniciativas, hacerlo hubiera provocado desánimo, independientemente de que esa actitud encajaba bien en su estilo. Él seguía el principio de *primero disparar y después apuntar*. Es decir, dejar hacer para descubrir el espacio, la oportunidad, el sonido del hallazgo; entonces, ya seguros, apuntar y concentrar el esfuerzo. El no frenar las iniciativas creaba un ambiente de mucha libertad, satisfacción personal y generación de energía, aunque las acciones se disparaban expansivamente, causando una sensación de caos.

Las juntas de la plana mayor se volvieron tensas, ya casi nadie bromeaba. Fox, indagador como siempre, pedía explicaciones y solicitaba consensos. Trataba de conservar el ambiente formal, al tiempo que distendido, y González se desesperaba, acostumbrado a dirigir sin tanto cuestionamiento: "A mí me gusta navegar; o mando yo y me hago responsable, o no juego...".

En cierta ocasión, después de una de estas tirantes reuniones, el candidato se fue en la camioneta con Eduardo Sojo y como ambos permanecían en completo silencio, después de unos instantes de reflexión, esbozó una sonrisa y le dijo: "Eduardo, en este asunto hay que divertirnos o no vale la pena". Sojo respiró aliviado, sin proferir sonido alguno, según su costumbre.

Al sentir que perdía las riendas de su celosa encomienda José Luis González decidió cortar por lo sano.

Me había desgastado, no podía recuperar el control y había algunas cosas que no me gustaban. El "producto" o "x", como llamábamos al candidato, había crecido mucho más que los que lo rodeábamos. Para todos ya era un héroe indiscutible y la *cargada* de hablar con él directamente sin ningún intermediario me pareció inevitable. Temí que ya nadie se atreviera a cuestionarle algún asunto, alguna idea o maniobra por descabellada que fuera, y empezáramos a cometer errores irreparables. No deseaba asumir esa responsabilidad.

Decidí poner por escrito mis inquietudes y desavenencias y le envíe varias cartas a Vicente. Él aceptaba las críticas y me explicaba su punto de vista de viva voz aunque ni él ni yo podíamos detener la ola de fervor que nos inundaba. Sentí que se le empezó a acabar el tiempo de reflexión. Realmente no me contestó todo el contenido de mis cartas.

Hablé con Lino Korrodi y con Carlos Rojas, a quien yo había invitado a la campaña por ser el proveedor de talentos de mi compañía. Intentaron detenerme; les dije que era definitivo. Por otro lado, no podía irme sin avisarle a todos los que habían colaborado conmigo pero primero hablé con Vicente en términos muy directos, tal vez un poco ásperos, no vi forma de conciliar. Te diré una cosa, hay dos clases de hombres: los locos, enajenados de la realidad, y los paranoicos, los que captan claramente la realidad pero *no* les gusta. Yo comprendía la espiral creciente de popularidad que estaba cosechando mi amigo y antiguo jefe, veía cómo tanta gente se avalanzaba a orientarlo, a prestarle ayuda, a cuidarlo y respaldarlo para que triunfara. El hombre representaba con claridad deslumbrante al ángel providencial que el país esperaba para transformarse, era ni más ni menos la personificación del salvador de la patria. Por esa razón muchos mexicanos comenzaron a verlo con gran indulgencia, lo cual a mí me parecía peligroso para el éxito final de la campaña... Sí, definitivamente, soy paranoico.

Terminamos la conversación y pasamos a la junta, que era de unas 20 personas, pues algunos representantes del partido habían acudido a la reunión. Les anuncié mi decisión irrevocable. Ahí mismo renunciaron tres personas más, que eran ejecutivos de mi compañía y yo los había llevado a la campaña. Decidieron seguirme a pesar de que les di la libertad para quedarse porque, entre otros sacrificios, no tenían ingreso alguno en esa comisión, al igual que yo y que muchos mexicanos que luchábamos por alcanzar el mismo fin. Habían pasado 577 días de campaña, desde la primera semana de octubre de 1997 hasta el último día de abril de 1999. Regresé a mis negocios particulares.

Es comprensible la actitud de José Luis González. Los años que pasó como ejecutivo de una gran compañía le habían dado una disciplina de orden y trabajo, de respeto y diplomacia para con sus compañeros, subalternos y jefes. Su ambición personal y su carácter lo llevaron a independizarse y hacerse dueño de un negocio propio, en realidad, su destino económico, un sitio donde no existía más jefe que sus clientes, los resultados de la empresa y acaso algún acreedor. Todos ellos entes objetivos. Esta independencia, que implica tener el mando de la organización sin más discusión que la que él permitiera, lo hizo cambiar de actitud en el trabajo; sin embargo, comprendió la naturaleza del proyecto, muy distinto a la de una empresa particular y reasumió las costumbres de sus tiempos en Coca-Cola. Era preciso tratar al personal como si fueran voluntarios, lo cual era estrictamente cierto en un porcentaje importante de la gente que colaboraba en el ejército foxiano. Cuando las cosas se cargaron más del lado de la política y las costumbres del sistema aparecieron irremediablemente, la desilusión hizo presa de su ánimo. La política es el arte de lo posible, no de lo deseable, dice la conseja popular; y los hombres son de carne y hueso, no *productos* impecables. Ni Jesús quiso dejar de atender, en su apostolado divino, a los pecadores que encarnaban la realidad de su tiempo.

Alguien que aún conservaba humor, al ver la desazón de José Luis González, le dijo:

—Te veo tan conservador y puritano que ahora recuerdo que eres de Monterrey, de seguro te casaste con una muchacha que vivía a tres cuadras de tu casa–. *El Bigotón*, sin alterarse, le contestó:

—Claro que no, mi esposa vivía ¡a cuadra y media!

Meses después de su renuncia, sus amigos le reclamaban un poco en broma, un poco en serio, su ultraconservadora actitud con Fox, ya que no sólo exigía que portara sus alas de héroe arcangelizado, sino que, además, las mantuviera revoloteando todo el tiempo. "Y las víboras prietas y las tepocatas, ¿dónde las pones?" –le reclamó el pragmático amigo.

La noticia causó desazón en las huestes foxistas. Alberto Ortega tuvo que hacerse cargo momentáneo de la coordinación. Al día siguiente de la partida de José Luis González, apareció en las casas de campaña y se dirigió a todo el personal:

"El coordinador ha renunciado y es muy lamentable. Ahora tenemos que seguir, Aquí no ha pasado nada. Es necesario reanudar el trabajo con el mismo entusiasmo y mejorar el desempeño. ¿Alguna duda?".

Nadie contestó y las risas y el buen humor retornaron al recinto. Las actividades continuaron como de costumbre, hasta el desenlace final que fue deliciosamente caótico.

Los asesores extranjeros

La experiencia en Guanajuato como gobernador dio a Vicente Fox una gran seguridad sobre algunos de los secretos del oficio político, de la reinvención del gobierno y de los filtros necesarios para inducir el cambio en el panorama público regional. Desde el punto de vista de la búsqueda de la Presidencia, el rompecabezas de la eficacia era mucho más complejo. Cada vez que se abría una puerta, 10 más aparecían enfrente. Cuál abrir era la incógnita. Trascender varios umbrales sin tener que devolverse era el objetivo. Había que acelerar el paso del aprendizaje. Vicente Fox aceptó el consejo de recurrir a algunos asesores con experiencia internacional y no permanecer en el costumbrismo. Al recibir nuevas luces el cuarto de la discusión, que estaba medianamente iluminado, mostraría la sucia textura de los rincones, algunas alimañas en pisos y techos, ciertos destellos inesperados.

No era la primera vez que recibía consejo de expertos extranjeros en política. Ahora, simplemente ampliaría el espectro de consulta. Varios peritos desfilaron por las oficinas del guanajuatense. Él los escuchaba, tomaba nota y los pasaba al escrutinio oral y curricular de su equipo de campaña. Anticipando la visita de uno de ellos, el conocido asesor del presidente Clinton en Estados Unidos, Dick Morris, se habían recibido algunas opiniones sobre este personaje. El hombre andaba en busca de trabajo con "líderes del tercer mundo" para asesorarlos en sus campañas presidenciales. Mal comienzo de comunicación política. Escuchar al consejero que había hecho sumar a Clinton un segundo periodo en la Casa Blanca era, sin embargo, atractivo suficiente.

Desde diciembre de 1997 se recibieron noticias de la participación fallida que tuvo en Honduras al asistir a la candidata presidencial, Nora Melgar, contra el líder del Congreso, Carlos Flores. Los resultados fueron negativos. En lugar de permanecer al margen orientando las acciones, el asesor se había convertido en tema de discusión nacional. Su recomendación fue atacar a Flores, quien había sufrido un accidente al estrellarse el helicóptero en que viajaba. Temporalmente su esposa, Mary Flake, se hizo cargo de la campaña. La mujer, residente en Honduras por 25 años, permanecía como ciudadana estadunidense y esa circunstancia dio pie a que Nora Melgar siguiera el consejo del asesor, enderezando los cañones contra Flores y su cónyuge al acusarlo de ser un caballo de Troya electoral con norteamericanos dentro. La campaña, sin diferencias ideológicas, se centró en insultos, difamaciones xenofóbicas o étnicas y agresiones dignas de la peor ralea, según informó la prensa de Estados Unidos.

La recomendación derivada de las fuentes consultadas alertaba a Vicente Fox de que, en caso de ser contratado, el consultor debería hacer su trabajo de manera invisible. Una exigencia aparentemente difícil de cumplir toda vez que su personalidad resultaba ostentosa. Clinton, sin mucha autoridad moral en esos temas, tuvo que despedirlo después de un escándalo muy sonado que protagonizó con una prostituta en la ciudad de

Washington. Ni su mujer le toleró sus retozos. En cuanto se enfrió el asunto, tomó sus cosas y abandonó al *adicto sexual*, según confesión del propio pecador.

Cuando el consultor apareció en las oficinas de campaña, no tardó en apropiarse de las ideas que salían en la mesa. Después, delante de todos, las presentó a Fox como si fueran suyas. Santiago Pando, el publicista poeta contratado por Francisco Ortiz, marcó los límites: "No regreso a las juntas hasta que este señor se haya ido".

El hombre se fue.

La lista de pendientes de Rob Allyn

Rob Allyn, consultor en Dallas, Texas, y antiguo asesor de Vicente Fox en su segunda campaña gubernamental, nunca perdió contacto. El 15 de mayo de 1998, dos años antes del día electoral, preparó un borrador de agenda con objeto de discutirlo con el equipo de campaña. No obstante lo esquemático del documento, es ilustrativo y parecido en algunos temas al plan *Millenium* de José Luis González, en este caso, surgidos del estudio y experiencia práctica de Rob Allyn.

Qué hacer y qué no hacer: Discusión abierta
I. Introducción. Hora 9.00

a) Análisis de la posición actual de Vicente Fox con los votantes.
b) Información al día de encuestas profesionales: Imagen, fuerzas y debilidades.
c) Percepciones del equipo de campaña sobre los retos que presenta la imagen de Vicente Fox.
d) Imagen del PAN: Puntos fuertes y retos.
e) Revisión de videos, imágenes y fotografías de Vicente Fox.

Allyn trajo consigo a una mujer experta en el vestuario que deben usar los políticos. Revisó el ropero de Fox y... tiró la mitad de la ropa, así no tendría la tentación de usar algún vestido inapropiado.

II. Imagen personal del candidato. Hora 10.00

a) Ropa: Corbata o no corbata.
b) Cómo lucir en televisión: Consejos para usar ropa informal.
c) Cómo parecer presidente: Consejos para usar atuendo formal.
d) Cabello, brillo del rostro y peinado.
e) Postura, semblante y apariencia de buena salud.
f) Modo de estrechar la mano, abrazos, saludos y secretos del lenguaje corporal.

*El asesor Rob Allyn elaboró una lista de consejos
para que Vicente Fox luciera como presidente.*

g) Transmisión de una imagen de comodidad, descanso, energía y de disposición abierta.

III. Preparación de presentaciones tipo presidencial. Hora 10.45

a) Reconocimiento y arreglo del lugar de la presentación.
b) Áreas de prensa, plataformas, emplazamiento de cámaras con buenos ángulos y aprovechamiento de la estatura de Vicente Fox.
c) Acetatos, ayudas visuales y ambientación del sitio.
d) Escoger el lugar: exteriores contra interiores.
e) Camerinos y preparación del candidato *in situ*.
f) Manejo del tiempo del candidato, entradas y salidas.
g) Selección de fotos y manejo de oportunidades fotográficas.

IV. Mensaje del candidato. Hora 11.30

a) Discurso.
b) Historia personal de Vicente Fox.
c) Guanajuato: Relato de éxito.
d) Mensaje nacional: Denuncia y esperanza, amenazas y desafíos.
e) El Mensaje del día: Redactar su propio encabezado.
f) Si se abusa del mensaje el encabezado se esfuma.
g) Invitaciones a la acción y medición de la reacción del público.
h) Las preguntas y el valor de las respuestas cortas.
i) Manejo de las protestas y burlas de los opositores.
j) Enlazando objetivos: Técnicas de manejo de los medios.

V. Ayudas para el desempeño eficaz del candidato. Hora 12.30

a) Introducciones del candidato y calentamiento de la audiencia.
b) Preparación del candidato sobre el auditorio que enfrentará: Memorizar dichos o sucesos locales muy conocidos, humor espontáneo en las respuestas.
c) Ayudas en vivo, audiovisuales, y gráficas.

VI. Definición de otros elementos de imagen. Hora 13.00

a) Planes de viaje: A donde va el candidato define quién es él.
b) Modos de viajar: Los vehículos que usa por tierra, aire o en el sitio.
c) Participación de la familia.
d) Logotipos, símbolos, artículos promocionales para regalar.
e) Con qué nombres dirigirse al candidato.

VII. Verificación de la imagen del candidato. Hora 13.30

a) Organizar grupos focales informales en las giras.
b) Valor y limitaciones de la información de las encuestas básicas.
c) Sesión de preguntas libres y abiertas.
d) Discusión de temas mencionados en los grupos focales.

COMIDA. Hora 14.00

VIII. Imagen de Fox. Teoría y práctica. Hora 16.00

a) Requerimientos de ayuda de asistentes y ayudantes.
b) El papel del asistente de viaje.
c) Asignación de funciones y responsabilidades.
d) Atuendo del candidato. Lista escrita de pendientes según el auditorio.
e) Uniformes de campaña (revisión de la ropa de Fox).
f) Programación de un itinerario "no matador".
g) Señales del candidato con sus asistentes durante presentaciones y conferencias.
h) Revisión de errores y aciertos después de cada acto realizado.
i) Objetivos inmediatos de Vicente Fox, fechas límite y método de medición del cumplimiento.

IX. El mensaje de Fox: Definición de herramientas. Hora 17.00

a) Tormenta de ideas sobre temas clave de los discursos.
b) Ideas sobre logotipos, símbolos, ayudas visuales y gráficas.
c) Documental sobre la historia de Vicente Fox, Guanajuato y el mensaje nacional.
d) Redefinición de la imagen del PAN:
e) Metas inmediatas, oportunidad y verificación del cumplimiento.

X. Procesos de implementación. Hora 18.00

a) Videos e impresos, fotografías, monitoreo y reportes de verificación.
b) Sesiones ordinarias sobre la imagen actualizada del candidato.
c) Itinerario para la próxima junta del equipo de consulta.
d) Asignación de tareas específicas para consultores y equipo de campaña.

XI. Conclusiones. Hora 18.30

a) Resumen de resultados y definición de los puntos clave a tratar en la reunión del próximo sábado.

Las conclusiones preocupantes de un asesor neoyorquino

Alan Stoga, un asesor experto de Nueva York y su empresa Zemi Comunications realizaron a mediados de enero del 2000 una evaluación sumaria de la campaña de Vicente Fox y de la situación general del país con respecto a la competencia política en marcha, seis meses antes de cerrar campañas y un poco después de las primarias efectuadas por el PRI en noviembre de 1999. Sus conclusiones, a más de agudas y puntuales, reflejaron la posición dominante que en ese momento gozaba el candidato del PRI, Francisco Labastida. He aquí un resumen de sus apreciaciones:

Estimado Vicente:

Disfruté la oportunidad de conocerte y aprecio el tiempo que robaste a lo que sé que es una enloquecedora agenda de campaña.

Te escribo para insistir en algunas de las ideas que discutimos y abundar en ellas. Ante todo, permíteme volver a subrayar que no soy un estratega de campaña ni un consultor político. De todos modos, soy un estratega; entiendo la política y el poder; conozco México. Mi compañía Zemi Communications, brinda asesoría a un amplio abanico de clientes... Nos preocupamos por auxiliar a clientes que tienen una idea coherente de sus estrategias y en instrumentar tácticas diseñadas para realizar esas estrategias.

Como te dije en el desayuno, mi opinión es simple y llana (si bien un poco brutal): Si hoy fueran las elecciones, el PRI ganaría la Presidencia, así como una porción desproporcionada de todo lo demás que está en disputa. Esto refleja cuatro factores:

- El país no se percibe en crisis y por lo mismo no percibe como urgente un cambio.
- El PRI ha transformado hábilmente su imagen de un autoritarismo frágil y corrupto por la de una democracia, en primer lugar gracias a sus elecciones primarias y a una campaña nacional e internacional de relaciones públicas muy intensa.
- La campaña de Labastida ha sido coherente, ha estado bien financiada, no ha tenido muchos problemas y ha carecido de inspiración. Más todavía: a diferencia de lo que le ocurrió a Colosio hace seis años, se ha beneficiado de una Presidencia debilitada; no hay un forcejeo entre el candidato y el presidente que confunda las lealtades del PRI. Su futuro es Labastida.
- Tu campaña no ha logrado darles a los votantes potenciales razones suficientes para abandonar la seguridad de votar por el PRI por la incertidumbre de votar por ti y por un PAN tan dividido que su capacidad de gobernar está en duda.

Si esto fuera un partido de beisbol, estarías jugando contra los Yankees en Nueva York; es la séptima entrada, y estás perdiendo 10 a 1. No está todo perdido, pero es difícil.

Por suerte, esto no es beisbol; no tienes que respetar las reglas. Mi mensaje central es desde luego que sólo puedes ganar –pues no basta con competir– si repiensas el juego y entiendes las elecciones de modo diferente.

¿Qué quiere decir eso?

- Si te quedas en la demografía convencional de los votantes, estás perdido. El PRI tiene los recursos y la organización para "acarrear" a los votantes en las categorías C, D y E, a cambio de sus votos; tú no. Si esos votantes no tienen otra razón para votar por ti, tu fuerza en las categorías A y B no puede traducirse en votos suficientes. Ahí no están los números.

- La condición socioeconómica es sólo una de las dimensiones de la demografía de los votantes; la otra es la edad. Debes poner la mira de tu campaña en los 27 millones de votantes menores de 35 años, independientemente de su nivel de ingresos. Uno de mis clientes, que está en el negocio de internet, tuvo el otro día una epifanía: el paradigma convencional de que México está a años luz de sumarse a la red y a todo lo que implica, porque la inmensa mayoría de los mexicanos no puede pagarse una computadora, está equivocado. El precio del equipo es cada vez más insignificante y el problema esencial no está en el ingreso sino en la capacidad de adoptar la tecnología. Eso convierte en un activo la realidad demográfica de México, que tiene una población abrumadoramente joven. Lo mismo tendría que ser cierto en la política. Los jóvenes piensan de un modo diferente; tienes que tratarlos de un modo diferente.

- Tienes que adoptar el cambio como el sentido que tienen tú, tu campaña y tu gobierno en potencia. Es un mito que los mexicanos —sobre todo los mexicanos jóvenes— le tengan miedo al cambio. Es obvio que los millones de mexicanos que viven en Estados Unidos quieren el cambio, o se hubieran quedado en México. Es obvio que los millones de mexicanos que luchan todos los días por sobrevivir quieren el cambio. Es obvio que los millones y millones de mexicanos de clase media que trabajan durante largas horas por una paga miserable quieren el cambio. Las encuestas que he visto son claras: los mexicanos jóvenes quieren el cambio; quieren oportunidades; quieren seguridad. Te corresponde definir el cambio en una forma que no sólo los rete sino que los emocione.

- Tu campaña se ha definido más por la atención que se le ha brindado a los incidentes —la caminata del 1 de septiembre, el estandarte con la Virgen de Guadalupe, el logo de las boletas— que por una gran idea. Esos incidentes tienen la virtud de llamar sobre ti la atención de los medios; tienen el defecto de que te trivializan. Supongo que transmiten el mensaje de que el sistema está manipulado, pero eso todo el mundo lo sabía. Al demostrar tu impotencia refuerzas el poder del PRI y la sensación de que su victoria es inevitable.

- Para cambiar una costumbre —en este caso la de votar por el PRI— se requieren grandes razones: una crisis económica, un escándalo masivo, un presidente al que se le teme (Ménem en Argentina, por ejemplo), una guerra. No hay nada de eso ahora. Si tu propuesta es esencialmente que gobernarás con el consenso existente, no puedes ganar. ¿Por qué correrían contigo los votantes un riesgo que ya corren con el PRI?

- El imperio de la ley no basta, porque no vienes en realidad de fuera del sistema y porque es difícil convencer a la gente de que, si ganas, podrás atacar la corrupción. Por supuesto, hacer imperar la ley es el más importante de los cambios que el país necesita. El reto está en la credibilidad. Chávez pudo desafiar al *statu quo* porque los venezolanos pobres y de clase media no sólo lo aceptaron como a uno de ellos (que por lo mismo entendía sus problemas cotidianos) sino que sabían que encontraría el modo de imponer sus ideas a los poderosos, aun al costo de fusilarlos. Sus retos se volvieron por eso creíbles ahí donde los tuyos no lo son.

Creo que necesitas simplificar y reorganizar tu campaña, temáticamente por lo menos, en torno a dos conceptos:

- La gran idea de Vicente Fox. Lo que me respondiste cuando te pregunté por qué querías ser presidente tendría que ser la base de la gran idea. Quieres cambiar las posibilidades de México o, más bien, la comprensión que tiene de sus posibilidades. Quieres que los mexicanos tengan un futuro y no sólo un pasado. Quieres que los mexicanos comprendan que esta generación no tiene que limitarse a tener apenas un poco más que sus padres. "Un gran salto hacia delante", dicho sea con el permiso del *Jefe* Mao. No tres por ciento o cuatro por ciento de crecimiento; ocho por ciento o un diez por ciento, que no sólo transforme a México sino que le dé a los mexicanos lo que siempre han merecido.

- Vicente Fox tiene la capacidad para gobernar. El ejemplo de Guanajuato no basta, en parte porque no se transfiere de inmediato al gobierno federal y es susceptible de distorsión. Tienes que hacer creíble tu capacidad de atraer el talento para gobernar que implica romper una cadena de 70 años. Puesto que a tu partido le falta cohesión (para no hablar de talento), tienes que ofrecer un modelo por entero diferente del que México ha experimentado durante su historia moderna; vas a tener que atraer a la gente desde fuera de la burocracia. Ésta es una razón más para reconocer que no puedes triunfar si tu mensaje es esencialmente más de lo mismo.

Todo lo que digas y hagas debe estar planeado para reforzar esos dos conceptos. Tu mercado meta debe volverse el de los votantes de menos de 40 y quizá de 35 años; tus actos de campaña tienen que hacerte visible sobre todo a ellos. Debes hablar de la clase de futuro que se merecen y la clase de futuro que pueden tener, pero sólo si los mexicanos empiezan a pensar en sí mismos de un modo diferente. Tienes que convencer a la gente de que mientras Labastida puede sin duda traerles el pasado, tú puedes traerles el futuro.

Hasta donde te sea posible, debes dejar que sean otros quienes ataquen al PRI y su corrupción. Como te dije, el PRI va a atacarte por cambiar de opinión sobre varios asuntos; tienes que volver esto en tu favor señalando que el mundo está cambiando con tal rapidez que México necesita más que las viejas ideas inamovibles del PRI. Puede hacerse fácilmente en tu propaganda (que, dicho sea de paso, no debe tanto tratar de hacer que la gente se enoje con Labastida y el PRI como hacer que se rían de ellos). Mientras que tu campaña necesita desarrollar la mayor capacidad posible de conseguir votantes el 2 de julio, me resulta difícil creer que algún día vayas a meter más la pata que el PRI.

Evidentemente no sé bastante sobre cómo está organizada tu campaña para darte consejos precisos sobre cómo traducir estas ideas a la realidad cotidiana. Pero de algo estoy seguro: Si sigues trabajando dentro de los esquemas intelectuales existentes, estás efectivamente arriesgando tu oportunidad de ganarle a Labastida y al PRI cometiendo errores.

Hazme saber si te gustaría abundar en la discusión de estos puntos.
Saludos,

Alan Stoga

En efecto, las recomendaciones de Stoga serían llevadas a la práctica y el resultado confirmaría la validez y oportunidad con que se hicieron. La reunión del Consejo Político Nacional del PRI, en tanto, analizó en febrero del 2001 un documento intitulado "Reflexiones del Comité Ejecutivo Nacional sobre las elecciones del 2 de julio del 2000"[3]. Su aprobación apunta varias coincidencias con el diagnóstico formulado por Stoga:

En el análisis en detalle –reportó el diario *Reforma*–, el PRI concluyó que los cuatro puntos porcentuales de ventaja que Labastida obtuvo en el campo, no sirvieron para revertir los 12 puntos de más que consiguió el entonces candidato de la Alianza por el Cambio, Vicente Fox, por encima del PRI en las ciudades... Para la nacional del PRI, la votación del tricolor decrece a partir de 1976, con excepción de la elección federal de 1991, en donde se registra una recuperación en relación a 1988. Los niveles de votación para el partido, para la elección de Presidente de la República, en 1976, fueron de 87 por ciento; para 1982, de 68.4 por ciento; para 1988, de 50.7 por ciento; para 1994 de 50.1 por ciento y, finalmente, en el año 2000, 36.1 por ciento...

En aquellos momentos de la pelea, pocos veían con claridad lo que estos números tejían al dibujar su tendencia fatal.

---

[3] Reportaje de Claudia Guerrero en el periódico *Reforma*, 22 de febrero 2001.

Pierden voto joven y urbano

De acuerdo con el informe que la dirigencia del PRI presentó a su
Consejo Político Nacional, estas son las estadísticas que explican la
derrota de Francisco Labastida ante Vicente Fox.

	Fox	Labastida
Votación en casillas urbanas	34.9%	22.9%
Votación en casillas rurales	4.9%	9.11%
Votación en las 167 zonas urbanas con más de 100 mil habitantes	11.5 millones	7.4 millones
Por género (según encuesta del PRI)		
Mujeres	40.5%	39%
Hombres	41%	37%
Votación por escolaridad		
Con primaria o sin instrucción	26%	48.9%
Con secundaria o más	49.3%	28.5%

Fuente: Reflexiones del CEN del PRI a propósito de las elecciones
federales del 2 de julio del 2000.

Ocho

Amigos de Fox y similares

El camión de la guerra debía seguir rodando, afianzado al camino y aligerando el paso. Ya llegaría la cuesta de la montaña, el tramo de los nervios, el del fuego cruzado. Ése donde habría que aguantar sin soltar el pie del acelerador.

El organigrama exhibía el hueco del coordinador. El cargo, sin embargo, no estaba acéfalo. El jefe seguía siendo Vicente Fox y la rutina marchaba sin cesar. El trabajo se cargó un poco más, si bien la distribución espontánea repartió parejo. Ocurrió que el equipo tenía mayor destreza y todavía no era abrumador el asedio al candidato, de modo que se pudo vivir sin agobio por cuatro meses, mientras se resolvía la sustitución.

Antes de que el desencuentro sucediera, varios avances habían ocurrido en el teatro de operaciones. Una vez cubierto el objetivo de penetración interna (*ad-intra*) y haber decidido no interferir en lo absoluto en el fortalecimiento de la estructura del PAN, Ramón Muñoz volteó los ojos al tercer objetivo. Era el centro de los círculos, ahí donde habían clavado la flecha. O, en otros términos, el corazón del cliente: la red civil. Enganchó a un joven, como tantos otros que participaron en aquel engranaje, a fin de incorporar en tarjetas los datos de los ciudadanos que deseaban formar parte del ejército. ¿La premisa? *Si no está registrado, no existe.*

Para empezar, le soltó el discurso clásico:

"Las labores propias de la azarosa vida política terminan en cualquier momento. Hay que verlas como lo que son, pasajeras. Sólo que, y ese es su lado noble, sirven para dignificar a México y darles armas a los ciudadanos con tal de que tomen el mando de la patria...".

Era la primera entrevista y el muchacho aceptó gustoso. Tanto que, con las puras manos, empezó a registrar simpatizantes hasta completar tres mil.

El siguiente paso fue formar la asociación civil Amigos de Fox. Nació deliberadamente en una fecha patriótica, el 16 de septiembre de 1998, y la fundó un grupo de guanajuatenses, con José Luis González a la cabeza. Entonces no tenía más activos que un montón de solicitudes en blanco y otro de identificaciones que acreditaran la membresía.

Mucha de la gente que se acercaba a Vicente Fox le entregaba tarjetas de presentación, notas y cartas en las que manifestaban su deseo de cooperar con él con objeto de que compitiera por la Presidencia de la República. Fox guardaba estos papeles en una caja que traía en la parte de atrás de su camioneta, como si fuera un costal de semillas para sembrar en terreno fértil. Anteriormente, se había pensado en constituir un fideicomiso, luego una fundación o una asociación política. Finalmente se formó la asociación civil mencionada, que llegó a afiliar a millones de personas y a contar con 262 casas de Amigos de Fox en todo el país. El estado de Jalisco, rápidamente, punteó en recluta efectiva y en número de domicilios de servicio.

Otros proyectos de acción civil se fueron desprendiendo del tronco de Amigos de Fox. El propósito era extender su influencia e incidir en la cultura de servicio social y de atingencia política con sus comunidades. Un caso fue "Cuida a tu funcionario", una página en internet dedicada a denunciar robos, corrupción, impunidad, pero también en la que se exaltaba la excelencia y prontitud en el servicio, así como la buena atención de funcionarios y empleados públicos. La Fundación Tercera Edad, por su parte, pretendía dignificar a los pensionados en esa etapa de su vida, mientras que la Agrupación de Migrantes en Estados Unidos tuvo el propósito de crear un consejo de comunidades mexicanas en ese país.

El movimiento rebasó muy pronto las fronteras que lo circundaban. Se hizo necesario proveerlo de una organización autónoma que captara con eficacia el fervor que se estaba gestando. La persona elegida fue Juan Antonio Fernández Ortiz, un joven que había emigrado del Distrito Federal para abrir un despacho de actuaría en León, especialidad adquirida en la Universidad Anáhuac (Norte) en la capital del país. Los servicios profesionales ofrecidos respondían, al igual que los de Eduardo Sojo y Ramón Muñoz, a las necesidades planteadas por la creciente industrialización del estado de Guanajuato. La política jamás había perturbado su sueño. Su pensamiento, desde los días de estudio, estuvo ocupado en no más que dominar las matemáticas actuariales.

No obstante, la idea de servicio sí estaba presente en su mente. Había trabajado en firmas corredoras de seguros, como la conocida Baucher, Marquard y Zepeda (BMZ) y luego en la agencia de un egresado de esa misma compañía, Carlos Rosado. Al independizarse, se asoció con otros colegas y un corredor internacional de seguros, formando Wyatt Company, con sede en Nueva York. Cálculos de primas de antigüedad, de fondos de pensiones y de ahorro, constituían los principales servicios que ofrecía a los industriales de la región, con objeto de atender las obligaciones técnicas y fiscales de las prestaciones otorgadas a sus trabajadores.

La Asociación de Industriales de Guanajuato, por medio de algunos de sus miembros, Carlos Medina Plascencia, Vicente Fox Quesada y Ramón Martín Huerta, lo contrató en 1980. Estos tres panistas gobernarían, sucesivamente, el estado. El primero, como interino, con tal de sofocar la disputa electoral entre Fox y Ramón Aguirre; el último, con ese mismo carácter, a la renuncia de Fox en 1999. Ya en funciones, Fernández Ortiz agregó a sus actividades el manejo del fideicomiso Mi Tienda, un centro de consumo comercial con miles de productos a bajos precios, accesible a los trabajadores afiliados mediante credenciales personalizadas y sin propósitos de lucro, pues de haber utilidades, éstas se revierten a los trabajadores. Y también otro fideicomiso, Mi Futuro, de corte mutualista, respaldado económicamente por los empresarios con objeto de cubrir pensiones, sepelios, invalidez y jubilación de sus empleados.

Como gobernador, Fox lo invitó en junio de 1995 a ocupar la subsecretaría de ingresos y egresos. No aceptó. Le ofreció la dirección de pensiones y la respuesta fue la misma. Finalmente, le propuso dirigir el Centro de Información, Geografía y Estadística y accedió. En ese puesto realizó un buen trabajo y la información creció en cantidad y calidad. Con esa experiencia, organizó dos nuevos fideicomisos, Beca Mil, que otorgó distintos tipos de ayuda a estudiantes, asegurando además que cien por ciento de los niños en edad escolar asistieran a la escuela. Y otro más, encargado de enriquecer con vitaminas la harina de maíz para tortillas. La compañía Maseca, proveedora del DIF estatal, y Unicef colaboraron en el financiamiento de este proyecto. Fernández Ortiz rubricó su trabajo, lleno de satisfacción, ganando el premio de calidad gubernamental en 1996. Su dependencia logró ser autofinanciable en un cincuenta por ciento, lo que permitía al gobierno utilizar una parte del presupuesto en atender otras necesidades sociales. Además, logró certificar tres productos con la norma 9002: La producción de 46 cuadernos con la información estadística de cada municipio guanajuatense, el anuario estadístico del estado y una página en internet de consultas relacionadas con los datos y actividades económicas de Guanajuato.

Mientras tanto, en otro tiempo y espacio, Ernesto Ruffo, exgobernador de Baja California, había competido contra Luis Felipe Bravo Mena por la dirección del Partido Acción Nacional. El último salió triunfador y Ruffo tuvo, al fin, un tiempo de reflexión. Su carrera política no había tenido descanso aunque, entre la gente de Fox, esa realidad no tenía ninguna importancia. Sí, en cambio, su capacidad como organizador y su identificación con Vicente Fox. De manera que, primero, le ofrecieron el difícil puesto de coordinador de la campaña. Ante su escepticismo, se apresuraron a proponerle, Juan Antonio Fernández al frente, la presidencia de

Amigos de Fox. Era el candidato ideal: Poseía charreteras panistas, duro fogueo político y tamaños nacionales para dirigir al robusto niño, cuyo crecimiento era tan rápido que, a diario, hacía trizas sus improvisadas ropas. Ernesto hizo a un lado estas nuevas tentaciones y rechazó, si bien con cierta nostalgia, la oferta:

—No —contestó—. La gubernatura me costó mi primer matrimonio y mis negocios andan mal. Decidí volverme a casar, es hora de recomponer un poco mi vida privada. Ya volveremos a la lucha, ésta nunca termina.

Provisionalmente, Fernández Ortiz tuvo que ocuparse de los dos puestos, presidente y coordinador de Amigos de Fox, lo que implicó dedicar todo su tiempo a dirigir esta importante ala del ejército en campaña. Advertido del compromiso que amenazaba quemarle las manos, se tomó un mes en conversarlo con su esposa María de la Inmaculada Concepción, *Connie*, y sus hijos, Antonio de 16 años y Manolo de 14. El mayor, Juan, falleció cuando sólo tenía 10 años.

Él fue el primer ejecutivo del gobierno del estado que renunció a su puesto y se concentró de lleno en el núcleo de los Amigos de Fox, dividiendo su tiempo entre León y México. Se instaló en una oficina del edificio de Citibank que Helados Holanda tenía en la avenida Reforma (empresa propiedad de José Luis González), y dedicó dos o tres días de la semana a estar en la ciudad de México. Pronto sintió los rigores de las reuniones del grupo directivo de Fox, muy exigente en la planeación y en la realización de los proyectos. Le impresionó también el estímulo que provocaban en su ánimo los términos militares utilizados en las juntas. Éstas se celebraban en el *bunker* de Reforma 525, casa que Alejandro Arenas, hombre de negocios del Bajío, les había facilitado. Al salón de juntas le llamaban Cuarto de Guerra y, en las paredes de esa habitación, un tablero con superficie de corcho señalaba claramente las tareas pendientes y los movimientos guerreros que se iban lanzando con objeto de ocupar más territorio electoral. A los coordinadores regionales de Amigos de Fox los llamaron Mariscales y no sólo daban su tiempo y dedicación fiel a la causa, sino que también tenían que sufragar los gastos o conseguir el financiamiento de las oficinas en las diferentes ciudades a su cargo, amén de costear los materiales de propagación, las visitas y los mítines a los que asistía el candidato. Los demás panistas contribuían en la campaña aportando un día de trabajo semanal sin goce de sueldo.

Ya en plena marcha, debieron hacer un paréntesis de tres meses y concentrar los cañones en la competencia interna del PAN. Aunque sólo fuera un requisito, ganar la candidatura del partido era insoslayable, pues la verdadera lucha tenía un frente mucho más extenso y, hasta esa fecha, había resultado inexpugnable. Nadie podía olvidar que los asaltantes de la fortaleza eran los foxianos y, aunque Cárdenas emprendía su tercer intento con

*Las huestes de Juan Antonio Fernández afiliaron en buzones
ciudadanos a 400 mil alegres y desconocidos combatientes.*

fama de remontar distancias en la recta final, algunos analistas no tenían duda ya de quién protagonizaría el verdadero encuentro. Cuauhtémoc Cárdenas representaba una posibilidad muy apreciada de asegurar anticipadamente el margen de votos necesario para ganar, todo dependía de que sumara o restara en las preferencias electorales en el tramo final. Sólo que se atrincheró en sus principios... y no se movió.

El grupo constituido cambió de posición por un momento y volteó sus fusiles hacia el interior del partido, lanzándose a recoger firmas de respaldo a la precandidatura de Fox, apoyados en delegados estatales del PAN previamente concientizados. Se divulgó la imagen de que Vicente Fox venía muy fuerte –lo cual era estrictamente cierto– e hicieron varios comerciales con dos temas: ¿Quiénes somos los amigos de Fox?, y una ola similar a la de Coca-Cola, idea que José Luis González había traído a México en 1986 durante el mundial de futbol cuando presidió la refresquera. La vio en acción en Seattle, Washington, durante un partido de americano. Personalmente, se había trepado en la parte alta del Estadio Azteca y ahí la había practicado, antes del juego inaugural, con un buen número de aficionados.

Hay que recordar que Amigos de Fox se formó con voluntarios civiles deseosos del cambio y simpatizantes del guanajuatense; por panistas con problemas en el partido o desilusionados con la rancia estructura de la cúpula, la cual no les permitía explorar nuevas iniciativas; por funcionarios de gobiernos locales y estatales que ya manejaba el PAN y a quienes les hacía falta un líder nacional que apuntalara políticamente las posiciones ganadas; y por los legisladores que habían logrado un lugar en el Congreso y sentían la orfandad del partido o la necesidad de un liderazgo contundente.

El día de la elección interna se colocaron mesas en toda la República con objeto de que los panistas expresaran su voluntad. Al lado de cada una, las huestes de Juan Antonio Fernández instalaron un buzón ciudadano, de modo que cualquier persona que pasara por ahí pudiera afiliarse a Amigos de Fox. Ese domingo, solamente, se registraron 400 mil alegres y desconocidos combatientes que, de súbito, engrosaron las filas del osado contingente. La fiesta fue doble. En lo que respecta al PAN, porque no hubo oposición alguna y los posibles candidatos, Diego Fernández de Cevallos, Francisco Barrio, Ernesto Ruffo y Carlos Castillo Peraza, no se habían registrado. Y en lo que toca al ejército foxiano, ya que la recluta arrojó un saldo superior al de la votación, la cual se desarrolló en alrededor de 900 casillas y sufragaron cuatro de cada diez empadronados (algo más de 150 mil panistas), un parámetro importante dentro de la organización partidista para un candidato único.

Otras inyecciones de vigor se recibieron en la campaña. Antonio Díaz de León, un empresario de la capital dedicado a vender productos de belleza a través del sistema de redes multinivel, propuso aplicar el mismo método al enrolamiento de amigos y promotores voluntarios del voto. Como iniciativas así siempre son bien recibidas por Fox, el plan tomó vuelo inmediatamente: Cada simpatizante invitó a cinco amigos y éstos a su vez a cinco más, hasta formar una red de cientos, luego de miles y finalmente de millones. Esta técnica funciona muy bien cuando los productos a vender son buenos y existe además un claro incentivo económico. En este caso, las redes se fueron tejiendo aceleradamente por el deseo de miles de jóvenes, y de otros no tanto, empero todos con una llama muy viva y con muchas ganas de prenderle fuego al conformismo.

Otro aliento provino de la organización del primer encuentro de líderes de Amigos de Fox, escenificado en el hotel Fiesta Americana de la ciudad de México, en marzo de 1999, y al que asistieron 120 entusiastas seguidores. De esta experiencia se derivó la necesidad de realizar la primera Reunión Nacional de Amigos de Fox, en el mismo lugar, con lo que se dio mayor impulso a este pronunciamiento colectivo que, a todas luces, estaba teniendo éxito.

Con ocasión del acto multitudinario, se pensó en filmar un video con el candidato, vestido ahora con saco y corbata, y enviarlo a las diferentes regiones del país a manera de mensaje a quienes no pudieron asistir. Vicente Fox, acostumbrado ya a desechar estas prendas, se mostró renuente. Finalmente, y a pequeños empujones, aceptó enfundarse el uniforme de la formalidad. No era la primera vez. En su fallida campaña por la gubernatura, en 1991, había escenificado una verdadera bronca cuando su amigo Elías Villegas, panista y financiero de la campaña, le había dicho de sopetón:

—Tienes que quitarte la barba, Vicente. —Estaban en una reunión de trabajo en Guadalajara y el rebelde político se negaba a prescindir de ese símbolo de insurrección.

—¿Por qué? —interrogó agresivo.

—Porque no luce bien y te avejenta —respondió Villegas.

—Eso no es cierto —replicó Fox. Su interlocutor subió el tono y también la sinceridad:

—Te ves sucio, no te ayuda en nada...

Vicente Fox contraatacó con vehemencia, argumentando entre otras cosas que Manuel Clouthier, un señor literalmente con toda la barba, no sólo había sido aceptado, sino que había logrado encender los corazones de millones de mexicanos. Villegas sostuvo el alegato, cada vez con mayor sonoridad verbal, mientras los demás, soldados en campaña, permanecían en comprometedor silencio. La junta terminó con cierta brusquedad. Cada uno se fue a su morada. Al día siguiente, ocho de la mañana en punto y reunidos todos, apareció Vicente Fox. Llegó fresco, recién bañado y ¡totalmente desbarbado! Antes de que alguien pudiera saludar o siquiera sonreír dijo:

—Sale, ¿qué sigue?

El hombre no dormía, procesaba planes e ideas en el descanso. Era una especie de veladuerme productivo, entreverando observaciones, críticas, rechazos y aciertos de su actuación y la de su equipo. El ritmo era agotador. Cuando menos, Fox permitía que su grupo de trabajo se recuperara. De todas maneras y con objeto de rubricar estos esfuerzos de penetración, se aumentaron los métodos de recluta y se organizaron numerosos mítines bajo el sincero título de campañas sin candidato. La afluencia de nuevos militantes siguió su curso, pues el tiempo de Fox no alcanzaba a cubrir todas las oportunidades de reunión que estaban brotando.

Las ideas siguieron llegando. Fernández, Ortiz y su reducido grupo de ayudantes abrieron una página de Amigos de Fox en internet. Doscientos cincuenta mil cibernautas navegaban en ella, algunos con agresividad, lo que provocó que quienes no estaban convencidos o eran miembros de huestes contrarias, abrieran a su vez una página de Enemigos de Fox. Esto era saludable en aras de la competencia, juzgó Francisco Ortiz, recordando una frase muy conocida: "Se necesita más de una empresa para desarrollar un mercado". Luego, se abrió otra página más, denominada Amigos de Fox en el Extranjero. En ambos vehículos se montaban foros de discusión y se cruzaban mensajes entre los viajeros en la red y Vicente Fox. La ebullición subía de grado. Se establecieron cadenas de simpatizantes, con base en 10 cartas por participante, a fin de que cada uno atrajera otras 10 y así, sucesivamente. ¿El propósito? Sumar votos, muchos votos.

La efervescencia no era provocada. La gente acudía en forma espontánea a quienes se identificaban como seguidores organizados de Fox y les soltaban las ideas, sin importar el nivel o puesto que tuvieran. Era como un contraataque de sanidad frente a la enfermedad del conformismo que padecía el país y, de la cual, millones ya estaban hastiados.

El desbordamiento de ese desahogo dio a luz al grupo Los Ángeles-Mimesca, integrado por migrantes mexicanos comprometidos con el cambio. Numerosas estaciones de radio y televisión de habla hispana en California y otras entidades de Estados Unidos se lanzaron al aire a favor de Fox. En México, el Grupo Acir, por medio de un programa dirigido por Ofelia Aguirre, inició la transmisión sabatina, en vivo, de los actos de Vicente Fox desde donde estuviera en la República. Ofelia y Juan Antonio Fernández se entrelazaban radiofónicamente, emitiendo la voz de ciudadanos comunes en franca conversación con el candidato.

La campaña busca jefe

Las actividades cada vez eran más numerosas y los entrecruzamientos de las acciones revelaban no sólo lo bueno del entusiasmo, sino desorden y en muchas ocasiones desorganización, si bien en medio de una animada relación humana. Era urgente poner orden y concierto en las embestidas y así lograr una penetración e impacto tal que, a la hora de la verdad, se tradujeran en votos contantes y sonantes en las urnas. El espíritu crítico y exigente de González y González deambulaba en escena como un fantasma.

En las reuniones del grupo directivo era clara la necesidad de contar con un jefe de campaña que se hiciera cargo de la coordinación general. El *think tank* hizo sus recomendaciones, aportando nombres concretos, y los buscadores de talentos entraron en acción. Vicente Fox se entrevistó con tres candidatos y, de entre ellos, surgió Pedro Cerisola y Weber, con quién se entendió en cinco minutos. Se trata de un hombre serio, cuya característica principal es su capacidad de concentración, al grado que con frecuencia, ignora impertérrito a todos los que a él se dirigen, salvo a quien en ese momento está atendiendo. De recias facciones y mirada penetrante, pasa ordenadamente de un tema a otro, sin dejar duda que el asunto anterior quedó totalmente terminado. La gente muy pronto entiende el estilo y no lo interrumpe, a menos que sea algo verdaderamente inaplazable.

Circunstancia y coyuntura exigían una mente estructurada, amén de plenitud de experiencia, vigor y empuje, pues los hombres maduros sirven a la hora de dar consejos, descubrir intenciones, trazar estrategias, pero no para andar en la punta del grito. Pedro Cerisola reunía esas cualidades. Había cumplido recientemente 51 años y se encontraba en el pináculo de su carrera profesional. Nació el 13 de mayo de 1949, en la ciudad de México, y su enganche al tren de la ilusión se concretó el 15 de septiembre de 1999. Quiso trabajar el 16 y así no perder ni un minuto, sólo que las oficinas estaban cerradas. Se brincó la barda –como en sus buenos tiempos de aventuras–, y puso a laborar a los que encontró por teléfono ese día de fiesta nacional. Desde entonces, el equipo trabajó los siete días de la semana.

Pedro Cerisola y Weber sintió satisfacción de haber sido elegido en tan singular empeño, aunque no se dio cuenta de que, como Marta Sahagún, también fue sujeto al escrutinio *headhunteriano* de Fox. Lo supo después, por casualidad. Y si bien no manifestó descontento, tampoco le produjo alegría. No es que desconociera las prácticas de contratación profesional. Tenía experiencia en el servicio público, como la Dirección de Aeronáutica Civil y otros puestos, sólo que provenía, más bien, del mundo ejecutivo del sector privado, donde estas evaluaciones son cosa ordinaria. El escenario era muy diferente esta vez: No se trataba de hacer la apreciación de un ejecutivo para un trabajo, sino de una acción generosa por el país al que pertenecía. Y eso caía en el recinto del sentimiento más que en el cálculo cerebral a propósito de una labor que apuntalara su futuro.

Cerisola fue director general de Aeroméxico y, en Teléfonos de México, ocupó las direcciones de planeación, operaciones, y regional. En todos los puestos tuvo éxito y le fue bien reconocido. Por ejemplo, a cargo de la planeación en Telmex, las utilidades de la empresa crecieron notablemente, algo que no es apreciación subjetiva, sino cosa de números concretos. Al llegar la ocasión, Fox habló con Carlos Slim, presidente de la compañía. Le pidió dejarlo libre y, además, liquidarlo, pues no había fondos con qué pagarle. Cerisola, así, empeñó su presente sin pago o patrocinio alguno y, sin pensarlo dos veces, se puso a trabajar conforme a su estilo: Concentración total, fuera distracciones.

El discurso de bienvenida de Fox, en la segunda reunión con Pedro Cerisola, duró unos cuantos minutos. El candidato le habló de la duración de la faena, diez meses, de septiembre de 1999 a agosto del 2000, y le advirtió que después de la campaña no había nada. Comprensivo, le dijo que podía conseguirse algún patrocinio. Pedro Cerisola le aclaró, en el acto, que no buscaría ningún respaldo: Con el importe de su liquidación, sus ahorros y 200 mil pesos extras que recibió de Teléfonos, emprendió la aventura fascinante.

¿Quién es Pedro Cerisola y Weber? ¿De dónde salió? ¿Quién le infundió anhelos y principios que, ya en la vida lo llevarían a comprometer prestigio, economía y tranquilidad en aras de una quimera?

El momento más traumático de su vida familiar se remonta a las dificultades económicas que encontraron en el camino, por lo que fue preciso reducir gastos y mudarse a una casa más modesta en un barrio de menor categoría. Pedro, el mayor, tenía 13 o 14 años de edad y ayudaba en las labores de la casa junto con sus hermanas, Lorenza Guadalupe y Renée Constanza. Gracias a ese esfuerzo, pudieron resolver los problemas, continuar sus estudios y forjar un carácter.

El barrio y su cohesión, no obstante, pusieron un precio: Los nuevos habitantes, sobre todo los varones, debían ser calados. Y el cale era de valor y a puñetazos. Cuando Pedro apareció caminando por las calles, la palomilla de muchachos ociosos se le acercó retadora, su líder al frente: "¡Quién eres y qué haces aquí!", preguntó agresivamente. El niño pendenciero se le acercaba, intimidador, mirándolo a los ojos, sin darse cuenta de que Pedro ya tenía los puños cerrados. Al intentar empujarlo, recibió el primer golpe en la quijada y rodó por el suelo. La genética del joven Cerisola accionó por instinto. Su musculatura, aún en formación, no era nada despreciable, como tampoco su determinación de repeler cualquier ataque, de modo que su contrincante había probado el polvo en la banqueta. Rápido, volteó los ojos a los demás, quizás alguien más querría probar sus puños. La parálisis generalizada firmó la bienvenida al barrio. Nadie intentó volver a retar-

Según Pedro Cerisola la campaña debía aterrizar los objetivos en metas municipio a municipio.

lo. Por el contrario, hizo muy buenos amigos. Buenos, y valientes, en cuanto pasó la sorpresa del encuentro inicial. Luego, lo apoyarían en ese trabajo que, alrededor de 1999, volvería a ponerse rudo.

Estudió en el Instituto México y en el CUM, con los hermanos maristas, escuelas que le inculcaron, además de sólidos valores cristianos, hábitos de orden y disciplina indispensables para triunfar en la vida. Llevó la carrera de arquitecto en la Universidad Iberoamericana –se graduó en la UNAM, en el 2000, antes de ser nombrado secretario de Comunicaciones y Transportes en el gabinete de Fox– y desde ese momento, el trabajo llenó su vida, junto con la alegría de una joven, su esposa, que nació en la Habana, Cuba, aunque naturalizada mexicana: María Elena Cabrera Martínez. Sus hijos, Sandra de 24 años, y Pedro Alejandro, de 20, estudian en su Alma Mater, la Ibero; la primera, literatura, el varón, diseño.

La cercanía con su abuelo materno le dio la oportunidad de frecuentar el club suizo, donde conoció a muchos extranjeros de diferentes nacionalidades. Fue otra experiencia útil en el desempeño de su trabajo profesional, ya que tanto en Aeronáutica Civil, como en Aeroméxico y Telmex, el trato con hombres de negocios de otros países era frecuente. Algunos de ellos trataban de imponer su estilo y condiciones, nada más llegar. El conocimiento de sus debilidades, genéricas en algunos casos desde su punto de vista, le permitía lidiarlos con desahogo y ponerlos en orden. La honradez es otra arma que cargaba en las negociaciones y, con el cuento de que en México todos son corruptos –muy bien alimentado por cierto–, algunos boy scouts forasteros aprendieron una lección gratis.

Pedro Cerisola abrió la acción reuniéndose con los mariscales en toda la República de Amigos de Fox y con sus dirigentes, Carlos Flores y Juan Antonio Fernández, que a la sazón fungían como presidente y coordinador general de la agrupación. "¿Qué necesitamos para ganar?" –preguntó, tras un muy breve preámbulo. La respuesta no pudo ser más simple: "¡Votos!". ¿El mínimo para el triunfo? ¡Diecisiete millones de sufragios! El padrón electoral rondaría los 58 millones en el 2000 y la concurrencia estimada era de 65 por ciento. Tradicionalmente, el PRI obtenía entre el 38 y 40 por ciento, de modo que era necesario superar esa marca, dejando de lado la posibilidad de que dicho porcentaje disminuyera. Rehuir los límites significaba una meta y fue fijada en esa reunión: Veinte millones de votos y todos a trabajar.

Cerisola sacó a relucir sus ecuaciones: *Misión + valores = Objetivos. Objetivos + tiempo = Metas. Metas + recursos + entorno = Estrategia*. La campaña debería concretar objetivos, aterrizarlos en metas, municipio a municipio y estado por estado. Su planteamiento final en la junta, y de arranque de la campaña, sería el que después los encargados de mercadotecnia y publicidad, a través de un análisis muy distinto, emplearían como razón de compra: *Cambiar políticamente al país = a democracia.*

En la soledad de su oficina espartana, emprendió la evaluación de la tesitura real de la campaña, comenzando por el candidato: ¿Qué tenemos en la persona de Vicente Fox?

1) Es líder indiscutible, posee carisma, puede comunicarse fácilmente, está dispuesto a escuchar, provoca credibilidad y esperanza, no tiene cola que le pisen, ¿qué más podemos pedir? No hay que tocarlo, no hay que cambiarle nada.

2) Por lo que respecta al mensaje, conviene precisar el concepto ideológico y afinar la propuesta específica. La plataforma conceptual debería establecerse en una propuesta concreta de cambio, y el mensaje al público, como llamada de atracción, debería basarse en ese concepto.

3) Comunicaciones pagadas y no pagadas, cada una con su responsable directo: Noticieros, comerciales, entrevistas, radio, televisión, boletines en las calles (carteles), bardas, volantes, internet.

4) Voceros diversos según el tema.

5) Aliados, organizaciones políticas, organizaciones no gubernamentales (ONG) y religiosas, y alianzas internacionales.

6) Organización de campo: Mariscales, representantes, encargados de casillas y de los alrededores.

7) Recursos.

La necesidad impostergable y eterna era ésa, los recursos. Por ellos respondían los indispensables Lino Korrodi y Carlos Rojas. Los fondos del IFE llegarían hasta el mes de enero y se dividirían entre la campaña presidencial y la promoción de los demás candidatos del partido. No había, en ese momento, más que el propio esfuerzo de procuración de fondos y la disciplina de no derrochar un solo centavo.

La siguiente revisión le tocó a la militancia de los Amigos de Fox. Se habló de que sumaron a seis millones de adeptos, si bien el registro nunca apareció completo. Para efectos prácticos, aplicó el principio de Ramón Muñoz –*si no está registrado no existe*– y encontró la cifra de dos millones de socios solamente. Otro excompañero universitario de Vicente Fox, José Luis Tapia Salinas, apareció en el camino, ayudando en esta labor. Pedro Cerisola lo encausó al reclutamiento multinivel, con una encomienda específica: Amén de sumar simpatizantes, debía atender, el día de la votación, las casillas y los alrededores con objeto de evitar las manipulaciones fraudulentas de siempre.

Terminó el análisis y la reestructura de la campaña y sus efectivos, estableciendo varias normas de operación que evitaran malos entendidos:

- Los amigos, simpatizantes, colaboradores espontáneos, oficiales y soldados rasos no deberían esperar, si se triunfaba, ninguna recompensa económica, de negocios o alguna designación que se tradujera en candidaturas partidistas después de la campaña.

- Dejar en claro, con la dirigencia del PAN, la existencia de una estructura de acción paralela que, aunque temporal, se reportaría durante esos meses directamente con Pedro Cerisola.

- El PAN proporcionaría los soportes jurídicos, de asesoría y de apoyo institucional. Sus orientaciones se observarían en forma estricta por los mandos de la campaña de Fox si bien en la práctica no convenía supeditar el procedimiento de operación exclusivamente a la estructura del PAN, pues ello restringiría el accionar de la campaña o inhibiría a muchos ciudadanos que deseaban participar, sólo que provenían de diferentes ideologías y estratos no siempre afines al partido;

- Se promovería la estrecha coordinación entre el Comité Nacional del partido y la dirigencia de la campaña, con juntas semanarias a las que asistirían tanto Fox como el presidente del PAN, Luis Felipe Bravo Mena. Además, se mantendría una relación diaria con el comité de campaña, encabezado por Rodolfo Elizondo, coordinador político del candidato y senador panista por Durango.

Fueron normas claras, sencillas que no tuvieron objeción alguna y que ayudaron a comprender, desde el principio, la marcha "suave" de la campaña.

La hora de la artillería

Faltaban nueve meses para culminar el esfuerzo y medir el resultado en las urnas. A fines de septiembre de 1999, se perfilaba una demanda más intensa de la artillería; es decir, del uso del dinero. Sostener la campaña y destacar en los medios de comunicación al candidato de modo relevante era el propósito fundamental. Lino Korrodi debería intensificar su misión pedigüeña y "usar" incansablemente al candidato en desayunos, juntas, comidas y cenas, a fin de recolectar el dinero que demandaban los gastos crecientes de la reducida, aunque costosa maquinaria de campaña y, sobre todo, con objeto de permanecer en el aire en televisión y radio, así como mantener la presencia en las páginas de la prensa.

Las ideas se multiplicaban y el gasto crecía sin cesar, por lo que era necesario detener el amenazador impulso de despilfarrar las bolsas, ya de por sí secas, de la organización. Afinar la estrategia y eliminar lo superfluo fue la decisión del coordinador, con la aprobación unánime del grupo directivo.

Carlos Rojas Magnon intensificó el control y asumió la responsabilidad de manejar los egresos con mayor severidad estratégica y en estricta conexión con Pedro Cerisola. Sólo lo rentable, electoralmente hablando, tendría cabida; lo demás se daría a cuenta gotas. Carlos Rojas se había sumado al grupo por invitación de José Luis González y su tarea original fue la de abrir puertas de empresarios y obtener recursos económicos. Su negocio profesional, buscador de talentos, suponía relaciones con ejecutivos de primer nivel y con dueños de empresas que utilizaban sus servicios, por lo que conocía sus problemas, su forma de pensar y su visión del país. Carlos Rojas era militante panista, adscrito a la delegación Miguel Hidalgo del partido en la ciudad de México. Su amigo Mauricio Candiani lo presentó con Alberto Ortega Venzor, del equipo de Fox, con la misión de hacerse cargo del apoyo financiero.

Ingeniero químico graduado en la UNAM y con estudios de maestría en Harvard, Rojas entró a trabajar a una de las empresas que mejor preparan a sus ejecutivos: La compañía Dupont, donde fungió como representante técnico y asistente del director general, Frank L. Loretta, un conocido maestro que lo guió en sus primeros años de trabajo con el rigor y dureza que lo hicieron famoso. Tan impecable *pedigree* le permitió a Rojas ser contratado por la prestigiada firma de consultoría tecnológica Arthur D. Little, en donde ofreció servicios tan técnicos como aburridos sobre recursos naturales y energéticos, petróleo, papel y minería. Ahora bien, si se considera dónde brindó esos servicios, ya no resultaba tedioso, pues cubrió todo el Medio Oriente, empezando en Irak por la fabulosa ciudad de las mil y una noches, Bagdad. De ahí, siguió por las misteriosas y rebeldes naciones de Libia y Argelia; luego, volvió a la región donde la civilización inició su ascenso, en la planicie que se encuentra entre los ríos Tigris y Eufrates. Ahí, en Teherán, la capital iraní, conoció al Sha y algo del lujo con que vivía. Finalmente, regresó a su tierra, al sol y a las pirámides de México.

Jaime Bermúdez, fundador de la industria maquiladora, le dio el encargo de planificar el desarrollo de la zona fronteriza en Ciudad Juárez, e igual hizo Bernardo Quintana –presidente de ICA– en el estado de Querétaro, buscando su localización industrial, propósito que se alcanzó con enorme éxito y beneplácito del gobernador de la entidad, Manuel González de Cossío, colega de Rojas por ser ingeniero químico, y famoso por su humor y capacidad de trabajo. Gracias a estos avances, Querétaro es una de las pocas ciudades que no tiene ambulantes en sus calles. El gobernador en funciones, Ignacio Loyola, de extracción panista, es el que más votos ha conseguido de la ciudadanía en esta época de competencia política, la cual no lo inhibió a la hora de atacar con un estilo sinarquista a ultranza al héroe enmascarado de Chiapas, el subcomandante Marcos.

De padre mexicano y madre estadunidense, Carlos Rojas Magnon nació en la Ciudad de México el 11 de enero de 1941. A sus 59 años de edad, bien sazonados por los climas y aires de buena parte del mundo, se conviertiría en un hombre valioso para la campaña. Pronto pudo ganarse la confianza de Vicente Fox quien, a finales de mayo del 2000, le encargó hacer contacto con el Ejército y la Marina, dos entidades fundamentales del Estado mexicano.

Los generales se habían mostrado renuentes a conversar con el candidato. El tiempo pasaba y el desenlace se adivinaba, por lo que Vicente Fox creyó oportuno conocerlos e intercambiar impresiones. Un buen día, le preguntó a Rojas:

–¿Conoces a algún general de división?

–Sí –respondió, extrañado.

–Habla con él. Dile que si no quieren tratar conmigo después no se extrañen si pongo a un civil a cargo de la Defensa...

El mensaje llegó a su destino. Aquel general lo invitó a comer en las instalaciones del campo militar número uno, en compañía de otros seis generales de división. Le aseguraron que hablarían con Fox, sólo que primero tenían que pedir permiso al general secretario.

–Háganlo –les dijo Carlos Rojas– me parece muy correcto.

–Además –continuó su interlocutor–, tendremos que hacerle un reporte de la visita.

Rojas no puso objeción y las reuniones se llevaron a cabo en desayunos preparados en su casa, con juntas individuales en las que desfilaron, uno por uno, los generales. Conforme la confianza creció, en medio de la guerra de los currículos, manifestaron su inclinación por Rodolfo Reta Trigos para secretario, por ser el que seguía en el escalafón, con 18 años de divisionario. "Una cualidad –reflexionó Rojas– que a Fox le importará una pura y santa madrugada...".

Cuando Carlos Rojas abandonó sus correrías como consultor de la Dupont, se asoció con una firma de buscadores de talentos que llevaba tiempo de trabajar en México, Michael S. Hazzard. Era octubre de 1969. Poco después, los accionistas estadounidenses de la firma decidieron salir del país y venderle a Korn Ferry International, la compañía más grande del mundo en la especialidad. Él conservó su posición como socio mayoritario –era la época nacionalista de Echeverría–, algo que exigía la naturaleza del negocio, pues el capital no es tan importante como la actuación personal, punto decisivo en el éxito de este negocio.

*Lino Korrodi es un hombre leal que jamás
se entromete en lo que no le importa y habla claro.*

En 1983, Rojas Magnon vendió sus acciones a los socios actuales y, en compañía de otros colegas, se vinculó a otra firma estadounidense, Amrop International. Esta empresa ocupa el quinto lugar mundial en el ramo de los buscadores de talentos y proveía a la Coca-Cola de personal ejecutivo en los tiempos en que Fox estaba a cargo de la empresa en México.

José Luis González, que también era su cliente en Coca-Cola y, posteriormente, en su propia empresa, lo convenció de sumarse a la campaña de tiempo completo. Sus asociados, apostándole al futuro del país, lo respaldaron y aguantaron su distracción patriótica. Ahí, unió fuerzas con Lino Korrodi. Ambos se entendieron muy bien pues, a decir de Rojas Magnon, ése es un hombre leal que jamás se entromete en lo que no le importa y habla claro. En otras palabras, no se pierde el tiempo con él. Ellos soportarían el peso financiero de una campaña que, de barata, no tuvo nada. Mientras los otros dos candidatos importantes no mostraron nunca agobio económico, en cambio, en el lado foxiano los apretones eran diarios, según recuerda Rojas, de modo que Lino tuvo que atravesar su firma muchas veces antes que interrumpir programas de medios. Y es que, si los Amigos de Fox representaban una variación de ataque innovadora, no por eso, y a pesar de su efecto contagioso, resultaban gratis.

En retrospectiva, la idea de Amigos de Fox –su aplicación práctica y el fenómeno social en que se convirtió–, obliga a hacer algunas consideraciones sobre su origen y funcionamiento. En primer lugar, que el movimiento fue casi espontáneo, simultáneo a la aparición de un líder que percibía y anticipaba el deseo de la sociedad de romper el cascarón autoritario que la aprisionaba. Luego, la movilización que logró fue un hecho comprobado, que funcionó a la hora buena, el 2 de julio. Y, tercero, que tomó caminos muy diferentes a los concebidos originalmente, pero no por ello resultó menos efectiva.

Es cierto que no obedeció a la idea que tuvo Ramón Muñoz sobre la red civil de acción ciudadana porque el registro de sus miembros nunca estuvo completo. Tampoco correspondió al concepto que José Luis González le dio al equiparlo mercadotécnicamente para su difusión pública, pues no hubo retroalimentación sistemática que permitiera medir impactos y reacciones con objeto de ajustar y enviar los mensajes adecuados a su composición diversa. Mucho menos cumplió con el plan de registro cibernético y digitalizado que intentó llevar a cabo Juan Antonio Fernández con optimismo. Lo que sí es patente es que el material humano de combate ahí estaba, no sólo alerta sino activado y dispuesto a luchar por la causa, aunque en las oficinas de campaña la información de quiénes eran y dónde estaban fuera incompleta. No se pudo identificar ni alcanzar en forma directa a estos seguidores del candidato a pesar de todo el dinero que se invirtió en incorporarlos y hacer de esta formidable fuerza una realidad tangible y manejable.

En palabras de Francisco Ortiz –encargado de la parte técnica de mercado–, la información nunca estuvo "entubada". Es decir, los datos que existían no podían fluir a través de tubos comunicantes que transmitieran luz de nombres y direcciones, a la vez que de formas y medios que permitieran contactar eficientemente a los afiliados. Y, mucho menos, se contaba con datos de las características de cada uno de ellos, de modo de poder clasificarlos y orientar las comunicaciones de acuerdo con su segmento, intereses o motivaciones. En otros términos, nunca hubo un ejército formal. Era y es un enorme contingente de ciudadanos con los que no había forma de comunicarse individualmente, de recibir sus impresiones, de "darles órdenes" tras un objetivo o con el propósito de vigilar y contrarrestar los movimientos del enemigo. En resumen, de actuar coordinadamente de tal manera que fuesen mucho más temibles a los ojos de la competencia. Y sin embargo ahí estuvieron, marchando fusil al hombro, listos a entrar en acción si se trataba de evitar que el enemigo utilizara, una vez más, los recursos ilegales e inequitativos de costumbre.

Es asombroso el impacto que esta masa crítica de seres humanos, decididos a transformar al país, tuvo en la sociedad en general. La movilización espontánea realizada día a día y el entusiasmo que lograron acumular fue un arma imbatible a la hora de acudir a las urnas y depositar el voto, así como durante el proceso, por la vigilancia que destacaron y porque estuvieron dispuestos a pelear si las irregularidades de siempre volvían a presentarse. No tuvieron más comunicación que los mensajes enviados en boletines e impresos que multiplicaron su difusión gracias a la transmisión de boca en boca; a las incansables apariciones de Vicente Fox en los medios, y al efecto noticioso que el candidato provocaba cuando soltaba algún gesto audaz o descarado. Los comerciales, radiofónicos y televisivos, con propuestas concretas o contraatacando los esfuerzos del enemigo por desprestigiar la actuación atrevida del candidato, también contribuyeron, no obstante que su propósito era mantener presente la figura de Fox en la mente de la población en general, no en la de sus partidarios específicos.

Podemos imaginarnos lo que hubiera sucedido si, en esta situación inédita, el margen del triunfo en la votación hubiera resultado muy estrecho, de empate técnico. La movilización de este ejército formidable –de millones de mexicanos– pudo resultar un fiasco, pues sin estarlo, la multitud se sentía superconectada, permanecía activa y expectante de noticias para actuar. Suplantar este enlace de comunicación requería utilizar los medios masivos de comunicación, medida que podría haberse interpretado como subversiva, revolucionaria. Afortunadamente no fue así. El movimiento se adelantó a la posibilidad de un empate y el margen fue holgado e indisputable. La sociedad respiró tranquila al conocerse el desenlace y se lanzó a la calle a celebrar el acontecimiento histórico.

Nueve

Con la Iglesia topamos

Luces y sombras en la conquista

La Iglesia católica siempre ha tenido una innegable influencia en la geografía mexicana. Desde el día en que Hernán Cortés puso rodilla en tierra para besar sumiso la orla del hábito de los franciscanos que pisaron tierra continental americana, hasta el hoy de nuestro nuevo tiempo secular.

Los orígenes de la Iglesia en México presentan una doble presencia e influencia que siempre han existido, lo cual ha implicado tensiones, tanto internas como externas, de diversa índole y significado. Por una parte la Iglesia viene con la corona española a evangelizar, civilizar y apoyar la expansión del poder. Por otra, ante la realidad que va descubriendo y comprendiendo mejor, se deja interpelar por la pobreza y marginación de los indígenas y genera una controversia que consistirá en contestar el proceso de conquista y de colonización y en buscar nuevos caminos más justos y evangélicos.

Por ello encontraremos a lo largo de nuestra historia obispos y sacerdotes gobernantes y encomenderos con influencia directa en el ejercicio del poder, así como obispos y sacerdotes que asumirán diversas luchas sociales y políticas en búsqueda del cambio de estructuras y de nuevos modelos de vida.

En estos cinco siglos, la Iglesia ha protagonizado muchos de los momentos cotidianos y estelares del acontecer histórico de México, empezando por la labor humanista de los franciscanos, como Toribio Paredes de Benavente (1491-1569), quien adoptó el sobrenombre de *Motolinía* por ser el primer vocablo náhuatl que impactó su alma, y que significa: "pobre, doliente, humillado". Motolinía, tal vez el más joven de esos doce primeros franciscanos, poseía tan sobradas capacidades que, en 1525, lo nombraron guardián de los frailes. Fue uno de los fundadores de Puebla de los Ángeles y su encendida fe lo hizo recomendar al rey predicar el Evangelio de prisa:

"Más vale bueno por fuerza que malo de grado... y los que no quieran oír de grado sea por fuerza". Luego, ya con la serenidad recuperada, escribió una notable carta a Carlos V, advirtiendo de las condiciones sociales que se vivían en esa lejana región del reino y sobre la importancia de hacer de ella una nación separada, bajo el cetro de un príncipe real y confederada con España.

El territorio era tan vasto y la población tan numerosa que sumaba millones. La Nueva España era un paraíso para apóstoles y predicadores, al igual que para arquitectos y constructores, porque no veían límites evangelizadores ni en el diseño de templos y edificios. Todo podía erigirse de un tamaño y proporción jamás imaginado en la península Ibérica, por la abundancia de la mano de obra explotable y por el ejemplo monumental del trazo y grandiosidad de los centros ceremoniales. En todo se superaron los conquistadores, menos en lo social y en lo político, aspectos en los que su imaginación quedó coagulada en los recipientes medievales que traían en sus mentes.

Un inmenso espacio se abrió a los hombres dotados de grandeza y generosidad. Tal es el caso de Juan de Zumárraga (1468-1548), guardián, definidor, provincial, y eventualmente inquisidor en España. Aún sin ser consagrado obispo, vino a estas tierras en 1528 con los primeros oidores con quienes tuvo graves desavenencias al ejercer el cargo de protector de los indios, por lo que recibió numerosas acusaciones. Fue preciso su regreso a España a fin de ser absuelto de todas ellas. Ordenado obispo, vuelve a Nueva España con nuevos bríos, introduce la imprenta, interviene en la fundación de los colegios de Santa Cruz de Tlaltelolco y San Juan de Letrán, construye el Hospital del Amor de Dios y promueve la creación de la primera Universidad de América.

Le siguió Vasco de Quiroga (1470-1656), oidor, visitador y pacificador de Michoacán. Funda los hospitales de Santa Fe en México y de Santa Fe de la Laguna a orillas del lago de Pátzcuaro. De magistrado pasa al sacerdocio, consagrado por Juan de Zumárraga, quien después celebra con él su ordenamiento como obispo de Michoacán. Forma en esa entidad su propia utopía, un "género de cristianos a las derechas como Iglesia primitiva", urbaniza muchas poblaciones, particularmente la ciudad de Mechuacan, concentrando sus principales barrios en el de Pátzcuaro y los prové de hospitales, elevándose así como precursor indiscutible de la seguridad social. Advierte y aprecia las habilidades manuales de los indígenas y organiza industrias diversas, adiestrándolos en ellas. Con esta iniciativa, se adelanta a su tiempo y propicia las tradiciones que sustituyen el uso agrícola de la tierra, creando un sistema de talleres artesanales que aún perduran y que podrían equipararse, si tan sólo se aumentara la calidad de los materiales y se mejorara la organización del negocio, a la próspera y fraccionada industria italiana de la moda que tanto éxito y riqueza aporta. Por su indeclinable dedicación y por su espíritu generoso y compasivo se ganó el amoroso título de "Tata Vasco".

Bernardino de Sahagún (1501-1590), buscando comprender el nuevo mundo con objeto de purificarlo y civilizarlo, se prenda de las cosas de la Nueva España y emprende acuciosa búsqueda de sus antiguas ideas, costumbres, instituciones, religión e historia natural, constituyentes de su rica tradición y cultura. Deja como legado a la humanidad cuatro tomos fundamentales intitulados *Historia general de las cosas de la Nueva España*, e innumerables escritos que se convirtieron en fuente fundamental de la cultura más avanzada de América.

Los dominicos tendrían una participación tan incómoda para los conquistadores como trascendente para la historia del pensamiento universal. Los más conspicuos representantes fueron, en las Indias, Bartolomé de las Casas (1474-1566) y, en España, Francisco de Vitoria (1486–1546). De las Casas, abogado por la Universidad de Salamanca, embarca con rumbo a La Española, donde se ordena sacerdote. Pasa a Cuba con Diego Velázquez y obtiene una encomienda. Tres años después renuncia a ella y decide dedicar su vida a la defensa de los indios. Su indignación crece al constatar en sus visitas a lo que hoy es Nicaragua, Venezuela, Guatemala y México que los indígenas recibían el mismo trato abusivo que ya había observado y rechazado en Cuba.

Resuelve regresar a Europa a fin de denunciar el hecho donde tuviera el mayor efecto: Roma y Madrid. Convence al Papa de emitir una bula contra la esclavitud, *Sublimis Deus,* y al rey de España de decretar, en 1542, las Leyes Nuevas, disposiciones que fueron ignoradas por los colonizadores, si bien lograron poner en entredicho la legitimidad que proclamaban de ser dueños de vidas y haciendas. Claro que fray Bartolomé fue un sacerdote controvertido. Sus prédicas fulgurantes, su audaz cruzada, sus escritos acusatorios levantaron el odio de los encomenderos y hombres influyentes de las tierras conquistadas. Consagrado en Sevilla obispo de Chiapas allá partió sólo para tener constantes choques con sus feligreses, nuevos dueños de ese territorio. Con su *Brevísima relación de la destrucción de las Indias*, contribuyó en forma sustantiva a "crear" la "leyenda negra" de España. Quinientos años después, con motivo de la celebración del descubrimiento de América, los amanuenses del rey Juan Carlos, hicieron decir al monarca la inculta simplificación siguiente: "Nuestras almas sienten empatía con el padre Vitoria o con Fray Bartolomé de las Casas, quien encontró en estos pueblos indígenas *sustanciales* cualidades humanas.[1]

---

[1] Cursivas del autor. *Leaders,* octubre-noviembre-diciembre, 1991

Francisco de Vitoria, visionario teólogo y filósofo español, graduado por la Universidad de París y considerado el padre del derecho internacional moderno, sería uno de los más capacitados defensores de los derechos de los indios, de la legitimidad de las diversidades culturales y políticas y de la necesidad de un nuevo orden mundial fundado en el derecho de gentes. Dejó para la posteridad postulados que son ahora, más que nunca, vigentes:

> No es el hombre lobo para el hombre, sino hombre... los hombres no nacen esclavos sino libres... por derecho natural nadie es superior a los otros...Todo hombre debe ser reconocido persona en cualquier parte del mundo... Toda Nación tiene derecho a gobernarse a sí misma y puede aceptar el régimen político que quiera, aun... cuando no sea el mejor... Es necesario comprender al mundo como una República con una autoridad capaz de emanar leyes justas y convenientes a toda la humanidad...

Estos principios innovadores se desarrollaron después en otros países de Europa, pues España ya había empezado a declinar, y tuvieron origen en la mente esclarecida de este sacerdote dominico ¡a mediados del siglo XVI! Ahora se enuncian sin discusión como derechos humanos, autodeterminación de los pueblos y, a últimas fechas, como la responsabilidad global que contraen los gobernantes al ejercer su mandato en cualquier parte del mundo.

Numerosos ejemplos de entrega humana y religiosa pueblan conmovedoramente las páginas de la memoria nacional. Estos preclaros hombres de Dios, pusieron sus talentos al servicio del pueblo al que servían antes que a la santa burocracia que se fue apoltronando en el mismo cómodo sillón del Estado virreinal establecido, que los comprendió muy poco o que, comprendiéndolos, prefirió plegarse al conservatismo institucional, no entrometiéndose con las disposiciones oficiales, aunque éstas fueran a todas luces injustas.

Doscientos años después, Francisco Javier Clavigero (1731-1787), junto con sus hermanos de la Compañía de Jesús, fueron expulsados de México por difundir las modernidades filosóficas que estaban en boga en el mundo y por su manifiesto amor por la cultura de los antiguos mexicanos que, en el pensamiento de la élite gobernante, amenazaban despertar sentimientos inconvenientes en la feligresía novohispana.

El dominico regiomontano Servando Teresa de Mier (1765-1827) confirmaría los temores de las autoridades civiles y religiosas al pronunciar aquel comprometedor sermón sobre la Virgen de Guadalupe, el 12 de diciembre de 1794, en el que peligrosamente subyacían claros elementos independentistas. Tal gesto le valió, entre otras cosas, su destierro a España. Fray Servando es todo un caso de rebeldía ciudadana desde las filas de la Iglesia. Protagonizó, en su determinación libertaria, fugas y aprehensiones constantes que lo llevaron de cárcel en cárcel (conventual, porque era de origen noble) en España, Francia, Italia y Portugal. En 1811, al saber del levantamiento de Hidalgo, huyó a Londres con objeto de trabajar en la prensa por la independencia de México. Toma parte en la expedición de Francisco Xavier Mina, el héroe español de la independencia. Es aprehendido en Soto La Marina, conducido a México y procesado por la Inquisición. Al disolverse el tribunal en 1820, es embarcado de nuevo a España. Al llegar a La Habana, se fuga y pasa a Estados Unidos. Consumada la independencia vuelve a México y es encerrado en San Juan de Ulúa, que aún permanecía en poder de los españoles. El primer Congreso Constituyente lo libera, sólo que como reprocha al emperador Iturbide su vanidad, es encerrado en el convento de Santo Domingo por antiimperialista, del cual, de acuerdo con su inveterada costumbre, se fuga. Al caer el imperio, presenta sus poderes al segundo Congreso Constituyente como diputado por Nuevo León y no ceja de pronunciar discursos combatiendo las decisiones del gobierno que le parecían incorrectas para la nueva Nación mexicana. Firmó, en 1824, el Acta Constitutiva de la Federación y la Constitución Federal de los Estados Unidos Mexicanos. A su muerte en 1827, fue sepultado con grandes honores en el Convento de Santo Domingo.

El lado oscuro

Detrás de estas luces adelantadas a su época, deambulan en la cumbre del poder religioso los representantes activos de la tendencia que teme a los cambios y busca la permanencia del poder establecido, en estrecha relación con ellos. Es el lado oscuro de la Iglesia. Esta connivencia formal con el gobierno virreinal, llevaba a tolerar los abusos que los encomenderos practicaban con los indígenas a su cargo, o cuando menos a hacerse de la vista gorda cuando se perpetraban ésos y otros excesos contra la población autóctona. Al llegar el espíritu independentista, no faltó el sacerdote leal a la jerarquía oficiosa que denunció −violando el secreto de confesión−, los pecados de insurgencia que llevaron, en señal de purificación, a su confesionario.

Del lado de los que deseaban dar mayor libertad a los mexicanos e instaurar una nueva Nación −rebeldes insurrectos−, se yerguen héroes de la patria, curas comprometidos con los fieles de su parroquia y con los novohispanos humildes que sufrían las miserias de la época, algunas de las cuales aún no han sido superadas: Miguel Hidalgo y Costilla (1793−1811), José María Morelos y Pavón (1765−1815) Mariano Matamoros y Guridi (1770−1814), y muchos sacerdotes más que se volvieron revolucionarios a nombre de su propia compasión por los desamparados y en armonía con los principios cristianos que predicaban en sus respectivos púlpitos.

Durante la guerra de independencia, la Iglesia mostró por lo menos dos caras, tan dura una como la otra, la de la alta jerarquía, fundida simbióticamente en el gobierno virreinal, llena de privilegios y prebendas y con la misma lógica del poder de los gobernantes, y la de los curas guerreros que no vacilaron en matar sanguinariamente a sus oponentes: Hidalgo, Morelos, Matamoros y muchos más que, a cambio, ofrendaron valientemente sus vidas en aras de emancipar al pueblo miserable y sufrido con el que convivían cotidianamente.

Pero la Iglesia como institución, a pesar de pastores que compartían la vida con sus paupérrimos feligreses, llegó a poseer tantas tierras y bienes en la Nación mexicana que Benito Juárez tuvo que promulgar, con el respaldo alborozado de los liberales, las Leyes de Reforma, ordenamientos sumarios que despojaron a la Iglesia de haciendas, terrenos, hospitales, colegios y, ya en la borrachera expropiatoria, hasta de los templos. La medida obligó a los católicos a pelear sin descanso en púlpitos, escuelas y familias, provocando un sismo social, político y religioso en la incipiente República.

Don Porfirio Díaz comprendió la modernidad y ventajas políticas que brindaba la separación de la Iglesia y el Estado y mantuvo el estatus aunque sin romper lanzas con la jerarquía, que por lo pronto sintió alivio de nuevas amenazas. Los revolucionarios en 1917 reforzaron las disposiciones anticlericales de los liberales decimonónos, y Plutarco Elías Calles llevó al extremo su propio fanatismo anticlerical, provocando con sus excesos autoritarios la guerra cristera, cruento e inútil episodio, hijo contrahecho de la incapacidad política y que aún no ha sido digno de mencionarse en los textos oficiales de la educación en México. Desde entonces, la cultura oficiosa en la República ha sido aparentemente contraria a la Iglesia si bien, por debajo del agua, el entendimiento haya sido inmejorable –una vez firmados los "acuerdos" de concordia en 1929.

Muchos se confunden con esta doble moral: Eduardo Andrade, senador priísta, se presentó en diciembre del 2000, visiblemente intoxicado, al noticiero televisivo que dirige Joaquín López Dóriga, a hacer el papelazo de increpar al conductor aduciendo que los priístas ¡no tienen voz en los medios! Y con objeto de reprochar que Fox, antes de la toma de posesión como presidente, haya acudido a la Villa de Guadalupe a practicar sus creencias. Olvida Andrade, quien a decir de Denise Maerker actuó como novia despechada, que sus jefazos juegan tenis, toman vino y disfrutan de la vida en compañía de los monseñores de la Iglesia.

Este priísta prominente olvida también una de las primeras acciones que realizaban los delegados del PRI, representantes del Comité Ejecutivo Nacional, al asumir su función política en los estados: Visitar calladamente al obispo con objeto de escuchar su opinión sobre los precandidatos del partido a puestos públicos, y ponerse de acuerdo sobre las actividades de promoción política que desarrollarían en el estado. Cada uno cuidaba su rebaño y el respaldo mutuo aparecía en la práctica:

—Hay que desanimar las iniciativas de los protestantes —pedía monseñor—, lo único que hacen es descristianizar y eso no es bueno para nadie.

—Correcto— prometía el delegado.

Durante los años de dominio del PRI-gobierno, las prácticas de cooptación del Estado mexicano fueron aplicadas y aceptadas por algunos conocidos prelados. En los años cincuenta, por ejemplo, Antonio Armendariz era subsecretario de Hacienda; cada año le enviaba, por instrucciones del presidente Ruiz Cortines, un automóvil nuevo al delegado apostólico, Guillermo Piani. Julio Faesler, secretario particular de Armendariz, acudía a la casa de Monseñor y le entregaba personalmente las llaves. El auto no era regalado, hay que aclarar, sólo era prestado.

Aciertos, legados, abusos, oscurantismo, pintan con profundos matices la historia compleja de la Iglesia católica en México. Una Iglesia que ha servido invariablemente tanto de parapeto incondicional de los pobres y olvidados, como de auxilio a los que sufren en sus almas, y también, de perpetuación de los regímenes autoritarios que hemos tenido siempre y que forman parte de nuestra cultura, ausente hasta la médula de tradición democrática; desde antes de la conquista, en los imperios feroces de los indígenas; durante la colonia en la cultura impositiva y sorda que trasterraron los burócratas de la península Ibérica; en el México independiente, cuando se empezó a hablar modernamente de democracia aunque sin llegar a aceptarla más allá de ser un concepto romántico, como en el lapso dilatado de la revolución gobernante y su clase política que discurría sobre ella profusa y groseramente, tratando, infructuosamente de aguantarse la risa.

Esta Iglesia, eterna y fecunda, jamás ha sido monolítica. Muestra en sus filas, en su filosofía, en sus ideales, los trazos de la geometría política y social de los seres de carne y hueso que la componen, señalando en sus diversos actos y en sus aportaciones morales, éticas e intelectuales la guía universal de la doctrina de Cristo, la sapiencia política y la pericia diplomática que 2000 años de experiencia vital le han enseñado.

El saldo de las luchas y guerras civiles y religiosas que tanta sangre derramaron y tan amargos resentimientos sembraron, decanta inconfundiblemente una comprensión general de la conveniencia de separar a la Iglesia del Estado. Es una conclusión clara e irreversible de la mayoría ciudadana de la República, que comparten también los propios representantes del clero, y que hace innecesaria la realización de encuestas formales sobre lo que piensa el pueblo al respecto. Y no es porque existan muchos no católicos en la población mexicana, sino porque los mismos católicos se han convencido del beneficio libertario que significa separar lo civil de lo religioso, en un país moderno como anhelan consolidar los mexicanos.

Cambio de rumbo

A Vicente Fox la relación formal con la cúpula católica no lo había preocupado. Católico practicante, daba por hecho el vínculo natural que tenía con el catolicismo. Nada más alejado de la realidad que empezó a comprender más tarde que temprano. A fin de subsanar la falla, asigna a Alberto Ortega Venzor, otro practicante de la religión milenaria con antecedentes familiares muy diferentes al recogimiento religioso. Nació en la ciudad de México el 14 de junio de 1940. Sobrino bisnieto del exaltado liberal y general improvisado Jesús González Ortega, gobernador de Zacatecas, triunfador de batallas en las que combatió a los mejores generales del imperio: Leonardo Márquez, Rómulo Díaz de la Vega y al genio militar de los conservadores, Miguel Miramón, a quien derrotó en dos ocasiones, en Silao y en Calpulalpan, en la batalla decisiva de la guerra. González Ortega entró a la ciudad de México y entregó el gobierno a Juárez, quien lo nombró ministro de Guerra, cartera a la que renunció poco después por diferencias con el presidente. A Juárez no le agradaban los generales victoriosos, lo incomodaban por su popularidad y prestigio y por temor de ver amenazado su poder presidencial. González Ortega, ocupó también el honroso puesto de presidente de la Suprema Corte de Justicia.

Por el lado materno, Alberto Ortega tiene un antecedente político. Su abuelo, Francisco Venzor, fue presidente municipal de Gómez Palacio, Durango, de 1909 a 1910, quien confrontado en sus deberes públicos y familiares, decidió pronunciar el discurso del 1° de enero de 1910 en vez de acompañar a su esposa a dar a luz a su hija, madre de Alberto, pues se trataba de iniciar la celebración del primer centenario de la independencia.

Otra época es la que vive Alberto Ortega. Estudia ciencias de la comunicación en la Universidad Iberoamericana, en la segunda generación de esta novedosa carrera. En su actuación escolar manifiesta su proclividad al servicio social, por lo que el rector, Carlos Hernández Prieto, lo invita a fundar las escuelas radiofónicas de Huayacotla, Veracruz, –las cuales siguen funcionando hasta estos días– con el fin de ofrecer educación básica a los campesinos analfabetas de la sierra veracruzana.

Luego, obtuvo la licenciatura de filosofía en la Universidad Panamericana en la ciudad de México, y años después hizo el doctorado en filosofía y letras en la Universidad Navarra de Pamplona, España. Su tesis doctoral versó sobre La verdad de la razón práctica, logrando la máxima calificación: *Apto Cum Laude*. El título lo firmó el rey Juan Carlos I en 1998.

Durante 15 años trabajó en Industrias Nacobre, filial de la Atlantic Rithfield, ocupando el puesto de director comercial corporativo hasta el año

Fox asigna a Alberto Ortega, cuyos antecedentes familiares eran muy diferentes al recogimiento religioso, la relación con la cúpula católica.

de 1987, fecha en que fue vendida a Carlos Slim. Establece un despacho de asesoría en comercio exterior y anticipa los problemas del Tratado de Libre Comercio (TLC) en un libro que intituló: TLC marco histórico para una negociación[2].

Se afilió al PAN en 1976, partido que aprovecharía su experiencia para que sus diputados, uno de los cuales era Vicente Fox, recibieran asesoría a fin de fijar su posición ante el TLC. Formó parte del comité de reelección de Luis H. Álvarez como presidente del PAN, junto con Fox, Rodolfo Elizondo, Emilio Goicochea, Norberto Corella y otros. En 1991 Vicente Fox se lanzó a la conquista de la gubernatura y Ortega tendría la oportunidad de tratarlo más frecuentemente. Según los cálculos de la oposición, Fox gana. Sin embargo, el que resulta gobernador interino, por orden superior, es Carlos Medina Plascencia, amigo y compañero en el Tecnológico de Monterrey de Luis Donaldo Colosio, que en ese momento era presidente del PRI. Luis H. Álvarez le pide a Alberto Ortega que "apoye al nuevo gobernante guanajuatense en comercio exterior" y, con ese encargo, se va a vivir a Guanajuato por dos años con el propósito de crear la Coordinadora para el Fomento de Comercio Exterior (Cofoce), donde reanudó sus contactos con Vicente Fox.

El destino lo vuelve a poner en contacto con la región lagunera por medio de su novia, Margarita Gurza Tumoine, oriunda de Torreón, Coahuila, con quien se casa. Margarita traería al matrimonio nuevos genes políticos pues es sobrina de Edmundo Gurza, diputado panista, famoso por la interpelación que le hizo a López Portillo en su quinto informe presidencial, que sacó de balance al mandatario, en una época en la que permitirse esos desplantes podían costarle muy caro al audaz insensato. Ella es colaboradora de la revista *Expansión* y en el año 2000 le hizo una entrevista a Vicente Fox con la que ganó, además de la portada en la publicación, el reconocimiento del equipo de campaña a la mejor entrevista de aquellos días.

De regreso a México, Ortega Venzor funge como representante del gobierno del estado en la capital. Al asumir Vicente Fox el cargo, aprovecha la oportunidad y renuncia, pues no era un puesto bien remunerado. Vicente Fox le pide esperar un poco en lo que encontraba al sustituto ideal pues, a pesar de haberlo tratado, no conocía bien su perfil profesional. Al principio lo utilizaba como acompañante en las visitas que efectuaba en la ciudad de México, desde las siete de la mañana hasta las diez de la noche. Una vez que supo sus habilidades la actividad dio un giro de 360 grados, concentrándolo en la promoción económica del estado y, posteriormente, en atender giras internacionales a Europa, Estados Unidos y Sudamérica, con el mismo propósito.

---

[2] Alberto Ortega y Carlos Alvear Acevedo, Editorial JUS, México, 1991

Durante la campaña fue nombrado mariscal del Distrito Federal y de los estados de México, Morelos e Hidalgo. En ese puesto le toca incorporar al equipo a José Luis Luege (después presidente del PAN en el Distrito Federal), y a Carlos Rojas, panista registrado en la Delegación Miguel Hidalgo de la ciudad de México, recomendado por Mauricio Candiani. Carlos Rojas después saltaría a la oficina central de la campaña, siguiendo a su antiguo cliente, José Luis González y González, *El Bigotón*.

Al asumir Pedro Cerisola la coordinación de la campaña, los puestos se reorganizaron, quedando Ortega a cargo de los estados de Morelos, Hidalgo y Tlaxcala y, a finales de 1999, cuando Fox decide abrir el área de asuntos religiosos, concentró ahí su atención. Estaba preparado para esa encomienda. Previamente había trabajado en el Centro Nacional de Comunicación Social del Episcopado, en la tercera sesión del Concilio Vaticano II en 1965. Fue designado corresponsal con acceso al Aula Conciliar en Roma. Y desde ahí pasaba diariamente a México por telex las noticias del Concilio. En la ciudad eterna pudo observar algunas de las entretelas de la Iglesia, de su humanidad y de las luchas por el poder que se libran en sus entrañas.

A fin de cumplir su labor de enlace con la Iglesia, Ortega Venzor establece contacto con dos amigos, el sacerdote diocesano Alberto Athié Gallo y el doctor en filosofía, laico, Rodrigo Guerra López. Los invita a participar como asesores de asuntos religiosos en la campaña de Fox y, después de escucharlo con atención y paciencia, el padre Athié le advirtió: "Llegas retrasado. El PRI tiene 70 años de mantener una estrecha relación con la Iglesia, desde 1929, justamente cuando se inicia la vida del partido, hasta el día de hoy de diciembre de 1999. Gobernación tiene constante comunicación con el nuncio, mientras los secretarios y gobernadores con algunos arzobispos, obispos y sacerdotes de influencia en sus áreas de acción y entidades correspondientes".

Alberto Ortega trataba de no abrir demasiado los ojos, al escuchar las palabras de Athié y el asentimiento consecuente de Guerra. Y al tiempo que controlaba sus reacciones, pensaba: "Resulta que nosotros no queríamos hacer ningún contacto con la Iglesia por temor de ser acusados de confesionales".

Lo que en realidad sucedió durante muchos años entre algunos jerarcas y los diferentes gobiernos era un mundo de relaciones no sólo diplomáticas y políticas, sino inclusive, en algunos casos, hasta entrañables amistades, realmente fraternas, para usar las palabras de Francisco Labastida. Todas estas relaciones extraoficiales se dieron de manera muy intensa en la época de monseñor Prigione. Comidas, cenas, fiestas con motivo de celebraciones de santos, cumpleaños, efemérides pertinentes, eran organizadas en la nunciatura, en las casas de políticos prominentes o de hombres de negocios del régimen, sin festinarlos, por supuesto, sin hacer ninguna exposición pública.

Aunque antes de 1992 no había relaciones oficiales. El funcionamiento informal de los mandos superiores de la Iglesia había creado una cultura elaborada y compleja con objeto de adaptarse a la realidad política mexicana, la cual pregonaba acendrado laicisismo o, mejor dicho, anticlericalismo, al tiempo que estrechaba los lazos de entendimiento con algunos jerarcas de la Iglesia.

Por ello de lo que se trataba, en la campaña y en caso de que ganara Fox, era de que el gobierno desarrollara una nueva política institucional en las relaciones entre el gobierno y la jerarquía católica, a fin de superar toda esta simulación forzada, hecha a espaldas del pueblo y de la grey.

"¿Por dónde empezamos?, deliberaba Ortega. "Faltan seis meses para la elección, ¿cómo ponemos en marcha una mayor identificación con la Iglesia?"

Hombre de suerte, el contacto con el padre Athié resultó un acierto providencial, de esos que manda Dios y que hasta los agnósticos creen. Alberto Athié había recibido la comisión de los obispos de Jalapa y Coatzacoalcos, Sergio Obeso y Carlos Talavera, de coordinar ejecutivamente el proceso de preparación de un borrador para aplicar a México la encíclica de Juan Pablo II, *Ecclesia in América,* de tal forma que dicho documento fuera sometido a la asamblea que celebraría en abril de 1999 la Conferencia del Episcopado Mexicano (CEM) y, si fuese aprobado, se publicara con las correcciones pertinentes.

Esta iniciativa, que después sería considerada por propios y extraños como atrevida, debía su origen a la inquietud de los obispos mexicanos por ofrecer una palabra que iluminara la realidad nacional y propusiera a la grey católica un compromiso con una visión de largo plazo y así transitar "del encuentro con Jesucristo a la solidaridad con todos". La inspiración de la encíclica del Papa *Ecclesia in América* había despertado la conciencia de los prelados de México, haciéndolos reflexionar sobre la responsabilidad que tenían con su pueblo de expresarle clara y sinceramente el camino de la Iglesia a la luz de la realidad del país, la nueva evangelización y la constitución de una cultura globalizada de solidaridad en el continente americano.

Hablar de realidad en un país donde ésta se soslaya oficial y sistemáticamente no era un acto sencillo de sinceridad, sino de ruptura con la conducta obsecuente que la Iglesia había dispensado a las políticas y actividades del régimen. Y como todo cambio implica resistencia, sobre todo si esa reacción proviene de un Estado autoritario, el riesgo era enorme y las consecuencias incalculables. "Adelante", instruyeron los obispos, enarbolando el primer factor de triunfo en cualquier cruzada: Valor.

¿Quién es Alberto Athié Gallo que resultó depositario de la confianza de los obispos? Pues es un sacerdote del clero secular adscrito a la arquidiócesis

*La Iglesia había creado una cultura elaborada y compleja
con objeto de adaptarse a la realidad política mexicana.*

de México y aparentemente desconocido en el medio, aunque sumamente activo en labores de servicio social. Tanto, que rara vez tiene descanso y realmente no lo necesita, su entusiasmo le produce tal cantidad de adrenalina que si parara sufriría un colapso.

Alberto Athié nació en la ciudad de México hace 46 años, el 9 de julio de 1954. En su juventud, se dedicó a estudiar medicina en la UNAM antes de reflexionar seriamente sobre su verdadera vocación. Cuando ésta apareció inconfundible, guardó sus libros médicos y se encaminó, decidido, al Seminario Conciliar de México. Paralelamente, estudió la licenciatura en filosofía en la Universidad del Valle de Atemajac, perteneciente a la diócesis de Guadalajara, Jalisco. Su vocación es considerada tardía porque ingresó a los 21 años, aunque mirada con otros ojos podría considerarse más pensada, madura y duradera.

El padre de Athié Gallo, uno de los ingenieros civiles más importantes en la construcción física del México moderno, diseñó y construyó obras federales como la presa de Malpaso, el Puente de la Paz en Baja California, los astilleros de Tampico, Tamaulipas y los puentes más importantes de las carreteras federales de los años cincuenta y sesenta. Su abuelo, Alejandro Athié Saad, libanés de origen y catedrático de la Universidad de San José en Beirut, vino a México durante el prolongado gobierno del general Porfirio Díaz. El país lo fascinó y decidió quedarse convirtiéndose en comerciante y hacendado. Durante la revolución perdió todo, más no su fe en México.

Sus abuelos maternos, provenientes de la región del Venetto, en Italia, se avecindaron en la ciudad de México, donde nació su madre María Cristina Gallo. Ambos padres, con sólida formación religiosa y muy devotos, facilitaron con su ejemplo la inclinación que finalmente llevó al joven Athié al sacerdocio. El actual obispo de Coatzacoalcos, Carlos Talavera, en sus inicios sacerdote de la arquidiócesis de México, también tendría influencia en Alberto debido a la estrecha amistad que guardaba con su padre y a las cualidades que captó en el joven para poder consagrar su vida a Dios.

La tarea encomendada al padre Athié se inició con gran determinación, pero luego de algunas discusiones sobre si el método podría rebasar al grupo de reflexión e incluso revertirse en contra de la Iglesia, se hizo un replantamiento de todo el proceso y se pospuso la entrega del documento hasta la asamblea de noviembre del 1999, con el fin de dar tiempo y modernizar el esfuerzo por medio de encuentros, entrevistas, consultas, cuestionarios, sondeos de opinión e investigaciones específicas.

Se llevaron a cabo más de 50 reuniones con personas representativas de la realidad eclesial, social y política de todo el país, incluso de otros países con prelados, sacerdotes, personas consagradas y laicos, jóvenes y adultos, indígenas, campesinos, obreros, empresarios, miembros de otras iglesias y religiones, representantes del mundo de la política, de la economía, de la cultura, de la historia y de otras disciplinas. El objetivo era conformar una muestra completa de la sociedad.

La iniciativa de Fox

Alberto Ortega Venzor, por su parte, había llegado en el último minuto disponible para hacer alguna declaración sobre el pensamiento de Fox en materia religiosa. Lo hizo no por inspiración divina, sino gracias al escrúpulo de los obispos que decidieron pensar dos veces –realmente tres–, lo que habrían de decirle a su rebaño a propósito de la actualización de la doctrina, de la realidad nacional y concretamente de la democracia, de la vida social y política del país y de las elecciones. Alberto Ortega estableció una relación franca y abierta con los sacerdotes encargados de la consulta comunitaria y, sin pérdida de tiempo, hizo participar a personas ajenas al mundo católico con objeto de enriquecer el intercambio.

Las apreciaciones preliminares de la consulta apuntaban con claridad hacia un deseo generalizado de la población en favor de una filosofía democrática, de responsabilidad social y de libertad religiosa, tomando en cuenta la realidad de pobreza y abandono en que se encuentran grandes masas de compatriotas, la necesidad de tener una vida pública más responsable y equitativa y la urgencia de respetar una pluralidad evidente, rechazando las posiciones dogmáticas o fundamentalistas.

No hubo que esperar mucho antes de conocer los resultados de esa magna y profunda investigación. Mientras tanto, y ante la evidencia del tiempo acotado, fue necesario definir en qué consistía la visión de Fox en materia de libertad de creencias y cuál su propuesta concreta sobre asuntos religiosos, un tema tan delicado como esencial para ubicarse inteligentemente frente a la controvertida tradición nacional.

Algunos medios de comunicación ya habían hablado de posiciones no muy liberales del candidato, como parte de la política que podría desarrollar de llegar a la Presidencia. Se había filtrado incluso una descuidada lista de puntos que respondían a la supuesta filosofía conservadora del panista. Era urgente, imperativo contar con un pronunciamiento sobre el particular. Alberto Ortega tuvo que realizar con prudencia, pero con celeridad, su propia encuesta, consultando a cuantos grupos religiosos quisieran participar a fin de llegar a conclusiones verdaderamente plurales.

Ortega integró un grupo interreligioso que ayudara a diseñar la estrategia de Fox en esa materia, principiando por el entusiasta panista evangélico Juan Jacobo Pérez Cornelio; siguiendo luego con Horacio Aguilar Álvarez, notario público, apoderado de la arquidiócesis de México y también de filiación panista; en seguida agregó a Enrique Moskovich, miembro del Consejo Interreligioso, que a título personal presentó con gran transparencia su visión sobre los criterios de la comunidad judía; a Convergencia Cristiana, a dos presbíteros de la Iglesia Anglicana; a representantes de diferentes organismos católicos, y desde luego, al sacerdote con quien había tenido su primer contacto, Alberto Athié, experto en asuntos religiosos, así como al intelectual y filósofo Rodrigo Guerra López, encargado laico de redactar la tercera parte de la carta pastoral que se estaba preparando en vistas a la asamblea episcopal. Guerra se graduó en la Universidad Popular Autónoma del Estado de Puebla y obtuvo el doctorado en filosofía en la Universidad de Liechtenstein. A ellos se unió el licenciado Manuel Gómez Granados, director del Instituto Mexicano de Doctrina Social Católica (Imdosoc) y después, durante el periodo de transición, otras instituciones se sumarían al Grupo de Consulta sobre Asuntos Religiosos, como el Comité Central de la Comunidad Judía, la Tribuna Israelita Cofre de Perote, la Universidad Iberoamericana por conducto del doctor Raúl González Schmall, la Sociedad Bíblica de México y la Iglesia Evangélica Misionera del Pacto.

Inexorablemente, los días pasaron. Era enero del 2000 y todavía no estaba listo ninguno de los documentos que se requerían a fin de informar a las diferentes comunidades religiosas del país. Alberto Ortega aceleró el paso, consciente de que en esta materia la experiencia de los siglos forma parte de la sustancia devota de los humanos. Su retraso sólo era superado por la fe y el entusiasmo, así como por la seguridad que sentía en que podrían ofrecer una propuesta verdaderamente plural y respetuosa de todas las creencias.

El competidor priísta, Francisco Labastida, y sus consejeros en relaciones con la Iglesia católica en particular y con las demás iglesias en general, también formulaban sus promesas, con la ventaja de que no tenían que probar nada. La práctica de comprensión y tolerancia con cada iglesia y religión –aun fuera de la ley– era ampliamente conocida. De hecho, lo que tenían que hacer era reafirmar esta realidad y ratificar su determinación de continuar con la política corriente.

Estas "concesiones", parte de la política de simulación que instrumentalmente utiliza el sistema, son concomitantes a las prácticas de operación civil ciudadana y dejan muy buenos dividendos económicos y de poder a los funcionarios a cargo, porque es donde pescan sus emolumentos extraoficiales o su dosis vitamínica de dominio.

El paso parsimonioso de los operadores labastidistas contrastaba con la velocidad y apresuramiento de las huestes foxianas, por lo que se les venía el mundo encima al percatarse de tantas cosas qué cubrir sin tener la gente organizada, los recursos y, sobre todo, el tiempo necesario. Por una coincidencia de filtraciones, en ambos estados mayores los dos contendientes presentaron sus propuestas de trato religioso casi al mismo tiempo. Igual sucedió con la publicación formal de las plataformas propositivas que hicieron sus candidatos, pues concurrieron en la misma semana del mes de junio del 2000. Labastida con su libro, *La gente hace el cambio*, "primera ocasión –según reza en las solapas del libro– en que un candidato hace sus promesas por escrito, sin intermediarios, como un compromiso con lectores concretos". Y *Vicente Fox propone*, que poseía la misma originalidad sin anunciarla.

Respuesta de la sociedad

Mientras Alberto Ortega preparaba la propuesta específica de campaña, Alberto Athié y el equipo encargado de la elaboración del documento terminaban un largo proceso de consultas en el ámbito nacional a fin de hacer lo propio con su comisión correspondiente, aportando algunos elementos originales tales como su metodología: Si el mensaje se asume "como inspirador de vida y de enseñanza cristiana para México, también debe ser aplicado en su procedimiento por todas y cada una de las diócesis y por cualquier otra iniciativa cristiana que busque vivir la integridad de *Ecclesia in America*". El método implicaba una misión episcopal, con todo el carisma que significa en la Iglesia la participación de los obispos. Partía del diálogo de los pastores con la comunidad y era devuelto a la sociedad a fin de "suscitar nuevamente la reflexión y la respuesta y así sucesivamente, en orden a seguir profundizando en todo lo que nos ayude a vivir el Evangelio y a servir a la sociedad". Se trataba de una "plataforma de arranque", de un "punto de partida" en la construcción de una interlocución fecunda y permanente entre la comunidad eclesial y la sociedad mexicana.

A mediados de septiembre este trabajo permitió hacer un diagnóstico de la realidad y, sobre todo, de lo que la sociedad mexicana buscaba, ya que descorrió el velo de lo que estaba sucediendo en el país a los ojos de los consultados. Y, como los contenidos del documento fueron revisados una y otra vez –en tres ocasiones por la asamblea episcopal y en cinco por el consejo permanente–, el resultado no podía ser más sensible y contundente sobre lo que pensaba y anhelaba la gente de su Iglesia: El episcopado mexicano debía asumir "pastoralmente el proceso de la transición democrática como el hilo conductor, tanto para el acompañamiento como para la iluminación doctrinal y pastoral y el impulso del compromiso laical".

Los argumentos del análisis se enlazaban alrededor de los pivotes de la realidad nacional. Athié los resumió en cuatro puntos:

1) México "vive la transición democrática más importante de su historia... Una transición compleja en todos los sentidos... a nivel político, económico, social, cultural y religioso, así como en todos los sectores sociales y en todas partes... gracias a una creciente cultura de participación ciudadana".

2) Hay una "crisis del modelo de Estado Nacionalista Revolucionario... las instituciones del Estado mexicano se encuentran cada vez más re-
basadas, sobre todo en las zonas más pobres del país, por lo que son más
frecuentes las inconformidades y los procesos de anarquización, incluyendo la aparición, en algunos lugares, de movimientos armados del tipo revolucionario que buscan justificar la violencia como solución a la injusticia
estructural.

La razón fundamental de esta creciente inadecuación y desgaste es
que, desde principios del siglo xx hasta nuestros días, se buscó responder a
las legítimas aspiraciones y reivindicaciones sociales, subyacentes a la Revolución, desde el protagonismo casi exclusivo del Estado por medio de
formas de organización centralista y corporativa, coordinadas a través de un
partido hegemónico. Con esta ideología se terminó privilegiando como sujeto de la historia al Estado *rector* y benefactor, que *otorga garantías individuales* a los mexicanos, define todas las reglas del juego, y crea instituciones y servicios públicos, orientados al fortalecimiento del Estado-Nación, a
través del incremento del control del partido oficial".

El presbítero Athié está preparando una publicación respecto a los
temas de fondo que fueron planteados durante las consultas, el cual saldrá a
la luz durante el año 2001. En su escrito, recuerda las palabras que Octavio
Paz utilizó en 1978, en su libro *El ogro filantrópico*: "El Estado es y ha sido
el personaje de nuestro siglo. Su realidad es enorme. Lo es tanto que parece
irreal: está en todas partes y no tiene rostro. No sabemos qué es ni quién es.
Como los budistas de los primeros siglos, que sólo podían representar al
Iluminado por sus atributos, nosotros conocemos al Estado sólo por la in-
mensidad de sus devastaciones. Es el Desencarnado: no una presencia sino
una dominación. Es la Impersona".

Si la sociedad mexicana manifestó su anhelo por el cambio, continúa
Athié, de las consultas surgieron otras realidades que "amenazan seriamente la viabilidad de la sociedad mexicana y la estabilidad de la Nación, con el
consecuente grado de sentimiento de impotencia y de temor de parte de la
mayoría de los mexicanos, debido a la incapacidad de respuesta eficaz por
parte de quienes tienen a su cargo una de las responsabilidades fundamentales del Estado: La seguridad de sus ciudadanos".

3) La tercera conclusión de la consulta destacaba la "crisis de los
modelos de economía cerrada y de economía indiscriminadamente abierta". Es cierto que, a partir de los años noventa, aún con el tropezón costosí-
simo de diciembre de 1994, la macroeconomía se había estabilizado y las
exportaciones aumentaron considerablemente. Pero el método empleado
favoreció también la concentración creciente de riqueza y de oportunidades
en unos cuantos. La destrucción de las micro y medianas empresas acarreó
desempleo y diversas formas de pobreza, así como la destrucción del medio

La sociedad busca un cambio, pero la mentalidad
revolucionaria ya no forma parte de la cultura de la mayoría.

ambiente. Estas calamidades inaceptables se volvieron "los nuevos *signos* de un modelo de Estado y de desarrollo al servicio del mercado y del capital internacional".

4) La cuarta y última conclusión de la consulta apuntaba hacia la existencia de "una cultura autoritaria muy enraizada". La sociedad "va emergiendo en su subjetividad social y busca un cambio real, pero ya no por medio de la violencia. La mentalidad revolucionaria... ya no forma parte de la cultura de la mayoría... y ello constituye un potencial de cambio cualitativo extraordinario". Sin embargo, ante la crisis creciente del régimen priísta y la posibilidad de que se perdieran las elecciones presidenciales, se presentaba "la tentación de nuevas formas de autoritarismo, incluso por vía electoral".

En efecto, relata Athié, se trataba de un "escenario que teníamos que contemplar e incluso denunciar en el documento pastoral y plantear claramente que *la posibilidad real de la alternancia* en todos los niveles de poder, es una condición indispensable para hablar de un proceso de democratización real en México". Este punto, claramente visible en el paisaje político nacional, fue uno de los asuntos que más preocupó a Gobernación durante el proceso electoral.

Restauración del orden jerárquico

Una circunstancia providencial favorecía la realización de esta consulta, pródigamente participativa y despejada, la ausencia de monseñor Girolamo Prigione, delegado apostólico del Papa en México desde 1978, además de primer representante del Vaticano en asistir a la toma de posesión de un presidente en el siglo xx, Carlos Salinas, en 1988, y titular de la nunciatura al cambiar la ley y reestablecerse los vínculos diplomáticos con el Vaticano en 1992. Fue separado en 1996, al cumplir 75 años, la edad de retiro, después de haber satisfecho los objetivos diplomáticos que se había propuesto y desarrollado su labor apostólica, no siempre de acuerdo con la jerarquía de la Iglesia en México, mucho menos con las necesidades de emancipación y progreso que demandaba el pueblo mexicano. Normalizar las relaciones diplomáticas del Vaticano con la República, en la ley y en la práctica, además de obtener la reforma parcial de la ley constitucional en materia religiosa, fueron sus más preciados logros y galardones. Con objeto de alcanzarlo, tuvo que apaciguar a no pocos prelados, sacerdotes y seglares insatisfechos con la realidad social, económica y política de la Nación.

No obstante que la estructura de la Iglesia carece de centro nacional y mandos intermedios, pues cada obispo residencial tiene amplia autonomía dentro de su diócesis y responde de ella directamente al Papa, Prigione estableció una férrea influencia en todo lo que hacía la Iglesia en México. Se trataba de equilibrar la acción de los obispos disidentes a su política, mediante un cuidadoso y paciente proceso en el que hacía valer su influencia en Roma de modo que el Papa nombrara obispos que, en el futuro, apuntalaran su línea de conducta.

Varias características deberían tener estos nuevos prelados con objeto de que concordaran con la visión que Prigione tenía de México y de las necesidades de la Iglesia en el país: Ser leales a monseñor, firmes en su convicción conservadora, capaces de controlar a los sacerdotes y a la grey de su diócesis. Algunos de sus críticos se atrevían a decir que dichos nombramientos deberían recaer mayoritariamente en presbíteros mestizos, como si los "blancos" fueran más rebeldes o menos vulnerables a la hora de someterse a los dictados del nuncio. Finalmente, deberían ser contrarios en lo personal a los más conspicuos obispos de la teología de la liberación o a los de marcada tendencia izquierdista, tan reprobables desde la óptica del sistema político mexicano.

El propósito era acabar con esa tendencia de "disolución social" en la jerarquía mexicana. De tal suerte, se fueron acomodando en cada provincia eclesiástica los contrapesos adecuados al disidente en turno. Así, el obispo Juan Jesús Posadas Ocampo, más tarde cardenal y luego asesinado en el aeropuerto de Guadalajara, contrarrestaría las actividades "escandalosas" del obispo Sergio Méndez Arceo actuando en Cuernavaca. Juan Sandoval Íñiguez resistiría a Manuel Talamás Camandari, obispo de Ciudad Juárez. José Fernández Arteaga, como arzobispo coadjutor, haría frente a Adalberto Almeida Merino, en la diócesis de Chihuahua. Norberto Rivera Carrera, nombrado obispo de Tehuacán debería frenar la simiente que crecía "peligrosamente" en el seminario de Tehuacán, Puebla. Norberto Rivera sería en 1995 arzobispo primado de México y cardenal en 1998. Héctor González Martínez fue a Oaxaca en 1988, enfrentando a Bartolomé Carrasco Briseño, uno de los impulsores de la teología de la liberación junto con Samuel Ruiz, Arturo Lona y Sergio Méndez Arceo. Y, por supuesto, todos contra Samuel Ruiz García, el contumaz obispo de San Cristóbal de las Casas, quien fuera designado obispo por Juan XXIII, el Papa que puso en vilo a la Iglesia con sus innovaciones.

Las maniobras que se enderezaron contra Samuel Ruiz no tuvieron éxito. El gobierno trató de desprestigiarlo innumerables veces. Otras voces participaron en este esfuerzo y monseñor Prigione no se quedó atrás, aunque sin ningún resultado. El último intento estuvo a cargo de Raúl Vera López, quien fuera nombrado obispo coadjutor. Monseñor Vera muy pronto hizo causa común con don Samuel y luego, al retiro de éste, lo sustituyó y actuó dentro de la misma línea, siendo removido un poco después a la diócesis de Saltillo, Coahuila.

Los movimientos políticos y diplomáticos anteriores no significan que Prigione haya sido en su actuación el malo y, los contrarios a su voluntad, los buenos. Es simplemente una demostración de las diferentes tendencias que cohabitan en el seno de la Iglesia en México. Monseñor Prigione es un distinguido diplomático, graduado en derecho canónico, doctorado en filosofía y letras, con estudios en la Escuela de Diplomacia del Vaticano. Arzobispo de Lauriaco, Austria, nuncio apostólico de Guatemala y el Salvador, delegado apostólico en Ghana y Nigeria y con 18 años de estancia en México que lo capacitaron extraordinariamente en la misión de conocer al sistema político del país y los inuendos de la melodía autoritaria que tocaron sus hombres todo ese tiempo.

Acercar el Estado a la Iglesia, lograr la modificación de la ley, establecer relaciones diplomáticas, contener las exacerbaciones del clero y llevar la relación en paz, fueron sus mejores logros. Que para esto tuvo que establecer una red de lealtades, influencia y poder paralela a la organización formal de la Iglesia en México, esto es, la Conferencia del Episcopado Mexicano, es lo discutible. Y todavía más que al retirarse a Roma haya tratado, a veces con éxito, de seguir influyendo en los acontecimientos políticos de la Iglesia en México, tal vez sea lo reprobable. Al fin humano, frágil y falible como todos, es comprensible lo difícil que resulta sustraerse a los venenos que se contraen cuando se vive tanto tiempo en las contaminadas y perversas galeras en que navega el Estado mexicano.

A este pasaje histórico del entrejuego de dos poderes que compiten o se unen con objeto de perpetuar su influencia, se le pueden dar varias interpretaciones, según los intereses, ideologías o coyunturas que vivan los juzgadores. Pero en el proceso de identificación de la Iglesia con su pueblo fue algo sumamente positivo, puso en pantalla la realidad mundana y eterna de cómo se manipula la fe, el poder, la conciencia y la vanidad de los hombres que participan en el proceso, los cuales casi siempre están dispuestos a jugar a ser Dios mientras tengan a su alcance alguna manija de dominio. La decisión sencilla que tomaron los miembros activos del episcopado mexicano, en el sentido de que ellos *no* lo sabían todo, por lo que era preciso salir y hablar con la gente, con su pueblo creyente, con los sacerdotes que están en la trinchera del mundo real, además del hecho de estar dispuestos a aceptar los hallazgos de esa búsqueda, despojándose de algunos privilegios si ése fuera el caso, fueron intrépidas determinaciones de conciencia, de desprendimiento y de fe.

La designación papal como nuncio apostólico de Justo Mullor García en 1997 fue una bendición para la jerarquía eclesial de México. Monseñor Mullor advirtió rápidamente la situación prevaleciente y, en un acto de congruencia, cortó las relaciones con la red paralela que había dejado su antecesor, restituyendo los poderes y la representación formal de la Iglesia en manos del episcopado y su estructura representativa –Presidencia y Consejo Permanente–, elegida por los obispos reunidos en asamblea. Los afectados con esta decisión tajante pusieron el grito en el cielo; es decir, en Roma y su club de influencias vaticanas. Poco duró Mullor en la nunciatura si bien el cordón umbilical con Prigione y su labor desestabilizadora e intervencionista ya estaba roto. Vicente Fox, al saber de la remoción de Mullor, atribuido a las intrigas del llamado Club de Roma, exclamó: "hubo mano negra".

La propuesta de la Iglesia.

La propuesta estaba lista. El episcopado se animaba alrededor de la idea de contribuir a "consolidar la democracia fortaleciendo la subjetividad cultural de la Nación" y reconocía que, a pesar de que en el pasado hubo otras transiciones democráticas –como fue la de Madero–, nunca se había consolidado ninguna. Al contrario, cada vez que se daba un pequeño paso, el sistema se agolpaba convirtiéndolo en negativo.

"¿Seremos la generación que inicia la consolidación democrática del país?" –preguntaba Alberto Ahtié. La respuesta era sí. El objetivo consistía en hacer que la sociedad recuperara el protagonismo que le corresponde y llegar a "un acuerdo nacional, una especie de *pacto ético-social-jurídico*, que parta de una reconciliación nacional y lleve hacia una profunda reforma del Estado, incluida la reforma o la reelaboración de la Constitución".

La encuesta incluía una pregunta muy concreta: "¿Puede la Iglesia católica contribuir en algo a consolidar la transición democrática?". La contestación fue invariablemente afirmativa: "La Iglesia –decían en términos generales las personas consultadas, creyentes o no–, forma parte de la historia e identidad de la Nación y tiene un papel fundamental que cumplir, pues su credibilidad ante la sociedad, por su autoridad moral, le da la capacidad de convocatoria suficiente a fin de que las posiciones más distantes puedan sentarse en la misma mesa e iniciar un diálogo que permita superar la exclusión de unos grupos por otros y llegar a ciertos acuerdos fundamentales en los que todos nos reconozcamos como mexicanos y mexicanas, de manera que estemos dispuestos a construir juntos un espacio amplio de convivencia en el que la realidad de la pluralidad étnica, regional, cultural, política, social y religiosa de la sociedad mexicana, sea reconocida como una riqueza que nos complementa y no como un peligro que nos amenaza".

La Iglesia, al asumir este compromiso de apertura democrática, se obligaba a sí misma a abandonar una postura autoritaria, a revisar su propia vida intraeclesial y a acompañar el tránsito de la sociedad hacia una convivencia más participativa, al compartir con ella sus alegrías y tristezas, sus angustias y esperanzas. Recuperar la memoria histórica; hacer un acto de contrición pública solicitando el perdón; superar el clericalismo y reconocer la vocación y misión de los laicos, era el esfuerzo autoimpuesto por la Iglesia en la tarea de contribuir a la consolidación de una cultura de instituciones democráticas.

233

La revisión de la vida eclesial respondía a la filosofía expuesta en el Concilio Vaticano II, siguiendo el método de *Ecclesia in America* y la invitación del Papa Juan Pablo II en la encíclica *Tertio Millennio Adveniente*, a fin de "participar activamente en la nueva evangelización y en la construcción de una cultura globalizada de la solidaridad en el continente americano".

Sólo que el desafío también implica practicar "una inculturación de los valores de la democracia en la familia, las escuelas y todas las demás instituciones, incluyendo nuestra manera específica de comprender y vivir el catolicismo", que la mayoría calificaba como "demasiado clericalizado y con muy poca sensibilidad y formación de dichos valores". La autocrítica era franca y puntual y provenía nada menos que de una representación de la sociedad mexicana, no sólo de católicos que suman mayoría, sino de otros cristianos y de diversas creencias y devociones que existen en la República. "Hace mucha falta superar, tanto el machismo –en sus formas masculina y femenina– como el clericalismo, y en el otro extremo, el anticlericalismo y el laicismo", entendido éste como una irreligión intransigente, no como expresión de libertad religiosa.

Lo importante es, señalaba la introspección, superar la recurrente univocidad ideológica que ha provocado asfixia e impide encontrar salidas pacíficas y tolerantes. "El mosaico mexicano" –decía monseñor Obeso– busca manifestarse en su diversidad, por lo que se impone, sin discusión alguna, encontrar la unidad partiendo de la pluralidad de culturas, etnias y regiones que subsisten en México". Responder al replanteamiento profundo del federalismo, no como una simple desconcentración del poder central sin medición y responsabilidad, sino como el reconocimiento de la necesidad de reorganizar a la sociedad a partir de la multiplicidad de historias, saberes, comarcas y localidades existentes, donde los pueblos indígenas y sus culturas forman una parte incomprendida y abandonada de la dolorosa realidad nacional.

El padre Athié enriquecía el estudio con su experiencia como secretario ejecutivo de la Comisión para la Paz y la Reconciliación en Chiapas y agregaba a sus evaluaciones el reconocimiento que monseñor Justo Mullor hacía de Samuel Ruiz, por reabrir el tema de Chiapas en la Iglesia y porque don Samuel, en sus apreciaciones, le había atinado a 90 por ciento, equivocándose solamente en 10 por ciento de su propuesta.

> Históricamente –declara Alberto Athié– habría que decir que, con la forma en la que monseñor Justo Mullor ejerció su papel de nuncio en México –no de *vicepapa*; no *del interlocutor* ante el gobierno, sino reconociendo al Episcopado como el interlocutor oficial en México frente al gobierno y sirviendo de puente entre ambos–; con el proceso electoral y el modo como el equipo asesor de Fox se relaciona con la Iglesia católica –en forma

Justo Mullor reconoció al Episcopado como el interlocutor oficial frente al gobierno y sirvió de puente entre ambos.

institucional y no privilegiando a algunos obispos–; y, sobre todo, con el cambio de régimen a partir del 2 de julio, se puede dar por concluida la cultura de los *arreglos* extralegales y cupulares entre el Estado y la Iglesia que se fraguó en 1929 y se prolongó, con diferentes matices, durante todos los gobiernos priístas, incluyendo la forma en la que se llevaron a cabo los cambios al artículo 130 de la Constitución en 1992. Esto quiere decir que estamos caminando, con dificultades, hacia un nuevo tipo de relaciones entre la Iglesia y el Estado y, en general, entre las iglesias, las religiones y el Estado. La oportunidad de que dichas relaciones se den a partir de los derechos humanos, de leyes justas y de instituciones transparentes de servicio, es un reto fundamental.

Como corolario del ejercicio de separar a la Iglesia del Estado, aceptado por todos, vienen a la mente las palabras del sacerdote español Antonio Molina Meliá, doctor y experto en derecho civil y canónico:

> En mi opinión, por Estado laico debe entenderse aquel Estado separacionista y plural, que no hace suya ninguna religión ni ninguna irreligión (ateísmo, filosofía inmanentista, agnosticismo) ni las protege ni se inspira en ellas ni las impone por la fuerza, sino que teniendo en cuenta la dignidad de la persona humana así como su patrimonio jurídico inherente e inviolable, reconoce, garantiza y promueve el derecho fundamental de libertad religiosa con normas pertinentes y con los recursos económicos adecuados. Y ello con el propósito de facilitar su ejercicio de forma real y efectiva, de tal manera que todos los ciudadanos pueden organizar su vida de acuerdo con sus convicciones religiosas o ateas (agnósticas) en público y en privado, sólo o asociado con otras (iglesias). Respetando siempre el justo orden público.[3]

Poco después del histórico *mea culpa* ofrecido por el Papa el domingo 12 de marzo del 2000, en el que pidió perdón por los pecados o errores cometidos en el pasado por la Iglesia, el cardenal Joseph Ratzinger, prefecto de la Congregación para la Doctrina de la Fe, publicó un documento, *Dominus Jesus*, en el que fijaba la posición de la Iglesia frente a la enseñanza que proclamó un grupo de teólogos de la India sobre la existencia de una revelación primitiva, que es raíz y está presente en todas las religiones del subcontinente. El documento, breve en extensión y contenido, pretendía responder a una situación particular y no representaba ninguna exclusión de las demás religiones. Fue una comunicación interna, dirigida a los católicos de la India con objeto de recordarles que la vía ordinaria de salvación para los católicos creyentes es

---

[3] Modelos de Estado y Libertad religiosa. La nueva laicidad abierta (promanuscrito).

236

Cristo, y como Cristo permanece en la Iglesia, ésta es el instrumento de salvación por excelencia. De hecho la Iglesia afirma que una persona, de cualquier religión, puede salvarse si sigue su recta conciencia.

Pero, en el mundo postmoderno lo relativo, híbrido o fragmentario tiene más derecho de existir que las verdades absolutas, por lo que éstas tienden a ser desacreditadas. Los medios de comunicación hicieron una interpretación plana del documento y saltaron sobre el cardenal y la Iglesia. Varios meses después, el Papa, ante el escándalo suscitado, asumió la responsabilidad completa de la doctrina del documento, agregando que el diálogo con las demás religiones y el respeto de la Iglesia por sus creencias no se modificaba en absoluto, sino por el contrario, tenía ahora, más que nunca, plena vigencia.

El episcopado mexicano hizo suyas las palabras del Papa y también se apresuró a pedir absolución:

> En nombre de todos los miembros de la Iglesia de Cristo en México, pedimos perdón a Dios y a nuestros hermanos por todo aquello que a lo largo de nuestra historia lo ha ofendido a Él y a cualquier persona; por los daños que han causado nuestros pecados personales y sociales; por todas aquellas acciones, omisiones o retrasos que no han contribuido a la evangelización, a la dignificación de las personas y al bien de la comunidad nacional.

La Iglesia, factor de transición democrática

El cabildeo a la inversa tomó su curso. Esta vez, el gobierno asediaba intensamente a los obispos, pretendiendo que no se publicara la carta antes del 2 de julio, día de las elecciones. A fin de respaldar su petición recurría a las relaciones de amistad y fraternidad que tenían en la Iglesia y a la tradición dilatada de 71 años de entendimiento. Uno de los obispos más activos en pro del ruego oficial, el obispo de Ecatepec, Onésimo Cepeda Silva, que a la sazón ocupaba la presidencia de la Comisión de Comunicación Social del Episcopado, había hecho alarde público de su simpatía priísta y labastidista, pues llegó a declarar que Fox sería nefasto para México y que lo único que le faltaba para ser burro eran las orejas, lo cual no le impidió acudir a la sede del PAN en la noche del desenlace electoral a felicitar al candidato triunfante. Fox, al encontrarlo en el pasillo de los abrazos, lo saludó cortésmente, sin mostrar el menor entusiasmo. Poco después y ante la evidencia de su falta de imparcialidad y prudencia, fue sustituido en su puesto por el obispo auxiliar de México, Guillermo Ortiz Mondragón. Cepeda Silva, ahora, podrá reanudar sus partidos de golf con Carlos Salomón Cámara, exdirector de la Lotería Nacional, y con Olegario Vázquez Raña, con quien hace apuestas de cinco y 10 mil dólares –según dicen los *caddies*– como una manera de allegarse limosnas, ya que es muy diestro en el juego.

La sesuda evaluación de los obispos sobre el trabajo que prepararon los expertos y encuestadores, había llegado a su término. El documento se puso a votación en el Sínodo Episcopal. Participaron 66 obispos, arzobispos y cardenales; 63 votaron a favor, sólo 3 en contra. Y no contentos con esta abrumadora aprobación, publicaron un comunicado específico sobre la elección por venir, delineando puntualmente el perfil del candidato que consideraban ideal. La prensa destacó la noticia prominentemente. El periódico *Reforma* cabeceó en la primera plana: "Los obispos ya tienen candidato" e hizo una comparación de las características enunciadas con las de los principales candidatos, que dio como ganador a Vicente Fox, con un número mayor de puntos. O ¿tal vez fue una conclusión condicionada por el concepto del voto útil?

La carta pastoral fue publicada el mes de marzo del 2000, con un contenido mucho más amplio que el propósito original, ya que incluyó prácticamente todos los temas de interés nacional, como la necesidad de consolidar un Estado de derecho que responda a la aspiración más profunda de la sociedad mexicana, esto es, el valor de la persona "como sujeto de derechos y deberes inherentes, indivisibles e inviolables", no como dependiente de beneficios y concesiones por parte de la autoridad. En palabras de Manuel Díaz Cid, se trataba de transitar del estado de súbdito en que se encuentra al de la plenitud de ser ciudadano.

La carta, en su amplitud, abarca asuntos de actualidad que afectan a la sociedad y a la Iglesia en tanto servidora pastoral de la comunidad. Por ejemplo, que el Estado debe estar al servicio de la Nación y no al revés, imbuido de conciencia histórica y con una perspectiva de largo plazo, no en función del poder sexenal en turno. Que el Estado de derecho debe incluir no solamente la protección, promoción y defensa de los derechos individuales de sus ciudadanos sino también los derechos sociales, económicos, culturales y ambientales de la sociedad entera, en el contexto de una interrelación internacional que cada vez es más definitoria de los procesos nacionales. Ello impone la necesidad de diseñar un modelo de desarrollo sustentable e incluyente fundado en la justicia social, un modelo *de facto,* no de enunciación falsa y estéril.

El documento expone también respuestas a los desafíos que aquí y ahora plantea la Nación, reconociendo la realidad de una incipiente alternancia en algunos órdenes de gobierno y la urgencia de llegar a una cultura democrática plena paso que supone hacer tangible la posibilidad del cambio. Estas medidas estaban destinadas a evitar una regresión autoritaria, así como a la comprensión y aceptación de la laicidad del Estado entendida ésta "como la confesionalidad basada en el respeto y promoción de la dignidad humana y por lo tanto, en el reconocimiento explícito de los derechos humanos, particularmente del derecho a la libertad religiosa".

Finalmente, el episcopado abraza la educación como el camino para la construcción de esa anhelada cultura participativa, y sugiere el papel que pueden jugar como actores relevantes de la transformación democrática las instituciones del país, la familia, el centro de trabajo, la escuela y la universidad, los medios de comunicación, las organizaciones civiles, los partidos políticos, el gobierno, las mujeres, los jóvenes, los adultos, los ancianos y los intelectuales, de modo que juntos emprendan la evolución correspondiente con el ulterior propósito de llegar al desmantelamiento de las carencias e injusticias que padece acuciantemente la sociedad mexicana.

Catacumbas labastidistas, claridad foxiana

Un poco antes de que los obispos llegaran a estas conclusiones, Labastida, emulando a Nicodemo, "vino de noche" y habló con sus amigos de la Iglesia, haciéndoles una oferta de siete puntos que compendiaba su propuesta religiosa. Una proposición privada sin alardes públicos, de acuerdo con la elaborada política del sistema.

1)   Reconocimiento oficial de estudios eclesiásticos y religiosos a seminarios e instituciones de formación de la Iglesia.

2)   Someter a consenso la ley reglamentaria de asociaciones religiosas.

3)   Deducibilidad de impuestos para asociaciones religiosas.

4)   Avanzar sustancialmente en el derecho a la libertad religiosa.

5)   Cambiar procesos burocráticos y lentos para facilitar la internación a México de sacerdotes extranjeros.

6)   Espacios permanentes en medios de comunicación social para que las distintas agrupaciones religiosas y apostólicas promuevan valores, ética y religión.

7)   Dejar en libertad a las escuelas para que los propios padres de familia puedan impartir clases de religión.

Como siempre, la oferta era tentadora, pero tenía un defecto, no era pública. Después, nadie podría recordarle al presidente sus promesas. Vicente Fox, llegando retrasado, le ganaría la partida.

Paralelalmente al proceso de elaboración y publicación del documento de los obispos, corría la campaña de Fox y su interés por hacer pública una propuesta en materia de libertad religiosa que realmente rompiera los esquemas priístas anteriores. La propuesta contenía diez puntos concretos que fueron previamente aprobados por el Grupo de Consulta sobre Asuntos Religiosos que integró con celeridad, pero con extremo cuidado Alberto Ortega, apoyado en todo momento por el secretario técnico del grupo, el licenciado Ernesto Espejel Alva, graduado en ciencias políticas por la Universidad Metropolitana y en teología por la Central Christian University con sede en Baltimore, Maryland, quien profesa la fe presbiteriana y junto con su comunidad forma parte de la Asociación Cristiana de Evangélicos que existen en la República. Los planteamientos específicos fueron resumidos así:

1) Promoveré el respeto al derecho a la vida desde el momento de la concepción hasta el momento de la muerte natural.

2) Apoyaré el fortalecimiento de la unidad familiar, que en México es un recurso estratégico.

3) Respetaré el derecho de los padres de familia a decidir sobre la educación de sus hijos.

4) Promoveré el libre acceso a la asistencia espiritual y religiosa en los centros de salud, penitenciarios y asistenciales, como los orfelinatos y los asilos para ancianos.

5) Responderé al interés manifestado por las Iglesias para promover un amplio espacio de libertad religiosa a partir del artículo 24 constitucional.

6) En congruencia con el derecho humano a la libertad religiosa y con los acuerdos internacionales suscritos por México en esta materia, promoveré que se eliminen las contradicciones entre los artículos 24 y 130 de la Constitución, reformando el 130 en la parte que restringe la libertad religiosa, que proclama el artículo 24.

   En este sentido promoveré:
   - La modificación al sistema de registro constitutivo por uno simplificado de registro voluntario que reconozca la naturaleza de las asociaciones religiosas como instituciones de derecho propio.
   - Que las iglesias, con plena libertad e independencia, nombren a sus ministros de culto y definan sus funciones.
   - La eliminación de cualquier forma de discriminación por motivos religiosos.
   - La revisión de la capacidad patrimonial de las asociaciones religiosas.

7) Abriré el acceso a los medios masivos de comunicación a las iglesias, para que estas puedan difundir sus principios y actividades.
   En este sentido promoveré:
   - Que se considere que las asociaciones religiosas, que reúnan los requisitos legales, puedan acceder a los medios de comunicación social.

8) Promoveré que, en el marco de una reforma hacendaria integral, se defina un régimen fiscal para las iglesias, con deducibilidad de impuestos, cuando contribuyan al desarrollo humano.

9) Terminaré con la discrecionalidad para autorizar la internación y permanencia en México de los ministros de culto de las iglesias.

10) Promoveré la homologación voluntaria de los estudios eclesiásticos en el ámbito civil, respetando los programas y los contenidos de las materias que imparten los seminarios e instituciones de formación religiosa.

Lo anterior, con el objeto de que a las personas que cursen estudios en este tipo de instituciones, obtengan reconocimiento del valor académico de los mismos, a fin de incorporarse a la vida civil cuando en ejercicio de su libertad así lo decidan.

No es posible que, en un Estado que pretende ingresar al nuevo siglo y al nuevo milenio de cara al futuro, existan aún limitaciones y prohibiciones al derecho de todas las personas de expresar, de manera privada y pública, nuestras convicciones religiosas sin ser marginados o excluidos.

Por ello es tan importante para los mexicanos, para nuestras familias, para ti y para mí, que exista una plena vigencia del derecho a la libertad religiosa.

¿Hay héroes de tiempo completo?

A pesar de la claridad expresada en esta propuesta puntual, una buena parte de la fracción parlamentaria del PRI aprovechó la toma de posesión de Vicente Fox para interrumpir su discurso gritándole insistentemente: "Juárez, Juárez, Juárez", en un intento de condenarlo por la manifestación personal de creencia, que había realizado esa mañana al visitar la Basílica de Guadalupe y encomendarse a la Virgen, poniendo fin a la simulación tradicional que practicaban los hombres del sistema político. Con ese chillido colectivo, Juárez era reivindicado como contrapunto foxiano y como héroe de la laicidad del Estado mexicano. Los senadores y diputados del otrora partido oficial olvidaban algunos detalles del prócer decimonónico a quien le faltó mucho para ser, en la concepción de José Fuentes Mares, "héroe de tiempo completo". Veamos:

Juárez, efectivamente, es un ejemplo de la nacionalidad mexicana con perfiles universales. Un hombre con una determinación inquebrantable, decidido a materializar la visión clara que tenía sobre México. Como todo ser mortal, no era un héroe de tiempo completo. En cuanto confirmó que el Estado –realmente *su* Estado-gobierno– estaba en peligro de perderse en manos de los conservadores y su solución ultramarina, hizo todo por preservarlo, aun a costa de entregarlo a la vuelta de la esquina.

Su figura, estampada burdamente en el desprestigiado estandarte priísta, se puso de moda recientemente y fue usada como pancarta estentórea con objeto de golpear la cara de los "nuevos conservadores". Su mayor manchón yace en las páginas del Tratado McLane-Ocampo que, de haberse llevado a la práctica, hubiera acarreado irreparables estragos a la soberanía nacional.

Algunos pueden pensar que sólo fue un intento, un mal pensamiento, un acto de desesperación "explicable", empujado por las circunstancias. En efecto, algo de esto es cierto aunque, en ese momento, ante el posible triunfo del imperio, la visión del Benemérito se apagó. Analicemos lo que el siniestro acuerdo cedía a los vecinos cometerritorios del norte, que de una tarascada, no mucho antes, ya se habían engullido más de la mitad del territorio nacional. Conservar el poder, *su* poder, hubiera llevado al país, en unos cuantos lustros, a ser una dependencia del extranjero, y a su presidente, a ser el gerente del territorio sur de Estados Unidos de América.

La suposición anterior no es un ejercicio vacuo. Hay que recordar el abusivo incidente histórico que protagonizaron los Estados Unidos al hacer estallar la cínicamente llamada guerra de independencia de Panamá, en el mismo siglo XIX, nueva marca que registró el imperio como de su propiedad en el istmo centroamericano. Colombia perdió el territorio y los panameños "nacieron" orgullosamente a la libertad. A continuación, se apresuraron a comprometer hasta el cuello a su nuevo país, en aras de conectar los dos océanos e impulsar el desarrollo del comercio internacional... de los estadunidenses.

El tratado McLane-Ocampo no tenía previsto independizar el istmo de Tehuantepec, sólo permitir el tránsito de mercancías, tropas y pertrechos de Estados Unidos por ese espacio entre océanos. Después, se puede deducir con lógica histórica que, si querían cruzar a Tabasco, Chiapas, Yucatán y Quintana Roo, los mexicanos tendrían que pedir permiso, lo cual es perfectamente plausible: No se podía invertir tanto dinero en un país atrasado (todavía no se usaba el término subdesarrollado), sin haber tenido "plenas garantías".

No contentos con las facilidades otorgadas en Tehuantepec, convinieron en permitir a perpetuidad el tránsito de estos mismos abastos a través de dos corredores, desde Nogales, vía Hermosillo, Sonora, hasta Guaymas en el Golfo de California; y desde Matamoros, Tamaulipas, vía Monterrey y Durango hasta Mazatlán, en Sinaloa. Dos nuevos territorios ajenos a la patria, con independencia de tránsito comercial y militar con cualquier pretexto. Claro que si el tratado hubiera aterrizado en la práctica, nos podíamos haber ahorrado la revolución y los mexicanos del nuevo siglo XX hubieran gozado de mejor nivel de vida, un Puerto Rico grandote con un gerentazo en Los Pinos, escogido democráticamente pero con la bandera de las franjas y estrellas, junto con la nuestra, ondeando en palacio. Si esto no se realizó es porque la guerra de secesión norteamericana estaba en su apogeo y los del norte, donde residía el congreso, no lo aprobaron a fin de evitar darle mayor fortaleza económica al sur estadunidense.

El chillido colectivo de los priístas pretendió reivindicar a Juárez como héroe de la laicidad del Estado mexicano.

Juárez tuvo otras intervenciones que confirman la fidelidad a *su* Estado, su decisión de liberalizar y modernizar al país, la insensible visión que tuvo de sus hermanos índigenas, su deseo de protestantizar a la población y otras lindezas que cantean su corona de benemérito. Lorenzo Meyer lo escribió recientemente recordando que el Juárez histórico no está libre de lados oscuros[4], como la Ley Lerdo de 1856:

Tras la restauración de la República en 1867, ya no había obstáculos serios a la legislación liberal que buscaba privatizar los bienes de las comunidades indígenas, y esa política se puso en práctica sin hacer caso de sus efectos negativos. Una de las reacciones a ese liberalismo que resquebrajó las bases económicas y morales de las comunidades indígenas, fue una serie de rebeliones donde corrió mucha sangre como, entre otras, la de los mayas cruzoob, los agraristas de Hidalgo y Chalco (esta última fue un antecedente claro del zapatismo de 1910 y dio lugar a un conmovedor *Manifiesto a todos los oprimidos y pobres de México y el universo*, de 1868), los religionarios de Zinacantepec cerca de Toluca, los huicholes y coras de Jalisco y Nayarit, los yaquis y mayos de Sonora. La represión del gobierno juarista fue brutal y llevó a la muerte y fusilamiento de sus líderes y de centenares de sus seguidores, al desarraigo de comunidades enteras y a la incorporación forzada al Ejército de un buen número de inconformes.

Desde la conquista, defender los derechos de los indígenas se volvió una vocación ingrata, subversiva, atentatoria contra la soberanía nacional y finalmente violatoria de la Constitución de "todos" los mexicanos.

Los ideólogos de la Reforma, avalados por Juárez, fomentaron discretamente la penetración del protestantismo, creyendo equivocadamente que la "gente de razón" adoptaría las nuevas opciones religiosas. En cambio, no había esperanza para los indios, pues supusieron que permanecerían sumergidos en el culto católico-pagano. Sucedió lo contrario, pero como los indios no contaban –no cuentan–, en vez de abrirse a la modernidad religiosa quedaron confundidos y aislados. Las nuevas ideas en nada contribuyeron al progreso. Separar la Iglesia del Estado era una lucha por el poder, no por el desarrollo.

A la Universidad de México (Real y Pontificia Universidad de México) tampoco le fue bien con don Benito: El 23 de enero de 1861 la cerró, declarándola "enemiga de Dios", aunque en esta barbaridad no tiene mérito exclusivo. El presidente Valentín Gómez Farías la cerró por primera vez el 19 de octubre de 1833, por considerarla inútil, irreformable y perniciosa. Santa Anna la reabrió en 1834, y tocó el turno al presidente Ignacio Comonfort de cerrarla por segunda ocasión. El general Felix Zuluaga la reabrió en 1858 y Juárez la cerró un año y nueve meses después. En 1863

---

[4] *Reforma*, 14 de diciembre 2000

abrió sus puertas de nuevo, y ahora fue el emperador Maximiliano quien la clausuró el 30 de noviembre de 1865. A don Porfirio también le pareció buena idea mantenerla cerrada, así que no fue sino hasta el 26 de mayo de 1910 que el proyecto del maestro Justo Sierra se hizo ley constitutiva de la Universidad Nacional de México, por lo que fue inaugurada el 22 de septiembre de ese mismo año, justo antes del inicio de la revolución.

De los bienes expropiados a la Iglesia, don Benito ocupó los templos de La Santísima y La Merced de la ciudad de México a fin de crear la Iglesia Mexicana, emulando a Enrique VIII, aunque sin el mismo éxito. Calles lo ensayaría también utilizando las iglesias de La Soledad y Corpus Christi con el propósito de tener una Iglesia autóctona, con jerarquía propia y separada, por supuesto, de la Santa Sede, sólo que le faltó vocación y le estalló en las manos la guerra cristera.

Y por lo que respecta a la democracia, podemos recordar el decreto que emitió el presidente trashumante, declarando traidores a los habitantes de Nuevo León cuando participaron en el plebiscito que organizó el gobernador Santiago Vidaurri para decidir si peleaban o se sometían al ejército francés. Decreto que derogó al saber el resultado favorable del sufragio a la causa, de tal manera que se vuelve inevitable parafrasear la letra del popular danzón: "si Juárez no hubiera muerto... todavía sería presidente".

La voluntad del señor presidente, nunca más.

La moraleja que podemos extraer de estos dolorosos pasos de la historia de México es que a los presidentes, trátese de los del siglo XIX, de todos los del XX, y a los del siglo que empezamos, los mexicanos no podemos dejarlos tomar las decisiones solos, porque a nombre de la soberanía, de la razón de Estado, o de cualquier zarandaja enunciativa agarran al país y, en el mejor de los casos, se lo meten a la bolsa. A ninguno, nunca más, hay que dejarlo tomar sólo las determinaciones vitales de la patria.

El 2 de julio las cosas se apaciguaron. Muchos mexicanos que se habían comprometido con el cambio respiraron tranquilos. El riesgo y la desesperanza habían pasado. El esfuerzo dejaba una gran satisfacción. Alberto Ortega seguramente pensó que sería nombrado subsecretario de Asuntos Religiosos de la Secretaría de Gobernación, y Alberto Athié creyó que las presiones que recibió durante el proceso de auscultación y preparación de la carta episcopal habían pasado y serían olvidadas.

Ambos estaban equivocados. Las fuerzas opositoras siguen tan vivas como la Iglesia en Roma y ejercen, sin descanso, tensión sobre los gobernantes que triunfaron y sobre los que mañana pueden volver a ser. Éste es un juego muy serio y de largo aliento. Los grupos se recomponen y se aprestan a enfrentar el futuro. El triángulo que forman el obispo de Ecatepec

Onésimo Cepeda, el arzobispo de Yucatán Emilio Berlié Belaunzarán y el superior de los Legionarios de Cristo en Roma, Marcial Masiel, conformados alrededor del Cardenal Rivera, han dejado sentir su influencia con el consiguiente desencanto de los que conciben una Iglesia más abierta y participativa.

La subsecretaría de Asuntos Religiosos quedó a cargo de Javier Moctezuma Barragán, hijo de conocida familia católica, cercana a los Misioneros del Espíritu Santo y, hermano de Esteban Moctezuma, coordinador de la campaña de Labastida. Y Alberto Athié preparó maletas para irse a terminar el año sabático que solicitó cuando alguien levantó las cejas al saber la forma tan intensa en que atendió la encomienda de los obispos. Estudiará en Chicago y Boston los efectos de la globalización en América Latina, sin demérito de la vigencia del Evangelio: Dar al César lo que es del César y a Dios lo que es de Dios.

Diez

El sentimiento de la Presidencia

¿Hay alguien preparado para ser presidente? La respuesta es no. Nadie está preparado para ser presidente, a menos que haya desempeñado el puesto. Aún así, la experiencia asimilada tuvo su circunstancia y volver a tenerla igual equivale a esperar un amanecer idéntico. La naturaleza distinta de los problemas, las presiones, el ánimo y el carácter del ejecutivo o los enemigos son unas cuantas variables que, puestas en diferente orden, tiempo y actitud, alteran vitalmente el escenario de la actuación. La historia personal, las características del grupo humano que acompaña la vivencia, la comprensión que tengan ambos del momento en que se conjugan los acontecimientos, todo este ambiente vibrante e inestable tiene mayor impacto a la hora de trazar el desempeño que un ejercicio previo. Algo de esto pensó Harry S. Truman, al reflexionar sobre su propia conducta como presidente de Estados Unidos, cuando agregó el peso que significa conocer el pasado, "Lo único nuevo en la vida es la historia que no hemos leído".

Pero no toda la historia de la humanidad está escrita en los libros. Reside también en la memoria colectiva de los pueblos, y ésta se mueve como mercurio refinado según los recipientes coyunturales en que se le aloje. Escuchar a la gente, sentir sus angustias, percibir sus anhelos, sopesar el esfuerzo que está dispuesta a emprender para deshacerse de unos y conseguir a los otros, es la misión fina, suprema que un político verdadero tiene en mente, en el alma, que asume como responsabilidad personal para armonizar y encauzar la acción que hombre y sociedad se proponen.

Cuando Fox apareció en el horizonte político de México y ya no se pudo pensar que era un cometa que pronto desaparecería, la crítica se abalanzó sobre el intruso, atacándolo porque no tenía historia ni experiencia política, o siquiera algún antecedente familiar que lo haya inducido hacia la responsabilidad social. En otras palabras, no contaba con ninguna tradición de servicio público, algo ciertamente valioso para un hombre que aspirara a dirigir los destinos de una nación tan grande y compleja como la mexicana.

Tales razonamientos fueron apareciendo en boca de sus rivales políticos como piezas de rompecabezas de un cuadro de rechazo a su condición de advenedizo en esa materia. En efecto, Vicente Fox era un ranchero, un industrial, un exportador de vegetales que, para empeorar el perfil, pertenecía a las organizaciones empresariales del estado de Guanajuato. Su rápido ascenso irritó a sus competidores. Como diputado federal se burló del entonces presidente Carlos Salinas por el fraude de 1988 para apropiarse de la presidencia, al colocarse en las orejas sendas papeletas electorales, con lo que se ganó el repudio del mandatario que, a la hora de la concertacesión por la gubernatura de Guanajuato, lo dejó fuera de la solución pactada.

Instalado en el palacio de gobierno al segundo intento, manejó las finanzas del estado con una eficiencia insólita, como no se había visto en la historia de los gobiernos posrevolucionarios, pues liquidó la deuda y acumuló en las arcas más de mil millones de pesos. El peor pecado según sus adversarios, con todo, fue que el ranchero deslenguado y sin preparación no provenía de prestigiadas universidades extranjeras –a pesar de tener un diplomado en Harvard– o de la línea de funcionarios públicos que, por arte de magia, se convertían en políticos, sino ¡de la escuela de la Coca-Cola!, empresa donde trabajó durante 15 años. "La sociedad mexicana no se merece esto", exclamaron sus contrincantes, tratando de horrorizar al ciudadano.

Vicente Fox, tan pronto obtuvo su condición de pasante de administración de negocios en la Universidad Iberoamericana, se lanzó a buscar trabajo en las empresas que acudían a esta institución para reclutar personal ejecutivo. The Coca-Cola Export Corporation, filial en México de su principal en Atlanta, Georgia, le hizo un ofrecimiento. Él aceptó de inmediato y fue a adiestrarse como aprendiz de supervisor de distrito, puesto que tiene como función principal auxiliar a los embotelladores, concesionarios de la marca, en las labores de mercado que realizan para proveer a los consumidores del líquido refrescante. Conocer a los clientes detallistas, escuchar a los consumidores y, con este conocimiento, formular junto con el embotellador los presupuestos de respaldo a ventas, a gastos publicitarios y promocionales necesarios a fin de continuar siendo líderes en el mercado, es la misión básica de ese trabajo. Se trata de una posición clave en el desarrollo del negocio, toda vez que representa el contacto con la gente que expende el producto, con los vendedores que lo surten, con quienes beben directamente el refresco y también con los competidores y sus huestes, que persiguen el mismo objetivo de ganar el gusto de los clientes.

Durante seis meses el iniciado se capacita, entre otras cosas, aprendiendo a bordo de los camiones repartidores. Las primeras lecciones las recibe del vendedor y su ayudante mientras rinden el servicio rutinario. Cada parada es un encuentro con el cliente que, dentro de su *changarro*, dicta cátedra de cómo pueden mejorarle el servicio. Al mismo tiempo, es una oportunidad para sentir la temperatura de las entrañas del barrio, del pueblo, núcleos socio-económicos de la nación.

Coca-Cola es la marca comercial más conocida del orbe. También, es el símbolo más conspicuo del estilo de vida estadunidense, así como de su afán colonizador e imperialista cuando invade un país con sus novedades culturales. Se trata de una bebida dulce que da energía pero no alimenta, un producto superfluo, profusamente anunciado y propulsado por una compañía multinacional para saciar, de una manera diferente, la sed que todo humano tiene. A fines del siglo xix la anunciaban como "estimuladora del cerebro", por el efecto energetizador y estimulante del azúcar y cafeína que contiene, y por los extractos de una raíz que lleva en su fórmula que, en esa época, era desconocida y misteriosa.

Al mismo tiempo, la Coca-Cola es una industria productiva que brinda trabajo a miles de empleados directos y a millones de detallistas, abarroteros, personal de supermercados y a muchos otros consumidores que la requieren en sus hogares o en sus sitios de labor. Las pausas en el trabajo, en el juego, en reuniones y fiestas no son completas si no cuentan con una hielera que enfríe alguna bebida refrescante. El producto, entonces, atiende una necesidad económica presente en todo el mundo. En este país es parte de la dieta del mexicano. La razón es sencilla. Antes de los años cuarenta no había agua potable en muchos pueblos de México –todavía no se puede beber el líquido de la llave en la mayoría de las poblaciones del país. Los trabajadores comían sus alimentos sobre la marcha, en largas jornadas, casi sin descanso, salvo por los refrescos embotellados que resolvían la ingente carencia, proporcionándoles una *pausa refrescante*. Era y es una bebida agradable, distintiva e higiénica que ayuda a ingerir la comida y a levantar el ánimo para continuar la jornada.

La frivolidad que percibían los experimentados rivales de Fox y algunos observadores políticos, al acusarlo de cocacolero, no tenía nada que ver con la rutina severa que practican los poseedores de este oficio. El trabajo de un embotellador comienza antes de las siete de la mañana. Es una auténtica operación de logística que organiza la producción y la distribución del producto a miles de pequeños detallistas y a otros clientes. No existe en el mundo una mercancía, incluida la de los numerosos competidores, que tenga la distribución de la Coca-Cola, ya sea por la cantidad de clientes que atiende o por la frecuencia de servicio con que lo hace. En México, las visitas se realizan prácticamente a diario, lo cual implica, además de un cuantioso personal, una trabazón organizativa y operativa que reviste la misma complejidad y utilidad social que tiene una industria básica.

El esfuerzo de los trabajadores de esta actividad es recio y de intensa competencia. El objetivo es ganar presencia en el reducido presupuesto que los expendedores tienen para cubrir las necesidades de consumo de sus clientes. Los camiones recorren avenidas y callejuelas siguiendo una ruta determinada que tiene hasta 250 clientes, según la capacidad económica del segmento atendido. Poco tiempo les queda para distraerse. Se come sobre la marcha, a veces de pie o en la cabina del vehículo. Hay que seguir el itinerario trazado hasta cubrir a todos y a cada uno de los clientes asignados. La norma de servicio es, refresco que no se consume hoy, se pierde para siempre. El regreso a la planta es entre las siete y las nueve de la noche, para liquidar el importe de la venta, descargar los envases vacíos, cargar las cajas de los llenos, limpiar el camión e irse a descansar rápidamente para estar listo al día siguiente, otra vez, a las siete de la mañana. Lo bueno era, en la época de Vicente Fox, que solamente se trabajaba de lunes a sábados.

El domingo algunos trabajadores asistían a la fábrica con el propósito de charlar y reír con sus compañeros, con quienes no habían tenido tiempo de cambiar impresiones durante la semana. El atractivo era conocer las más variadas y curiosas anécdotas de la jornada, y fortalecer el sentido de pertenencia. El pulso de la ciudad y del mercado se conocían en detalle. En la actualidad, las complejidades urbanas y las dificultades de transporte han disminuido esta camaradería y espíritu de grupo, pero algunos de sus elementos siguen estando presentes. En esta industria, al igual que cerveceros y cigarreros, la camiseta se suda en serio y la lealtad a la marca es genuina.

El destino y sus caminos.

Algunas de las prácticas aprendidas en este trabajo se reflejaron en la conducta que Fox observaría en sus propios negocios y en las actividades políticas que emprendería: Fuerte identificación con los productos que manejaba o con los propósitos que se echaba a cuestas; lealtad con la actividad emprendida y con la gente que colaboraba en ella; utilización de pequeños símbolos que focalizaban la atención y la aplicación en el trabajo específico a desarrollar y una actitud competitiva permanente. Nada de perder ni un cuarto de punto en participación de mercado. Si aparecía una ofensiva por parte del competidor, había que contestarla el mismo día, no mañana, mucho menos el lunes siguiente si era a mediados de semana. El equipo de respuesta estaba siempre listo para entrar en acción y toda la organización lo sabía. No quedaba duda sobre la intensidad que se necesitaba para no perder terreno, para alcanzar los objetivos propuestos.

Por ejemplo, si Fox producía botas, había que traer siempre un par bien puesto. El razonamiento es simple: ¿Cómo vas a convencer a alguien de que consuma tu producto si tú mismo no lo haces? Cuando estas actitudes y hábitos se trasladaron al terreno político, varios símbolos hicieron su aparición. La marca registrada de los productos Fox en botas y hebillas resultaron buenas para distinguir su personalidad en las

*Cualquiera que conviva con las carencias de
esa parte mayoritaria del pueblo queda tocado en su corazón.*

campañas proselitistas. Luego, fue agregando otras señales, como la "V" de la Victoria hecha con los dedos de la mano, el vestir invariablemente camisa azul, el uso del logotipo del PAN, y el nombre de Fox en artículos promocionales. Todo el equipo seguía sus pasos, no había duda de con quién y para qué estaban jugando.

Se podría afirmar que trabajar en la Coca-Cola es un método seguro para no hacer carrera política, si bien esa sería una conclusión demasiado rápida. Acercarse diariamente a la clientela consumidora de refrescos y atender a los que expenden el producto al por menor es la mejor forma de conocer el funcionamiento de las clases populares. Difícilmente se encuentra en el país un rincón, un barrio en donde no se pueda hacer una pausa para comprar y beber un refresco embotellado.

Esa pequeña tienda o *changarro* es el punto de reunión de las familias que viven al día, que necesitan comprar uno o dos tomates, una cebolla y algunos chiles para preparar la salsa de la comida. Ahí acuden a satisfacer esas necesidades básicas del día pues el ingreso no les alcanza para surtir una *despensa* para mayor tiempo. Y es un lugar donde se charla, se critica y se discuten los acontecimientos locales y nacionales, en el que participan los vendedores de Coca-Cola mientras arreglan los envases, acomodan el producto en el lado derecho del refrigerador –el preferente– y cobran.

En ese trabajo no se usa traje, por supuesto. Fox, cuando hacía sus visitas al mercado, acostumbraba vestir camisas a cuadros –no azules porque ése era el color de Pepsi-Cola– y pantalón de mezclilla lo cual, aunado a su estatura y porte, le ganó el mote de *Marshal Dillon*, que proviene de aquel sheriff justiciero de la serie televisiva, *La ley del revolver*, de los años sesenta.

Pero visitar pequeños puestos y tiendas no es suficiente para sentir el pulso del pueblo. Vender el líquido de unas cuantas botellas a personas, niños y viejecitas, para que con su exiguo comercio resuelvan sus necesidades de vivir cada día, es otra cosa. En ese contacto de minúsculas transacciones comerciales, el vendedor aprende y comprende las formas más elementales de la economía popular, así como las carencias más angustiosas que tiene que soportar la gente humilde. Por esos sitios pasan los pobladores de la cuadra, de los suburbios, de los que representan a las verdaderas bases sociales del país.

La experiencia que Vicente Fox tuvo como ejecutivo de esta industria resultó sumamente útil para la actividad política que decidió abrazar posteriormente. Muchas cosas tuvo que aprender en su nuevo oficio, aunque tratar y entender a la gente común del pueblo fue para él una asignatura cubierta. De manera que cuando habla de *changarros*, de chiquillos y de personas de la tercera edad, de esa gente *maravillosa*, no está haciendo populismo o proselitismo vano, está expresando, recordando el conocimiento íntimo que recogió en el ejercicio de su primer trabajo. Cualquiera que conviva con las carencias de esa parte mayoritaria del pueblo de México y escuche sus sentimientos y sus esperanzas, queda tocado en su corazón y abierto al deseo de hacer algo por su bienestar y superación.

Las iniciativas referentes a microcréditos, educación, oportunidades de trabajo que suenan reiterativamente en el discurso del guanajuatense, tienen su raíz en el conocimiento de ese medio ambiente, fortalecido previamente por la convivencia que tuvo en su infancia con los niños campesinos en el rancho de su familia, otra faceta del México abandonado a su suerte y uno más de los saldos de la revolución.

Estos antecedentes, sumados a su práctica como alto ejecutivo en una empresa con cobertura nacional, su experiencia como hombre de negocios, las incursiones que hizo en el campo del servicio social y de las organizaciones empresariales, su ejercicio del gobierno en Guanajuato y el fogueo que tuvo como candidato en campaña durante más de tres años, lo capacitaron ampliamente para hacerse de un estilo de acción que comprendía la necesidad imperiosa de producir resultados que fueran tangibles, y significativos para progresar en su trabajo primeramente, y luego, para satisfacer su verdadera, profunda y única motivación, llegar a la Presidencia de la República.

El poder ejerce una gran seducción en el ser humano, pero no todo el mundo tiene el carácter para afrontar el reto que implica su conquista. Vicente Fox, durante su infancia y juventud, había mostrado un temperamento tímido, introvertido, particularmente con las mujeres, pero no desprovisto de visión y de humor, pues era y es capaz de reírse de sí mismo y de sus errores. Su aplicación escolar no fue destacada, apenas logró un promedio arriba del 7.5 en la universidad. Sus compañeros de clase recuerdan cómo se burlaba de los *macheteros* y de sí mismo. Antes de algún examen difícil, el nerviosismo era visible en los estudiantes, tensos, nada de bromas, todos revisando apuntes. Él llegaba y como si fuera el maestro escribía en el pizarrón el anuncio del día: "Quien nada sabe, nada teme". Al iniciar su vida profesional denotó otras cualidades, por ejemplo, capacidad de trabajo, gran energía, habilidad para conformar equipos operativos, talento de líder y competencia personal para lograr resultados.

En el campo político, terreno ignoto para su formación, la rapidez e intensidad de su carrera le dio la flema suficiente a la hora de trepar por la escalera del servicio público y descubrir otra faceta de su carácter, una enorme aptitud para recuperarse de los reveses sufridos. Fox es un hombre sencillo, que actúa sin recovecos, a veces sin matices, lo cual no quiere decir que sea simple o transparente. En ocasiones muestra ingenuidad, sin embargo jamás suelta todo lo que trae en mente. Sus cortos tiempos de soledad los emplea en reflexionar, acomodando en su testa varias opciones de acción en caso necesario, y poca gente se da cuenta de estos recursos hasta que se le enfrenta y experimenta el revire. Subestimarlo fue el primer error que cometieron sus adversarios, pues los distrajo su informalidad, su aparente descuido de la tradición política, el uso abusivo de símbolos de corte comercial, el lenguaje vernáculo y campirano que usó en la campaña, pero, aunque muchas veces se excedía, siempre tuvo y siguió un plan.

¿De dónde sacó la *motivación* para lanzarse a la aventura presidencial? Una pregunta difícil de contestar porque reside en el fondo de su ser, si bien se pueden apuntar varios factores que influyeron en su determinación. El primero y más importante, es que captó con meridiana claridad la necesidad política que tenía la sociedad mexicana. Su trato, en los años ochenta con *Maquío*, con Luis H. Álvarez, Julio Scherer, Santiago Creel, Rodolfo Elizondo, Adolfo Aguilar Zinser, Alfonso Durazo, Jorge Castañeda, con otros políticos, con los panistas locales y nacionales, con los hombres de negocios que conocía y con miles de ciudadanos en todo el país, lo convencieron de esta oportunidad existente, azarosa sí, pero grandiosa también. El reto planteado era subir al Popocatépetl y adueñarse de la erupción, la seducción del poder a su máxima expresión.

El segundo factor responde al convencimiento personal que sentía sobre su propia capacidad para afrontar el reto, y a la seguridad que le daba reconocerse a sí mismo como líder competente, atributo que también le confirmaba la gente, el *lánzate Vicente* empezó a retumbar en sus oídos.

Un tercer elemento encontró asiento en su visión del deterioro del sistema y en la blandura, descuido y corrupción con que los dueños políticos del país manejaban la circunstancia histórica. Una nación inserta inevitablemente en la globalidad invasora e incontenible. Las barreras de control que ejercía el régimen iban cayendo una a una. Pronto, muy pronto la responsabilidad de abusar del poder caería sobre sus cabezas, el momento era indiscutiblemente propicio, aunque el sol pareciera oculto por el dominio que seguía teniendo el priísmo. En esta articulación de experiencia, sensibilidad y decisión de alcanzar el poder –para servir, según su propia expresión–, descansa alborotado el sentimiento de la Presidencia. El sentimiento que germinó en la mente de Vicente Fox.

Compartir el poder

Al llegar a la gubernatura de Guanajuato, primer reto integral de su carrera y oportunidad para demostrar en la práctica lo que proclamaba en campaña, recordó los conceptos que Ramón Muñoz predica, salidos de su erudición organizacional, un político en funciones de gobernante tiene dos campos de acción vitales y diferentes: "El gobierno de las personas y la administración de las cosas". Para armonizar estos dos elementos de concurrencia y colaboración, es preciso resolver los problemas políticos y económicos lo más cerca de la línea de combate, que es donde suceden las cosas. De otra manera, los propósitos enunciados se convierten en buenas intenciones y las promesas y el progreso no se materializan.

Para hacer efectivo el concepto, sin embargo, es necesario delegar autoridad a todo lo largo de la línea de mando, asumiendo, por supuesto, la responsabilidad correspondiente. A esta determinación que implica no acaparar las decisiones, recursos y poder, se debe uno de los programas más decisivos que Vicente Fox llevó hasta sus últimas consecuencias en el estado de Guanajuato. La toma de posesión ocurrió el 26 de julio de 1995. Al día siguiente, el equipo de municipalización inició los contactos con cada uno de los 46 ayuntamientos y con las 24 dependencias del estado que sujetaban los hilos del control municipal. Hacían el diagnóstico de la capacidad que tenía cada ayuntamiento, un plan de reorganización y capacitación para aumentar esa capacidad, y el plan de facultades y recursos que se le delegaban a cada municipio, según su situación particular. Se firmaba un convenio y el gobernador, al asistir a los informes de los presidentes municipales y hacer uso de la palabra, establecía el compromiso del estado con ese ayuntamiento, frente a la sociedad.

En el ámbito nacional, un equipo similar se prepara para cumplir el compromiso de desarrollar el federalismo, es decir "delegar", una palabra que implica riesgo, que significa confiar, dar atribuciones, desprenderse de autoridad, dar poder, facultades y recursos. En el caso particular del sistema mexicano esto supone soltar el monopolio legal de la federación y el extralegal de las concesiones y privilegios, sin permitir que unos y otros se alojen en otra instancia igualmente opresiva. El propósito consiste en instituir el procedimiento de servir a la sociedad y eliminar el acaparamiento de esos mandos para fines personales. Muchas consecuencias prácticas y políticas se derivan de este ejercicio del poder que debe bajar, si ha de ser efectivo, hasta el último escalón de la pirámide de su acción que es precisamente el municipio.

El centralismo, vieja tradición nacional, se ha institucionalizado por medio de la Presidencia y ha impuesto al país incontables frenos de desarrollo político, económico y social. Para colmo, lo ha hecho apoyado en atribuciones constitucionales y, por extensión extrajurídica, se ha apropiado de muchas otras facultades. El proceso restaurador del derecho vigente ha sido lento, fatigoso y con poca voluntad de hacerlo, pero cuando menos la sociedad ya ha recuperado la autonomía de los poderes legislativo y judicial, aunque su funcionamiento todavía no sea expedito o claramente apegado a la ley.

Por lo que respecta al ejecutivo, no sería aconsejable dar un salto brusco al otro extremo, eso sería demasiado azaroso. Detrás del escenario ideal permanecen agazapados los que no se han resignado al cambio que esfuma el uso irrestricto y arbitrario del poder. Quieren ahora paladear el dulce de la soberanía sin alimentarse con los nutrientes de la responsabilidad y respeto a la sociedad y a la ley, un paso indispensable para conservar y fortalecer la salud del cuerpo de la República. Éste es el pensamiento de Vicente Fox. Sólo que si en Guanajuato se tardó dos años para darles poder a los municipios, la dimensión y complejidad del país entero le requerirá mucho más dedicación y tiempo, tal vez cuatro o cinco años.

Los casos de Tabasco y Yucatán son ejemplo suficiente de esta resistencia a obedecer los dictados de la ley y de los tribunales, así como del rechazo a respetar la voluntad popular en forma abierta y equitativa. La democracia se atraganta todavía en muchos cuellos prepotentes. No obstante estos impedimentos, la promesa federativa de Fox supone un itinerario y un destino final en la estación del Estado de derecho, que es donde reside la autonomía de los estados y municipios, de modo que las entidades que forman la federación teórica de México dispongan en realidad de los recursos, facultades y servicios suficientes para cumplir su misión.

Fortalecer la capacidad de los municipios para que puedan hacerse cargo de sus responsabilidades es el último eslabón de la cadena propuesta. Terminar con el ejercicio exacerbado del poder en los órganos de autoridad ejecutiva es la vía a recorrer. Emprender paulatina, programada y sistemáticamente la delegación de facultades; el establecimiento de la responsabilidad que la autoridad trae consigo; la implantación de los controles indispensables de rendición de cuentas; y las formas de asegurar la participación efectiva y constante de la sociedad en las decisiones y aplicaciones correspondientes, es la tarea final a cumplir para lograr la verdadera federalización y modernización democrática de México.

La Constitución de 1824 canceló las formas monárquicas del viejo mundo y respondió al concepto de unión de los estados. Hecho que forzaba la realidad centralista a que estaba acostumbrado el país. Los constituyentes pensaron en modernizar a México, pero en cuanto los ejecutivos se acomodaron en la silla presidencial, la orden vino tajante: Las decisiones políticas se controlan exclusivamente en la Presidencia, y los negocios, los apruebo *yo*. La sentencia de don Porfirio no podía ser más exacta "poca política y mucha administración". En materia política, el presidente tenía siempre la última palabra. Ministros, gobernadores y ciudadanos privilegiados se encargaban de administrar las cosas. Y efectivamente, tanto Benito Juárez como Porfirio Díaz fueron frugales en las cosas económicas. En los gobiernos revolucionarios lo poco que soltaron en polí-

*El esfuerzo de llevar a cabo la municipalización en
el estado de Guanajuato lo inició Carlos Medina Plascencia.*

tica lo cobraron excesivamente caro en dinero y concesiones. La palabra federalismo, en México, existe exclusivamente en textos legales y en el diccionario.

No fue fácil llevar a cabo la municipalización en el estado de Guanajuato. El esfuerzo lo echó a andar la administración de Carlos Medina Plascencia en León, después de contestar los primeros ataques de los priístas que intentaron calar al nuevo presidente municipal. El líder de los pepenadores y concesionario del servicio municipal de basura abrió el fuego. Se plantó frente a Medina y le pidió aumento de ingresos con la amenaza de suspender el servicio si no accedía a sus deseos. El presidente rechazó el chantaje y solicitó ayuda a la sociedad. Durante 15 días, camiones y camionetas, al igual que personal improvisado, suplieron la prestación pública. Fue el primer acto de participación ciudadana que tuvo buenos resultados, permitió la organización racional de las rutas, que luego fueron concesionadas individualmente con un compromiso específico de servicio, de acuerdo con el estudio hecho exprofeso.

El comienzo de estas tareas que resultan innovadoras en el país, requieren de hombres preparados en materias relacionadas con la psicología del cambio, con la comprensión de las culturas prevalecientes y con los métodos de cómo transformarlas para bien del conjunto, de conformidad con los participantes. Los dueños de los intereses creados y de las influencias afectadas reaccionaron como siempre, unos subrepticiamente tratando de minar la iniciativa, otros con violencia pero como la voluntad fue firme los planes se implantaron.

Las personas que encararon esta trascendente misión fueron dos, Javier Cordero Hernández, director de Desarrollo Organizacional del ayuntamiento de León, y el asesor externo del municipio, Carlos Gadsden Carrasco. Ambos, con el respaldo incondicional del presidente Carlos Medina Plascencia. Gadsden terminó por subirse a la palestra política creada por Fox en su aventura gubernamental y, posteriormente, a la presidencial.

Carlos Gadsden Carrasco −apellido paterno de origen inglés−, de familia avecindada en México por más de 150 años, nació en la capital el 3 de noviembre de 1954. Ex alumno de los hermanos maristas del Centro Universitario de México (CUM) y casado con una capitalina cuya familia emigró de Puebla, Aurora Teresa Hevia Rocha. En el CUM tuvo tantos compañeros que abrazaron la carrera priísta que solamente en el gabinete de Zedillo sumaron nueve.

Nombres muy conocidos de varias generaciones fueron educados por los maristas, como Javier Moctezuma Barragán −hermano de Esteban y Rafael, que es misionero del Espíritu Santo−, Alfredo del Mazo, Francisco y Mario Ruiz Massieu, Miguel Alemán, Roberto Madrazo y su hermano, Manuel Bartlett, Luis Ramón de la Fuente, el supuesto autor intelectual de la muerte de Colosio, Manuel Muñoz Rocha, y muchos otros. En esta época de los años setenta, había una gran efervescencia cívica en la preparatoria, energía que los hermanos canalizaban instándolos a publicar sus ideas y planes en revistas internas. Carlos Gadsden dirigió *Cum Laude*, previamente manejada por Porfirio Muñoz Ledo. Los Moctezuma formaron otra con el nombre de *Índice* y había una tercera, *Ácido*, todas administradas por compañeros del mismo salón. Parecía que los hermanos maristas se habían propuesto formar una generación completa de líderes políticos. El debate cívico se propiciaba creando conciencia crítica. Se invitaba a personalidades relevantes de la vida pública como Ricardo García Saínz, Miguel Ángel Granados Chapa y otros que despertaban en los jóvenes pasión por el servicio público.

Durante 46 años, el padre de Carlos Gadsden fue miembro del Club Serra –por Fray Junípero Serra (1713-1784)–, aquel misionero franciscano que incansable caminó a pie desde México hasta la Alta California, estableciendo las ahora famosas misiones del oeste norteamericano que hasta la fecha los vecinos conservan impecables. El propósito de este grupo de laicos católicos era profundizar en su fe y buscar vocaciones para la Iglesia. Don Carlos Gadsden López era un hombre muy religioso y así se comportaba toda la familia. Carlos hijo, mayor de 11 vástagos, no se quedaba atrás, fungía como acólito en El Altillo, un centro de los misioneros del Espíritu Santo en la ciudad de México. Cuando llegó la hora universitaria, pidió a los misioneros ser admitido en su seminario y ahí permaneció durante cinco años hasta convencerse de no poseer la vocación para ordenarse: "Me tardé 15 días en entrar, pero tuve que pensar y luchar un año entero para salirme". Revalidó sus estudios en la Universidad del Valle de Atemajac en Guadalajara y se graduó en 1985 de licenciado en filosofía.

La preparación filosófica que recibió de los misioneros no lo convenció de seguir la carrera sacerdotal; en cambio, lo impulsó al estudio profundo de los temas que le interesaban. Tomó diplomados en administración del control total de la calidad, alta gerencia, administración pública, negociación y manejo de conflictos, psicología, pedagogía y desarrollo humano en muy diferentes universidades: De las Américas, Iberoamericana, la de Texas en Dallas, la de Guanajuato, el Centro Universitario del Conocimiento, Harvard Business Group y en la UNAM. Tomó también una especialidad en desarrollo organizacional en el Instituto de Desarrollo Personal y Comunitario de México, y una maestría en sociología latinoamericana en la universidad de Essex en Inglaterra, pagada por la Fundación Ford. Actualmente es candidato al doctorado en sociología política en esta misma universidad, aunque su compromiso como coordinador de la mesa del federalismo en el periodo de transición y su comisión subsecuente, le han impedido terminar el grado.

Durante los años que pasó en el seminario tuvo oportunidad de hacer labor social. Comprendió entonces el estado de indefensión de los campesinos en Tabasco, la desesperanza de los indígenas huicholes en Nayarit y el abandono que sufren los jóvenes de bajos recursos en Guadalajara. Su sensibilidad social se desarrolla al conocer la impotencia de estos hermanos que sobreviven con tantas carencias en la sociedad, la cual, desafortunadamente se ha acostumbrado a verlos como parte del paisaje y, lo peor, ajenos a su responsabilidad.

Al terminar sus estudios y volver al mundo real, prefirió aceptar un trabajo relacionado con los problemas de la pobreza. Ingresó a la Fundación Mexicana para el Desarrollo Rural y se fue a vivir a Tequisquiapan, Querétaro. Tomó tan a pecho este esfuerzo que el líder cetemista de los radiodifusores, *El Negro* Rafael Camacho Guzmán, al sentir pasos en su imperio clientelar, amenazó a Gadsden y a su familia en su integridad física por rechazar la afiliación de los artesanos, que tenía en capacitación, a la Confederación Nacional de Organizaciones Populares (CNOP).

La enseñanza mayor que Gadsden Carrasco recogió en esta experiencia social es que los campesinos realmente no necesitan ayuda sino oportunidades. Algunos compatriotas sensibles acuden con ilusión a "resolverles sus problemas". En el fondo, lo que los impulsa es el remordimiento de no haber hecho nada por mejorar su situación. Acercarse a ellos, identificar los obstáculos que les impiden progresar, concientizar a la sociedad de la necesidad de actuar y mejorar sustancialmente la educación que requieren, son acciones mucho más eficaces. El brasileño Pablo Freire lo sintetiza dramáticamente: Aquí en Latinoamérica nadie educa a nadie, en el fondo el drama de nuestros países se reduce a un problema educativo. Si los políticos del pasado hubieran hecho a un lado el clientelismo y tomado la decisión de eliminar los obstáculos que tenían para su desenvolvimiento, otra cara tendría el campo, muy distinta de la fuerza electoral cautiva que explotaron por décadas los usufructuarios del sistema

No obstante los peligros que sufrió, se dio tiempo para abrir su despacho de consultoría en asuntos organizacionales. Fue gerente de recursos humanos de la Fundidora de Aceros Lanzagorta y, después, durante 15 años, atendió como consultor independiente a más de 100 empresas que operaban en el corredor industrial de Querétaro.

Gadsden, hombre inquieto, ávido de conocimientos y contando siempre con el respaldo de su esposa, decidió cambiar de aires. Hizo un estudio metódico de 10 ciudades en la República para determinar cuál era la más atractiva para mudarse a ella. León, Guanajuato, resultó la mejor. Allá se fue sin tener trabajo o al menos algún cliente que le abriera camino. En 1987 instaló su despacho de consultoría y los negocios empezaron a llegar a la par que conocía a sus colegas de esa comunidad. Ramón Muñoz sería el más conspicuo de ellos y compartiría con él la pasión por el análisis de las relaciones humanas y la búsqueda de la excelencia en los proyectos que emprendían. Gadsden Carrasco mantiene relaciones epistolares con todos sus colegas en el mundo, intercambia ideas y hallazgos y pronto se ve envuelto en participaciones hemisféricas y mundiales. En 1985 es invitado a Nueva Delhi por la Asociación Internacional de Sociología para discutir el tema: "Participación y autogestión es igual a democracia", como presagio de las nuevas actividades que emprendería.

Un parto difícil

Mientras la familia Gadsden Hevia se acomoda en León, Guanajuato, la inquietud política en el estado toma cuerpo. Carlos Medina Plascencia se presenta como candidato a la presidencia municipal de León y gana en1988. Poco después, Medina invita a Carlos Gadsden como asesor externo del ayuntamiento en planeación organizacional y, además, le pide atender su empresa: Impresora San Sebastián que, por el trajín político, la había abandonado a su suerte. El encargo dura un año, tiempo durante el cual reorganiza la imprenta y, con base en los buenos resultados obtenidos, la pone en condiciones de venderla, pues la decisión de Medina Plascencia era dedicarse en cuerpo y alma a la política.

En 1991, gracias a las amistades cultivadas por Carlos Gadsden, lo invitan a un congreso en Chile sobre autogestión y participación ciudadana, y él, a su vez, le pide a Carlos Medina que lo acompañe. Los acontecimientos aceleran el paso. En ese mismo año Medina asciende a gobernador y Gadsden continúa asesorando al presidente sustituto, Eliseo Martínez Pérez, aunque no por mucho tiempo.

La providencia, pendiente de armar posibilidades, lo lleva a Irapuato a acompañar a la familia a la exhumación de los restos de su abuelo para trasladarlos a un osario. En esa ceremonia su tío político, don Luis Covarrubias del Moral, cuñado de su padre, lo convence de ayudar al proceso democrático guanajuatense, sumándose formalmente al gobierno del estado. El sobrino, que ya tenía su despacho en marcha, se defiende pero finalmente acepta la idea pues para esas fechas ya era un observador espontáneo del proceso que se gestaba en la ciudad. Por su cuenta, hacía conteos de asistencia a los mítines panistas para desmentir lo que publicaban los periódicos locales que disminuían los números reales.

Las piezas protagonistas del futuro se mueven hacia adelante. Javier Cordero acompaña a Medina y se hace cargo del desarrollo organizacional del estado. Lo sustituye en el municipio Leticia Calzada, quien jugaría un papel importante en la derogación del artículo constitucional que impedía a Fox ser candidato a la Presidencia. Carlos Gadsden acepta encabezar el

Centro de Estudios Municipales del estado, una dependencia de la Secretaría de Gobierno que por acuerdo político ocupaba el priísta Salvador Rocha. Éste acepta a Gadsden, conocidas sus charreteras escolares, como único participante del grupo de Medina en aras de darle un espacio al nuevo gobernador. En esa coyuntura nace en el estado el término municipalización, inaugurando en México un movimiento de descentralización de facultades y recursos hacia las células base de la organización política y recobrando las improvisadas prácticas democráticas que se habían abierto en el país en 1812. Ramón Muñoz asume la consultoría externa del municipio en desarrollo organizacional.

Con la idea y respaldo del gobernador y el apoyo de Javier Cordero, Gadsden avanza en el plan de municipalización. Medina convoca a los 46 alcaldes y se reúne con ellos con la presencia de todo el gabinete. La descentralización va en serio y para el efecto realiza 54 reuniones sucesivas, algunas de las ellas en un ambiente nada tranquilo. Ahí valoraron abiertamente las intervenciones tanto de la Secretaría de Gobierno del estado como la federación en los municipios y, como Gadsden actuaba sin tibieza alguna, terminó por ser el enemigo número uno de los representantes del gobierno federal. El parto fue doloroso, con duras negociaciones. Sólo que estas discusiones sobre la autonomía municipal sirvieron de inspiración para instituir un poco después los miércoles ciudadanos que Ramón Muñoz organizó y perfeccionó hasta hacerlos ejemplares.

En el ámbito nacional, la inquietud por el federalismo también se desató. Cuatro gobernadores panistas y cinco priístas forzaron al presidente Zedillo a entrar en negociaciones. Los recursos de los estados tampoco alcanzaban para cumplir las obligaciones ciudadanas. Hubo mucho alboroto pero la apertura sólo se dio en las noticias. El avance una y otra vez se frustraba. El *negocio* seguía siendo de la federación.

Y, mientras el debate sobre el federalismo se prolongaba sin fin, el Congreso del estado de Guanajuato, de mayoría priísta, trataba de detener la emancipación de los municipios, 34 de los cuales, de un total de 46, ¡eran priístas! Por principio de cuentas, el Congreso reduce cada año el presupuesto del Centro de Desarrollo Municipal. Durante los seis años que duró esa legislatura estatal que compartió el periodo con dos gobernadores, Medina y Fox, se hicieron reducciones. En 1994, año electoral, cuando Fox contendió por la gubernatura, ¡el presupuesto se recortó 75 por ciento!

El Congreso, activo, o mejor dicho instruido por órdenes superiores, trataba de detener la delegación de facultades que proponía el gobernador a como diera lugar. Por su lado, el personal desestabilizador que empleaba Solidaridad, organizaba manifestaciones en contra de la municipalización pues el programa, que manejaba Luis Donaldo Colosio, creaba estructuras paralelas en los municipios con más recursos que los ayuntamientos, de tal suerte que tenía gobiernos equidistantes a los de los alcaldes albiazules y también de los priístas, contradiciendo descaradamente los objetivos del programa Solidaridad de la política de desarrollo social de Salinas, que proclamaba cuatro principios fundamentales: respeto a las iniciativas comunitarias; participación y organización; corresponsabilidad; y transparencia en el manejo de los recursos. La palabrería hueca de siempre. A los alcaldes había que mantenerlos sojuzgados a fin de asegurar su docilidad y control.

En una de estas manifestaciones fabricadas, la chusma contratada creyó irrumpir en el local del Centro Estatal de Desarrollo Municipal. Como era enviada sin brújula y sin conciencia, en vez de llegar al lugar, el cual estaba en la misma calle dos casas adelante, atacó la oficina de prensa del estado y destruyó muebles y equipo. El personal, aun secuestrado, no perdió el ánimo y filmó completo el incidente. Luego, en tropel, los manifestantes se dirigieron a donde está la estatua de Sóstenes Rocha –un general decimonónico que sirvió tanto en las filas conservadoras como en las liberales– para quemar la efigie de Carlos Gadsden. Finalmente penetraron en el palacio estatal con un burro que llevaba el nombre de Gadsden en el lomo, pidiendo a gritos su destitución. El gobernador, echándole humor al asunto le preguntó, mientras divertidos contemplaban el espectáculo: "¿Cuál de los dos es el burro, Carlos, tú o yo?".

Gadsden Carrasco no hurtaba el carácter combativo que tanto irritaba a los representantes de Solidaridad, no obstante su personalidad afable y sonriente. Los genes que carga se remontan a una fuente de tatarabuelos tan importantes como controversiales. Sebastián Lerdo de Tejada presidente de la República y Miguel su hermano, artífices de las Leyes de Reforma, fueron sus tíos tatarabuelos. Narciso Bassols, comunista declarado, ministro de Educación con Calles y de Relaciones Exteriores y Gobernación con Cárdenas, fue hermano de su abuela, Dolores Bassols de Carrasco. Y su tío bisabuelo, el padre Gonzalo Carrasco, último rector del Colegio Seminario de Instrucción de los jesuitas en Tepozotlán, fue expulsado del país y escoltado a Veracruz para su deportación. Como era muy buen pintor y gozaba de gran fama, sus captores le permitieron quedarse en el domicilio de sus padres en Otumba, Estado de México, con la condición de que le pintara un cuadro a Carranza. Después se fue a Nueva York y desde allá, con su arte, mantuvo económicamente a lo que quedaba de la Compañía de Jesús en México.

Finalmente se acordó concertar negociaciones directamente con Luis Donaldo Colosio y Carlos Rojas (el priísta). Carlos Gadsden pensó que, como siempre, estaría en desventaja. Ellos tenían todo el dinero, todo el poder y un presupuesto nacional inacabable. Entonces, concluyó que por lo menos debería ir preparado, muy bien preparado a verlos. Pidió permiso al gobernador y se fue a tomar un curso en técnicas de negociación al Harvard Business Group, para contar con las herramientas del conocimiento más actualizado en esa materia.

Mientras tanto, el Comité Estatal del PRI forzó a los alcaldes priístas a reclamar al gobernador más dinero, a convocar en forma inmediata a elecciones para gobernador y a destituir al hombre que "violaba con sus iniciativas la autonomía de los municipios". Como la convicción de los alcaldes no era encendida –en privado le manifestaban a Carlos su anuencia y gusto por las medidas–, los instigadores cambiaron de táctica y armaron una visita al secretario de Gobernación Jorge Carpizo en la ciudad de México. Él les contestó: "Las elecciones son asunto del Congreso de Guanajuato, y las otras dos peticiones son competencia del gobernador, no hay nada que yo pueda hacer".

Medina Plascencia, utilizando divertido el nuevo estilo de gobernar, citó a todos los alcaldes del estado y les dijo: "Soliciten al Congreso la convocatoria a elecciones para gobernador. Por cuanto a la destitución de Gadsden, les pido que cada uno de ustedes me exponga las razones para tomar esta medida". El globo se fue desinflando conforme hablaba cada presidente y los ayuntamientos ganaron en servicios, recursos, facultades y responsabilidad, de acuerdo con su particular estado de organización y desarrollo. Es más, antes de las manifestaciones, los municipios ya recibían las participaciones de la federación, más los recursos de Solidaridad y las inversiones para obra pública que el estado les había otorgado en 80 por ciento. "Actualmente no hay ningún municipio en el país que reciba proporcionalmente tanto como los de Guanajuato", expresa satisfecho Gadsden.

Al entrar Vicente Fox a la gubernatura, cuatro miembros del gabinete de Medina permanecieron en sus puestos, Gadsden entre ellos. El nuevo mandatario le pidió ahondar en el estudio del proceso de municipalización. En ese empeño identificaron 103 asuntos descentralizables. En la primera etapa 27 de ellos fueron llevados a la práctica, pero no sin método[1]. Establecieron una lista de asuntos calificables para medir al municipio, con el fin de confirmar su capacidad de recibir los recursos, administrarlos responsablemente, contar con la infraestructura mínima que evitara desvíos e informar a la gente de acuerdo con la política de transparencia establecida. Se armó un programa de capacitación individualizado para cada municipio a fin de elevar su nivel organizacional y estar en posibilidad práctica de recibir y administrar facultades y dineros. Veintitrés dependencias del estado enviaron contadores, administradores y peritos en diferentes disciplinas con objeto de respaldar el plan.

---

[1] Véase *La Municipalización de Guanajuato*, Coordinación de Desarrollo Regional del estado de Guanajuato, 2000.

Un cambio político se imponía en la situación iniciada. Carlos Gadsden había sufrido un desgaste político muy intenso. Era necesario cambiarlo para alivio y salud mental tanto de él como de los demás protagonistas. El Centro Estatal para el Desarrollo Municipal se transformó en la Coordinación de Desarrollo Regional del Estado de Guanajuato (Coderег). Ramón Muñoz y Carlos Flores se hicieron cargo y Carlos Gadsden se fue a crear la Universidad del Conocimiento que ahora se llama Centro Interuniversitario del Conocimiento del Estado, hecho a imagen del Centro Interuniversitario de Dubrovnik, Croacia, que conecta 400 universidades del mundo, la UNAM entre ellas. El centro guanajuatense logra integrar en esa etapa a 130 universidades e instituciones educativas del país y algunas extranjeras como la Universidad Abierta de Inglaterra, la de Valencia y la Complutense de Madrid, España. La UNESCO nombra a este esfuerzo un caso de observación por su enfoque paradigmático de un nuevo sistema educativo.

El 12 de julio de 1997, Carlos Gadsden habló con Vicente Fox y le solicitó respaldo para profundizar en sus estudios conceptuales de todo el trabajo que realizó en el estado. Éste asintió y al despedirse le dijo: "Nos vemos en los Pinos". Gadsden recordó entonces que, en 1994, Vicente Fox, en una junta operativa de su equipo, había escrito en el pizarrón: "Primero la gubernatura, luego la Presidencia". Irse en ese momento significaba perder la experiencia valiosísima de la campaña. De todas maneras obedeció a su pasión por el estudio, prefiriendo ahondar en su preparación académica. Regresó en agosto de 1999 y tres meses después, en diciembre de ese año, se sumó al ejército foxista. El candidato, urgido de conseguir recursos para la costosa competencia, le dio la bienvenida: "Por lo pronto dedícate a conseguir fondos porque traemos la bolsa vacía". Carlos Gadsden contactó a sus antiguos clientes, amigos y conocidos y el flujo tuvo algún rendimiento, sólo que ésta no es la destreza que domina. Regresó al objeto de su interés y se concentró en preparar la propuesta del candidato sobre el tema del federalismo que dirigía atinadamente Alberto Ortega y bajo su mando organizó consultas, reuniones y convenciones. El resultado lo presentaron en la ciudad de Monterrey el 13 de mayo del 2000, mes y medio antes del día de la votación. La divisa es: "Federalismo quiere decir democratización". Si no hay delegación, concluía, seguiremos siendo una pirámide pesada, inmutable, un monumento a la solemnidad sin participación y sin eficacia ciudadana.

Durante la transición, después del 2 de julio, coordina la mesa del federalismo, acumulando 16 proyectos para llevar a la práctica: "Buscaremos construir una arquitectura coherente de gobierno de cara a los ciudadanos, de los tres gobiernos constitucionales: La federación, los estados y los municipios. Un proyecto que cruza todas las secretarías de Estado porque es el tema del poder. No se trata de que *El poder sirva a la gente*, sino que la gente use su poder y lo desarrolle con el apoyo del gobierno, no con su estorbo". Actualmente Carlos Gadsden es vocal ejecutivo del Centro Nacional para el Desarrollo Municipal. Es la primera persona que viene del interior con experiencia práctica en municipalización.

Mientras Carlos Gadsden estudiaba en Europa de 1997 a 1999, las actividades del gobierno de Guanajuato se expandieron y ramificaron. El Codereg creció en significado, función y personal bajo el mando de Carlos Flores Alcocer. De 12 personas que recibió pasaron a 200. Todos insertos en una intensa actividad que abarcaba, en adición a la municipalización, funciones de desarrollo social. Flores fue director del Centro de Estudios Estratégicos del Tecnológico de Monterrey, campus León, Guanajuato. Nació en León el 23 de diciembre de 1961, estudió preparatoria en el CUM en la ciudad de México y se graduó en ingeniería de sistemas en el Tecnológico de Monterrey, campus Querétaro. Se especializó en planeación estratégica en la Universidad de Lancaster en Inglaterra y en la Universidad de Otawa en Canadá.

Cuando Fox pidió ayuda al Tecnológico de Monterrey en León para hacer un estudio con vista al futuro, Carlos Flores ya casi lo tenía listo, con la participación de Eduardo Sojo, que a la sazón trabajaba con él. Fue aquel *Guanajuato siglo XXI, 25 años*. A partir de ese momento Carlos Flores estaba señalado para sumarse al equipo del gobernador. El Codereg sería una institución hecha a su medida, no sólo porque requería planeación estratégica, su especialidad, sino porque atendería el aspecto que mayormente tocaba sus sentimientos, la acción social. Su asistente, Enrique Basaguren Bueno, habla con emoción de esta inclinación de Flores, que al principio apareció en su vida como un pasatiempo, un deseo de servir en sus ratos libres, pero que poco a poco fue ganando espacio en sus actividades profesionales.

El patrón se repite. Carlos Flores es hijo de una familia donde el jefe de la casa es médico. Ambos padres viven de esa profesión y aprovechan el contacto con la gente que tiene problemas de salud para darle algo más que una receta. El ejemplo es observado por los hijos que recogen esa actitud y la aplican a su propia vida. Además, su padre también era proclive al estudio, a salir a otros mundos para saciar su avidez de conocimientos.

Flores hincó la espada del esfuerzo en su nuevo trabajo. Después de cubrir el estado de Guanajuato, atendió, a petición de parte, la propuesta de la idea del Codereg en los estados panistas de Querétaro y Jalisco, oportunidad que aprovechaba para divulgar las enseñanzas recogidas en Canadá, Irlanda y España. El programa incluía cinco puntos:

1) Federalismo, tema que provocaba animadversión por parte del gobierno federal, pero que él lograba suavizar gracias a su estilo, a sus conocimientos internacionales y a una magnífica relación que

*Luis Donaldo Colosio llegó a bajar la guardia
de su misión salinista a solicitud de los estados.*

estableció con Luis Donaldo Colosio, quien llegó a bajar un poco la guardia de su misión salinista, respondiendo a las solicitudes –no politizadas– de estos estados. Fox participaba en las discusiones con su equipo, argumentando contra las objeciones interpuestas por la realidad del caciquismo interesado en sacar provecho de estas iniciativas. Les decía: "No importa que haya caciques. El punto es desarrollar la democracia mediante una mayor participación de la gente. El federalismo es la clave: ni el cacique ni el estado tienen ya ni pueden tener el control total de la sociedad. Es un riesgo, efectivamente, pero si lo llevamos bien, con seguimiento, con preparación y con auditorías confiables, iremos rompiendo la resistencia. Los caciques no pueden contra toda la gente".

2) El segundo punto del programa respondía al modelo de desarrollo regional que observó Flores en Irlanda y que es altamente participativo. La comisión encargada se integra con representantes de las organizaciones no gubernamentales (ONG), del sector privado y del gobierno. El estado aporta el dinero y la operación funciona con autonomía, tomando en cuenta a los vecinos afectados por los proyectos propuestos.

3) Desarrollo de los centros de salud, con la idea de tener un centro a no más de 30 minutos de cualquier población.

4) Construir la infraestructura necesaria para abatir el rezago de las escuelas en el estado. En los dos primeros años se cubrió 80 por ciento de este objetivo, aprovechando los recursos estatales y federales para la construcción de aulas.

5) Organización y desarrollo de la banca social, para incrementar la producción casera con base en el autoempleo. Un programa donde la comunidad responde por los que no pueden pagar, la morosidad se vuelve inexistente y se reconstituye el tejido social.

Estos programas, además de resolver el problema ingente que se proponen, producen un beneficio insospechado al descubrir a ciudadanos que comparten el deseo de superación y resultan de enorme utilidad para la sociedad. El caso de Carlos Murillo Flores, asesor ejecutivo de Ramón Muñoz –actual jefe de la Oficina de la Presidencia en Innovación Gubernamental–, es ilustrativo. Murillo Flores nació en Jalpa de Cánovas, municipio de La Purísima del Rincón, Guanajuato, el 4 de octubre de 1968. Un oasis de vegetación, de buen clima y mejor gente, pero olvidado entre las montañas.

Murillo Flores asistió a tres escuelas públicas. En la primaria en Jalpa, tuvo varios compañeros que le parecieron brillantes, aunque por ser hijos de campesinos pobres, quedaron en el camino de la ignorancia. Este lastimoso drama de México lo concientizó del desperdicio humano que la sociedad ha hecho de su población pobre. Cuando tuvo posibilidades –antes de pensar en su bienestar personal–, decidió organizar una pequeña fundación a fin de rescatar a niños y jóvenes de Jalpa que, por falta de recursos, interrumpían sus estudios, cediendo involuntariamente sus lugares a otros jóvenes sin ninguna ambición por aprender y superarse en la vida. Esta realidad le causaba una gran desilusión. El potencial de lo que esos muchachos podían hacer se tiraba a la basura sin que nadie volteara a verlo.

Su objetivo era simple: Generar oportunidades de educación porque esta representa la única arma que nadie puede quitarle al hombre. Con sus propios recursos ha proveído de computadoras, de videocaseteras y de cursos de bachillerato en video, aportaciones que han transformado las exiguas bibliotecas de las escuelas de su pueblo. Ahora, en un cuarto están las computadoras y videocaseteras y en otro los libros. En su tiempo, para asistir a la secundaria, tenía que levantarse a las cinco de la mañana con objeto de tomar el camión que lo llevaba a San Francisco del Rincón y llegar a tiempo del comienzo de las clases, a las siete de la mañana. Desafortunadamente, de todos sus compañeros de primaria sólo tres pudieron llegar a la secundaria.

Para cursar el bachillerato tuvo que emigrar a León a vivir con una de sus tías. Sus otros tres hermanos hicieron lo mismo y la tía ya no tuvo descanso, hasta que uno de ellos empezó a trabajar, les hizo casa y ahí se cambiaron. En la preparatoria de León obtuvo el mejor promedio de su clase y gracias a ello ganó una beca en el Tecnológico de Monterrey, campus León, donde estudió la carrera de ingeniero industrial y de sistemas. Luego, tomó la maestría en administración de empresas y ahí se encontró con dos de los maestros que después aprovecharían su aplicación, Eduardo Sojo y Carlos Flores. Su primer trabajo, sin embargo, fue en Bancomer, empresa bancaria que le proporcionaría capacitación y experiencia práctica, muy apreciadas por Juan Carlos.

En Jalpa de Cánovas el cura del pueblo lo había señalado como su acólito favorito con la esperanza de reclutarlo. El buen carácter de Juan Carlos, su inteligencia, la compasión que sentía por sus semejantes y la fascinación que le provocaba el campo lo hacían candidato ideal para dedicarse al servicio de Dios. Sin embargo, su vocación no se identificaba con la vida sacerdotal. Tratar con la gente y tener contacto con el campo, es lo mejor de él.

En el bachillerato fue presidente de la sociedad de alumnos. Este puesto de elección popular le dio, además de un fogueo utilísimo con sus compañeros citadinos, con directores de facultad y con el rector mismo, el gusto de paladear el mundo complejo de lo político, un escenario escondido que en lo humano se parece mucho a la fascinación que le provoca el campo. Como dice él: "El mejor momento para sembrar un árbol fue hace 20 años, el segundo es hoy". ¿No es eso lo que se necesita en política, sembrar amigos hoy y mañana, habiendo empezado a hacerlo ayer?

Su padre, José de Jesús Murillo Saldaña, tenía un taller de artesanías en el pueblo, en el que toda la familia participaba en la confección artesanal y en observar y seguir el ejemplo de sus padres. Don José de Jesús le despertó la curiosidad por los libros, por aprender de las enseñanzas de los autores. No obstante la necesidad económica de la numerosa familia, la preparación escolar y universitaria fue un valor inalterable en su casa. Una vez sembrada la semilla, el fruto del gusto por el conocimiento se volvió hábito. Juan Carlos recorrió a los escritores de libros para niños y jóvenes, de urbanidad, de medicina, de viajes, de civilización occidental y de manuales de superación y aplicación práctica con la determinación de dominarlos. El de mecanografía, por ejemplo, lo aprendió de memoria. Podía escribir a máquina con los ojos vendados sin cometer error. El ejemplo en su casa era perenne: Su padre leía y leía, de modo que él y sus hermanos lo admiraban y lo imitaban.

El sicólogo Ramón Muñoz descubrió sus cualidades: Sano de cuerpo y mente, con un gran deseo de aprender y encantado de tener largas faenas de trabajo. La misión que le encargó fue la de encontrar *marcas de desempeño* que establecieran un rango o nivel de comparación sobre lo que se practicaba en el estado de Guanajuato –en el gobierno, en la administración pública, en los campos de industria, comercio y agricultura– y lo que se hacía en otras partes de la República y del mundo, para determinar en dónde estaban parados y qué era necesario hacer con el propósito de alcanzar esas marcas ejemplares. En inglés, a este concepto se le denomina *benchmarking*, y sirve precisamente para comparar los estándares locales con *el estado del arte*, es decir, con lo más avanzado que se ha obtenido en otras partes del mundo. Juan Carlos Murillo principió buscando en la red estas referencias y luego viajó a Europa, India, Estados Unidos y Canadá para discutir de viva voz las experiencias logradas en esos países. A su regreso, una parte de su trabajo consistía en hacer presentaciones a empresas y dependencias públicas en el estado sobre el *benchmarking* internacional y su aplicación a la realidad guanajuatense.

Juan Carlos Murillo es una muestra de las sustancias de que están hechos los novicios que se atrevieron a intentar la transformación del país. Sus características humanas tienen muchas coincidencias: Fuerte cohesión familiar; una sólida formación religiosa donde imperan valores universales más que dogmas e intolerancias; parecida preparación escolar y universitaria; amor y contento por el trabajo; y una insatisfacción activa con la vida cívica y política de México.

Ahora que estos individuos nuevos de México han madurado como seres humanos, como ciudadanos, como actores triunfantes en una lucha que parecía imposible ganar; ahora que la voluntad política reside en sus manos y en sus mentes hay plena comprensión de la pluralidad y desigualdad que vive México; ahora que han logrado apoderarse de las riendas del mandato de la sociedad y gozan de una libertad que muy pocos habían imaginado; ahora que llevan sobre sus hombros la responsabilidad de transformar la frágil e injusta relación que existe entre los mexicanos, en vez de escoger el camino cómodo y estéril de flotar en las espumas del poder, es cuando estos hombres de la patria, que pisan por primera vez la escena pública de la Nación, tienen la palabra. Qué gran momento para empezar de nuevo a reinventar la patria recordando los conceptos de Morelos plasmados en su inolvidable documento, *Los sentimientos de la Nación.*

Once

También de política vive el hombre

Es mejor empezar desde abajo en cualquier oficio. Conviene comprender primero cuales son los sostenes del estamento base, cómo funcionan, de qué manera soportan el peso de la pirámide que tienen encima. Esto no sugiere situarse en el bloque más bajo y permanecer ahí sin poder moverse, sin la posibilidad de circular y ver el funcionamiento del resto de la estructura, como sucede en la práctica por falta de educación o de oportunidades. Lo importante es poder observar, sentir los esfuerzos y motivaciones que entran en juego con objeto de cumplir la misión del conjunto.

Vicente Fox aprendió esta realidad en su primer trabajo. Y lo hizo bien porque cuando llegó a la cima de la empresa sabía con mayor certeza el efecto que causarían las órdenes emanadas de su oficina o, mejor dicho, las direcciones que iba dando mientras recorría el campo de acción del negocio. Observar el efecto de cada medida, de cada cambio o énfasis ordenado, le permitía comprobar si lo que se estaba haciendo era lo correcto y con qué grado de eficacia.

Deambular activamente entre hombres y funciones en el terreno de los hechos ofrece otra ventaja, la gente que participa en el proceso –en la solución de problemas– recibe un estímulo adicional al ser tomada en cuenta. El trabajo deja de ser rutinario, se convierte en reto, en diversión; es decir, se vuelve creativo. El personal experimenta una satisfacción intrínseca. Una sensación que no puede pagarse con dinero o con prestaciones extrínsecas solamente.

Un barbón que daba lástima

Vicente Fox no sabía nada de política cuando decidió entrar a este campo. Ignoraba cómo arengar al pueblo, a los votantes, así que su preocupación principal no era el beneficio personal que obtendría con esa actividad extraña a su experiencia, sino cómo aprender a nadar en esas aguas turbias y procelosas que revolcaban a tanta gente sin poder disuadirla de abandonar el intento. Pocas veces se recuerdan estos inicios porque la mayoría estuvo a punto de ahogarse. Su caso era más sensible por hacerlo en edad madura, cuando pesa más el ridículo. Por fortuna, hubo un testigo presencial muy cercano que recuerda aquellos pininos desangelados: Su escudero, Felipe Zabala Ponce, un joven leonés que nadie sabe qué vio en ese hombre de alta y enjuta figura, que ocultaba su faz tras una barba entrecana que lo hacía ver descuidado, prematuramente viejo y mal comido. Nadie daba un centavo por él.

Felipe Zabala nació el día de la Constitución, 5 de febrero de 1964, en León, Guanajuato. Estudió periodismo y ciencias de la comunicación en la Universidad del Bajío, ahora a cargo de los hermanos lasallistas, de 1983 a 1987. Entró a trabajar simultáneamente al canal 10 de televisión y al periódico *AM* de León. Ansioso por practicar su profesión, estuvo en el comité de campaña de Fox por la gubernarnatura con Ramón Martín Huerta, encargado del equipo de prensa que reunía la cantidad abrumadora de dos personas. De esos días, recuerda divertido:

> Andábamos por las esquinas dando lástima, nadie nos pelaba. Los mítines eran con cuatro o cinco personas. A veces se completaban con niños y uno que otro perro. Yo miraba los ojos tristes de esos canes, tratando de imaginar que algo comprendían, pues a veces nos ladraban. Vicente hablaba mal, deshilvanado, a nadie parecía importarle lo que decía, pero el candidato, sentía yo, aprendía en cada balbuceante discurso, al denunciar las maldades del sistema. Del lado perredista Porfirio Muñoz Ledo, con su brillante oratoria, se burlaba de Vicente: Le decía el *Alto Vacío* por "la ausencia de ideas y propuestas". Con el candidato oficial, Ramón Aguirre, era implacable e hiriente, pues lo calificaba como Ramona la petacona.
>
> El barbón, con facha de ranchero pobre, subía fatigosamente la cuesta de la oratoria, mientras nosotros hacíamos "coperacha" a fin de pagar la gasolina del Rocinante motorizado de Vicente. No había para más, mucho menos un jumento de compañía. Finalmente, el PAN respaldó la campaña facilitando el camión que había usado Manuel Clouthier, *El Aguafiestas*, y yo me dediqué a llevar boletines a la prensa. En las redacciones los encargados me decían, "claro que publicaremos esto, pero ¿de a cómo?". En todas partes nos cerraban las puertas. En las estaciones de radio cobraban por las entrevistas, de modo que Vicente tuvo que recurrir a los empresarios que conocía en León para sufragar esos gastos.
>
> El horario era matador, de siete de la mañana a 11 de la noche, aunque yo, tal vez optimista, veía cómo se superaba Vicente día a día. Y no solamente yo, los mítines poco a poco iban convocando más gente. Ya

lográbamos asistencias de 100 y luego de 200 ciudadanos; sin embargo, el ánimo era más bien bajo.

Al cerrar el día yo lo dejaba en su oficina. No podía evitar ver cómo se quedaba sólo, pensativo, sin más compañía que sus experiencias de la brega de esa jornada. La campaña subió de tono y paulatinamente la gente se fue entusiasmando. Cerramos muy bien y luego vino el robo de la elección y el desencanto. En el centro de convenciones, cuando se declaró el triunfo de Ramón Aguirre, hubo un zafarrancho. El acto culminó cuando Muñoz Ledo levantó el brazo de Vicente declarándolo ganador.

Se organizó una marcha de protesta de León a Guanajuato, un día que hacía mucho frío. La imagen de soledad volvió a mis ojos. Vicente, sólo bajo un árbol, descansaba rumiando y saboreando los frutos agrios de la política.

A los observadores del proceso electoral, acostumbrados a los desenlaces fraudulentos, les parecía inútil tanto escándalo. Inclusive la prensa extranjera presionaba con sus artículos, publicando que no tenía caso aferrarse a un triunfo en un estado tan pequeño, y esta palabra me recordaba que yo, en el periódico, ganaba mil 800 pesos mensuales y ahora, en la campaña, recibía mil 500 pesos cuando había dinero. Vicente se retiró después de haber propuesto a Carlos Medina Plascencia como gobernador interino, a modo de solución al conflicto. Lo hizo sin dejo de tristeza, más bien encolerizado por la prepotencia de Carlos Salinas. Regresó a sus negocios y yo a mi trabajo periodístico... donde pude ganar más dinero, aunque con menos emociones.

Felipe Zabala es hijo de Alfredo Zabala Sánchez y de Marta Ponce Hernández. Es el cuarto hijo de una familia de seis hermanos. Casó en 1992 con la contadora pública María de Lourdes Moreno y han procreado un niño y una niña que en el 2000 cumplieron 9 y 8 años de edad, respectivamente. Para no variar las características del grupo de respaldo de Vicente Fox, es católico devoto al igual que sus hermanos, quienes poseen también proclividad por el estudio y el trabajo. Uno es director de la escuela de leyes de la Universidad Privada de León, con sede en Irapuato, y otro es asistente del rector de la Universidad Tecnológica de León. Además Felipe fue futbolista profesional, jugó en las reservas del equipo León, el favorito de su jefe.

Felipe Zabala se enganchó de nuevo en la vida pública como director de información del estado en el gobierno de Medina Plascencia. Esta vez obtuvo un sueldo decoroso y algunas prestaciones por ser funcionario, incluidos algunos viáticos y el derecho a utilizar un automóvil. Vicente Fox decidió regresar a la vida política, correr otra vez la legua por la gubernatura y lo llamó a ocupar de nueva cuenta el puesto que tenía. No tuvo más remedio que hablar con su esposa y darle las "buenas nuevas": Tendría un ingreso mucho menor, ninguna prestación y debía devolver el automóvil. Ella lo miró comprensiva y le preguntó: "¿Ya lo pensaste bien?" Ante el silencio circunspecto del marido, continuó: "Si eso es lo que quieres, tú sabrás". Menos mal que ella también tenía trabajo en la Universidad del Bajío.

Zabala sacó sus ahorros, compró un Renault viejo y volvió al cuartel de la guerra, con ese hombre que no se dejaba de nadie, que sabía cómo contestar los ataques más ruines y mentirosos, que lograba entusiasmar a la gente con sus desplantes y convencer a todos los que lo rodeaban con su dedicación ejemplar al trabajo: "Todos nos identificamos con algo que él poseía y nosotros no. Nunca tuve un jefe que trabajara como él. Nos hacía sentir orgullosos aún en los momentos más adversos, sudábamos con gusto la camiseta".

En 1995 las cosas rodaron mejor. Medina Plascencia había hecho una gran labor como gobernador al crear escuelas, caminos, mantener la limpieza en las ciudades y reducir notablemente la corrupción. Fox pudo ir más ligero, más propositivo, mejor presentado –se quitó la barba–, y con mejor equipo, ya que Ramón Muñoz estaba ahora a cargo de la campaña y Berta Maldonado *La Chaneca*, una publicista muy creativa, que antes había dado servicio a la Coca-Cola, ayudaba desde México con sus ideas promocionales. La organización del PAN tenía otra cara, más optimista, más decidida. El comité estatal lo dirigía Juan Manuel Oliva y nuevos elementos respaldaban económicamente la campaña, como el empresario Elías Villegas, quien fue indispensable en el éxito de Vicente Fox.

> Lo acompañaba a todas partes, sin descanso, muy contento de ver que las cosas, ahora sí, iban por buen camino. Nadie podría detener a Vicente y yo viajaba en ese tren triunfador. Visitábamos constantemente la ciudad de México, donde Vicente tenía largas juntas con diferentes miembros del Grupo San Ángel: Jorge Castañeda, Adolfo Aguilar Zinser, Elba Esther Gordillo y otros. Tardaban cuatro o cinco horas en cada reunión. Lo veía salir más seguro y bien dispuesto a la lucha, esperanzado. Similares sentimientos surgían en la ciudadanía más diversa, lo que me hacía pensar que para subir al cielo, efectivamente, se necesita "una escalera grande y otra chiquita". La grande es la determinación de levantar cabeza, y la chiquita, pegársele a alguien con fe, visión y posibilidades. Ésos eran mis argumentos de conversación con mi señora. Ella, al ver mi decisión, me animaba con su intuición femenina: "No sé que le ves pero nos va a ir bien. Ojalá que pudieras venir de vez en cuando a la casa".
>
> Cuando las gordas del mercado de León se convencieron de que Vicente realmente quería ayudar a la gente, el carro comenzó a correr con mayor ligereza. Para mí, ésa fue la señal del ascenso.

Los aires de la experiencia

Las vicisitudes que vivieron los políticos guanajuatenses al incorporarse a la política, fuera de la esfera priísta, fueron muchas. Sin embargo, también concurrieron otras regiones donde brotaron estas plantas rebeldes. El estado de Durango es una de ellas. Y si a Fox el sistema no lo dejó pasar en sus primeros intentos, a Rodolfo Elizondo Torres menos. La lucha política de Elizondo empezó muchos años antes de que naciera. Su padre, Jesús Elizondo Fernández, originario de Villa García, Nuevo León, fue fundador del PAN en Durango en 1943, ciudad a la que fue a residir desde muy joven en busca de abrir nuevas rutas en la compraventa de granos y semillas. Ahí contrajo nupcias con Emilia Torres Galván, de la numerosa y conocida familia duranguense de los Torres Sánchez. Jesús y Emilia procrearon siete hijos, cinco mujeres y dos hombres. El más pequeño de los varones fue Rodolfo. Nació en Durango el 18 de julio de 1946. Cuando enviudó, don Jesús volvió a casarse y tuvo una hija más del segundo matrimonio.

Jesús Elizondo abrió la práctica de pelear por puestos de elección popular presentándose como candidato a la presidencia municipal de Durango en 1952, elección que ganó de calle de acuerdo con su partido, sólo que el sistema en esa época no entendía de cómputos o de razones. El gobierno no estuvo de acuerdo con la sociedad y, a cambio, le ofrecieron presidir una junta de gobierno. Él no aceptó porque la solución "negociada" no incluía a la planilla que lo acompañó en la contienda. Convocaron a elecciones extraordinarias en 1953 y, a pesar que el sistema apretó la tuerca del control, Elizondo volvió a ganar. El régimen repitió el espadazo a la voluntad popular. A la sazón su hijo Rodolfo, que en 1953 tenía seis años de edad, todavía no comprendía que con ese acto de valor cívico su padre le heredaba una tradición democrática que sería larga y azarosa, aunque finalmente coronada por el éxito.

El patrón familiar y educativo de Rodolfo Elizondo corresponde al perfil de la actual clase política de México: Primaria en el Colegio Guadiana de la ciudad de Durango, secundaria en el Instituto Francés de La Laguna en Gómez Palacio, Durango, ambos de los hermanos lasallistas. Preparatoria y profesional en administración de empresas en el Tecnológico de Monterrey, en la Sultana del Norte. Durante un año aprende inglés en la Universidad de Kansas y regresa a la capital duranguense a ejercer como gerente administrativo de Aerosierra de Durango (1973-1974), gerente de Empacadora CDJ (1974-1975), gerente de ventas de Productora de Triplay (1977-1978), gerente de la compañía que fundó su padre, Sucesores de Jesús H. Elizondo (1978-1983) y, para terminar su profesión de ejecutivo, que duró 12 años, ocupó la gerencia de Especies y Alimentos, controladora de las empresas de la familia.

Rodolfo Elizondo entra en la arena política con mucha suerte. Miguel de la Madrid, después de tomar posesión como presidente en 1982, proclama que durante su mandato la democracia se respetará y algunos se lo creyeron. Elizondo resulta beneficiado, se registra como candidato a la presidencia municipal (1983-1985) en su natal Durango, gana ¡y se lo reconocen! Don Jesús alcanzó a ver el triunfo de su hijo varón más pequeño. Sintió una satisfacción indescriptible, ya que era su propia victoria política tan largamente buscada. Murió en ese mismo año, justo cuando el régimen decidió romper abruptamente el sueño democrático enunciado por su presidente.

En 1986 jugó por la gubernatura del estado, llevando a cabo una campaña muy activa y competida que terminó, como siempre sucedía en esa época, en un desconocimiento total de cualquier avance de la oposición en materia de elección de gobernadores. En protesta, el pueblo burlado de Durango se manifestaría a diario durante un mes, tiempo que pasó con su esposa e hijos en la calle, frente al Palacio de Gobierno. Y no sólo él, cada municipio del estado instaló su carpa para acompañar a su candidato. A diario se celebraron mítines con asistencia de 10 a 15 mil personas. No se reconoció ni un solo triunfo. Los enfrentamientos con el PRI y con el gobierno terminaron con el asesinato de un joven panista durante una trifulca sangrienta en la plaza principal de la capital duranguense.

A partir de este revés Rodolfo Elizondo ya no disfrutaría de ningún triunfo en sus contiendas electorales. Asegura que le escamotearon la victoria como candidato a diputado por el primer distrito de Durango en 1988, lo ignoraron en el segundo intento por obtener la gubernatura en 1992 y tampoco reconocieron su segundo triunfo contendiendo por la diputación en 1993. Sin embargo, accedió a la Cámara de Diputados en dos ocasiones por la vía plurinominal, no sin antes haber tenido que pelear en la tribuna la calificación correspondiente que también querían arrebatarle. La única ocasión que no compitió a través de las urnas fue para el Senado en 1997, curul de representación proporcional que ocupó hasta el año 2000, al mismo tiempo que participaba relevantemente en la campaña foxista por la Presidencia.

Conoció a Vicente Fox en 1988 cuando ambos eran diputados en la Legislatura 54. Manuel Clouthier le había hablado de él y de sus posibilidades como líder. Trabaron muy buena amistad y al coincidir en ideas, formas de pensar y en muchas de las acciones que se llevaban a cabo en la Cámara, conformaron un grupo dentro de la propia fracción parlamentaria que representaban, la mira puesta en defender asuntos en la tribuna, en especial sobre las reformas a la ley electoral. Eran unos 10 diputados, entre los que se encontraban Mario Leal, de San Luis Potosí; Luisa María Calderón, hermana de Felipe Calderón; Norberto Corella, de Baja California; Ramón Martín, de Guanajuato; José Antonio Gándara, de Sonora; Blanca Leticia Escoto, de Jalisco, y otros.

*La mayor afinidad entre Vicente Fox y Rodolfo Elizondo provenía
de la disposición de ambos para hacer frente común con otros partidos.*

Tal vez la mayor afinidad provenía de la disposición abierta que tenía Rodolfo Elizondo para hacer frentes comunes y coaliciones con otros partidos con objeto de sobreponerse a las imposiciones del PRI. Él fue el primero en competir por la gubernatura de su estado con el respaldo adicional del PRD en 1992, elección que preocupó enormemente al partidazo y, si bien no pudieron demostrar el triunfo, la asociación hizo más difícil legitimar la "victoria" del candidato oficial.

Al arrancar la contienda por la Presidencia, Fox invitó a Elizondo a participar en la campaña y hacerse cargo de la coordinación política, una vez que Santiago Creel decidió ir por la jefatura de gobierno en el Distrito Federal. Su relación estrecha con varios sectores del PAN, así como con otros partidos y actores políticos de diferentes ideologías, le facilitaban el diálogo con gente completamente ajena al pensamiento panista, incluyendo a algunas organizaciones no gubernamentales y grupos que tenían voz en la sociedad si bien nunca antes habían unido esfuerzos con el PAN. Dentro de las filas del partido, Elizondo había sido secretario de Relaciones Internacionales y miembro del Comité Ejecutivo Nacional durante tres trienios. Contendió por la presidencia del partido en 1993. Como diputado en 1994 participó en la Comisión de Concordia y Pacificación para Chiapas y encabezó la Comisión de Turismo de la Cámara Baja. Como Senador en el periodo 1997-2000, presidió la Comisión de Relaciones Exteriores con América Latina y la Comisión de Asuntos Políticos del Parlamento Latinoamericano.

Era el hombre adecuado para trabajar en la búsqueda de una coalición:

Yo no diría –explica– que las campañas de mi partido fueran cerradas, pero tampoco eran muy abiertas. A mí me tocó observar, en el ámbito nacional, la capacidad y poder de convencimiento del candidato Fox a la hora de sumar diferentes corrientes políticas y sociales del país, cosa que no se había hecho antes en el partido. Era una forma de incorporar fuerzas nuevas que no me costaba trabajo comprender, adaptar a nuestra filosofía, y sobre todo, al propósito primario que perseguíamos todos, ganarle al sistema. Esta innovación provocaba roces con el partido, por supuesto, hasta que finalmente los actores principales del PAN se convencieron de que era el camino correcto, no obstante los riesgos que implicaba este cambio de rumbo en términos políticos. Lo importante fue que logramos arrebatar un gran número de votos, no solamente de la sociedad civil y de organizaciones partidistas de diferente ideología, sino de las propias filas del PRI y del PRD, aparentemente irreconciliables con nuestros principios. Estos votos, pienso, fueron los que en última instancia dieron el triunfo a Vicente.

Rodolfo Elizondo no estaba solo. Se fue formando un equipo significativo de gente que vio en Fox la esperanza de desbancar al régimen. Dos actores principales en la convergencia que hizo posible esta alianza ganadora fueron Adolfo Aguilar Zinser y Jorge Castañeda. Ellos no tenían interacción directa con el PAN, eso hubiera sido demasiado brusco, sino por medio de Elizondo, que hacía las traducciones de lenguaje e ideología. Jamás sintió alguna diferencia que no pudiera conciliarse.

El método de acercamiento con grupos de diferentes idearios consistía en hablar con ellos y escuchar las inconformidades que expresaban sobre sus propios partidos, la falta de liderazgo que sentían en sus dirigencias, la pérdida de la esperanza de participar en la reconstrucción ética, moral y política del país. Este acercamiento no era posible hacerlo sino a través de interlocutores que gozaran de su confianza, sólo que, una vez establecido el diálogo, la tarea se facilitó enormemente "pues juntos pudimos llegar al convencimiento de que se podía tener no una participación marginal, sino una verdaderamente activa, tanto dentro del desempeño de la campaña en marcha, como posteriormente ya alzados con el triunfo". Efectivamente, varias de estas personas que empeñaron su esfuerzo y prestigio con Vicente Fox, después jugarían un papel preponderante en el gobierno, como Alfonso Durazo y Florencio Salazar.

Obviamente, esta actividad requirió mucho tiempo y talento de los que hicieron los enlaces, a la par que del candidato. El resultado, sin embargo, fue muy gratificante. Para empezar, Fox empleó la plataforma básica presentada y aprobada en la Convención Nacional del PAN aunque, "a medida que nos fuimos abriendo a la sociedad, aquélla se fue ensanchando con los enfoques y propuestas que aportaban los diversos y disímbolos grupos que se iban sumando".

Hubo gente de extrema izquierda, algunos que inclusive habían sido guerrilleros y, también, conservadores de extrema derecha. Era un arco iris de amplio espectro y de esperanzada participación ciudadana, de muy diferentes orígenes, todos unidos por el deseo impostergable de transformar al país y el convencimiento de que Fox era el hombre indicado para encabezar el movimiento.

En una reunión que tuvieron en el Hotel Fiesta Americana de la ciudad de México, uno de los aguerridos militantes de la violencia llegó con una carabina 30-30 que había pertenecido, decía, al mismísimo Emiliano Zapata. Elizondo tuvo que llevárselo al cuarto que ocupaba Vicente Fox en el hotel, no fuera a ser que alguien reporteara que ya se estaba gestando una nueva revolución. La reunión fue de lo más agradable, todos echaron mano de la risa, aunque cada quien por diferentes motivos.

La intransigencia legendaria del PAN que pregonaban sus enemigos, no aparecía por ninguna parte. "El partido fue cediendo conforme fueron dándose los resultados. Empero, la verdadera unidad con Vicente, por paradójico que parezca, se dio en el momento del ahora famoso "hoy, hoy, hoy".

Muchos de nosotros pensábamos con toda honestidad que Vicente podía ganar la elección; el hecho de que un incidente como ese pudiera desinflar el impulso nos rebeló e hizo que nos uniéramos con más fuerza. Esto ayudó muchísimo a zanjar diferencias y a trabajar intensamente los días que faltaban antes de la elección".

Elizondo tenía hartas razones para desconfiar de cualquier sacudida que se presentara. Cuando se ha sido tantas veces candidato, se han ganado las elecciones y los resultados no se han reconocido, es natural no creerle ni al bendito. Sabían que su candidato iba adelante en las encuestas, sólo que él y muchos otros panistas no estaban convencidos de que el gobierno aceptara el triunfo. La cultura política del PAN, formada a fuerza de innumerables luchas y a golpe de igual número de fraudes, rechazaba incrédula que la realidad de la victoria que estaban viviendo fuera real.

Con objeto de enfrentar la amenaza perenne del régimen de recurrir a operativos que conjuraran el voto de miles de ciudadanos, el equipo foxiano abrió de par en par las puertas de su movimiento y recibió una avalancha de priístas que deseaban sumarse en favor de Fox. Sus observaciones y consejos abrieron los ojos de los dirigentes de la campaña. Aprendieron en qué estados, municipios y comunidades específicas podría actuar el enemigo y cómo lo haría. Esta valiosa y precisa información permitió reforzar esas zonas, capacitar a los efectivos que ahí militaban o a los simpatizantes que deseaban unirse con tal de tener mayor cobertura en los lugares identificados como focos rojos en el mapa nacional.

Rápidamente el PAN montó un programa dirigido por Rodolfo Elizondo. Luego, un comando especializado de 40 militantes, bajo el mando de Ramón Muñoz, se hizo cargo de fortalecer los puntos débiles más rentables electoralmente. El objetivo era aumentar la vigilancia y disminuir o alejar la intimidación tradicional del PRI al hacer conscientes a los ciudadanos del valor de su participación en el resultado de la elección y de la impotencia del régimen si pretendía tomar represalias. Las acciones se localizaron en el sur y sureste del país, donde la población es más vulnerable a la manipulación: Puebla, Guerrero, Veracruz, Tabasco, Campeche, Oaxaca y Chiapas.

La gente se fue uniendo al movimiento. Antiguos miembros del partido oficial –cansados de la indiferencia de su instituto político–, les iban diciendo qué zonas cubrir, por dónde les iban a caer, recomendándoles no confiar en las encuestas que les daban margen favorable sin afianzar esas posiciones, porque precisamente por ahí podían meterles gol. Les sugerían qué mecánica específica podían usar para nulificar los embates labastidistas. "Y no es que nosotros no conociéramos esas viejas prácticas. Sin embargo, era más fácil comprender los resortes de la instrumentación que empleaban y el antídoto exacto para contrarrestarla, escuchando a los que la habían aplicado en el pasado inmediato".

Algunos de esos priístas experimentados se identificaron pública-mente y colaboraron con el equipo de Fox hombro con hombro, frente a los ojos de la sociedad. Otros prefirieron hacerlo sin salir a la luz pública. "Hubo mucha gente que se puso la camiseta de Vicente Fox, que apoyó su proyec-to, que se la jugó de manera activa dejando su partido, sus organizaciones y sus intereses personales, aunque ahora no están incluidos en el gobierno, por lo que no pueden participar en la construcción del México nuevo que desean. A mí me parece que deberíamos llamarlos. No son tantos como para no poder darles cabida. Ya le he propuesto al presidente su inclusión y él lo está tomando en cuenta".

Rodolfo Elizondo se echó el compromiso de recoger las propuestas que recibieron a lo largo de la campaña, particularmente en las intensas reuniones celebradas en los últimos dos meses. Cada tercer día celebraban una. En ellas se acumularon 170 compromisos de Vicente Fox con todas las organizaciones políticas visitadas y además, después del 2 de julio, Elizondo dirigió la mesa de diálogo con las organizaciones de la sociedad civil en el equipo de transición. La movilización entusiasta de estos grupos representa la mayor incorporación política que se haya dado en la historia de México pues abarca los temas más candentes, diversos y significativos que existen en la Nación y que, por descuido o irresponsabilidad social y política, han permanecido en completo abandono.

Tres líneas estratégicas cubren el fortalecimiento de las organizaciones de la sociedad civil: Los marcos legales de su reconocimiento y regulación; la creación de fondos y mecanismos que financien su operación; y el estableci-miento de instrumentos que permitan su participación en políticas públicas.

Las mesas de discusión cubrieron los ámbitos siguientes: Comuni-cación; educación cívica y participación social; niños y adolescentes; jóve-nes, adultos mayores, mujeres, indígenas; medio ambiente; asuntos migratorios; diversidad sexual; población afectada por desastres; adicciones, personas con discapacidades, prevención, atención y control del VIH-SIDA; derechos humanos; economía social y actividades microproductivas; profesionalización de las organizaciones de la sociedad civil.

Un reto monumental para Rodolfo Elizondo que, desde antes de nacer, estaba predestinado a luchar por la transformación política del país desde sus raíces.

Los rebeldes y el derecho al voto

El 16 de julio del 2000 Eugenio Garza Herrera, un destacado empresario regiomontano, invitó a cenar a su casa a Vicente Fox. Ahí se reunieron los líderes del núcleo empresarial más importante e influyente de Monterrey. Fue una velada de celebración y apoyo al mandatario recién electo. Al día siguiente el Consejo Mexicano de Hombres de Negocios, al cual pertenecen algunos de los empresarios norteños, celebraría su junta ordinaria en la ciudad de México con la asistencia también del presidente electo. Durante la sesión, uno de los asistentes le dijo: "No nos gustan tres de los hombres que colaboran contigo, Vicente". Fox, capoteando el tono de broma lanzado, les contestó: "Nombres, nombres; díganme nombres". Nadie se atrevió a decirlos durante la reunión; ya de salida, otro de ellos, en corto, le soltó la respuesta: "Adolfo Aguilar Zinser, Jorge Castañeda y Porfirio Muñoz Ledo". Fox tomó nota mental, sonrió y abordó el automóvil de regreso al hotel.

¿Por qué no cuadraban estos conocidos personajes de la política a los hombres de negocios más destacados del país? Porque eran demasiado independientes, echados ostentosamente a la izquierda, arrogantes y ruidosos, protagonizadores de escándalos políticos, temibles cada vez que tomaban turno al bat –tanto a la derecha como a la izquierda, tan celosa de la unidad y la disciplina. En una palabra, incontrolables. En el fondo, esa actitud revelaba desconfianza en lo nuevo que se avecinaba, en los equilibrios que brinda la democracia, en perder la tranquilidad que ofrece a las élites el autoritarismo, aunque éstas sean conscientes del atraso nacional frente a las naciones avanzadas del mundo y de la realidad global, algo que demanda un cambio urgente.

Para Vicente Fox este cuadro aparentemente inestable era una oportunidad de sumar fuerzas, ésa era su visualización. Adolfo Aguilar Zinser lo evalúa puntualmente al recordar su vivencia personal:

> A principios de los años noventa comencé a trabajar en las organizaciones civiles que habían concentrado su esfuerzo en la reforma electoral. La búsqueda de la transparencia en los procesos electorales fue una lucha tanto intelectual como política. Era plantear, producir ideas, generar consensos de opinión y, también, denunciar fraudes electorales, enfrentar al viejo sistema de los mapaches en el lugar donde ocurrían las elecciones. Estas actividades nos llevaron a Guanajuato con el propósito de apoyar la transparencia en el siguiente proceso electoral para gobernador del estado. Los candidatos eran Porfirio Muñoz Ledo y Vicente Fox, que se enfrentaban al sistema y su candidato, Ramón Aguirre.
>
> Conocí a Vicente en el 88, cuando ambos éramos diputados en la Legislatura 54. Ésta fue muy importante, emblemática del cambio que estaba produciéndose entonces. Al terminar el periodo, Fox se preparó para ser candidato; nosotros, un grupo en el que estaba Sergio Aguayo, Martha Pérez y otros, tratamos de inventar un mecanismo de vigilancia electoral que denominamos Observación Política. José Agustín Ortiz

Pinchetti y yo encabezamos ese esfuerzo. Lo practicamos por primera vez en las elecciones de Nuevo León, cuando ganó Sócrates Rizo. El Organismo Civil por la Democracia abrió el ejercicio de observar el comportamiento de partidos y ciudadanos en las casillas; luego, surgió Alianza Cívica con el mismo propósito. Nosotros generamos un instrumento más amplio, más adecuado y preciso de revisión electoral.

En las elecciones presidenciales de 1988 quedó muy claro, por el fraude perpetrado, que la sociedad civil tenía que involucrarse al margen e independientemente de los partidos. Ahí empecé mi actividad política, en la calle, aparte del trabajo que hacía como crítico en los medios de comunicación y de mis participaciones de apoyo en la evaluación de la calidad del proceso. Conversábamos con los candidatos, veíamos el comportamiento de los medios, apreciábamos la percepción de la opinión pública sobre la naturaleza del proceso y ensayamos una opinión basada en todos estos insumos que recibíamos de los partidos, de los observadores electorales, de los académicos y de los sectores sociales. Decidimos repetir el ejercicio en Guanajuato y en San Luis Potosí, donde el doctor Salvador Nava era respaldado por el Frente Cívico Potosino, porque él había planteado que la lucha por la democracia no tenía partido, que el apoyo a la transparencia y a la vigencia del voto debiera ser totalmente ajeno a las decisiones ideológicas. Lo importante era que el elector tuviera la libertad y la certeza de votar, sabiendo que su voto contaría. Había que asegurar eso como primer paso para que existiera la democracia en México. De ahí en adelante se podría caminar en dirección al fortalecimiento de todas las instancias democráticas y, más que pelear por un proyecto ideológico, teníamos que luchar por un derecho básico, el derecho al voto.

El principio enunciado por el doctor Nava permitió la convergencia de distintas corrientes ideológicas con Vicente Fox. Yo venía de la izquierda, junto con Jorge Castañeda. Nos encontramos con Fox en un terreno común. Un campo que no era de la lucha partidaria del PAN, ni de las decisiones ideológicas con las que Vicente participaba en política, sino el de la conquista del derecho al voto por el mexicano, confiscado y secuestrado por un régimen que no respetaba ese derecho de los ciudadanos.

Nosotros íbamos a Guanajuato por la simpatía que nos despertaba Porfirio Muñoz Ledo. Resulta que el que gana es Vicente Fox. Ahí quedó muy claro que la consistencia y la integridad del ejercicio era hacer valer el voto a favor de Fox y del doctor Nava. En esa esfera común nos encontramos con Vicente Fox.

Adolfo Aguilar iba por cuenta propia, representando a una organización que llamaron Acuerdo por la Democracia (Acude). Los miembros, invitados por él, pagaban de su bolsa los gastos necesarios. Jorge Castañeda, Federico Reyes Heroles, Luis Priego Ortiz, un priísta de San Luis Potosí: Javier Rivas, Concha Lupe Garza, Artemio Benavides, Alfredo Corella y otros más, formaron dos grupos. Uno para vigilar las elecciones en Guanajuato y el otro para revisar las de San Luis Potosí, ambos bajo la supervisión de Aguilar Zinser, que a la sazón trabajaba en la UNAM dando clases y escribiendo en varios periódicos nacionales y extranjeros:

> Nosotros no hacíamos lucha electoral pretendiendo ganar elecciones, sino buscando hacer valer el voto. No importaba si ganaba el PAN o el PRD, lo sustancial era hacer valer el voto porque sabíamos que, de lograrlo, el PRI perdería. Era, digamos, nuestro voto blanco. Estábamos convencidos de la trascendencia que significaba lograr la alternancia en el poder y de que el fin del régimen era la única manera legítima, pacífica y viable de construir la democracia del país.

Después se encontraron con la personalidad de Vicente Fox y se dieron cuenta de que el guanajuatense era demócrata. A partir de ese hallazgo se fue generando la idea de construir un espacio civil partidista en el que se edificaran las bases de pluralidad y participación en donde todos los mexicanos cupieran, porque precisamente ésa es la naturaleza de la democracia:

> Vimos la relación que guardaba Vicente con Porfirio. Nos dimos cuenta de que resultaba un panista atípico. Siendo consecuente con su afiliación partidaria, era mucho más abierto que los panistas que conocíamos. De hecho, no era el PRI el que se oponía a las revisiones electorales sino el PAN, en la persona de Carlos Castillo Peraza. Enemigo de las organizaciones civiles; sostenía que eran falsas, de membrete. No creía que pagábamos nuestros gastos, según él acudíamos como testaferros del PRD o hasta del PRI. Había entonces gran hostilidad en el PAN contra nosotros; en cambio, Vicente era y es una persona muy receptiva. Él sí quería que fuéramos a Guanajuato, que testificáramos, que los intelectuales avalaran la naturaleza de los procesos electorales, que nos diéramos cuenta de la participación ciudadana. Escuchamos en él un eco igual al que oíamos con el doctor Nava, quien tampoco gozaba del aprecio de la dirigencia panista. Sin embargo, el PAN deseaba capitalizar la fuerza política de Nava en San Luis Potosí, sólo que él era muy elusivo, más bien rejego y no se dejaba empanizar, de modo que tenía también acercamientos con Cárdenas y con nosotros, que estábamos más cerca de Cuauhtémoc. Ahí empezó a darse la convergencia. Por nuestra parte, la observadora fue Tatiana Clouthier.
>
> Acude tenía un espectro realmente plural, con panistas muy participativos que no formaban parte de la cúpula del PAN. Entre ellos esta-

*La candidatura de Muñoz Ledo a la gubernatura de Guanajuato
captó simpatía en sectores de izquierda que entonces conocieron a Fox.*

ban Javier Rivas, Concha Lupe Garza, miembros de la familia Clouthier y nosotros, identificados más bien con el PRD. También concurrían intelectuales perredistas con cierta simpatía por ese partido, aunque sin estar afiliados, y un Vicente Fox con grandes dotes de liderazgo, muy echado pa'lante y con los brazos abiertos al momento de recibir ideas y propuestas de los que encabezaban movimientos sociales y civiles.

Adolfo Aguilar Zinser describe su percepción del liderazgo de Fox:

> Nosotros hablábamos con todo el mundo, con los medios, con los observadores internacionales. Veíamos como se comportaba la gente con él. Arthur Brady, un gringo al que invitamos, que corría con nosotros la aventura de la observación, lo señalaba, pues se daba cuenta y sufría con nosotros cuando nos echaban encima el aparato estatal, o a la hora en que nos perseguían y nos acusaban en los medios. Lo mismo hacían con el candidato. Nosotros lo veíamos actuar. Era valiente y tenía independencia. Advertíamos sus dotes, el carisma que proyectaba, su capacidad de convocatoria. Era un panista con botas, nada usual, con una formación muy conservadora desde el punto de vista familiar; sin embargo, aparecía como un tipo muy abierto de mente, que no se escandalizaba de nada y que no nos veía como monstruos izquierdistas. Así, empezamos a encontrar, a apreciar a Vicente.

Después de la concertacesión salinista en Guanajuato, Vicente Fox se retiró a sus negocios, si bien siguió cultivando la amistad de estos rebeldes izquierdistas de amplio criterio. El Grupo San Ángel fue un sitio humano de encuentro, un espacio de discusión esporádico aunque rico, consolidado en el año 1994, justo al tiempo de las elecciones presidenciales. En ese momento coyuntural, por su parte, Aguilar Zinser dio un paso decisivo. En vez de continuar la lucha civil se lanzó resueltamente a apoyar la candidatura presidencial de Cuauhtémoc. Su pensamiento se había revolucionado: "No basta con defender el voto –advirtió–, hay que tener un candidato, sacarlo adelante, comprometerse con él, asumir la actitud del triunfo concreto, abandonar la pureza del ciudadano inmaculado al que no le importa quien gane mientras el proceso electoral y democrático se respete, incluso sin importarle que el PRI gane en tanto la votación fuese libre y limpia". Pensó que eso era llevar sus convicciones a las nubes, a la abstracción, muy arriba de la sustancia mundana porque en el fondo su pasión política, compartida con sus compañeros de guerra, era que el PRI perdiera, y ello implicaba comprometerse.

En 1991 se organizó el plebiscito de la ciudad de México por una reforma electoral completa. Ahí entró Santiago Creel, quien no había participado hasta entonces. Empezaron a trabajar en la concreción del país democrático visualizado, proponiendo una reforma profunda en las condiciones electorales. Algunos se concentraron en la tarea civil. Adolfo Aguilar Zinser, en tanto, decidió dar el paso de respaldar políticamente a Cuauhtémoc Cárdenas.

Aunque Vicente Fox desapareció de la escena política, de vez en cuando hablaba públicamente de su candidatura futura a la Presidencia. Adolfo Aguilar Zinser, en ejercicio de su libertad, publicó un artículo reclamándole planteamiento tan ambicioso sin haber alcanzado todavía el objetivo inmediato, la gubernatura de su entidad. Escribió: "Vicente Fox tiene la obligación con quienes lo apoyaron en Guanajuato de dar la pelea y consumar el logro en su estado antes de lanzarse a la candidatura por la Presidencia". En esos momentos se peleaba la reforma al artículo 82 Constitucional, que impedía a los hijos de padres no nacidos en México contender por la Presidencia. El grupo de reclamo político empezó a crecer en tamaño y densidad.

Durante 1994, antes de las elecciones, Adolfo Aguilar intentó que Fox se sumara a la candidatura de Cárdenas. Las posibilidades eran grandes, si bien el acuerdo previsto se esfumó a raíz del debate del 12 de mayo de ese mismo año por la derrota que sufrió Cuauhtémoc. Diego Fernández de Cevallos, candidato del PAN, utilizó sus dotes oratorias y con una acometividad bien articulada aplastó a Zedillo y a Cuauhtémoc. Entró al debate con una preferencia de 20 por ciento del electorado y salió de él con 40 por ciento. La búsqueda de un acuerdo con Cárdenas quedó en suspenso.

La etapa foxiana de gobernador llegó en 1995. Con él festejaron el triunfo Adolfo Aguilar como legislador y Jorge Castañeda como intelectual. Iniciaron un diálogo permanente. Cada vez que Vicente Fox venía a la ciudad de México los convocaba a cenar y así ponerse al corriente de los acontecimientos políticos y sociales, en tanto que ellos lo visitaban en Guanajuato. Allá comenzaron a imaginarse la candidatura presidencial. El día que ganó la elección celebraron en el Hotel Fiesta Americana de León. Le dijeron: "Vicente Fox va a ser gobernador para convertirse en presidente de México". Fue una sentencia eufórica que se cumplió cabalmente y sin que ellos se desprendieran en ningún momento del adelantado candidato.

El siguiente eslabón de esta cadena por la Presidencia fue en 1996, cuando Aguilar Zinser y su grupo organizaron en el Poliforum Cultural Siqueiros un ciclo de 18 conferencias sobre el tema Compromisos por la Democracia[1]. Fue un momento culminante, participaron conferenciantes de primera clase: Manuel Camacho, Vicente Fox, Elba Esther Gordillo, Adolfo Aguilar Zinser, Jorge Castañeda, Porfirio Muñoz Ledo, Ricardo

---

[1] *Compromisos por la Democracia*, Plaza & Janés, México,1996

García Sáenz, Víctor Flores Olea, Lorenzo Meyer, Santiago Creel, Bernardo Sepúlveda Amor, Carlos Fuentes, entre otros.

El Poliforum se convirtió en el centro del debate nacional, abarrotado cada semana con figuras presidenciables. Fox, gobernador, presentó un proyecto de país a partir de sus argumentos en Guanajuato. Manuel Camacho y Porfirio Muñoz Ledo participaron con sendas propuestas formidables y con presentaciones muy vistosas. Camacho levantó ámpula contestando brillantemente a sus detractores que le gritaban interrogándolo sobre el asesinato de Colosio. Quedó claro que ahí había tres prospectos presidenciales. Adolfo Aguilar Zinser, Jorge Castañeda y el resto del grupo respiraban gran satisfacción, ya que de esta siembra podrían brotar varias posibilidades electorales que luego, una de ellas, sería la de unidad. Aguilar Zinser percibía que la más viable era la de Vicente Fox, pues tenía el respaldo del PAN, había conquistado una gubernatura y contaba con toda la proyección que habían compartido con él. "Pero estábamos abiertos, Fox estaba abierto, de modo que si alguna candidatura tuviera más fuerza, ésa sería la de unidad.

De ser un demócrata en abstracto, con entusiasmo se ató a una candidatura concreta, la de Cuauhtémoc Cárdenas. Enseguida, tras la derrota del michoacano, lo abandonó y publicó las causas del fracaso. La nueva conversión fue demasiado libre para la izquierda fundamentalista y monárquica de la facción cupular del PRD, Adolfo Aguilar Zinser fue condenado por su excesiva independencia. La denuncia de traición circuló inmisericorde por todo el país. La acusación de que sólo jugaba para su santo pretendía alejarlo de nuevas posibilidades políticas. Imposible explicar en ese momento su mente compleja, inquieta y atrevida.

Tras publicar el libro *¡Vamos a ganar! La pugna de Cuauhtémoc Cárdenas por el poder* [2], se desató la polémica en torno a las razones de la derrota. Él fue el coordinador de la campaña, por lo que sabía muy bien las entretelas del drama interno; es decir, atribuyó las razones del descalabro en su libro de 481 páginas, no a que el PRI-gobierno hubiera hecho trampa, sino a la penosa realidad de no haber sabido ganar los votos, tesis central de sus revelaciones:

> Escribí en el libro todo el proceso y demostré que habíamos caído en un estancamiento político. No estábamos cercanos a la población, imaginamos un pueblo que ya no existía, el malogro era un hecho y resultaba más trágico no reconocer la derrota y culpar al PRI del descalabro. El libro se convirtió en la Biblia de muchos priístas. Dijeron: "Aquí están las claves". Cuauhtémoc se enfureció, fui anatematizado. Cuando un periodista le preguntó a Samuel del Villar –después procurador de justicia del

[2] Editorial Océano, México, 1995.

Distrito Federal (1997-2000)– si había leído la obra, él contestó: "No, nunca leeré un libro que no debió ser escrito".

Fue un linchamiento público. Una parte del PRD sí lo entendió, otros no. Aún sigue sin procesarse lo que sucedió. Yo describo cómo son las tribus del PRD, lo que pasó en la campaña, quién se acercó a Cuauhtémoc y cómo lo hizo. Después me independicé, formé la Comisión Conasupo en el Congreso y mantuve una postura frontal contra el gobierno, lo que desacreditó la crítica de que había traicionado al PRD. Realmente, quien se traicionó a sí mismo fue el partido. Yo seguí peleando por las mismas causas, con claridad, con eficacia, con autocrítica, sin formar parte del gobierno.

En 1997 lancé mi candidatura independiente al Senado postulado por el Partido Verde Ecologista dentro de la figura de representación de lista nacional. Inicié la campaña en Salamanca, Guanajuato, como una definición simbólica, porque en ese estado era donde se estaba gestando el cambio. El objetivo era sacar el tres por ciento de la votación nacional, lo que parecía imposible para un candidato independiente con ese respaldo. La noche anterior a mi lanzamiento, cené en el rancho de la familia Fox y Vicente me decía: "Tú no vas a ganar... ¿Cómo lo vas a hacer? Sólo haciendo campaña por todo el país. Nadie va a votar por ti". Doña Mercedes, madre de Vicente, le dijo: "¡Yo voy a votar por él, para que sea Senador!" Y así pensaron muchos, porque logré un millón 300 mil votos. ¡4.5 por ciento nacional! Solamente en León, Guanajuato, gané cerca de 40 mil sufragios en un voto partido, la mitad para mí y la otra parte para los candidatos del PAN. Cuando regresé al rancho, después de las elecciones, Vicente se adelantó y me confió: "Chapo, mis respetos, nunca pensé que fueras a ganar."

¿Quién es Adolfo Aguilar Zinser, actual consejero de Seguridad Nacional y comisionado en el gabinete de Orden y Respeto del gobierno del presidente Fox? Nació en la ciudad de México el 2 de diciembre de 1949. Estudió la licenciatura de relaciones internacionales en el Colegio de México (1972-1975) y obtuvo la maestría en administración pública y desarrollo económico en la Universidad de Harvard, escuela de gobierno John F. Kennedy (1977-1978). Fue diputado federal en las listas de candidatos externos del PRD e integrante del grupo de diputados ciudadanos independientes (1994-1997), participando en las comisiones parlamentarias de Relaciones Exteriores, de Asuntos Fronterizos, de Radio Televisión y Cinematografía, Especial Paritaria de Comunicación Social y la que investigó a la Conasupo.

Senador de la República como candidato independiente en las listas del Partido Verde Ecologista, fue Miembro de las Comisiones de Relaciones Exteriores II y III, de Medio Ambiente y Recursos Naturales, y Jurisdiccional (1997-2000).

Ha ejercido cargos académicos tanto en México como en el extranjero y realizado tareas de investigación y docencia en instituciones como el Centro de Estudios Económicos y Sociales del Tercer Mundo (Ceestem), en el Centro de Estudios Internacionales de la Universidad de Harvard, en el Centro de Investigación y Docencia Económicas (CIDE), en la Fundación Carnegie para la Paz, con sede en Washington, en el Centro de Investigaciones sobre América del Norte (CISAN) y en la Facultad de Ciencias Políticas y Sociales, ambos de la UNAM. También fue profesor huésped en el Centro de Estudios Latinoamericanos de la Universidad de Georgetown, en la Escuela de Servicio Exterior de la Universidad Americana, en la Universidad de Chicago y en la Universidad de California en Berkeley.

Entre sus publicaciones figuran: *Aún tiembla* (editor), Nueva Imagen, 1985. *Vamos a Ganar, la pugna de Cuauhtémoc Cárdenas por el poder*, Océano, 1995; *Compromisos por la Nación* (editor), Plaza & Janés, 1996. Ha escrito numerosos ensayos en libros y revistas especializadas tanto de México como del extranjero sobre temas internacionales de relaciones políticas y económicas de México con Estados Unidos y Centroamérica, seguridad nacional, frontera sur o refugiados, en tanto que sus temas nacionales han sido la evolución del sistema político mexicano, la corrupción, el papel de la sociedad civil en el cambio, las relaciones cívico militares y el presidencialismo.

Colabora semanalmente en *Reforma* y otros diarios, entre los que se encuentran *Frontera* de Tijuana, *Diario de Yucatán*, *El Siglo de Durango*, *El Mañana de Reynosa*, *Mural de Guadalajara*, *Palabra de Saltillo*, *Crónica de Mexicali*, *Imparcial de Hermosillo*, *La Opinión* de Los Ángeles y *Éxito* de Chicago. También ha publicado artículos de opinión en *Los Angeles Times*, *The Washington Post*, *The Wall Street Journal*, *The Miami Herald* y *Le Monde Diplomatique*.

Adolfo Aguilar nunca perteneció al PRD. Apoyó a Cuauhtémoc con el mismo ánimo con que respaldó a Fox, no con una perspectiva partidaria, sino como una alternativa de cambio del país. Cárdenas tuvo la oportunidad de convertirse en la opción democrática de alternancia en 1988 y en 1994. En su opinión, en ese año terminó su posibilidad presidenciable. Él reanudó la brega, esta vez construyendo junto con miles de mexicanos la candidatura de Fox, un hombre que en su criterio compartía las mismas preocupaciones de carácter social que él profesa, respaldadas por aspiraciones y creencias de esencia política similares, con el propósito inmediato de crear una alternativa democrática. En esa personalidad buía la esperanza de liberar a la Nación de sus ataduras autoritarias. Fox era esa nueva posibilidad y con él se fue Aguilar Zinser.

A finales de 1996, emprendimos una jornada internacional que buscaba establecer lazos de comunicación con políticos de Centro y Sudamérica.

Jorge Castañeda y Roberto Mangaveira-Unger entre 1996 y 1998. Visitamos Costa Rica, Chile, Brasil, Argentina, y Vicente Fox, recién electo gobernador, culminó los trabajos convocando a una reunión del *The state world forum*, poniendo al estado de Guanajuato en el mapa como el lugar donde sucedían los cambios. Establecimos una relación muy estrecha, de amistad, de confianza mutua en la que fuimos trabajando y visualizando la campaña electoral por la Presidencia.

La participación de Aguilar Zinser y Jorge Castañeda en los planes de Fox se desarrollaba de una manera discreta. Era un pequeño equipo que se reunía más o menos cada mes con la intención de hablar de política y de estrategia. Un reducido foro donde analizaban diversos asuntos de política nacional y temas pertinentes a la posición y acción que podía tomar Fox. Por ejemplo, quién iba a ser el candidato del PRI, cómo iban a designarlo, qué oportunidades ofrecía cada una de esas coyunturas, qué debería hacerse para vencerlo:

Vicente nos hablaba de la organización operativa que estaba formando, de la existencia de un *think tank* que lo orientaba, de la gente que estaba reclutando. Nosotros queríamos apoyarlo de una forma que fuera eficaz. Si nos convertíamos en empleados en un comité de campaña chiquito, la fuerza política que pretendíamos sumar se diluiría. Optamos por conservar la independencia. Le dijimos: Vamos a estar estratégicamente contigo, sólo que seguiremos actuando independientemente como políticos e intelectuales que somos. Vicente abrigaba cierto temor de generar una reacción en el PAN por ser nosotros notorios intelectuales de izquierda, y eso era lo último que deseábamos. Él fue siempre muy explícito: "No vamos a abrir frentes con el partido". Optamos por mantener una relación pública muy mesurada. Además, no había mucha atención sobre Vicente todavía. Éramos sus amigos intelectuales. A esas reuniones asistían José Luis González *El Bigotón*, Ramón Muñoz, Eduardo Sojo y Lino Korrodi, miembros del equipo básico de campaña y las contrapartes panistas, Rodolfo Elizondo y Santiago Creel. Santiago tenía amistad con Vicente, desarrollada en el trabajo político de convergencia democrática y civil. Cuando fue elegido consejero ciudadano, hubo de interrumpir su labor de apoyo mientras desempeñó el puesto en el IFE. Antes había respaldado a Vicente en la lucha por lograr la reforma constitucional del artículo 82, Santiago era muy importante para la causa por estar cerca del PAN, a diferencia de nosotros, que estábamos en el otro extremo. Finalmente Santiago Creel se registró en el PAN a fin de preparar su candidatura por la jefatura de gobierno del Distrito Federal. Nosotros queríamos que permaneciera en el grupo de estrategia política porque podía enlazar los esfuerzos hacia el interior del PAN, sólo que decidió irse. Pensamos que era una pérdida por la articulación que podía lograr con su partido y con la sociedad civil. Santiago era una figura muy respetada en Acción Nacional y, además, era muy amigo de algunos prominentes líderes del PRD, como Porfirio Muñoz Ledo y Amalia García. *El Negro* Elizondo entró al relevo.

Tuvimos una reunión en el rancho de José Luis González en el estado de Veracruz que, desde el punto de vista estratégico, fue muy importante. A la junta ya asistió Rodolfo Elizondo. En esa ocasión se tomaron las decisiones básicas de una estrategia que se respetó hasta el final de la campaña. Despuntaba el año 1998. El sol veracruzano nos animaba a determinar que lo que había que ganar eran los votos de la gente, no el calor de la opinión pública, ni el de los intelectuales. Vicente fue muy claro y nosotros estuvimos de acuerdo. Bien, lo que cuenta es el voto de la gente. No se puede construir exitosamente una candidatura intelectual como se percibía era la de Cuauhtémoc. Hay que hacer una candidatura popular. *El Bigotón* enfáticamente insistió en posicionar a Vicente Fox frente a la opinión pública, darle reconocimiento público. En ese momento sólo lo conocía el 12 por ciento de la población. "Hay que llegar en este año –dijo– a 55-60 por ciento, sin meter a Vicente en la polémica ideológica, o identificarlo con posiciones de las cuales, después, no se pueda salir".

Para nosotros esa reunión fue un momento decisivo: "Muy bien, le dijimos a Vicente, vamos a construir un proyecto democrático, si bien comprendemos que éste no va a ser el tema del proyecto electoral en la primera fase. Lo nuestro va a ser una proposición de fondo". Vicente aceptó profundizar en el concepto democrático sin sacarlo a la calle en ese momento. Esta separación de ideas y de equipo revelan el genio de Fox. Nunca mezcló las actividades del grupo operativo y el nuestro, que revisaba exclusivamente estrategias políticas. De haberlo hecho, pienso que hubiera generado rivalidades innecesarias. Él sabía en qué nos necesitaba y nosotros sabíamos para qué estábamos con él.

La prensa se dio cuenta de nuestra concurrencia y lanzó sus preguntas: "¿Son ustedes asesores de Fox, qué van a hacer, van a respaldarlo políticamente?" Nosotros contestábamos: "No, estamos trabajando sobre el proyecto de país con Vicente Fox. No tenemos nada que ver con la campaña. Es un asunto completamente distinto". En realidad, desde ese momento intentamos y logramos reunirlo con escritores e intelectuales de peso: Carlos Fuentes, Lorenzo Meyer, Sergio Aguayo, Gabriel García Márquez, Héctor Aguilar Camín, Federico Reyes Heroles y todos los que pudimos reunir con la pretensión de introducirlos al mundo desconocido de Fox, con el propósito de enriquecer la relación en ambos sentidos. Por supuesto, queríamos convencerlos de que lo apoyaran, pero sin forzar situaciones. Ellos iban reaccionando conforme se daban los deslindes ideológicos. Por contra, enfrente teníamos una especie de secuestro ideológico de parte de Cárdenas. Un buen

Adolfo Aguilar Zínser tuvo con el candidato panista
una relación mesurada a fin de no abrir frentes en el partido.

número de intelectuales aceptaba su falso dilema: Si estaban con el PAN, eran traidores, como si él sentenciara: "No necesitas estar conmigo, simplemente no estés con el PAN". Fox representaba una especie de estigma ideológico que nosotros no lográbamos quitar, porque además, ni siquiera creían que Vicente pudiera ganar la Presidencia. Esa creencia fortalecía lo que a nosotros nos parecía un delirio ideológico.

Lluvia de apoyos espontáneos

Vicente Fox aceptaba prácticamente todas las iniciativas que le presentaban. Era más fácil detener algún intento claramente equivocado que analizar y autorizar cada idea propuesta. Ese fue su estilo de dirección en la campaña y los resultados que rendía eran sorprendentes: Todo el mundo se animaba a soltar ideas y a llevarlas a la práctica, en muchas ocasiones sin recibir respaldo económico alguno. En este caso se encuentra Francisco de Paula León Olea, un hombre de negocios independiente y controvertido por las prácticas audaces que había lanzado en diferentes negocios, producto de una imaginación sin límites. León Olea acumulaba en su alma un agravio creciente contra el sistema y sus hombres. En cada proyecto que emprendió sentía la mano invisible del control, no con afán de regular su iniciativa dentro de la ley, sino para obligarlo a compartir el privilegio de hacer negocios, como costumbre inveterada del sistema y con el pretexto de sus heterodoxias. En un libro reciente [3], revela su "historia del pensamiento y de una lucha generacional para sobrevivir y derrotar a un Estado delincuente".

León Olea, inspirado en la filosofía de Václav Havel, el poeta presidente de la República Checa. Autor de *El arte de lo imposible* y *El poder de los sin poder*, lanzó una serie de iniciativas ciudadanas que culminaron con el respaldo a la candidatura de Vicente Fox mediante tres acciones concretas: La incorporación de organizaciones de la sociedad civil bajo el membrete de Movimiento de Unidad Nacional (MUN); la organización de una sociedad civil encargada de contragolpear políticamente a los que agredían al candidato Fox o se manifestaban tácitamente como enemigos del cambio; y la promoción de convergencias individuales con objeto de fortalecer la Alianza por el Cambio, especialmente en las personas de Jorge González Torres, quien se sumó de inmediato, de Porfirio Muñoz Ledo, que lo hizo más adelante, y de Manuel Camacho Solís, que declinó la invitación.

El Movimiento de Unidad Nacional envió 12 mil invitaciones a las organizaciones civiles de toda la República y, en una magna sesión en el Poliforum Siqueiros de la ciudad de México, con la presencia del candida-

---

[3] *Contra Viento y Marea,* Gabriel Ediciones, México, 2000.

to, exhortó a las asociaciones a formular propuestas e integrarlas al Plan Nacional de Desarrollo que estaba preparando el equipo de foxiano.

> El contragolpe civil –admite León Olea– fue intenso, difícil y a veces doloroso, especialmente el que lanzamos contra Cuauhtémoc Cárdenas en los días siguientes al martes negro. Sólo que era tan obvia la asociación que establecieron el ingeniero Cárdenas y Labastida que había que denunciarlo con todas sus letras.

Igual intensidad utilizó en contrarrestar la guerra de las encuestas por medio de la publicación de la hipótesis política en la que anticipadamente daba por triunfador a Vicente Fox. El PRD protestó formalmente ante el IFE por esta promoción de León Olea; no obstante, la demanda no prosperó porque no era más que el pregón de un escenario hipotético.

El ataque contra Labastida partió del espectáculo presentado en Chimalhuacán con los *chippendale* (hombres que se desvisten frente a mujeres). Lo organizó la lideresa priísta Guadalupe Buendía, *La Loba*, para su candidato. Francisco León publicó planas enteras en varios periódicos mostrando fotografías del bochornoso acto y rematando el anuncio cantándole las verdades al priísta y condenándolo: "No, señor Labastida... Usted no puede ser presidente". Al día siguiente, recibió una amenaza telefónica de muerte conminándolo a detener su campaña. Francisco de Paula ya había entrado a la lista de ciudadanos sujetos a espionaje por parte del aparato oficial y, además, se lo hicieron saber. La advertencia, en vez de amedrentarlo, le sirvió de estímulo y redobló sus ataques.

Finalmente, participó en un intento por establecer un pacto de no agresión entre la Presidencia y Vicente Fox que no prosperó. Éste nunca aceptó la posibilidad porque deseaba mantener la incógnita de lo que él haría en caso de fraude, y aunque Francisco de Paula maniobró con destreza lo más que logró, según declara, fue que Ernesto Zedillo advirtiera por televisión a todos los funcionarios públicos de no utilizar recursos públicos para influir en la elección. Fox, al conocer esta comunicación, redujo el tono de sus discursos contra el presidente.

Otro caso, emotivo éste, es el de Lorena Viniegra Velázquez, una agraciada mujer de verdiazules ojos que en sus años mozos ha de haber dejado palpitando muchos corazones masculinos. Hija de un geólogo capitalino, peregrinó con él por las escarpadas sierras del territorio nacional ricas en minerales. Ahí conoció a las diversas etnias que habitan esos lugares y escuchó la filosofía de su padre sobre la igualdad que debe reinar entre los hombres. Estudió varias carreras –arquitectura y artes plásticas en la Universidad Iberoamericana y letras españolas en la UNAM– que no pudo culminar por la miopía progresiva de sus ojos y por su matrimonio. En el último año que estudió en la Iberoamericana las dioptrías crecieron de cinco a nueve, una por mes. El propio rector le dijo: "Tu carrera o tus ojos". Después de tener a sus dos hijos y ya separada de su marido, el cáncer la visitó con su despiadada impertinencia. Los médicos la desahuciaron. Providencialmente cayó en sus manos un manual para combatir esa enfermedad basado en una alimentación estrictamente orgánica. Siguiendo esta idea empezó una nueva vida.

Se fue a vivir a Valle de Bravo, compró un terreno con un sembradío de papa en el campo cercano y se puso a cultivar las materias primas que su alimentación requería y que, a la vez, le sirvieron de sustento al comercializarlas: Alcachofas, lechugas, tomates. También criaba sus propios pollos y borregos, ¡y el cáncer se alejó! Vive rodeada de comunidades indígenas en medio del bosque. Su antigua vocación social, motivada por su padre, despertó al tener contacto con las familias otomíes y mazahuas que ahí conviven, dándole a su vida un nuevo sentido. Ya nadie la reprendería por haber regalado un suéter a una niña pobre –como lo hacía su mamá– porque viviría sola y su alma.

Mejorar las condiciones sociales y económicas de los indígenas se volvió una obsesión al descubrir que el obstáculo principal para su desarrollo era la enervante sujeción política que tenían y que desafortunadamente aún tienen. He aquí su relato, ejemplo de la efervescencia que brotó en todo el territorio nacional cuando la sociedad vislumbró la posibilidad de un cambio en su sistema político:

> Hace 14 años que llegué a la comunidad otomí de San Bartolo Amanalco, Estado de México, ubicada a 18 kilómetros de Valle de Bravo. Mi propósito, aparte de ganarme la vida, era hacer labor social tratando de concientizar a los indígenas y campesinos sobre sus derechos, así como de sus obligaciones; de la importancia de reforestar los cerros, de cómo repercute la ausencia de árboles en la merma de agua de los manantiales y del efecto que acarrea en la erosión de la tierra.
>
> A finales del mes de noviembre de 1999 pensé y sentí que la campaña de Vicente Fox estaba cojeando en el campo. Tomé la determinación de lanzarme a investigar qué porcentaje de mi comunidad había oído hablar de Fox. Como era de esperarse había lugares en donde su cabecera municipal no cuenta con oficina de correos, no tiene un solo puesto de periódicos ni llegan ahí los medios electrónicos, sólo cuentan con la estación de radio local de Valle de Bravo, que es priísta y otra, de la capital del estado, de música grupera. ¿Televisión? Sólo la gente acomodada, los agiotistas y los caciques tienen sistemas de pago. Así que, aproximadamente, sólo un cinco por ciento había oído hablar de Vicente Fox. Sin embargo, no lo ubicaban. Comencé mi labor visitando las 22 comunidades de Amanalco de Becerra,

municipio 90 por ciento priísta, donde el PAN contaba con cinco miembros. Me conecté con cuanto líder natural conocía, en apoyo a mi labor de convencimiento. Les hablé de la importancia que tenía el cambio en el país y cómo repercutiría en un nuevo México, que sus hijos gozarían teniendo más oportunidades y por consiguiente una vida mejor.

Un día leí en el periódico Reforma que Fox iba a iniciar el proyecto tractor buscando promover el voto a su favor en las zonas rurales. Me fui a la ciudad de México y me presenté en la casa de campaña. Pregunté por Juan Antonio Fernández, que era el nombre que había aparecido en el periódico. Expliqué que llevaba tres meses promoviendo el voto y cómo lo estaba haciendo, que venía a ponerme a sus órdenes para ver en qué podía ayudar. Me dijeron cómo me podían respaldar, ya que el proyecto era exactamente lo que yo estaba haciendo e inmediatamente me dieron apoyo con publicidad. Inicié mi recorrido por más de 200 comunidades, algunas con una población indígena superior a 90 por ciento.

Empecé a llevar como invitados especiales a algunos líderes otomíes y mazahuas a eventos de Fox, como el del Poliforum del 3 de mayo de 1999, donde los indígenas no podían dar crédito de que se les sentara junto a personas con corbata y no como lo hacía el PRI, que mandaban a la indiada a otro lado. Al salir del evento uno de ellos me agradeció haberlo invitado y me dijo: "Don Fox habla con palabras del corazón, palabras limpias yo entiendo y se quedan en mi pienso. Labastida tiene mucho verbo pero no entiendo". Al llevarlo de regreso a su comunidad, donde lo esperaban algunos campesinos, les dijo: "Don Fox tiene razón, él solo no puede hacer el cambio, tenemos que ayudarlo, ayudarlo todos; primero con nuestro voto y después cambiando nuestros propios corazones porque las palabras brotan del corazón". Otro dijo: "Compañeros, nos estamos haciendo viejos y todavía no abrimos los ojos, ¿cuánto tiempo más vamos a esperar? Hasta los perros abren los ojos a los 15 días y nosotros no los hemos podido abrir, ya no hay que dejar que nos doren la píldora, cada vez que hay elecciones nos prometen mil cosas que nunca cumplen. Por eso hoy, hay que apoyar a Fox dándole nuestro voto y ya no vamos a permitir jamás que delegados o gente con cierto poder se aproveche de nosotros, vendiéndonos láminas y mil cosas que nos manda de apoyo el gobierno. ¡Ya basta compañeros, abran los ojos!"

Otra ocasión, recorriendo los caminos en los que hacía paradas para entregar publicidad y promover el voto en misceláneas, gasolineras, vulcanizadoras, tendajones y torterías, vi a un niño como de 12 años con su abuelo. Me acerqué a darle un cuaderno con dibujos para iluminar, de Fox. El abuelo le preguntó:

–¿Qué te dieron?

–Un cuadro de Vicente Fox–, dijo el niño.

—Tíralo, tíralo.

—No abuelo, yo quiero el cambio.

—Qué cambio ni qué cambio, el cambio es pendejo.

Le pregunté al abuelo su edad y me dijo que 70 años.

—Señor, usted nació, creció y, si no cambia, morirá bajo el dominio del PRI, ¿Por qué no darle oportunidad a otro partido?

—Sí abuelo, dale oportunidad, vota por Fox de mi parte, ya que yo no puedo votar todavía.

No todo fue color de rosa, hubo lugares como San Simón de la Laguna, donde se sembraba marihuana en el sexenio de Carlos Salinas, comunidad 90 por ciento mazahua, donde me recibieron con pistola en mano. Haciendo caso omiso, le pedí al portador del arma me informara cómo llegar a la casa del comisariado ejidal y él, copastor de la Iglesia evangélica, guardó la pistola y se subió a mi camioneta, llevándome personalmente a donde yo quería.

En otra comunidad que ya había visitado empecé a recibir amenazas de que, si volvía por allá, me atuviera a las consecuencias. Lo mismo le decían a mi ayudante, así que ahí ya no volvimos. En otras comunidades llegué a conocer narcos o cabecillas de secuestros *express* cuyos nombres me reservo, así como los detalles, por seguridad propia.

En el distrito electoral tres, de San Felipe del Progreso, municipio con 165 mil habitantes de los cuales 95 por ciento es mazahua, recibí el más grande apoyo, aunque con algunos bemoles. Ahí fue donde se levantó el mayor número de denuncias sobre la compra del voto por el PRI y donde más amenazas recibió el pueblo si no votaban por ese partido. En otras comunidades les dio miedo pero los mazahuas fueron bien valientes. El diputado Carlos Arce me hizo favor de conectarme con la diputada federal del PAN por el Estado de México, María Del Carmen Corral, ahora suplente del senador electo Carlos Madrazo, con el propósito de levantar dichas denuncias, aproximadamente 30 entre Temascalcingo, Villa del Carbón y San Felipe del Progreso, y darle seguimiento en la Cámara de Diputados. También llevé a Susan Ferriz, una reportera estadunidense, primero a San Juan y San Bartolo Amanalco, y después a San Felipe del Progreso y San Pedro el Alto para hacer un reportaje sobre las amenazas que sufrían los indígenas si no votaban por el PRI, como el de retirarlos del programa Progresa y Procampo o peor, quitarles el agua potable y la luz que dizque les había dado el PRI. Gané contra la amenaza que recibían de los maestros de suspender a sus hijos en la escuela si no mandaban su credencial de elector, y como hubo padres que no la mandaron, castigaron a sus hijos. Después de explicarles a estos padres que podían denunciar lo ocurrido se sintieron fuertes, llevaron a sus hijos de regreso a la escuela y les dijeron a los maestros que si

Vicente Fox desarrolló el proyecto tractor *buscando promover el voto a su favor en las zonas rurales.*

no aceptaban a los niños los denunciarían. Los alumnos fueron recibidos nuevamente.

En el recorrido que hice de más de 10 mil kilómetros, tuve que pasar por situaciones difíciles, sobre todo cuando debía pernoctar en comunidades donde la puerta del cuarto no tenía llave y de repente, en la noche, se me colaba algún mazahua, diciéndome que me hiciera a un lado porque iba a dormir conmigo. Me aclaraba que espalda con espalda, porque se había quedado sin cuarto. "Sí –me decía–, y que chingue a su madre el que se voltee". "No m'hijo yo me voy a dormir a mi camioneta".

En un hotel de San Felipe del Progreso, el único cuarto que estaba libre y supuestamente listo, tenía el piso vomitado al igual que los sarapes. Pedí que lo limpiaran y sólo removieron el olor. Obviamente esa noche no dormí. Con las comidas era igual, a veces tenía qué comer, a veces no comía durante 12 horas. Hubo ocasiones en que me quedé sin gasolina por mi pura culpa, obviamente en medio de la nada. Gracias a los arcángeles que siempre me han cuidado pasaba alguien y me vendía 20 litros hasta por 250 pesos. En otra ocasión recibí una mordida en la boca, sin saber por qué, pienso que por agresión pues algunos indígenas no entendían que estuviera recorriendo tantos kilómetros sólo para promover el voto a favor de Vicente Fox, sin mayor interés que el de la esperanza del cambio en nuestro país. Me decían: "Usted está buscando seguramente un hueso para que cuando lo obtenga nos venga a pisotear como hacen todos".

Recibí muchísimos rechazos y ataques de parte de ellos aunque al final llegaron a aceptar mi presencia. Llevar a cabo esta misión y el reto que me propuse lograr requirió investigar, primero que nada, de cuántas comunidades constaba cada municipio y cuáles tenían más de 300 habitantes, ya que cierta vez por llegar a un sitio donde no entraba mi coche tuve que conseguir un animal que parecía caballo y montarlo a pelo para encontrarme que en ese lugar sólo había 28 pobladores. Aparte de la desilusión, llegué a mi casa a quitarme las garrapatas, que fue el único trofeo de tal hazaña. También investigué el número de asociaciones civiles, políticas, religiosas, sociales; cuántos eran católicos, evangélicos, protestantes o de otras religiones; si eran ejidos, el número de ejidatarios o uniones –hechas entre campesinos–; el comportamiento del PRI y del PRD en elecciones pasadas, la ubicación de casillas en planos que yo hacía y finalmente, la población votante. Eso me permitió avanzar más rápido, porque abarcar 200 comunidades en tres meses era muy corto tiempo si no contaba con ese estudio.

El 28 de junio del 2000, en el cierre de campaña campesino en Loma Blanca, Almoloya de Juárez, el gobernador Arturo Montiel, trató de boicotearnos el mitin evitando que llegaran más de 100 camiones. Les pagó más dinero para que no fueran, además de bloquear caminos. Con todo y eso le falló. Muchos campesinos abandonaron los vehículos y llegaron a pie recorriendo kilómetros con tal de acompañar a su candidato Fox. Acudieron más de 20 mil campesinos de cuatro distritos, de lo cual me enorgullezco porque tres de ellos procedían de donde yo hice campaña.

En la madrugada del domingo 2 de julio –como a las tres de la mañana–, día de las elecciones, paramos, con nuestro pequeño ejército de cazamapaches, a varios camiones enviados por el PRI, uno con cobertores, otro con despensas y uno más con varilla, que llevaba ocultos unos costales con sobres. No sabemos si todos tenían dinero, aunque la muestra que tomé traía 50 pesos y una carta con el logotipo del PRI. Todo lo tuvimos que quemar, porque al tratar de llevar esa prueba al Ministerio Público y levantar la denuncia, lo único que logré fue que la rompiera el juez en mi cara, diciéndome que él era PRI y autoridad. También ubicamos algunas tiendas donde la camioneta de la candidata del PRI llevó bolsas –no sabemos que contenían. Les amolamos su domingo, poniendo vigías todo el día desde temprano. Yo fui representante general de dos comunidades y en ellas también hubo muchas irregularidades, que no pudimos impugnar por no tener papelería membretada del Instituto Electoral del Estado de México (IEEM). Por ejemplo, cambio de ubicación de casillas, las boletas llegaron tarde, como a las diez de la mañana y obviamente no se pudieron contar. Se votó sin estar en las listas nominales y, cuando se les reclamaba, decían que estaban avaladas por el representante del IEEM y que no les podíamos hacer nada; luego, se acercaba el representante de IEEM y los respaldaba. Se cambiaban a los presidentes de casilla dejando en su lugar a hermanos o hermanas. Cuando fui de nuevo al Ministerio Público me dijeron lo mismo, que ellos eran PRI y autoridad y no me hicieron caso.

Me retiraron del cargo como a las cuatro de la tarde, después de que me pusieron varios cuatros. Uno de ellos es que estando yo recargada en mi camioneta se acercó el delegado de mi sección y me dijo: "Que bueno que la veo doña Lorena, quiero pedirle su cooperación para mañana, ya que vamos a empezar a sacar piedra y componer el camino". Lo que yo desconocía es que nos estaban grabando en video. Él se despidió y se dirigió a votar. Después me denunció, diciendo que lo estaba persuadiendo de que votará por Fox. Llegaron los del Ministerio Público a amedrentarme. La gente del PAN me dijo que era mejor que me retirara y eso hice.

Ahora, ya ganadas las elecciones y siendo Vicente Fox presidente, empieza lo más difícil: Mantener arriba el ánimo de los campesinos e indígenas y que no llegue nuevamente la parálisis del miedo. Los indígenas están acostumbrados a guiarse por aquellos que poseen autoridad, y más en municipios como el de Amanalco, en donde todavía predomina la ley del monte. Todas las personas que me ayudaron están recibiendo amenazas de los candidatos triunfantes del PRI, diciéndoles que se van a cobrar a razón de cinco por cada una de las traiciones que les hicieron, que al haber dejado de votar por ellos y haberse pasado conmigo estaban cometiendo una traición. A mí, por casualidad o por coincidencia, no me dejan rebasar en carretera, me tratan de sacar del camino, tanto minibuses como camiones de volteo. Además, me amenazaron con retirarme del padrón del agua de riego, cosa que yo sé que no pueden hacer porque no es tan fácil amedrentarme a mí como lo hacen con un campesino que siempre está más desamparado. De todas maneras la lucha va a ser fuerte, ahora sí que fuerte y tupida, pero seguiré en pie de guerra, llegando hasta donde se deba llegar, además de seguir haciendo conciencia de todo lo que es conservar nuestros bosques y evitar la contaminación de las aguas del río que surte la cuenca de Valle de Bravo. Si no se pone atención, dentro de 25 años dejará de existir, como ocurre con la fauna y la flora en los alrededores de la presa que surte el 30 por ciento del plan de Cutzamala.

Después del 2 de julio del 2000 las cosas han cambiando. Sin embargo, las amenazas de que la cultura política anterior regrese por sus fueros están latentes. Una enorme resistencia se opone al tránsito hacia un mejor sistema democrático. Los caciques de siempre y sus lugartenientes se atrincheran en las privilegiadas posiciones que aún conservan y embisten de nueva cuenta a los ciudadanos que se atrevieron a disentir sin mostrar la menor intención de renovar el "orden" que aprisiona el desarrollo de muchas comunidades.

Lo que aterra de esta realidad social de los pueblos pobres de México, tan cerca de los centros urbanos y tan alejados del respeto humano, la justicia y los servicios básicos, es la visión de las élites, ya sean de derecha, de izquierda o de los llamados emancipadores de los indígenas. Los primeros, porque contemplan las soluciones desde la cúpula, convencidos de que la dinámica de la modernidad –a la que todavía no llega el país–, bajará automáticamente hasta las raíces del árbol social, sin reconocer la fragilidad e impotencia que tienen esas raíces para salir de la postración y debilidad en que se encuentran. Los segundos, por su manifiesta ambición de llegar al poder con el fin de imponer un proyecto de Nación sin tomar en cuenta la pluralidad que existe, lo que piensa y quiere la mayoría de la sociedad o sin entender los retos que la globalidad presenta involuntaria y fatalmente. El aislacionismo que proclaman obedece al deseo de instaurar un nuevo autoritarismo, regresando a los viejos esquemas de manipulación disfrazados de protección (paternalista) de los pobres.

Los terceros juegan con el arma más incomprensible para la cultura occidental, el tiempo. No tienen prisa, porque eso forma parte de la cultura del México antiguo y, sobre todo, porque han captado la ansiedad que produce en el México institucional la dilación de la solución de los problemas, el uso aparentemente descuidado del tiempo. El liderazgo del presidente y la responsabilidad de los demás actores constituyen los factores de la fórmula que el país necesita si se quieren conjugar armoniosamente las diferencias de su diversidad y poder navegar unidos en las aguas desconocidas del futuro.

Doce

El arte político de la Presidencia

El rumbo y desarrollo de la sociedad se encauzan por medio de sus formas políticas, de la habilidad de sus hombres para manejarlas y de la dinámica sustentable y equitativa de su economía. En síntesis, todo es política y todo es economía. Una dicotomía indisociable que demanda equilibrio. En los regímenes presidencialistas el fiel de la balanza lo encarna el presidente. Ahí es donde se gesta el progreso o se anticipa el desperdicio del futuro. La figura del mandatario, por tanto, entraña una responsabilidad vital e indeclinable. Triunfar como tal es un arte más que una ciencia, y como toda disciplina, tiene sus secretos. ¿Se pueden develar esos secretos? Sí, afirman algunos estudiosos. Todo comienza con la palabra eficacia.

Un presidente, por encima de todo, necesita ser eficaz para cumplir el mandato que la sociedad le confió. Es decir, ser capaz de obtener resultados. No cualquier resultado, sino el que es relevante para la etapa, problema, coyuntura o encrucijada en que el país se encuentre y cuya solución dependa del éxito específico que él y la ciudadanía se propusieron alcanzar.

Con esta visión se pueden hacer a un lado algunos estereotipos. No se trata de que un presidente tenga grandeza, fuertes convicciones, estatura mundial o una gran cultura. El asunto es que tenga talento para aprender a ser eficaz, independientemente de sus demás cualidades. Una exigencia que cualquier ser humano razonablemente inteligente puede alcanzar, porque 80 por ciento de ello depende de actuar con sistema.

Un presidente eficaz organiza el trabajo de tal manera que pueda concentrarse en su labor decisiva, la cual no es administración, sino liderazgo político; luego, focaliza los asuntos de la política nacional de acuerdo con la relevancia que tengan en la situación presente, no en aquellos que satisfacen su programa político o sus convicciones personales, cualquiera que éstas sean. Finalmente, valora tan alto su mandato y a la sociedad que le depositó su confianza que jamás trata de "venderle" algo, sino que se lo demanda.

La eficacia de un presidente depende más del sistema que usa que de su personalidad. No hay nada misterioso en esto, todos los ejecutivos eficaces han organizado su labor más o menos en la misma forma. En el caso de un presidente republicano, ya sea en su papel de jefe de Estado, de Gobierno o de comandante de las Fuerzas Armadas, los requisitos para ser eficaz son bien conocidos y se mueven alrededor de las siguientes premisas:

1) El presidente no tiene sustituto. Ningún oficial de alto rango, ministro, plenipotenciario o jefe de estado mayor puede asumir su papel. Cada uno de los grandes presidentes que ha habido en América y en el mundo, ha tomado personalmente las decisiones vitales de su mandato. Él no dice sí o no a las recomendaciones de su plana mayor. De una manera u otra pide una presentación completa y separada de cada asunto a varios de sus colaboradores. Con este método logra una gama de opciones diversas, mejores que una propuesta consensada, inocua e ineficaz, porque ésta es producto de una solución de compromiso, de acomodo o de concesión para lograr la aprobación de todos los participantes.

2) Aparte de tomar decisiones y de supervisar el cumplimiento de las misiones asignadas, un presidente eficaz entiende claramente que él no puede hacer todo, que tiene que delegar y no sólo una parte sino todo el trabajo. Gobernar o administrar es hacer el trabajo por medio de otras personas. Esa comisión debe asignarla a personas individuales; no a grupos, sino a hombres y mujeres con fuerza propia, independientes y ambiciosos, capaces de lograr con su responsabilidad individual la encomienda que se les confió. Lo último que le interesa a ese presidente efectivo es tener un gabinete armonioso en el que todos se lleven muy bien. Lo que él espera es tener un equipo cuyos individuos obtengan resultados concretos y medibles. Si acaso llega a encargar alguna decisión o acción a un comité, es porque realmente no quiere que en ese asunto se llegue a nada.

3) Un presidente eficaz es aquel que logra restaurar la responsabilidad individual a todo lo largo y ancho del gobierno. De otra manera, la acción de la administración pública se paraliza y se enreda en coordinaciones, comités, asistentes especiales o consultores que siempre están ocupados en hacer un estudio más que no logra sino postergar el ejercicio del poder para llevar algo a la práctica.

4) Un presidente eficaz tiene sólo subordinados, no "amigos" o secretarios influyentes. Los subalternos son sus herramientas de acción y son reemplazables por más inhumano que esto parezca. El único irremplazable es el presidente, aunque sea mortal, porque en ese caso el esquema vuelve al día uno y de nuevo es irremplazable.

5) El trabajo de un presidente que logra resultados va mucho más allá de los deberes formales de su cargo. La eficacia en esas otras funciones extraconstitucionales pueden resultar mucho más importantes que las ordinarias. El Ejecutivo debe poder escaparse de la rigidez de los canales oficiales y transportar al país entero a su visión e imaginación. Para lograr esto necesita contar con un cuerpo de ojos y oídos voluntarios, no oficiales, independientes al gobierno y al partido, contactos directos con gente que habita el mundo real y no dudar en mantener a alguno de sus secretarios importantes esperando en la antesala, mientras él escucha a un humilde indígena de la selva lacandona relatándole el sentimiento de su pueblo. Cada presidente exitoso sabe lo difícil que es armar esta red de observadores no oficiales y de asegurarse que éstos tengan un punto de vista diferente al suyo propio.

6) Un ejecutivo exitoso siempre es un político de tiempo completo. Teóricamente, él encabeza el partido. Si las circunstancias no favorecen esta titularidad tácita, debe crear entendimientos o alineaciones políticas que permitan al partido salirse del torbellino de grupos, intereses, tradiciones, enlaces religiosos, lealtades personales y convicciones en que frecuentemente se ve envuelto, lo que impide el funcionamiento flexible y solidario que requieren los problemas nacionales. Decir que el presidente debe estar por encima de la política, o aun de la politiquería, es olvidarse de la naturaleza humana, de la estimulante sustancia anímica que mueve a los hombres. Lo anterior no significa que deba ser un buen hombre de partido. Su actuación no debe dirigirse a complacer a su grupo constituido, pues él representa a toda la ciudadanía, no a una facción solamente. Sin embargo, debe tratar de renovar a su partido, darle nuevas formas, actualizarlo en lo que él esta percibiendo; encontrar nuevos líderes y mejores direcciones. Todo eso requiere una acción política activa, inteligente, astuta, enérgica, emprendedora. No hay ningún conflicto en ser un político y a la vez alcanzar el título de estadista, porque para ser esto último, primero se necesita ser un político competente.

7) Finalmente, un presidente eficaz necesita rodearse de hombres de ideas en su gobierno, alguien que encuentre la miga, el resorte, la motivación que impulsa a los hombres y mujeres, a los grupos a seguir su liderazgo o a oponérsele. Contar con varios observadores agudos que descubran el sentido, la razón, el verdadero significado de lo que está sucediendo entre la maraña de asuntos que se presentan o entre el ruido que ensordece, que no deja escuchar el verdadero clamor. El presidente eficaz se apoya en estas mentes extraordinarias para ayudarse a distinguir cuándo la imaginación se torna disturbio, alboroto, cuándo la lógica se vuelve absurda.

Estos vislumbres y sensibilidades rara vez nacen del conocimiento de los expertos. Ellos saben cómo hacer lo que ya se ha hecho anteriormente, sólo que muy pocas veces se preguntan ¿qué debo hacer? o ¿qué es lo que debo dejar de hacer?

Con otras palabras, el gobierno no puede ser dejado en las manos de expertos, ya sean administradores o políticos. En cambio, el presidente sí necesita la colaboración de hombres de ideas que no sean ni lo uno ni lo otro, pues éstos pueden hacer que la política se vuelva drama humano. Con sus ideas, pueden levantar, encender a la opinión pública o crear comprensión y compromiso ciudadano. Ningún presidente puede ser eficaz si su política no capta la imaginación de la gente, si no despierta el entusiasmo de la población para acometer sus desafíos.

Estas ideas parecen venir de la educada mente de un estudioso de ciencias políticas, de un historiador o de un experimentado y agudo periodista. Pero no, provienen de un vienés educado en Austria e Inglaterra, un observador de las prácticas empresariales que se encumbraron en Estados Unidos en la primera mitad del siglo XX, y con las que los estadunidenses se adueñaron económica y militarmente del mundo. Una vez que este hombre, Peter F. Drucker[1], escribió El concepto de la corporación y La práctica de la administración, se convirtió en el gurú mundial de la administración de empresas, una disciplina que en México, al irrumpir en la vida política, ha sido tan incomprendida como vilipendiada.

¿Un presidente no político?

La fiesta del cambio había terminado. Todo el mundo en México se aprestaba a vivir el efecto de la transición. El presidente Zedillo se apretó el nudo de la corbata como ensayo del gesto que repetidamente haría momentos antes de entregar el mando al nuevo presidente. El recorrido ritual frente al Congreso cerraba un ciclo controvertido de mando presidencial y al mismo tiempo abría las puertas del reconocimiento histórico. Las miradas ya no se detendrían en su rostro, sin embargo él estaba preocupado por vestir sin mácula en ese día memorable. No siempre se puede caminar con respetabilidad en la derrota. ¿Derrota? Más bien el triunfo del coraje para aceptar la voluntad del pueblo.

Uno de los últimos actos de Ernesto Zedillo Ponce de León como presidente sería, simbólicamente, la supervisión de las obras de restauración del Museo Nacional de Historia del Castillo de Chapultepec. Momentos después, en el mismo recinto, asistiría a la cena convocada por Carlos Fuentes y el argentino Ricardo Estévez para celebrar la primera reunión del Foro de Iberoamérica, convocado para hacerlo coincidir con

---

[1] Peter F. Drucker, *Men, Ideas, and Politics,* Harper & Row, Nueva York, 1971.

la toma de posesión del Ejecutivo, el primero de diciembre del 2000, día y medio después.

Durante la cena, Carlos Fuentes en breves palabras elogió con sentimiento al mandatario y Julio María Sanguinetti, expresidente de Uruguay, recordó con su vibrante oratoria las dramáticas condiciones que tuvo que enfrentar Ernesto Zedillo para llevar la nave bronca de México al puerto excitante de la democracia plena "como nunca nadie lo hubiera imaginado, la extravagancia de la normalidad".

Estuvieron presentes empresarios, intelectuales, artistas, escritores, y políticos de Argentina, Brasil, Chile, Colombia, España, Perú, Portugal, Uruguay y México. Un acto sobrio de fin sexenal, aunque con los entusiasmos encendidos no solamente porque despuntaba un nuevo día en la convulsionada vida de México, sino porque por primera vez el cataclismo del cambio político arribaba sin sobresaltos, sin muerte, sin sollozos de los que habían perdido todo, porque ahora parecía que todos habían ganado algo.

El turno de hacer uso de la palabra llegó al presidente Zedillo. Sereno, sonriente, emocionado empezó por rechazar con modestia las lisonjas de Fuentes y Sanguinetti y también las de los demás asistentes por su complacencia manifiesta. Sin ordenar muy bien el discurso habló así:

> Amigas y amigos... me siento moralmente obligado a hacer una pequeña contribución para evitar que las palabras tan amables, tan generosas de Carlos Fuentes y de Julio María Sanguinetti con relación a mi papel como presidente de México vayan a ser tomadas por algún historiador del presente o del futuro para falsear la historia... Lo digo con el mayor afecto, con el mayor respeto y con la mayor admiración. No quiero, de ninguna manera, que se piense que la construcción de esa normalidad democrática que hoy vivimos y disfrutamos los mexicanos pueda concebirse como la obra, el trabajo, el empeño de un grupo, de un partido, de un sector, de un movimiento... ni mucho menos de un solo hombre.
>
> Creo que es... una construcción progresiva, acumulativa, gradual, ciudadana, en la que efectivamente... los que en este momento somos contemporáneos de la vida política... hemos jugado un papel... En este país hubo durante muchos años progreso, llegó a hablarse del "milagro mexicano", porque durante muchas décadas la economía creció... seis y medio por ciento en promedio... hasta que el populismo, enfermedad latinoamericana, suprimió ese crecimiento económico...
>
> México iba caminando... tuvimos nuestras sacudidas, incluso traumas. En 1968, como en otros sitios del mundo, los jóvenes se expresaron... se manifestaron, agitaron a la sociedad y agitaron las conciencias. Y la verdad es que aquellos jóvenes no hablábamos tanto de democracia porque... no era un tema popular en la izquierda y la mayoría militábamos en

la izquierda... hablábamos de libertad, ¡libertad, libertad! Y yo creo que ahí estaba y sigue estando el principio de muchas cosas... Quiero referirme en especial a un proceso de reforma política muy juiciosa, muy prudente que se inició hacia 1977... y que fue respuesta, quizá tardía, a aquellos reclamos de libertad que escuchábamos y vivimos a fines de los años sesenta... nos despojamos de anacronismos absurdos, ahora podemos decir eso, pero entonces eran lugar común en muchos de los países que hoy se llaman y son democráticos, como la legalización del partido comunista; la incorporación de varios partidos a la vida pública... el reclamo de las minorías por tener una mayor representación; un tenue, ciertamente imperfecto esquema de reglas para la competencia electoral... poco a poco fuimos dando pasos que fueron... perfeccionando la democracia.

Cuando llegué a la candidatura por la Presidencia... dije sin ambages... que en México había una insatisfacción respecto a nuestra democracia... y dije que si llegaba a la Presidencia... trabajaría para lograr las reformas... y no engañé a nadie... la gente votó y votó por eso. Cuando en agosto de 1994 el pueblo de México me benefició con más de 17 millones de votos, el mensaje era muy claro: Hay que trabajar para alcanzar la normalidad democrática. Y así lo hicimos, en enero de 1995... convocamos a los partidos y les dijimos: Hay que trabajar por esa reforma electoral definitiva, tenemos que hacerlo y además tenemos que asumir todas las consecuencias de esa reforma... y lo logramos.

Después de muchos meses de difíciles y tortuosas negociaciones logramos un acuerdo, por primera vez en la historia, una reforma electoral con el consenso de todos los partidos políticos. De ahí se derivó el marco constitucional y legal que nos llevó a las elecciones de 1997 y a las de este año 2000.

Quiero decirles también que esa reforma no hubiese sido posible sin la participación, el acuerdo (y apoyo) de mi partido. Mi partido respaldó en todo momento el cambio de reglas... respetó los resultados de las elecciones de 1997 cuando perdimos la mayoría absoluta en el Congreso, y mi partido, con gran dolor, pero con gran dignidad, respetó las elecciones del 2 de julio. Y eso hay que subrayarlo porque mi amigo Felipe González (presente en la ceremonia) me ha dicho muchas veces que "a los demócratas se les conoce no cuando ganan sino cuando pierden" y tiene razón...

Y viendo el comportamiento de los partidos... y del pueblo de México que ha acudido a votar en dos ocasiones bajo estas nuevas reglas con las que... algunos han ganado y otros hemos perdido... puedo decir que México ha pasado la prueba de la democracia... Y eso es un hecho muy afortunado porque quiere decir que tenemos libertad política... libertad económica, entonces creo que tenemos los dos basamentos fundamentales para alcanzar algo en lo que nadie puede ser disidente que es la justicia social.

El PRI, afirmó Ernesto Zedillo, respetó el resultado electoral del 2 de julio "con gran dolor, pero con gran dignidad".

El presidente Zedillo, después de elogiar la participación tenaz del PAN y del PRD en la lucha por la democracia, cerró el discurso diciendo:

> Estoy convencido... que México como casi todos los países, desgraciadamente no puedo decir todos los países de nuestra América Latina, y por supuesto España y Portugal, estamos llamados a jugar un papel fundamental, protagónico en la evolución del mundo en el siglo XXI... Ésta no va a ser una tarea de un periodo gubernamental, ni en este ni en ningún país. Va a ser una tarea sistemática, persistente, de largo alcance... estamos conquistando el futuro y estoy seguro que ustedes con su diálogo, con su compromiso, con sus propuestas serán parte de la conquista de ese futuro.

La advertencia de Ernesto Zedillo sobre la inevitabilidad de armarse de paciencia y tenacidad para transformar la cultura y conquistar el futuro no por sabida es menos sabia. Él padeció la experiencia con aflicción. Fue un presidente incomprendido, tachado de insensibilidad social y política, a la vez que indudablemente tenaz en su decisión de enderezar el barco macroeconómico que cada sexenio se iba a pique. Lo hizo, rechazando las críticas de los flácidos de ambos extremos que sugerían posponer a nombre de sus ideologías o del innombrado deseo de permanecer en el poder. ¿Que alguien podía haberlo hecho mejor? Sin duda, nada más que ese alguien no estaba al timón y él, que lo mantuvo firme en sus manos, logró detener la nefasta tendencia de 24 años de simulación de progreso con final de desastre, y darle un vuelco a la inercia sin romper la estructura de la nave en lo que supuestamente menos sabía: Política.

Esta visión habla de un México distinto cuya silueta apenas despunta en el horizonte. En efecto, la tarea no es para un solo hombre, grupo o partido, sino para toda la sociedad que, manteniéndose alerta, impida con su exigencia los desvaríos y ambiciones de sus representantes y mandatarios.

Dos diagnósticos

En cualquier Estado y, prácticamente en todo tiempo, la política y la economía son los dos polos de equilibrio de una Nación, pero los enfoques para lograr el balance entre ellos son diversos. Dos candidatos a la Presidencia de la República analizan la historia reciente, diagnostican enfermedades sociales, políticas y globales del país y proponen soluciones para construir el México que viene: Manuel Camacho Solís y Porfirio Muñoz Ledo, ambos protagonistas de la vida pública de México. Veamos.

Manuel Camacho piensa que en la situación actual, después del triunfo foxista, hay dos datos ciertos y una interrogante. Por un lado, Fox tuvo el gran mérito de ganar la elección, puso la parte que le correspondía y llegó con una gran popularidad; por otro, no llegó con un proyecto político suficientemente armado y una estrategia suficientemente pensada:

En tres meses de administración no hemos visto una decisión que demuestre lo que quieren hacer con la política nacional. Por ejemplo, no hicieron la reforma fiscal en diciembre. Lo intentarán dentro de unos meses, sólo que el momento era diciembre. Tuvieron cinco meses para preparar las negociaciones. Les hubiera costado popularidad pero en cambio tendrían al año, a los dos o tres años, un margen que hoy no tienen y ahora va a ser más complicado sacarla. No se ve aún la negociación con el PRI. Se están manejando las cosas en forma casuística, que es el peor de los mundos. La estrategia política no está funcionando. No hubo nada que se pareciera a los 100 días de Franklin D. Roosevelt. A manera de ejemplo podrían haber pactado con el PRI: A cambio de la reforma fiscal y de la reforma constitucional sobre los derechos y cultura indígena, alguna inmunidad delimitada y explícita. Hubieran obtenido el apoyo, se habrían evitado los conflictos regionales y no habrían congestionado la agenda legislativa. En vez de eso, dieron inmunidad sin límites y sin nada a cambio.

¿Cómo entenderse con un PRI que no tiene cabeza? Según Camacho Solís, habría sido posible y, en la larga transición de un gobierno a otro, Ernesto Zedillo tenía un papel que cumplir, facilitar el diálogo entre su partido y la futura administración.

Si Fox llama a Labastida, a Bartlett, a Madrazo, a todos inmediatamente después del triunfo y empieza a tejer una negociación con ellos, diciéndoles: "Vamos a sacar estas tres cosas a cambio de a, b y c", seguro hubiera funcionado. Ese tiempo ya se perdió y ahora va a ser mucho más difícil porque el PRI está desarticulado, temeroso, pero vacunado. El PRI ya probó que si resiste, el gobierno se paraliza. Un partido de oposición así es mucho más complicado que uno medio ordenado. La responsabilidad de Zedillo es enorme también, por no haber pactado un conjunto de reformas antes de irse, cambios legislativos que eran necesarios, incluso para la protección de sus propios partidarios, pero no hizo nada de eso, simplemente dejó todo y se protegió él.

Las reformas que pudieron haber hecho serían para restringir las facultades del Ejecutivo, algo que pudo ser aceptado por el Congreso, a pesar de la resistencia que había dentro del PRI contra Zedillo y su gente. Hubieran funcionado también en beneficio de Fox, quien a cambio podría haber logrado el control de dos o tres cosas básicas en el país. Todo mundo hubiera ganado.

Este cambio brusco, no obstante el peso del presidencialismo en la cultura del país, resultaba indispensable. "De lo contrario estás perdido":

En la medida en que las estrategias están diseñadas para fortalecer al Ejecutivo, restablecer su poder y concentrarlo todo en su imagen, lo otro no funciona. Nadie siente que vale la pena apostar en una alianza entre desiguales. Si se pacta con alguien algo y él tiene la facultad, el poder y el control de los medios, entonces no estás pactando; te estás entregando. Esas operaciones políticas no funcionan porque la gente dice, "mejor no me muevo" y todo el mundo queda a la defensiva.

El cambio lo haces o no lo haces; o te decides a hacerlo o no te decides. Lo puedes repartir en uno, dos o tres años, no tiene que ser todo de golpe. Nada más que, si no tienes claro a dónde quieres llegar y no tomas las decisiones consecuentes desde el principio, no vas a llegar. Si en los próximos 90 días no hay una presión política mayor que permita convertir el capital político de Vicente Fox en acciones que lo fortalezcan políticamente, no sólo a él, sino a la institucionalidad del país, todo se va a diluir. Estaremos ante un gobierno con enormes expectativas que se va a ir desgastando con el paso del tiempo, porque no va a poder cumplir lo que dijo mientras los partidos, a su vez en crisis, tampoco van a significar una opción. Eso sí, van a tener suficiente poder para echar a perder las cosas.

Los puntos fundamentales de un acuerdo político no deben ser demasiados, solamente los que interesan al país. Ya no pensemos en el PAN, en Fox, en el PRI, sino en qué es lo que necesita el país para que todo este experimento político llegue a un buen resultado y, dentro de seis años, puedan decir que la educación está funcionando mejor, que el sistema de justicia y de seguridad pública es eficaz y expedito. Evitar, hasta donde sea posible, las crisis económicas que te echen a perder la confianza, amortiguar esas cosas y, al mismo tiempo, construir una nueva gobernabilidad. Ése es el punto fundamental. Manejar con inteligencia el asunto de Chiapas, llevarlo a buen puerto; si no van a enredar todo. El segundo tema es: A qué sistema político quieres evolucionar. Si a lo que se aspira es a quedarse en el actual, vamos a fracasar, este sistema nos va a regresar a donde estábamos. No porque esté el PAN en el poder van a cambiar las cosas. Va a ser exactamente igual, se van a reproducir los mismos vicios. No se tiene más camino que armar un sistema presidencial bien hecho, a la americana, o uno semipresidencial, a la francesa, como la quinta República. Hay que hablar

Andrés Manuel López Obrador es uno de los 10 líderes cuya opinión, peso y representación dan la posibilidad de un acuerdo nacional.

con los líderes más importantes del país, tomarlos en cuenta. Hay que jalarlos y luego traducir estos entendimientos en una cadena operativa que los ponga en marcha.

De esos dos caminos se derivan tres o cuatro decisiones básicas, lo demás es adorno. Qué tipo de sistema de partidos se quiere, por ejemplo. Actualmente el PRD tiene más o menos 10 por ciento de respaldo electoral, sólo que el potencial social de conflicto no ha bajado y va a seguir aumentando. Tal vez hasta 25 ó 30 por ciento, en una posibilidad radical. Si no son parte del arreglo, harán ingobernable al país. ¿Cómo se resolvería el problema del sur? Hay que repensar el régimen de partidos. Qué proposición hacer a fin de que pueda haber alianzas y si va a haber tres o cuatro fuerzas políticas. El sistema tendrá que ser semipresidencial con un Congreso muy fuerte. ¿Cómo será la función de la Suprema Corte de Justicia? Si debe haber un Tribunal Constitucional, ¿cuál va a ser la relación con los gobernadores y con los presidentes municipales?

Se requiere tener la habilidad para sentar a los líderes reales del país y convencerlos de trabajar en la construcción de un nuevo sistema donde todos queden satisfechos. Hay 10 líderes cuya opinión, peso y representación dan la posibilidad de un acuerdo nacional. Si se obtiene su participación habrá la probabilidad de llegar a un acuerdo nacional.

Manuel Camacho enlista a algunos de esos 10 hombres:

(Vicente) Fox, Diego (Fernández de Cevallos), Marcos, (Cuauhtémoc) Cárdenas, (Andrés Manuel) López Obrador, (Miguel) De la Madrid y dos o tres mas por parte del PRI. Al mismo tiempo van a tener que decidir que van a hacer con (Carlos) Salinas y con (Ernesto) Zedillo, no veo manera de evadirlo. No se puede esperar a que el PRI se arregle por sí mismo. Hay que operar de tal manera que no se procree la balcanización del país. La tentación va a ser, si se divide el PRI, de tener mayoría en el Congreso.

Va a ser necesario el acuerdo, se necesitará la habilidad para encontrar el punto en donde dejes satisfechos a todos, y éste no es sólo un problema de ingeniería constitucional, es también de creación de confianza. Si no está bien hecha la ingeniería política constitucional, habrá problemas a lo largo del camino, como sucedió en Brasil por no haber tomado las decisiones oportunamente. El punto central es que todos estén de acuerdo y digan ahora sí vamos adelante. Si el presidente cree que él puede armar todo esto para su beneficio, sucederá lo que pasó en su momento con la alianza.

Por lo que respecta al PAN, advierte que Fox lo necesita por fuerza. El presidente no se puede dar el lujo de no contar con su apoyo; intentarlo significaría para él desfondar a su gobierno. Necesita al PAN para tener la capacidad de negociar con todos los demás. Hay que tomarlos en cuenta, hacer a un lado la idea de que él es el jefe de la empresa porque esto no es una compañía sino un gobierno:

> Hay que ver las declaraciones del gobernador de Querétaro –a propósito de la marcha zapatista–; son ridículas, hechas conforme al más arcaico anticomunismo. Un gobernador priísta jamás se atrevió a decir lo que Ignacio Loyola declaró. Este desplante demuestra que no hay ningún tipo de acuerdo político con los gobernadores, ni con los senadores y diputados del PAN. Fox tiene que armar una mesa política para decirles: "Si hoy fracasamos, el PAN va a empeorar, olvídense de que van a tener la democracia cristiana para los próximos 30 años en México; si fracasamos ahora será también un desastre para el partido".

Camacho se inclina por un sistema semipresidencial, con un jefe de Estado y un jefe de Gobierno, una organización contraria a la tradición política de México, aunque posible según su visión.

> Si se articula bien la política podría evitarse el que los partidos estén siempre tratando de destruir la tarea del gobierno, como sucedería si se adoptara el sistema estadunidense. A ellos les funciona porque son un país económicamente rico; nosotros no tenemos ese margen. Es necesario aprobar un proyecto político que ilusione a la gente y luego ponerse a trabajar en mejorar la educación, la ecología y los demás problemas urgentes que tenemos. Hay que recordar, por ejemplo, que cuando se creó el IFE se quitó la presión sobre el debate electoral y la gente pudo dedicarse a otras cosas.

Cree en el federalismo, si bien no deja de prevenir sobre el riesgo de una balcanización. Como demuestra la experiencia de la Unión Soviética el peligro es que los caciques y los grupos de interés empiecen a armar unidades que después resulten piezas de un rompecabezas difícil de juntar. En este campo, afirma, también se necesita un proyecto político que prevenga el avasallamiento del Ejecutivo por los estados. Es natural pensar que el PRI se va a atrincherar en los estados que domina y entonces la presión será permanente. En su opinión, la manera de resolverlo consiste en fortalecer al Senado, hacer de él una institución donde se resuelvan los problemas estatales. Los senadores tendrían una arena en dónde dirimir sus diferencias y, en vez de que cada unidad trate de forzar al Ejecutivo, contarían con el esquema que marcan los límites del pacto federal.

> Lo importante no es fortalecer a los gobernadores sino a los presidentes municipales. Los primeros van a terminar siendo muy redundantes y no tie-

ne caso pagar tres niveles de gobierno sino buscar, a través de los municipios, los consensos en las ciudades y la eficiencia operativa. Lo que se busca es evitar el centralismo, la mera descentralización burocrática; de otra manera los gobernadores tenderán a quedarse con su propio espacio y burocracia. Cada uno va a presionar al gobierno federal. Los presidentes municipales van a estar contra el gobernador y éstos van a querer echárselos encima al Ejecutivo.

Dos temas más considera vitales Manuel Camacho para la salud política del país: El problema gravísimo del narcotráfico y las relaciones con Estados Unidos:

El primero es el más delicado porque no se puede transitar a medias. Se toma el gobierno de las cárceles, el circuito entero de la seguridad y la justicia o se tendrán que pagar costos gigantescos. Después vendrán las reformas, por lo pronto hay que tomar el control y hacerse cargo de la cadena que va desde las policías preventivas, las judiciales, el Ministerio Público, los sistemas judiciales y penitenciarios. Si se atora o se rompe algún eslabón, empieza la carga a gravitar sobre el Ejecutivo y contra la sociedad. Por ejemplo, si se destruye el grupo antisecuestros –creo que todavía no se dan cuenta que ya está al garete–, volverán a crecer estos delitos y la sociedad sentirá de nuevo la desestabilización que acarrean. Hay que establecer con claridad qué es lo que se quiere, designar a las personas de confianza para que se responsabilicen individualmente, aplicar la ley, olvidarse de sacar raja política, permitir que opere el sistema judicial, no tolerar las complicidades de los altos niveles políticos con la ilegalidad. Si se concerta algo con Estados Unidos, perfecto, nada más que no hay que esperar demasiado de esta relación porque será fácil decepcionarse. Los Estados Unidos no van a dar absolutamente nada, ellos tienen sus propios problemas.

Con Estados Unidos hay que establecer una relación seria, no dejarla descansar totalmente en la figura del presidente porque entonces será muy frágil. A ellos eso les conviene. El hecho de hacer la reunión con Bush en el rancho de Fox me parece un error político, repite la misma fórmula de Salinas en Agualeguas. Es agradable, el pueblo se siente halagado pero no es conveniente. Ahora que hay democracia es necesario dar a los partidos, al Congreso, un sentido de institucionalidad, así se irá más protegido y eso es lo que al final cuenta. Estados Unidos es un país demasiado estructurado y en este momento, su gobierno no se encuentra en posibilidad de formular grandes iniciativas.

Manuel Camacho Solís nació en la ciudad de México en 1946. Obtuvo la licenciatura en economía en la UNAM con la tesis: "Las alternativas políticas al desarrollo mexicano" (1965-1969). Maestro en asuntos públicos por la Universidad de Princeton, fue profesor investigador en el Colegio de México (1973-1979). Ha sido subsecretario de desarrollo regional en la Secretaría de Programación y Presupuesto (SPP) (1982-1986); secretario de Desarrollo Urbano y Ecología (Sedue) (1986-1988) y encargado de coordinar la reconstrucción de la vivienda en el Distrito Federal, después de los sismos de 1985. Ocupó el cargo de secretario general del PRI (agosto a noviembre de 1988) y Carlos Salinas lo nombró jefe del Departamento del Distrito Federal (1988-1993), secretario de Relaciones Exteriores (noviembre de 1993 a junio de 1994) y comisionado para la paz y la reconciliación en Chiapas (12 de enero de 1994 al 26 de junio del mismo año).

Renunció al PRI en noviembre de 1995. Se limitaron constitucionalmente sus derechos políticos en 1996, por lo que no pudo aspirar a la jefatura de gobierno de la ciudad de México. Promueve la creación del Partido Centro Democrático, PCD (1997-1998) e impulsa la alianza opositora en 1999. En el 2000 es candidato a la Presidencia de la República. Entre sus obras se encuentran los libros siguientes: *El futuro inmediato* (1979) y *Cambio sin ruptura* (1994). Con varios autores publica *Our global neighborhood* y *The report of the Commission on Global Governance*, Oxford University Press, Nueva York, 1995, así como *La encrucijada, ¿Y después del antiguo régimen qué?* (2001)

Una transición evolutiva o Porfirio Muñoz Ledo

Porfirio Muñoz Ledo considera que México se encuentra en una "transición atípica de tipo evolutivo". Esto es, no sucede de un día para otro o de un solo jalón, sino a través de varias etapas. Los otros dos modelos que se conocen son: La fundacional, que es "la caída de un régimen autoritario junto con sus instituciones políticas, económicas, sociales, culturales y jurídicas, como fue el caso de los países de Europa del Este, casi una revolución". Y la de restauración, como las del Cono Sur de América, que "son prototípicas, donde antes hubo una tradición democrática que se vio interrumpida por un golpe de Estado".

> La nuestra es muy compleja porque la naturaleza del régimen político mexicano no era militar ni de caudillismo tropical, no era un sistema totalitario de izquierda o de derecha, era un caso sui géneris. Éste es el fondo del problema, sí hubo un régimen totalitario pero no comparable al de (Anastasio) Somosa en Nicaragua, al de Alemania del Este o a los de (Francisco) Franco y (Augusto) Pinochet. Tenía, sin embargo todos los rasgos del absolutismo: Concentración del poder; un ejercicio irregular del sufragio para la sustitución de las autoridades; verticalismo, es decir, toma de

decisiones de arriba abajo; escasa funcionalidad e independencia de los órganos intermedios de la sociedad, prensa, sindicatos, radio, televisión, organizaciones empresariales; y finalmente una escasa legalidad, característica fundamental de los autoritarismos en la medida en que son lo contrario del Estado de derecho: El sistema de rendición de cuentas de las autoridades y el cumplimiento de la ley por gobernantes y gobernados es muy bajo o nulo. Esto es lo que ha sido, creo yo, el régimen mexicano.

El reto ahora reside en hacer la alternancia transparente. Si no procedemos a un cambio de instituciones y prácticas políticas, estaremos reproduciendo el antiguo régimen, con algunas modificaciones sin duda, pero hechas al azar. Es lo que llaman el *glasnost*, el deshielo o el destape, como lo calificaron en España. Si no se establece un orden jurídico nuevo no podremos hablar de un régimen político distinto. Hay algunos intelectuales seudo progresistas que están en contra de una nueva constitucionalidad. Acusan clara y simplemente su adhesión al antiguo régimen. Para ellos, la Constitución no debe cambiar, se encuentra simplemente en un estado perfeccional, como resultado de la historia de México. Lo que Vicente Fox planteó el 5 de febrero de 2001 es fundamental. No se trata de abolir la historia sino de proseguirla. Se trata de hacer un cambio profundo en las instituciones políticas del país como sucede en todas las transiciones.

Álvaro Delgado, de la revista *Proceso*[2], abordó el tema con Muñoz Ledo después de la convocatoria emitida por el presidente sobre la revisión integral de la Constitución. Porfirio Muñoz Ledo subraya sus conceptos:

Una transición que no desemboca en una nueva legalidad no es una transición. Es un cambio de autoridades o de partido, no una transición. La división de poderes es actualmente muy relativa, existe una reforma electoral inconclusa, el corporativismo sigue vigente y no existe Estado de derecho, porque la norma es una convención. Todo eso se tiene que desmontar. Lo que está en juego en este momento es la función histórica del gobierno de Vicente Fox: Se hace una reforma de Estado o se banaliza esta administración como un presidente puente.

Durante los meses de agosto a noviembre del año 2000, Muñoz Ledo presidió la comisión para la reforma del Estado, la cual produjo 180 propuestas en las que participaron 130 expertos. Álvaro Delgado reporta que el presidente electo "se sorprendió" por la "cauda de ideas" que aportó el trabajo de los especialistas encabezados por el exaspirante presidencial, "quien a nom-

---

[2] *Proceso*, núm. 1269, 11 de febrero 2001.

bre de ese conjunto de ciudadanos, exigió a los poderes públicos su cumplimiento". Los representantes de los partidos advirtieron que esas propuestas debían ser discutidas por el Congreso. Muñoz Ledo replicó: "Por su naturaleza, son inmunes al mercadeo partidario y al chantaje inmediatista... El gran enemigo de las reformas democráticas en México ha sido la pequeñez... Todas las reformas anteriores a la alternancia se hicieron a jalones y tomando en cuentas los intereses particulares de los partidos. Las reformas posteriores deben ser al margen de la mezquindad. No se puede estar revolviendo el tema del presupuesto con la discusión del régimen político".

En el México que viene se vislumbra una nueva Constitución. Porfirio Muñoz Ledo clarifica el panorama:

> No estamos discutiendo si la Constitución debe reformarse o no, sino si debe reformarse cada 15 días, como hasta ahora. Es obvio que va a seguirse reformando. Lo pruebo: La Constitución tiene 400 reformas, 180 hechas en los últimos tres gobiernos. Cada uno ha modificado más veces que el anterior, porque cada vez se necesitan más... El sentido común nos dice que debe ser ahora. Hay un gobierno plural y un Congreso dividido. Sería quizá la primera Constitución en nuestra historia que no sería impuesta por un solo partido, sería de consenso.

En efecto, en la Cámara de Diputados hay una Comisión para la Reforma del Estado que puede concentrarse en esta tarea vital, dejando los asuntos ordinarios a los suplentes. Muñoz Ledo enfatiza la realidad de que en México no existe el Estado de derecho:

> El aparato jurídico sirvió durante años, desde la época de la Colonia, como un aparato justificador de la autoridad, formalizador de las decisiones del poder no como un mecanismo de defensa de los ciudadanos frente al Estado... Fox, al proponer juicio político al presidente de la República, la ratificación del gabinete por el Congreso y la segunda vuelta electoral presidencial, demuestra su compromiso de cambio... Ningún gobierno ha dado un paso tan avanzado como este que, técnicamente, cambia la naturaleza del régimen presidencial.

La reforma de la Constitución encontrará muchos obstáculos. Los más importantes no serán personas sino corrientes de opinión e intereses. Y los intereses ofrecerán una oposición más poderosa que las corrientes ideológicas. Pero se puede, piensa Muñoz Ledo:

> Bastaría que el presidente enviara al Congreso una iniciativa para añadir un transitorio a la Constitución con el fin de que cada quien tomara su

posición en el proyecto de reforma y considerara las propuestas que haga el Ejecutivo, las que hagan los congresos de los estados y las que propongan los miembros del Congreso, es decir, los que tienen facultad e iniciativa.

Sugerimos que la comisión encargada de formular las reformas siga el procedimiento previsto por el artículo 135, llamado del Constituyente Permanente, que consiste en que el Congreso la vota por mayoría de dos terceras partes, luego, pasarla a la aprobación de los congresos estatales y después se añadiría una consulta ciudadana, un referéndum para su aprobación final. Es el procedimiento que se ha empleado en otros lados, pero hay otro que ha sido propuesto por diferentes constitucionalistas: Un plebiscito organizado para saber si la población la quiere o no, dejando la puerta abierta para un Constituyente. Nosotros habíamos desechado esta idea porque creemos que es más fácil seguir un procedimiento ordinario, sobre todo porque el promedio de las últimas encuestas que practicamos, arrojan una aprobación de ir a las reformas de 83 por ciento.

Es cierto, acepta Porfirio, que hay cierto prejuicio en la población en contra de la revisión constitucional, pero la mayoría lo tiene por ignorancia. La gente no conoce la Constitución. Para qué, si nadie la obedece.

El asunto es transitar a una condición moderna. Los constitucionalistas tienen de donde escoger. En internet se pueden consultar las 10 cartas magnas más modernas del mundo y escoger entre ellas la mejor o una combinación de las mejores. Las constituciones modernas tienen varias características: Son normativas, no confunden el principio con la norma. Son leyes que se deben cumplir. Son constituciones breves, no reglamentarias. Hay artículos en nuestra Constitución que son leyes enteras. Son antitécnicas aunque sean gloriosas, lo cual es otro problema pues se glorifican porque fueron revolucionarias. Yo les puedo poner 20 adjetivos más, lo que no les quita lo obsoleto, técnica y jurídicamente. La prueba es que no se cumplen. Hay que ir a una redacción moderna, breve, concisa, con normativas estables y con el propósito de que no se modifiquen. Cada dos o tres años se puede modificar algún punto muy especial, nada más. Luego pueden pasar 10 ó 15 años sin cambio. Hay algunas que no se han tocado desde que se promulgaron hace 30 ó 40 años. Esto da certidumbre, es normativo y de plena obligatoriedad.

Cuando mencionamos que nuestra Carta Magna no está bien organizada, algunos ponen el grito en el cielo, se envuelven en la bandera y dicen: "¡Ah! Está contra el glorioso artículo 27" (sobre la propiedad de las tierras y aguas). No se trata de orgullos nacionales sino de buena organización. Por ejemplo, la Constitución tiene contradicciones flagrantes entre un artículo y otro. Muchas de las reformas que se hicieron obedecen a filosofías distintas, a intenciones diferentes que se cruzan. En una parte se modificaron pero no en otra, entonces quedan, desde el punto de vista axiológico, sin lograr el objetivo que se persigue. ¿Cuántas definiciones de municipio aparecen en sus páginas? Se encuentran en el artículo tercero, en el 40 y en el 115, todas distintas, cada una promulga una concepción diferente del papel del municipio, que es una institución fundamental, no secundaria.

Nuestra Constitución no tiene un capítulo sobre los derechos humanos, ni acerca de las instituciones autónomas del Estado. Es preciso ordenar la parte orgánica, esto es, la organización de los poderes federales y del sistema federativo. Hay que dar su lugar a las responsabilidades económicas y sociales del Estado y luego, lo que las constituciones modernas tienen: Un capítulo sobre la globalidad, con la relación de los intereses nacionales, los procesos de integración y previsiones para el futuro.

Con decisión y voluntad, la nueva Constitución se puede hacer en unos cuantos meses. Porfirio Muñoz Ledo recomienda nuevamente ir a internet, tomar media docena de países de tipo distinto pero de alguna manera comparables. Ver cuánto tiempo se tomó Chile después de la caída de Pinochet, cuánto Portugal o Uruguay. Ver cuáles fueron los procesos para no tener que empezar de cero. "Cuando acompañé al presidente Fox a Sudamérica hablamos con los argentinos, con los uruguayos, con las distintas fuerzas brasileñas y sus presidentes, yo animé estas conversaciones. Ellos le explicaron que todas las transiciones producen un nuevo marco jurídico al año o máximo al año y medio siguiente de la toma de posesión, es normal. Así que no veo por que nosotros no podemos hacerlo".

La globalidad, ¿oportunidad o amenaza?

Muñoz Ledo no acepta que los movimientos globales que están sucediendo en el mundo sean una imposición ineludible.

La globalidad no impone nada. Todo lo contrario, es una oportunidad, un proceso de internacionalización, donde nosotros también somos actores. Tenemos que acomodarnos al cambio del tiempo. La máquina de vapor no nos impuso nada, ni Gutenberg ni Bell lo hicieron. Nos dio la facilidad de viajar con más rapidez, seguridad y comodidad. Pudimos leer en libros impresos, hablar por teléfono. Verlo como imposición es una tontería, es el absurdo en el que han caído los globalifóbicos. Así la quisieron ver los pobrecitos dependientes de los centros financieros internacionales, como fueron los últimos presidentes: "Ya llegó la globalización, ya nos invadió", como si fuera la ocupación de la posguerra. Vamos a tener que comer corn flakes, hot dogs y recibir a Santa Claus. Eso no es así. La historia de América, desde Cristóbal Colón, ha sido un proceso continuo de globalización, es la historia de la humanidad.

La mundialización es una filosofía global. Significa que todos los seres humanos pueden entrar en contacto. Colón llega a este continente con un conjunto de saberes, conocimientos culturales y militares, creencias medievales y aspiraciones renacentistas que determinaban los intereses comerciales. La globalidad nos ofrece y nosotros nos insertamos en sus avances. Lo que sí sucede es que nos hace interdependientes. Yo no llamaría a este fenómeno una imposición, sino una responsabilidad, porque el mundo diverso se va haciendo un solo planeta. Las leyes de protección al ambiente, por ejemplo, van a convertirse en universales. No hay que confundir la globalización con la ampliación de las redes comerciales, con los flujos financieros, eso es sólo una pequeña parte. La globalización es cultural, política, informática, valorativa. México puede jugar en este escenario con toda su fuerza, que es enorme. Sacar su personalidad, aprovechar su posición geográfica, sus características políticas, su talento y capacidad para hacer cosas.

Lo que ha sucedido es que los presidentes la han contemplado de una manera subordinada. Carlos Salinas, que era un mandatario ilegítimo, entregó el país a los intereses de Estados Unidos. Nadie se lo impuso, fue una decisión propia, de vendepatrias. Nosotros debemos aprovechar la nueva situación del mundo para jugar nuestras cartas. Claro que hay nuevos paradigmas, eso es evidente. La macroeconomía, para seguir con los ejemplos, es un conjunto de parámetros que los órganos internacionales divulgan como indispensables para la estabilidad de la economía mundial toda vez que lo que sucede en una parte del globo afecta a los demás. Aún así, hay que discutirlo, determinar en qué estamos de acuerdo y en qué no. Luego, ubicarnos en esos parámetros y enriquecerlos.

¿Quién puede decir que a Europa se le impuso la Comunidad? Fue una respuesta europea a las formas de competencia económica del mundo contemporáneo, que induce a formar conjuntos económicos mayores con objeto de tener mejores posibilidades de competencia. México tiene mucha más movilidad política que Europa. Hace 15 o 20 años que he comprobado esta afirmación.

Lo que pasó es que nuestros dirigentes se entregaron. Por eso ahora vamos a ir con una filosofía diferente. Trabajaremos con Europa más abiertamente, trataremos de integrarnos políticamente con América Latina, abandonaremos cualquier espíritu derrotista porque podemos hacerlo, tenemos que hacerlo.

Tiene razón Porfirio Muñoz Ledo. Hay dos maneras de enfrentarse a la realidad, en este caso, al mundo real globalizado: O se reacciona a los cambios que otros provocan o se protagoniza el cambio. Se sube uno a la cresta de la ola o trata de sobrevivir después de la revolcada. El país tiene ventajas de privilegio que, bien aprovechadas, sin discusiones estériles o actitudes timoratas, pueden competir con éxito en la arena mundial. La homologación comercial y jurídica se inició sin un plan verdaderamente estratégico y terminó adaptando –según explica Muñoz Ledo– 29 leyes derivadas del Tratado de Libre Comercio (TLC). Es decir, México se abrió sin recibir nada. Es un caso clásico de adopción de patrones jurídicos extranjeros realizado con precipitación y sin medir las consecuencias.

Muñoz Ledo piensa que todo el proceso de participación en el TLC fue errático. Se entró atropelladamente, sin haberse incorporado a los organismos mundiales de comercio. "Todo se hizo al revés", sentencia.

> Nosotros propusimos desde los años setenta el ingreso al GATT, algunos creyeron que era una posición derechista, si bien nuestro deseo era formalizar las relaciones comerciales con Estados Unidos. Hasta los años ochenta abrimos la frontera, ¿por qué no en los setenta, cuando era claro? La entrada de Brasil, de la India y de otros grandes países en desarrollo que tienen economías proteccionistas lo empezaron a hacer en los setenta. En esa época se desató un gran debate sobre el comercio que originó la creación de la Conferencia de las Naciones Unidas para el Comercio y el Desarrollo (UNCTAD) en 1964, un marco de negociaciones globales que buscó que los países menos favorecidos tuvieran ventajas, no para abrir indiscriminadamente las fronteras. Se vinculaban las ideas de comercio y de desarrollo, aunque predominaban los esquemas de protección de las economías nacionales. Las experiencias de las aperturas de comercio empezaron a tomar fuerza en los años setenta. Ése era el momento de pensar y actuar en la renovación. No podíamos aferrarnos a la UNCTAD; es más, esta organización ni siquiera pudo permear su filosofía, experiencia y sus instituciones a la organización mundial de comercio. A México le faltó agilidad, visión del futuro para incorporarse a las corrientes modernas de comercio.

Porfirio Muñoz Ledo ha ocupado más puestos públicos que muchos presidentes en toda su vida política. Su preparación, ubicuidad y mente brillante le han acarreado muchas satisfacciones a la vez que desconfianza por parte de sus propios compañeros, pues lo consideran tan inteligente y acometedor que se vuelve un competidor de cuidado que no sólo esta dispuesto a ganar sino a demostrarles a los demás con quienes compite que no son de su categoría.

Cursó la licenciatura en derecho en la UNAM (1951-1955) y se doctoró en ciencia política y derecho constitucional en la Universidad de París

(1956-1958). Ha sido maestro en la Escuela Nacional Preparatoria, en la Facultad de Ciencias Políticas y Sociales de la UNAM, en la Escuela Normal Superior, en el Colegio de México y en la Universidad de Toulouse, Francia, entre 1955 y 1990. Ha tenido una larga carrera en el servicio público al que se incorporó tan pronto como terminó la escuela preparatoria: Subdirector de Educación Superior e Investigación Científica (1961-1964), consejero cultural de la embajada de México en Francia (1964-1966), secretario general del IMSS (1966-1970), subsecretario de la Presidencia de la República (1971-1972), secretario de Trabajo y Previsión Social (1972-1975) y secretario de Educación Pública (1976-1977).

Fue representante de México ante las Naciones Unidas (1979-1985); en esa calidad fungió como presidente del Consejo de Seguridad, presidente del Grupo de los 77, coordinador de las negociaciones económicas globales y presidente de la Comisión Mundial de Fuentes de Energía.

Coordinó la campaña electoral del PRI en 1975 y en esa virtud asumió la presidencia del Comité Ejecutivo Nacional del partido. Años más tarde fundó y presidió la Corriente Democrática, que desembocó en 1988 en el Frente Democrático Nacional del cual también fue presidente. Fundador junto con Cuauhtémoc Cárdenas del PRD, lo presidió entre 1993 y 1996. En 1999 creó el movimiento ciudadano denominado Nueva República. Fue el primer senador de oposición por el Distrito Federal en 1988 para las legislaturas 54 y 55 y tiene la marca como el parlamentario con mayor número de participaciones en tribuna de toda la historia del país. Electo diputado federal en 1997 formó, junto con otros partidos, la primera mayoría de oposición en la Cámara. Además, le correspondió ser el primer legislador de oposición que presidió el Congreso de la Unión, respondiendo el informe anual del presidente de la República (Ernesto Zedillo), así como el primero en presidir la Comisión Permanente del propio Congreso.

En octubre de 1998, Muñoz Ledo presentó su proyecto de renovación nacional e inició su campaña en busca de la Presidencia. En septiembre de 1999 fue postulado por el Partido Auténtico de la Revolución Mexicana (PARM) y en enero del 2000 creó el movimiento Opción Nueva República para promover su candidatura. En mayo de 2000 renunció a la misma y apoyó la Alianza para el Cambio que encabezó Vicente Fox y, en junio de ese mismo año, fue nombrado coordinador de la mesa de transición para la Reforma del Estado. El Congreso aprobó su nombramiento como representante de México ante la Unión Europea con sede en Bruselas, Bélgica.

Un encuentro con Vicente Fox

Porfirio Muñoz Ledo conoció a su paisano Vicente Fox de manera casual. Empezaba su precampaña por la gubernatura en 1990 y, al transitar por los

Muñoz Ledo encontró en el camino a un hombre grande,
muy delgado, con largas patillas y barba.

caminos de Guanajuato, a la altura de Silao, se topó con un bloqueo. "¿Quién es?", preguntó. "Es un diputado panista de León –le contestaron–, se llama Vicente Fox. Tú sabes, estuvo con Clouthier, ha hecho una carrera muy rápida, es muy entrón". Porfirio recuerda el encuentro:

Me fui despacio para no arrollarlos con el automóvil, advirtiéndoles, soy amigo, no disparen. En eso lo veo, grandote, muy delgado, con sombrero de paja, con largas patillas y barba. Abrí la puerta, me bajé y fui directamente hacia él. Mi primera sorpresa fue su estatura y la sonrisa, muy amable, muy franca. Nos caímos bien. Después vino la campaña en 91 y la balacera fue dura entre él y yo, porque el PAN objetó mi registro sin argumentos, ya que no los había. Yo entendía que el PRI lo hiciera, no lo esperaba del PAN pues desde 1986 que fundamos la Asamblea Democrática por el Sufragio Efectivo, yo había hecho más que nadie por mejorar el diálogo con los panistas. Ningún militante de izquierda hizo tanto en aquel entonces por el acercamiento con el PAN.

Había siempre una ambigüedad con el PAN. Ellos sabían muy bien la contribución de la gente de mi corriente a la democratización del país; sin embargo, un sector del panismo, tal vez muy ideológico, me atacaba sistemáticamente. No Vicente, sino el establecimiento tradicional panista. Incluso el PRI difundió la especie y me la hizo llegar, diciendo que no me registraron por culpa del PAN. Eso hizo, al principio de la campaña, que nos pegáramos muy duro; después ya me registraron y proseguí más tranquilo.

Me di cuenta que la campaña de Fox estaba muy bien orientada. De los planteamientos iniciales, que eran muy del panismo guanajuatense, pasó a una visión más completa y moderna de los poderes del estado, debo decir que coincidente con la mía. Nuestros discursos empezaron a encontrar muchas letras comunes. Una noche nos topamos casualmente en Irapuato, ya tarde, llegamos juntos a registrarnos al hotel. Iniciamos una conversación y nos fuimos a un restaurante. Le dije con toda claridad que yo pensaba que él podía ganar la elección y que, en tal caso, lo apoyaría a fin de que lo reconocieran.

La campaña de 1991 en Guanajuato y la nacional tuvieron rasgos comunes. Vicente crecía conforme pasaban los días. Fue la revelación de su personalidad, un mutatis mutandi, el uso inteligente de la mercadotecnia que nunca se había dado, fue cierta venta de popularidad muy fuerte que Vicente ofrecía y que ahora hemos estado viendo. Tengo demasiados años en la política y por eso puedo decir que en los países burocráticos no se producen suficientes líderes naturales, a diferencia de los democráticos, donde se propicia la aparición de dirigentes carismáticos. Vicente tenía esa fuerza. Mantuvimos los contactos a través de nuestro principal enlace, Jorge Castañeda, hasta la noche de las elecciones cuando propuse a Vicente desconocer a Ramón Aguirre por la vía más simple, darlo por triunfador a él. El PAN no lo autorizó, pero nosotros nos adelantamos y a las 12 de la noche lo declaramos vencedor. Él negoció con su partido y, a la mañana siguiente, en un acto público le levanté la mano.

Trasladados al año 2001 que corre, podemos preguntar: ¿Qué papel jugará en su calidad de embajador de México ante la Comunidad Económica Europea, con sede en Bruselas, Bélgica? Muñoz Ledo expone su aspiración:

> Quiero ayudar a la formación de un sistema de intercambios y de cooperación económica, científica y cultural con Europa. También, fortalecer el diálogo de México con los países que forman la comunidad. Es un asunto que los mexicanos perdieron de vista durante los últimos 20 años, y eso creo yo, es el peor pecado del clan de Miguel de la Madrid. Fue una mala interpretación de los signos. Claro que había un cambio de política de las grandes potencias, un cambio en la correlación de fuerzas entre países productores y consumidores de petróleo, un abandono gradual de los antiguos esquemas de negociación internacional. Sólo que México no tenía por qué haberse vencido, pudo haber capoteado estos embates con mucho mayor talento. Aceptar que se enfrentarían a adversarios mucho más difíciles, pero no imposibles. Pienso que se pasaron al enemigo por cobardía.
>
> Estados Unidos utiliza la corrupción de los gobiernos para someterlos a sus intereses. A fines del periodo de López Portillo los norteamericanos convirtieron a la DEA en una policía de gobiernos. Empezaban por filtrar a la prensa datos sobre la corrupción existente en los países objeto de su interés. Luego, acumulaban otras denuncias no públicas y en seguida adelantaban sus pretensiones... el sometimiento llegaba sin remedio. La única solución era y es que la clase gobernante se limpiara. No se hizo y cayó rendida, víctima de su propia corrupción. Eso pasó con De la Madrid al aparecer el artículo del periodista Jack Anderson en el Washington Post, publicado precisamente durante su visita a la capital estadunidense.

Representar a México en Europa occidental es una misión importante para un experimentado luchador político y embajador, ahora, pertrechado con la representación de un gobierno legítimo, sin cola que le pisen.

El dilema de los protagonistas

Dos visiones aparecieron, constantes, en el raciocinio político de los protagonistas del proceso de transición. La primera respondía al deseo indeclinable de acabar con el sistema político mexicano y fincar uno nuevo, de acuerdo a los planos de una arquitectura democrática plural y participativa. La segunda, vislumbró claramente que, la mejor estrategia en pos de tal propósito, descansaba en la formación de una coalición de opositores que unificara las diversas corrientes políticas alrededor de un candidato único e imbatible.

Detrás de este escenario se movían con fuerza ambiciones diversas, así como desencuentros partidistas y autoevaluaciones personales sobre la posibilidad de encabezar el movimiento. Sí a la alianza, afirmaban los candidatos, siempre y cuando yo –cavilaban en silencio– esté a la cabeza o, cuando menos, logre una posición relevante en la coalición proyectada.

De los cinco oponentes de Labastida, Cuauhtémoc Cárdenas y Vicente Fox sentían apoyo suficiente de la sociedad para liderear el esfuerzo. Manuel Camacho promovía la coalición, sí. Pero, ¿a cambio de qué? Gilberto Rincón Gallardo no se manifestaba y Porfirio Muñoz Ledo, que ya había roto con el PRD, calculaba su maniobra sin aspirar a una posición desorbitada. Adolfo Aguilar resume sucintamente:

> Fox fue siempre consistente en la idea de agruparse alrededor de una candidatura de unidad, los demás no. Camacho Solís siempre dudaba si la candidatura de unidad debería de darse a pesar de su aspiración política. Cuauhtémoc estaba atado a un proyecto de Nación que no tomaba en cuenta a la sociedad mexicana actual y Rincón Gallardo aspiraba a tener su propio partido. Solamente Porfirio podría declinar, si bien en ese momento no estaba seguro. Para él, la oportunidad yacía en la construcción de una candidatura fuerte alrededor de la personalidad de Fox.

Manuel Camacho deducía, por su parte, que si la coalición se frustraba no habría un programa conjunto ni una mayoría legislativa:

> Sentí que si no se preveía cual era el propósito del cambio, éste iba a fracasar en cualquiera de sus fases. Hice todo lo que estuvo en mi mano para impulsar la alianza. Cuando me di cuenta de que por razones de personalismo y no de proyecto la alianza no se podía concretar, cuando confirmé que Vicente creía que él podía sólo y observé que el PRD tampoco tenía un gran interés en participar y además se encontraba entrampado en una alianza política menor en donde lo único que contaba era la distribución de las posiciones y de las prerrogativas, me dije: "Esto no va a funcionar". No podía unirme al PAN porque, así lo veía yo en ese momento, estaban echando a perder la única posibilidad de estrategia exitosa. Y pensé que tampoco tenía margen para sumarme al PRD. La política ha terminado por ser una acción de intereses. Es decir, lo que importa es el número de candidaturas, quiénes las ocuparán y el financiamiento de las campañas. La política se basa en quién tiene más dinero, quién puede pagar los mejo-

res creativos y cómo se reparten las cuotas de poder alrededor de las candidaturas con posibilidad de triunfo.

No me quedó otra sino ir sólo, sabiendo que no tenía ninguna posibilidad. Traté de mantener una posición independiente con el único objetivo de lograr el registro de mi partido y que el grupo que se había comprometido con nuestro proyecto pudiera tener acceso al Congreso. Yo ya no tenía margen: El voto se polarizó entre dos fuerzas, por una parte el PRI y por la otra el candidato con posibilidades de ganar. No era algo que pudiera haberse escapado a la consideración de nadie, porque esto es lo que dicen las leyes sociológicas. En el estudio de las luchas políticas, en los momentos en que los sistemas no estaban desarrollados todavía, observé siempre que la distribución del voto se podía determinar numéricamente: El primero y el segundo partido se llevaban 85 por ciento de los votos y, el tercero, se quedaba con 15 por ciento. Ya no había espacio para nadie más. No me sumé a Vicente Fox pero sí decidí, a costa de lo que a mí me convenía, unirme a debatir una estrategia de choque frontal contra Labastida, ya que para mí era un asunto fundamental que no ganara el PRI.

Decliné adherirme a la candidatura de Fox porque no vi que tuviera la claridad estratégica que se iba a necesitar. Pensé que un movimiento oportunista de mi parte, de última hora, no tenía ningún sentido. Además, no había manera de amarrar nada y me entregaría a alguien a cambio de quién sabe qué. Con todo respeto, es lo que le pasó a Porfirio, un hombre que puede decir muchas cosas y no se le ha dado su lugar. Preferí ir directo a la derrota porque sabía que era un fracaso circunstancial, en vez de colocarme en una situación en la que, después, ya no tendría otra posibilidad, ni siquiera la de opinar sobre lo que pienso que está ocurriendo en el país.

Manuel Camacho cree que, tanto Cuauhtémoc Cárdenas como Vicente Fox, se equivocaron al no establecer la alianza, aunque ambos piensen que el otro es el que incurrió en error.

Unirse aseguraba la victoria. Una cosa es que se adopte la estrategia menos acertada y otra que, después, por una serie de circunstancias, resulte triunfadora. Lo más importante es que de haber ido en esa alianza se hubiera amarrado todo desde un principio: Se hubiera logrado mayoría legislativa y se hubiese tenido un programa con un respaldo enorme en la negociación con el PRI, no pretendiendo aniquilarlo, sino buscando la meta de establecer nuevas reglas del juego. No haberlo hecho fue un error que va a costar. Hay una segunda razón. Una parte de México es la social, la radical; si ésta queda fuera del acuerdo político, no se sabe en que momento va a crear una situación que arruine el proyecto de gobierno. Cárdenas se equivocó porque no tenía posibilidad de ganar. No midió bien el estado de ánimo de la población después de la experiencia del gobierno perredista en el Distrito Federal y lo que ocurrió en esos dos años. Con la ilusión y el recuerdo de campañas anteriores pensó que podía levantar hacia el mes de marzo o abril y que alcanzaría una votación más importante que la que tuvo. No previó el fenómeno de polarización del voto en la medida que se dio.

No es que Cárdenas no creyera en las encuestas. Él es una persona experimentada y ha visto cómo se mueven en una y otra dirección, varían mucho. Lo que es cierto hoy en encuestas deja de serlo un poco después. En 1997 estaba dos o tres veces arriba de Fox, de repente se situó a la mitad, justo cuando Vicente empezó la campaña. Pensó que eso era algo pasajero, que se podía contrarrestar. Cuauhtémoc tuvo en sus manos la oportunidad de haber configurado esa alianza y de haber sido una especie de garantía moral en todo el proyecto. Él podía haber dicho: "Acepto el acuerdo en la elección del candidato, sólo que el proyecto político es éste". Entonces, de ahí en adelante, su fuerza dentro de ese proyecto podría haber sido formidable y su capacidad de denuncia ante cualquier desviación o incumplimiento le hubiera dado un poder permanente. La alianza no se dio, sin embargo y al final era muy claro que Cárdenas no tenía posibilidades superiores al 17 por ciento. Apostó a una propuesta ideológica y se negó a respaldar a alguien que, desde esa visión, representaba a la derecha, a alguien suelto, sin control, y que quien sabe a donde iba a dar.

Para mi era absurdo que, por parte de Vicente, se nos pidiera sumarnos sin nada a cambio. Si no se cumplía con lo establecido jurídicamente, se perdía todo. La ley había sido diseñada por el PRI, era muy restrictiva, venía de la contrarreforma de 1989, la cual habían pactado el PAN y el PRI para evitar el crecimiento del PRD y la repetición del Frente Democrático Nacional de 1988. Todo esto permitía tener, en lo que toca a alianzas, un sistema absolutamente excluyente en el que, parte del control, provenía del manejo de un calendario que hacía imposible la concertación. Si no se tenía la alianza total en la primera quincena de diciembre, ¡seis meses y medio antes de la elección!, no había respaldo económico, se perdía todo. Para Cuauhtémoc, sumarse en mayo, significaba desaparecer como partido; no iba a tener ninguna garantía en el Congreso, no iba a tener nada. Obviamente el PRD se equivocó, pasó de 26 por ciento que tenía a alrededor de 10 por ciento en términos de representación política, cuando pudo haber tenido 26 por ciento por lo menos, si accedía al acuerdo político en los términos establecidos por la ley.

Ocho meses antes de la elección, en una reunión de hombres de negocios, alguien en corto le preguntó a Vicente Fox por qué no incorporaba a Porfirio

Muñoz Ledo y a Manuel Camacho a la campaña. Él contestó: "Con Porfirio me entiendo perfectamente bien. Con Camacho, no sé. ¿Qué quiere Camacho?, dímelo tú". El preguntón no ofreció respuesta. Muñoz Ledo piensa que Manuel Camacho quería llegar hasta el final porque tenía la aspiración de contar con su propio partido, igual que Gilberto Rincón Gallardo. Ellos entendían que si se fusionaban con otro candidato perderían su autonomía. "Él buscaba su espacio propio, no obstante que también presumía de andar con la coalición. A mí, no tener partido me facilitó las cosas":

> Cuando presentamos los dos la candidatura para la Presidencia manifesté, como lo he hecho toda la vida, estar a favor de una coalición de izquierda y, en ese caso, respaldando una alianza de toda la oposición. Luché por materializar esta idea y creo que ya se sabe lo que hizo el cuauhtemismo, un doble juego para impedir que nosotros entráramos al grupo de discusión de la coalición, lo cual me obligó a postularme como precandidato del PRD. Lo que buscaba era participar en las pláticas, en virtud de que ni Cárdenas ni yo éramos candidatos todavía. Se nombraron representantes de cada uno. A Cuauhtémoc esta fórmula no le pareció, entonces se postuló por otro partido, el PT, para poder estar directamente en la mesa de negociación. Cuando cambió la dirigencia del PRD y Amalia García sustituyó al presidente interino Pablo Gómez, ya no me dejaron entrar a las deliberaciones. Un hecho impolítico, antidemocrático e ilegal que ya no quiero recordar porque pertenece al pasado. Esas cosas, si no se han olvidado, la historia las retendrá, ya no deben ser motivo de querella.
>
> A petición de los representantes del PAN, en especial de Diego Fernández de Cevallos y de Santiago Creel, me postulé por otro partido (PARM) que me ofreció su apoyo a fin de figurar directamente en las negociaciones. Mi objetivo no era otro que el de juntar a todos. Sabía que Cárdenas no deseaba la alianza y también que este punto de vista lo compartía un sector del PAN. Para Vicente siempre fue claro que yo buscaba la unidad contra el sistema. Las cosas se dieron de otro modo, no se formó la coalición y cada quien se fue por su lado, aunque siempre le dije a Vicente –nos vimos en varias ocasiones– que si él llevaba la delantera, nosotros lo apoyaríamos con tal de facilitar el cambio democrático. Y así ocurrió.

Trece

El México que viene

El México que viene se acerca lleno de ambiciones, discrepancias y posibilidades. Marcha más consciente de las diferencias e incomprensiones que subsisten entre nosotros y trae consigo nuevas ideas e intolerancias que urgen a recomponer las formas de convivencia social y a buscar nuevos caminos que conduzcan al país a un estado de justicia, equidad, comprensión y prosperidad acorde con los anhelos de este pueblo milenario que desea transformarse sin desprenderse de sus raíces.

Los retos a la vista no son sencillos y suponen más incógnitas que certezas. Entre las últimas, por ejemplo, hay que apuntar que, a diferencia del pasado reciente, por vez primera el ejercicio del poder presidencial escapa a los cálculos del dedazo y Vicente Fox, al no tener la ambición de otros gobernantes de extender su mando más allá del periodo para el cual fue electo, deja a sus colaboradores y a su partido en un escenario hasta ahora desconocido.

Sólo que esta realidad trae consigo desafíos que no todas las fuerzas que se mueven en este México en construcción parecen estar preparadas a enfrentar. El caso más sintomático es el de los principales partidos políticos, a cuál más hundido en la crisis que provocó en sus estructuras el resultado electoral del 2 de julio del 2000.

La crisis que vive el PAN, por paradójico que parezca, se debe al triunfo, no a la derrota. Y a un año de la victoria de Vicente Fox en las urnas, no ha dado muestras de adaptarse a las circunstancias de ese triunfo, pues un porcentaje importante de los votantes que sufragaron a favor del cambio no ven en ese partido una opción para apuntalar las transformaciones por venir, mientras que el organismo político, por su parte, no parece preocupado por crecer ni por ahondar en sus raíces democráticas. Y si esto no bastara, los principios ideológicos que un día le dieron fuerza, hoy se asemejan más a obsesiones añejas que actúan como una camisa de fuerza.

El panorama en el PRD no es muy distinto. El liderazgo moral de Cuauhtémoc Cárdenas en esa organización es ya un lastre que estorba a la urgente modernización de la izquierda. En lo que respecta a éste último punto, quienes tienen preocupaciones democráticas bien arraigadas y, al mismo tiempo, aspiran a una sociedad más justa que, sin embargo, no esté peleada con el mercado, son los menos. En cuanto a Cárdenas y sus seguidores, uno y otros han hecho del cardenismo un monolito ideológico, cuando que Lázaro Cárdenas fue un político al que caracterizó no el sometimiento a ideologías, sino la libertad del talento y el pragmatismo político.

El PRI, por último, está atrapado en los cimientos que le dieron sustento. Por ejemplo, ¿cómo llegar a la democracia interna cuando ese partido no nació con la pretensión de conquistar el poder, sino con la de preservarlo? Así las cosas, el corporativismo, la línea, el caciquismo o la antidemocracia son los referentes con los que ese partido voltea a ver hacia el futuro.

México, además, no es una isla. Está inmerso en un mundo que se encuentra confundido por los acontecimientos de la modernidad inesperada. La irrupción de prácticas económico tecnológicas producto de la globalidad empezaron a acortar las distancias y a invadir la diversidad de etnias y culturas que anteriormente daban seguridad y sentido de pertenencia a los pueblos de la tierra. Es el momento de reflexionar sobre nuestra realidad y de tomar las decisiones que conduzcan a la reinvención de la patria.

La globalidad y sus retos

Hay algunas preocupaciones en el mundo desarrollado actual que son reveladoras. En Harvard, por ejemplo, la discusión en boga versa sobre la responsabilidad de los graduados de esa prestigiada institución en el enmudecimiento de la vida cultural estadunidense. Harvad, recuerda Michael M. Thomas, le daba un tono especial a la vida de ese país y la sociedad, a cambio, le correspondía con generosas aportaciones financieras. Antes, se erguía buscando la excelencia, ahora procura principalmente el ascenso económico de sus alumnos. La desazón proviene de la enorme influencia que la facultad de administración de negocios ejerce sobre el resto de la universidad, con profesores que dan más consultorías que clases y generaciones de alumnos exitosos reclutando a su vez más maestros de sus aulas. Hoy por hoy, las encuestas muestran que un título de Harvard es más rentable *cash on cash* que el de cualquier otra escuela. Ese éxito, sin embargo, le ha permitido a la universidad acumular un fondo patrimonial que, al cierre del año 2000, sumaba 13 mil millones de dólares.

En la escena mundial varios conservadores prominentes han dado un giro a la izquierda: "Las personas más distinguidas –escribió George Bernard Shaw en 1903– se vuelven más revolucionarias conforme envejecen". En efecto, observa Corey Robin –profesor asistente de ciencia política en el Brooklyn College de la City University de Nueva York[1]–, desde que terminó la guerra fría diversos pensadores han saltado a la palestra acusando a sus anteriores aliados de emprender una "guerra de clases contra los trabajadores de Estados Unidos". Las teorías de los que están a favor del mercado, según Michael Lind "no son convincentes" y sus planes económicos son "aterradores". Arianna Hullington, en otra época aliada del conservador republicano Newt Gingrich, vitupera hoy a unos Estados Unidos en donde a la gran mayoría "se la deja sofocarse en el polvo que levantan los toros galopantes de Wall Street". Y los expatriados más conocidos de estos días, el inglés John Gray y Edward Luttwak, un emigrado de Transilvania, se han convertido en los campeones de la lucha contra los modos del mercado libre y la globalización. Es interesante revisar, aunque sea someramente, la evolución que han tenido estas mentes distinguidas. Ellos ya fueron y vinieron, mientras que nosotros apenas empezamos a tocar con el dedo del pie el agua caliente del mundo global.

Cory Robin relata acerca de John Gray:

> En los años setenta... era una estrella naciente de la nueva derecha británica... Compuso verdaderos poemas en prosa sobre el mercado libre, cruzó una y otra vez el Atlántico para llenar sus tanques con el pensamiento libertario de alto octanaje de los *think tanks* de la derecha (estadunidense) y... cautivó en la alta noche a sus camaradas con visiones de la utopía "anarco-capitalista" por venir. Tras la caída del Muro de Berlín, Gray desertó. Primero criticó el triunfalismo de la tesis del "fin de la historia" lanzada por Francis Fukuyama y se opuso al desmantelamiento del sistema nacional de salud británico.

Por cuanto a Edward Luttwak, uno de los intelectuales más cercanos a Ronald Reagan, brillante militarista que criticó sin piedad las políticas de defensa liberales y le dio un sustento teórico al desarrollo militar estadunidense en los años ochenta, después del triunfo en la guerra fría se siente desilusionado. Estados Unidos le parece una pesadilla capitalista y hace una severa advertencia a los dirigentes de otros países que intentaban desatar las fuerzas del mercado libre. Se burla de las "pretensiones napoleónicas" de los hombres de negocios norteamericanos; desafía la teoría de que el capi-

---

[1] "Right-Wing Thinkers Go Left!", *American Political Science Review*, vol. II, núm. 1, febrero 2001.

talismo y la democracia forman una pareja inevitable, diciendo que "los mercados libres y las sociedades no tan libres van de la mano"; deplora las desigualdades salvajes producidas por el "turbo capitalismo"; fustiga a los centroizquierdistas europeos por abandonar sus raíces socialistas y por su renuencia a "correr el riesgo de cualquier acción innovadora" en favor de "los trabajadores comunes y corrientes". Luttwak señala que con su "desdén por los pobres y otros perdedores" y su "desprecio por las grandes masas de gente trabajadora", los demócratas de la era de Clinton y los defensores de la tercera vía "no pueden producir más que políticas de derecha".

Atrás quedaron los días en que Margaret Thatcher impresionó a sus paisanos y al resto del mundo. En 1980, tras su primer año en el poder, sus políticas parecían estar empujando la economía al desastre. Una vez que denunció a su predecesor, Edward Heath, por haber dado una notoria vuelta en u al capitular frente a los reclamos de la izquierda, Thatcher enfrentó la presión de los moderados de su propio partido y, en lugar de replegarse, resistió con una firmeza desafiante a sus críticos lanzando una frase memorable: "Den marcha atrás si quieren. La dama no da marcha atrás". Norman Barry, otro thatcherista y amigo de Gray hasta hace poco, recuerda: "Había pensado que no se trataba sino de una ganadora de las elecciones que no era laborista. Cuando abolió el control de cambios pensé: *Esta nena sabe de economía de mercado*... Entonces empezó a privatizar y a hacer otras cosas. Además, no iba a dar vuelta en u, así que me dije: Esto va en serio".

Aunque los regímenes de mercado cambian de un país a otro, Robin piensa que los grandes predicadores de la globalización imponen un modelo norteamericano unitalla, con su Estado de bienestar mínimo, con sus regulaciones comerciales y ambientales débiles y con bajos impuestos. Gray confirma esta idea: "*Según el Consenso de Washington*, las culturas y los sistemas económicos diversos que ha habido siempre en el mundo serán redundantes. Se convertirán en un solo mercado libre universal" basado en el "último gran régimen de la ilustración en el mundo, Estados Unidos".

Luttwak, por su parte, ilustra este monopensamiento de la globalidad con sus enseñanzas sobre cómo hacer la guerra, su especialidad por muchos años. Luttwak era algo más que un guerrero frío, "Era... un teórico ferviente del arte de la guerra. Mientras los generales pensaban que la victoria dependía de la adopción de los estilos administrativos de la IBM, Luttwak defendía las olvidadas tácticas de combate y maniobra del imperio romano. Luttwak urgía a los militares a volver los ojos a Adriano, no a Henry Ford, en busca de guía. Era una batalla ardua, con oficiales que la mayor parte del tiempo actuaban como hombres de organización más que como soldados..."

Hizo enfurecer a los militares cuando echó por tierra las explicaciones favoritas de las fuerzas armadas sobre su derrota en Vietnam: Los políticos sin fuerza de voluntad, la prensa traidora, el público derrotista. En cambio, arguyó que la élite guerrera de Estados Unidos había simple y sencillamente perdido "el gusto por la sangre". Durante la guerra, escribió Luttwak, "los oficiales de escritorio" estuvieron siempre "lejos del combate". Su inclinación al "lujo descarado" había tenido un efecto devastador en la moral de las tropas. Aunque Julio César "mantenía lo mismo a concubinas que a catamitas en sus cuarteles de la retaguardia, comía en platos de oro y bebía su vino samiano en copas enjoyadas", cuando estaba en el frente con sus soldados "sólo comía lo que ellos comían y dormía como ellos lo hacían: Bajo una tienda si las tropas tenían tiendas o envuelto únicamente en una manta si no las tenían". En contraste, los oficiales estadunidenses se negaban "a compartir las penurias y los riesgos mortales de la guerra".

Tanto Gray como Luttwak han sido severamente criticados y la izquierda tampoco se ha mostrado ansiosa de sumarlos a su causa. Sus juicios, no obstante, merecen el beneficio de la duda. Luttwak remata su pensamiento diciendo: "Creo que uno debe tener sólo la eficiencia de mercado que necesite, porque todo lo que valoramos en la vida humana pertenece al reino de la ineficiencia: El amor, la familia, el apego, la comunidad, la cultura, las viejas costumbres, los cómodos zapatos viejos... Lo que propongo es... una sociedad que diga conscientemente que ciertas cosas deben protegerse y mantenerse fuera del mercado".

La globalización, dice Thomas L. Friedman, ganador del premio National Book Award[2] en Estados Unidos, no es solamente un fenómeno y una tendencia pasajera, es el sistema internacional que reemplaza el método que seguía la guerra fría: Un sistema nuevo, bien aceitado y cada día más interconectado. La globalización es la integración de capital, tecnología e información a través de las fronteras nacionales en una forma tal que crea un mercado global único y, hasta cierto grado, también una aldea global. Puesto de una manera simple, nadie puede entender las noticias mañaneras o el comportamiento de sus propias inversiones sin comprender el sistema mundial. Durante la guerra fría los que estaban a cargo eran la Casa Blanca y el Kremlin, no había duda. Ahora, en la era de la internet, éste es un símbolo al cual todo el mundo está conectado, sólo que nadie está a cargo.

Friedman muestra en toda su crudeza los perfiles de este nuevo orden mundial y dramatiza la tensión que provoca el proceso de globalización en las viejas fuerzas de la cultura, la geografía, la tradición y la comunidad, así como el pavoroso retroceso que produce en los que han recibido su brutal impacto. El gran drama de la globalización fuerza a todos a buscar el equilibrio entre las fuerzas que representan la modernidad del Lexus (el automóvil más moderno de los japoneses) y el olivo, uno de los árboles más antiguos y productivos que han servido a la humanidad.

---

[2] *The Lexus and the Olive Tree*, Anchor Books, Random House, Nueva York, 2000.

A raíz de la crisis mexicana de 1994, Friedman visitó el país y habló con Enrique del Val Blanco, subsecretario de Sedesol, quien le dijo: "Todo mundo siente que su vida está determinada por alguien de fuera y quisiera saber quién es esa persona. ¿Quién es esa fuerza? Pensamos que estábamos en la senda del primer mundo y de repente algo no funcionó. El Banco Mundial y el Fondo Monetario Internacional declararon que éramos el mejor ejemplo, resulta que ahora somos el peor. ¿Qué hicimos? Perdimos el control. Si no encontramos otro modelo de desarrollo, estamos acabados. Nos rendimos". Seguramente nadie le dijo a Del Val que la economía mexicana "estaba detenida con alfileres", como lo explicó Jaime Serra Puche.

Friedman tuvo oportunidad de ver al presidente Zedillo en 1997, quien le dijo: "Hay voces, algunas de ellas casi gritos, que han estado diciendo que la integración a la globalidad posiblemente fue muy lejos y muy rápido, especialmente en los mercados financieros. Yo creo que sucedió lo opuesto. La globalización trae consigo desafíos y ofrece también tremendas oportunidades. El hecho de que los capitales financieros se puedan mover instantáneamente constituye un riesgo, sin duda. De eso a decir que necesitamos controlar los movimientos de dinero es ir al otro lado, al lado equivocado". Al final del día, sin embargo, Zedillo le confió: "Todas estas fallas financieras (globales) terminan en un sistema financiero local o como recursos para prestar en bancos locales, así que lo que importa es tener las instituciones financieras y políticas que puedan regular todo el proceso".

Lo que está a debate en el mundo es qué tanta sumisión debe haber a las leyes del mercado, qué tanta mundialización, qué tanto se pueden homogeneizar los países con la modernidad de moda y qué tanto conviene esa tendencia a todos los habitantes de un país.

En el caso de México es particularmente relevante toda vez que dentro del propio país tenemos los dos extremos, una parte de la sociedad conectada con la modernidad de punta y una masa empobrecida superior a 40 por ciento de la población nacional, en donde están incluidos los pueblos indígenas. Resolver esta disparidad antigua y urgente es una prioridad nacional, nada sencilla porque implica reinventar formas de convivencia con particularismos diferentes que exigen no ser homogeneizados sino tener libertad, autonomía y oportunidades diversas que les permitan salir de su postración educativa, política y económica. La clave se inscribe en una sola palabra: Diversidad. Aceptar la diversidad porque prové la dialéctica de la innovación, la creatividad y el fortalecimiento de la evolución. La homogeneidad alienta la inestabilidad, la decadencia y la extinción, tal como sucede en la naturaleza. El reclamo mundial que empieza a escucharse cada vez más fuerte es el derecho a la diferencia, a la reivindicación de las culturas y de las etnicidades frente a la ola absorbente y descuidada de la globalización porque efectivamente nadie está a cargo.

La otra cara de la realidad es que este proceso no sólo es inevitable sino que las principales fuerzas políticas y económicas del mundo insistirán en su permanencia porque calculan que les ha ido bien, que con ella han podido expandir sus mercados y ampliar su progreso esa estrella refulgente del mundo occidental. Aceptar este hecho y actuar en consecuencia, anticipándose a sus efectos, es la mejor estrategia que se puede esgrimir a fin de aprovechar sus ventajas y mitigar sus múltiples coletazos negativos.

Diversidad y oportunidad, un objetivo alcanzable

Partiendo de la premisa de que México es uno de los países con mayor diversidad en el mundo; de que conservar y fortalecer esta riqueza significa una ventaja competitiva de los mexicanos frente a las demás naciones; y de que es preciso elaborar planes imaginativos, ambiciosos y flexibles para poder marchar hacia la superación y bienestar de los grupos variados que componen la sociedad, la pregunta que se plantea es: ¿Cuáles son las oportunidades y problemas que México tiene enfrente y qué esfuerzos se necesitan hacer con objeto de aprovechar unos y convertir otros en soluciones favorables para el país?

1) México podrá lograr una mayor prosperidad si sabe cómo aprovechar la expansión económica ligada a la globalización, además de las ventajas que ofrece su posición geográfica, sus recursos naturales, su original cultura, y si logra reducir su tasa de crecimiento demográfico.

2) El avance democrático logrado proporcionará al gobierno mejor organización política y administrativa que permitirán un mejor manejo de la actividad económica, lo cual a su vez fortalecerá la confianza de los inversionistas, la mayoría de los cuales vive al lado norte de nuestro territorio.

3) Actualmente, México es la mejor opción para invertir en Latinoamérica. Esto es un hecho reportado en la Reunión Anual del Banco Interamericano de Desarrollo (BID) en su junta del año 2000 celebrada en Santiago de Chile. Entre 125 altos ejecutivos de las grandes compañías multinacionales, México se llevó 50 por ciento de las preferencias, luego Brasil con 10 y Argentina con ocho. Cuarenta y nueve por ciento de esas empresas declaró que aumentará sus inversiones en América Latina en los próximos 10 años. No hay que olvidar que en 1940 la economía de Brasil era la mitad de la mexicana. Hoy es el doble.

4) El fantasma de las crisis financieras seguirá presente debido a la gran dependencia que tenemos de los financiamientos externos, pero si se mantiene la estabilidad y se concretan proyectos atractivos de inversión el capital fluirá. El dinero siempre sigue al talento.

5) Para el año 2015 México, Venezuela y Brasil ocuparán un lugar destacado en la producción mundial de petróleo. Sus reservas probadas sólo serán inferiores a las de Medio Oriente. El sistema de energía de la cuenca del Atlántico dependerá básicamente de estos tres países. Pemex continuará siendo una enorme fuente de desarrollo si se le permite actuar con eficiencia, transparencia y flexibilidad, pues actualmente es el tercer productor de petróleo en el mundo y no llega a los diez primeros lugares en la producción de petroquímicos. La razón es sencilla: el gobierno toma la mayor parte de los recursos de la empresa para sufragar sus gastos en vez de permitirle invertir en su propio desarrollo.

6) Los acuerdos múltiples de comercio serán un catalizador muy importante del crecimiento económico y desarrollo del país. No es lejana la posibilidad de convertir a América en una zona de libre comercio, la cual detonará la creación de empleos y provocará un ambiente político que permita emprender las reformas económicas aún pendientes. La masa de trabajadores que está dispuesta a emigrar y a jugarse la vida por conseguir empleo es una ventaja de México, no una carga.

7) El mercado de internet crecerá a tasas exponenciales, estimulando toda la actividad económica y cultural de la región, donde México es uno de los principales beneficiarios.

8) Por otro lado, el crimen organizado y la proliferación indiscriminada de la delincuencia seguirán siendo el reto más peliagudo a enfrentar. La inseguridad es la lacra más despreciada por la sociedad, materia en la que no se ha mostrado la voluntad política necesaria, dándole trato prioritario y desarrollando las medidas preventivas y de eficiencia policíaca que permitan una eficaz actuación en respuesta al reclamo ciudadano. La presencia omnipotente del narcotráfico enturbia todavía más el panorama por los recursos que maneja, por su complejidad y por la extensión mundial de sus tentáculos.

9) Las diferencias en los estándares de vida, la demanda estadunidense de mano de obra y los lazos familiares de millones de mexicanos que viven en Estados Unidos seguirán siendo un problema del desarrollo mexicano y de migración con ese país. Se impone una asociación imaginativa con el vecino norteño, la mira puesta en atacar el fondo de esta vieja y conflictiva fuente de tensión entre los dos países. Al mismo tiempo, es una oportunidad natural y geográfica de crecimiento de todo el sistema socioeconómico de Norteamérica, escudo y ventaja frente a los demás bloques económicos del mundo.

10) La recomposición interna del aparato burocrático y de las empresas descentralizadas del país es otro reto formidable que enfrenta el gobierno. Cada vez que una nueva administración entra y modifica los métodos de

trabajo, en vez de revisar y depurar los anteriores para evitar duplicaciones, lo agrega y lo hace funcionar encima de los ya existentes. Los sistemas se acumulan y traslapan haciendo más lenta y costosa la operación. Un ejemplo visible: cuando Pablo Chapa Bezanilla, exfiscal especial de la Procuraduría General de la República, fue acusado de sembrar evidencias falsas en el caso de Ruiz Massieu y escapó al extranjero en un avión particular, la PGR ordenó revisar a los pasajeros de todo avión privado que sale de los aeropuertos nacionales, ocasionando demoras, aumento de costos y molestia a los viajeros y las tripulaciones. La medida no sirvió para nada, el hombre ya se había fugado, pero aún persiste en los procedimientos de la aviación privada. Los extranjeros al salir se llevan la impresión de haber dejado un país dictatorial. Lo mismo sucede con los sistemas contables, de control interno y de procesamiento electrónico de datos en casi todas las dependencias y en las empresas descentralizadas.

Los asuntos se tratan obedeciendo a fórmulas farragosas, dizque controladoras y observando manuales que sólo entorpecen los servicios que ofrecen las oficinas públicas y los resultados que obtienen las empresas paraestatales, pues ya han olvidado ambas el propósito para el que fueron creadas. Si a esta aterradora realidad se añade la pegajosa cultura de la corrupción que actúa como combustible para mover la maquinaria estatal, se comprenderá la dimensión del problema.

Acometer en vez de soportar

Los temores que acarrea el fenómeno globalizador son tan temibles como enorme la ausencia de soluciones que permitan balancear los desequilibrios que provoca. Cerrarse a participar en él, sin embargo, no es una postura sostenible. Tomar conciencia de que al mundo ya no le queda la ropa que usa, que necesita otro atuendo y conducta para no autodestruirse mientras crecen sus herramientas, sus extensiones humanas y su progreso económico es un pensamiento que no debe descansar en la mente del ciudadano del siglo XXI. La imaginación es el arma para resolver esta ecuación inédita. Mientras tanto, el mexicano debe llevar a la práctica proyectos que disuelvan sus carencias nacionales, que mejoren su posición frente al mundo y apuntalen su prosperidad inmediata y futura, de modo que *pueda asumir* con más recursos la *responsabilidad* que le corresponde con sus semejantes dentro y fuera de México.

Proyecto sureste de México

La sociedad ha cobrado conciencia del atraso y falta de oportunidades que tiene la población particularmente en el sureste mexicano, las cuales afectan la paz y justicia de la Nación. Varios estudios se han realizado con objeto de encontrar las soluciones inmediatas que reviertan dicha situación en el corto plazo, revolucionándola y haciéndola sustentable y progresiva en el mediano y largo plazo.

El objetivo consiste en crear riqueza en esa enorme región al aprovechar los recursos naturales y ventajas comparativas disponibles, mediante la atracción de las más avanzadas tecnologías, la remoción sistemática de los obstáculos que impiden el desarrollo y el establecimiento de respaldos específicos que le den mayor estabilidad interna y fortalezcan su autonomía económica frente a la disparidad que existe con el resto del país. En síntesis, trazar una línea en el mapa que separe fiscalmente a los estados de Oaxaca, Chiapas, Tabasco, Campeche, Yucatán y Quintana Roo. Seis estados que estarían sujetos a un régimen especial durante cinco o diez años hasta alcanzar un grado de desarrollo similar al de las regiones más avanzadas del país.

El plan se puede realizar sin afectar significativamente el equilibrio presupuestal, es decir, los niveles planteados de recaudación local y el déficit del sector público federal, expresado éste como proporción del Producto Interno Bruto (PIB).

La región tiene un potencial económico muy importante –principalmente en agricultura y en recursos naturales– que se puede desarrollar en forma extraordinaria. Paradójicamente, los recursos de la región se han utilizado en el crecimiento del resto del país (hidroelectricidad, petróleo y recursos forestales), sin haber retribuido a la región con el bienestar que le corresponde.

Superar los niveles de pobreza extrema y crear las condiciones que permitan ofrecer empleo digno son las medidas más importantes para aliviar la situación general que ahora provoca la migración hacia los centros urbanos, a Estados Unidos y a zonas nacionales protegidas por ser reservas ecológicas, aparte de impulsar negativamente el cultivo y tráfico ilegal de drogas.

La experiencia internacional muestra claramente que la acción gubernamental orientada hacia objetivos específicos, utilizando un paquete bien definido de incentivos, ha sido el elemento cardinal en las estrategias que promueven la inversión permanente en sus regiones, particularmente cuando forman parte de un programa integrado que respalde el atractivo inicial de los estímulos: Mejoras en infraestructura básica, programas de educación y capacitación técnica, revisión de leyes y reglamentos que aseguren transparencia y sencillez de aplicación y la creación de un entorno macroeconómico sano.

En el pasado, cuatro países llevaron a la práctica un conjunto de medidas semejante al enunciado y tuvieron mucho éxito: Malasia implantó la Ley de Promoción a la Inversión en 1986, de acuerdo con la cual se otorgaban incentivos al sector manufacturero y de alta tecnología. El cam-

La sociedad ha cobrado conciencia del atraso y falta de oportunidades que padece la población en el sureste mexicano.

bio fue notable. En el periodo de 1986 a 1995 se registró un aumento de la inversión extranjera de mil por ciento. Singapur ha reflejado un crecimiento continuo de afluencia de capitales. En 1959 introdujo un plan de incentivos pioneros; en 1975 otorgó 10 años de exención fiscal a las nuevas inversiones; en 1979 estableció créditos fiscales a determinadas áreas del sector manufacturero que resultaban atractivas para su integración; en 1980 desarrolló incentivos a la investigación y desarrollo; en 1986 le tocó el turno a las operaciones de oficinas corporativas que empezaban a escasear; y en 1987 a los servicios de exportación.

Singapur es hoy uno de los más ricos y famosos tigres de Asia y su sistema administrativo de gobierno supera a los más avanzados de occidente. Taiwán y China han seguido programas de incentivos similares con resultados nunca antes vistos en su historia, pues sus crecimientos económicos han sido espectaculares, amén de constantes y crecientes.

La oportunidad de desarrollo en el sureste es inmensa e inaplazable. En la actualidad los datos de gasto per cápita en obras públicas, la formación bruta de capital, el gasto en educación y la esperanza de vida de sus habitantes están por debajo de los promedios nacionales. Los seis estados del sureste atrajeron en el período de 1994-1996 solamente 0.7 por ciento de la inversión extranjera que entró al país.

Otra valiosa experiencia que conviene revisar es la forma en que Alemania resolvió el problema de la llamada República Democrática al anexarla a su orden político después de la caída del muro comunista que los separaba. El gobierno federal decidió echar mano de los recursos humanos, financieros y de conocimiento que tienen las empresas alemanas de prestigio mundial, con el propósito de poner en práctica un plan relámpago de incorporación a la modernidad organizativa y financiera que ya tenían en la parte occidental. Principiaron por reorganizar sus células básicas, los municipios. Cada banco, compañía de seguros, empresa de servicios e industria proporcionaron ejecutivos versados en estas materias y, en un periodo de seis a ocho meses aproximadamente, pusieron orden en la desvencijada organización que había dejado la Alemania Oriental. Algunos de estos directivos, por cierto, se despertaban a la una o dos de la mañana sintiendo la asfixia de la contaminación ambiental: "Parecía que las chimeneas de las fábricas estaban conectadas con las ventanas de nuestras habitaciones", relataba un funcionario. Un año después Alemania del Este mostraba en su faz algunos rasgos claros del desarrollo de su contraparte occidental.

Esta decisión de examinar todo lo que tiene el país y ponerlo a funcionar en favor de lo que no tiene es perfectamente aplicable al caso mexicano. De hecho, algunos hombres de negocios han aportado reflexiones y estudios concretos con el propósito de colaborar en esta tarea que es responsabilidad de todos los mexicanos, apuntando su determinación de materializar proyectos que maten dos pájaros de un tiro: Crear fuentes de producción, riqueza y trabajo en esa región que sean altamente rentables para todas las partes y a la vez que puedan competir con ventaja en el escenario mundial.

Alfonso Romo Garza, el conocido industrial regiomontano, por ejemplo, tiene en cartera un ambicioso proyecto de producción de café de alta calidad, una rama de negocios que por ahora no forma parte de su repertorio. El objetivo consiste en emplear técnicas genéticas de biotecnología –no transgénicas– y lograr una calidad difícilmente igualable en aroma, sabor, color y apariencia. La idea se apoya firmemente en la circunstancia de que el ingeniero Romo controla el grupo de empresas líder en el mercado mundial de tecnología de vegetales y en su voluntad de cooperar en el desarrollo nacional.

Actualmente México es el cuarto productor de café en el mundo, con una participación de cuatro por ciento del mercado global, 236 mil toneladas. Este proyecto tendría una producción equivalente a 35 por ciento del volumen actual del país y sería un detonador económico en los estados de Oaxaca y Chiapas, ya que se emplearían esquemas de agroasociaciones con los productores locales, donde éstos ponen la tierra y mano de obra, y la compañía el financiamiento y la tecnología. En el pasado han tenido un éxito enorme por su productividad distributiva y porque notablemente han sido desarrolladas en regiones aledañas a donde se localiza el conflicto chiapaneco. En su fase final emplearía a 48 mil trabajadores en forma constante y, durante el tiempo de cosecha, aumentaría a 252 mil empleos. Este tipo de café sería un generador de divisas que traería a México 300 millones de dólares.

Plantaciones forestales

Un ejemplo de diversificación de actividades rentables a largo plazo sería la producción de bambú para celulosa en plantaciones de grandes superficies. México ocupa el tercer lugar mundial en biodiversidad, la cual se ve amenazada por una desmedida explotación de sus bosques. Cuenta con cerca de 8.1 millones de hectáreas aptas para plantaciones forestales de rápido crecimiento; sin embargo, de 1990 a la fecha el país ha tenido un descenso del 60 por ciento en la producción de celulosa, lo cual se ha reflejado en una balanza comercial negativa. El proyecto tiene como objetivo satisfacer la demanda nacional de celulosas de fibra larga, óptima en la fabricación del papel industrial y participar en el mercado internacional.

Con una inversión de 320 millones de dólares, se pueden producir 183 mil toneladas anuales de celulosa y dar empleo a dos mil personas en una plantación de 16 mil 200 hectáreas. La localización de la plantación puede ser en el área norte del estado de Chiapas, en los municipios de Palenque, Playas de Catazajá y Salto del Agua. Como efecto colateral contribuiría a reforestar la región con especies nativas de la zona.

En los años 70, México producía 2.4 millones de toneladas métricas de productos forestales. Chile, en cambio, solamente cuatro. Hoy, 30 años después, México produce 1.7 millones y Chile 24 millones de toneladas. Lo peor de esta realidad es que en Chile el rendimiento de sus suelos, por su composición, es cinco veces menor que el de nuestro país.

Otros proyectos de esta índole pueden desarrollarse en el sureste. La producción de hortalizas basada en el sistema de agricultura protegida o de invernaderos puede ocupar tres mil hectáreas en la meseta comiteca del estado de Chiapas y generar nueve mil empleos permanentes en las regiónes de Las Margaritas y la Trinitaria, bajo el mismo esquema de agroasociaciones; o bien el proyecto forestal en el cual se emplearían 300 mil hectáreas de plantaciones tropicales en áreas totalmente desforestadas. La producción de madera sería mayor a ocho millones de metros cúbicos al año, cifra superior a toda la producción forestal actual del país, utilizando sólo un área equivalente a 0.60 por ciento de las áreas boscosas fértiles del país.

Aunque las ventajas naturales apuntan a la agricultura, otros rubros son susceptibles de amplia promoción, como el procesamiento de alimentos, la industria ligera y de maquiladoras, el turismo, los materiales de construcción y las comunicaciones. Estos dos últimos capítulos podrían ser medios y fines en el desarrollo de la región con los que se obtendrían beneficios adicionales por el efecto multiplicador que tienen.

Estimular la inversión en estos proyectos es posible tomando medidas a corto, mediano y largo plazo. Hay que empezar por agrupar a líderes políticos, empresariales, académicos e indígenas, representantes de cada uno de los seis estados del sureste con el fin de establecer una *Declaración de Visión* que comprenda las metas concretas de desarrollo y el compromiso de elevar el plan a la categoría de prioridad nacional, respaldado por el presidente de la República. Los incentivos concretos comprenderían medidas fiscales de depreciación acelerada; gasto público de soporte para infraestructura; financiamiento de los bancos de desarrollo y posiblemente la privatización del ferrocarril del sureste con vistas a modernizar el servicio. En materia educativa, realizar acciones que incrementen el número de profesores en la región y el desarrollo de una universidad técnica de agricultura avanzada, proyecto que la iniciativa privada podría comprometerse a manejar con el propósito de cubrir la investigación y enseñanza de la agricultura tropical.

En el mediano y largo plazo, el esfuerzo se concentraría en determinar los obstáculos estructurales que ahora impiden el desarrollo e ir eliminándolos uno a uno. Necesidades de infraestructura básica, productividad agrícola, alivio de la pobreza extrema, mejoramiento de los niveles de vida, mayor educación, desarrollo de recursos humanos, ajuste de políticas que favorezcan la instalación de zonas agrícolas e industriales *modelo* y la inversión con alta tecnología para organizar centros de investigación y desarrollo que atiendan a los sectores prioritarios a desarrollar, fundamentándose en las ventajas comparativas reveladas y esperadas de la región.

Los incentivos de carácter fiscal pueden ser aplicados no solamente a las actividades que se emprendan directamente en el sureste, sino en todas las empresas de la República que decidan apoyarlo mediante inversiones o ayudas indirectas para el desarrollo de la región, sin incluir metas de exportación porque contravendrían los compromisos asumidos por México en sus tratados internacionales. Estos incentivos incluirían a las zonas modelo y a los sectores prioritarios tales como investigación y desarrollo agrícola; biotecnología y minerales; desarrollo y comercialización forestal y agrícola; procesamiento de alimentos; turismo; maquiladoras; materiales de construcción; servicios especializados de telecomunicaciones y acuicultura.

Exentar los gravámenes a la importación de maquinaria y equipo, insumos y materias primas que se necesiten en las zonas modelo y en sectores prioritarios. Igualmente a las empresas dedicadas a desarrollar tecnologías avanzadas y de infraestructura de la región, para lograr la aceleración de esas actividades. Un tratamiento parcial de estímulos es susceptible de aplicarse a favor de las inversiones no prioritarias. Lo importante es que todo México perciba la urgencia de desarrollar esa región y se estimule a los inversionistas a considerar la oportunidad que representa el sureste para sus negocios en particular y para la paz y prosperidad del país en general.

Oportunidades geopolíticas de carácter nacional

I   Socios en la prosperidad.

Este plan persigue establecer una intensa coordinación económica, energética, tecnológica, migratoria y de lucha contra la criminalidad con los socios de México en el Tratado de Libre Comercio. Primero con Estados Unidos, luego con Canadá. No se trata de buscar una homogeneización con la cultura norteamericana, sino de sentar las bases que establezcan una sociedad para la prosperidad. Los objetivos del programa podrían ser los siguientes:

1)   Coordinación macroeconómica e integración financiera.

Es un hecho que en el mundo existen suficientes medios para emprender grandes y variados proyectos y que dichos recursos se encuentran a la caza de las ideas que ofrezcan mejor rendimiento, mayor seguridad y una conveniente diversificación. Es necesario, si se desea acceder a ellos, hablar el idioma que usan los que toman las decisiones de inversión, y conocer y respetar las reglas de transparencia, información, protección corporativa y jurídica que exigen, con objeto de poder obtener una buena porción de esa gran masa de dinero. México brinda ventajas comparativas difíciles de igualar por otros países si se organizan los proyectos de acuerdo con las reglas establecidas. Seis por ciento de las personas que habitan el globo terráqueo poseen 59 por ciento de la riqueza total y la mayoría de esos ciudadanos o administradores de fondos de inversión están ubicados en Norteamérica.

- La meta: Tomar ventaja de la estabilidad que la integración de los mercados financieros de México y Estados Unidos pueden ofrecer a la región en el mediano plazo.
- Las acciones: Intercambiar información acerca de aquellos desarrollos económicos que afectan la política monetaria; coordinar estrategias que permitan superar desajustes en los mercados monetarios y de capital; armonizar la supervisión preventiva de las instituciones financieras; crear mecanismos de alerta y tomar medidas que permitan prevenir crisis financieras; sustentar posiciones coordinadas de políticas de instituciones internacionales, como el Fondo Monetario Internacional y los bancos de desarrollo; promover el libre acceso de instrumentos financieros –bonos y acciones– en ambos mercados y ofrecer mejores oportunidades a los inversionistas institucionales; uniformar los criterios contables en los sistemas financieros de ambos países, promoviendo la transparencia de las operaciones de inversión y del desempeño de las instituciones financieras; por último, crear un fondo de contingencia México-Estados Unidos con la intención de apoyar la estabilidad de las tasas de interés y el tipo de cambio de México a fin de facilitar la convergencia de ambos países.

2) Fortalecimiento del libre comercio de bienes y servicios y de la inversión extranjera entre México y Estados Unidos, mediante la creación de un marco legal que garantice la seguridad de la inversión en ambas naciones; eliminar las limitaciones que impiden el desarrollo económico en la industria de telecomunicaciones, turismo y transporte, reconociendo a los inversionistas de los dos países como nacionales; desarrollar y promover políticas y leyes que eviten obstáculos provenientes de situaciones de monopolio en sus mercados.

3) Movilidad de la mano de obra entre México y Estados Unidos.

- La meta es promover condiciones que favorezcan una mayor movilidad y mejores condiciones en el traslado de recursos humanos entre México y Estados Unidos.

360

- Acciones: Definir cuotas anuales por sector de actividad que garanticen una oferta adecuada de mano de obra, tomando en cuenta las condiciones económicas de los mercados de trabajo en ambos países; desarrollar un programa de capacitación México–norteamericano que mejoren las habilidades de los trabajadores de acuerdo con las necesidades de cada industria y crear el marco legal que haga converger los derechos de los trabajadores de manera que se eviten distorsiones en las ventajas competitivas y en las relaciones comerciales en ambos lados de la frontera.

4) Educación y capacitación.

- Meta: Homologar los niveles de educación media y superior.
- Acciones: Lograr que los estudios técnicos y universitarios realizados en México tengan validez oficial en Estados Unidos; desarrollar y financiar programas de capacitación educativa con la asistencia de organizaciones multilaterales oficiales que permitan a la población obtener beneficios directos en esta materia, y desarrollar programas de asistencia técnica de las escuelas de medicina de Estados Unidos con el propósito de fortalecer los servicios rurales mexicanos.

5) Cooperación en el área energética.

- Meta: Alcanzar una oferta sustentable de energía (petróleo, gas, electricidad) dentro de un marco económico equitativo para los dos países.
- Acciones: Desarrollar un mercado de energía en el TLC, independientemente de la especulación internacional, en beneficio de los consumidores de ambos países; ampliar la cooperación en materia de inversión y mantener una oferta adecuada de energía; ampliar la inversión privada y la asociación en el descubrimiento y desarrollo de nuevas fuentes de energía.

6) Lucha contra actividades criminales.

- Meta: Reforzar la capacidad de acción de ambos países en contra del crimen con el objetivo de preservar la libertad y seguridad de sus ciudadanos. Acciones: Promover acciones de manera coordinada en la región que prevengan y frenen el surgimiento de nuevas organizaciones; ampliar la colaboración regional cuando en situaciones críticas se requiera de una mayor movilidad de las fuerzas de combate que refuercen la capacidad de la aplicación de la ley; simplificar el marco legal de ambos países y mejorar la capacidad de las autoridades en lo que se refiere a la captura, enjuiciamiento y obtención de sentencias a delincuentes en la región.

7) Mecanismos clave de coordinación técnica y política.

▪ Designar comités técnicos mixtos del Banco de México y de la Reserva Federal; de asesores presidenciales y de las diferentes secretarías según la materia de que se trate.
▪ En el ámbito político, realizar reuniones trimestrales con asistencia de los representantes de ambos presidentes, de los responsables de la política de los bancos centrales y de los ministros respectivos de acuerdo con cada agenda.
▪ Reuniones anuales de ambos jefes de Estado para revisar los informes de los representantes especiales, firmar los acuerdos correspondientes y comprometer, en su caso, el envío a sus congresos de las propuestas que requieran aprobación o ratificación por parte de los poderes legislativos.

8) Condiciones que México debe cubrir con vistas a iniciar el proceso antes del año 2004.

▪ Reducir la tasa de inflación a 3 por ciento anual.
▪ Alcanzar un presupuesto equilibrado.
▪ Reducir las tasas de interés hasta hacerlas comparables con las de Estados Unidos, con una tasa nominal tope de ocho por ciento. Este es uno de los frenos más pertinaces que impiden el desarrollo de los individuos y de las empresas mexicanas.

Fuentes inagotables de energía alterna que tiene México

La naturaleza ha obsequiado a México importantes fuentes alternas de energía hidrocinética, provenientes de mareas masivas desde las que ocurren en la axila geográfica que forman los estados de Baja California Norte y Sonora, hasta las corrientes litorales que pasan por el canal de Cozumel y el Golfo de Campeche.

En la desembocadura del río Colorado, en el Golfo de California, algunos técnicos estiman que la diferencia entre las mareas baja y alta es de 10 metros, caudal que inunda una superficie de mil 100 kilómetros cuadrados, equivalente a la que ocupa la ciudad de México en el altiplano. Estos escurrimientos de agua de mar, de diferentes corrientes y velocidades, acarrean un volumen aproximado de 250 mil metros cúbicos por segundo, superior a lo que aportarían todos los ríos del mundo juntos. El potencial de energía, si se aprovecha el 100 por ciento de este tanque natural, es de doce mil 500 megawatts, equivalente a más de un tercio de la energía eléctrica total producida en el país.

El ingeniero José Luis Siller Franco poseedor de más de 26 patentes de procesos similares, ha estudiado por más de 20 años los resultados de las investigaciones que se han hecho sobre estas fuentes de energía y tiene

México puede alcanzar una oferta sustentable de energía
dentro de un marco económico equitativo con Estados Unidos.

propuestas concretas para aprovechar su potencial energético. Los mil 100 kilómetros de marismas, con una profundidad media de cinco metros, significan un embalse o volumen de agua almacenado de cinco mil 500 millones de metros cúbicos, que las mareas mueven por la fuerza gravitacional a que están sujetas para llenar y vaciar el depósito. Mientras la naturaleza realiza esta maniobra monumental, su energía puede ser utilizada montando turbinas flotantes frente a la costa, pues ese terreno es sísmico y no resulta apropiado para construir instalaciones terrestres.

Aparte de esta energía hidrocinética que contienen las corrientes de mareas existe en la zona otra no menos importante: La maremotriz. Entender mejor esta fuerza natural es posible si se toma un recipiente doméstico cualquiera y en su pared, cerca del fondo, se le practica una perforación de un centímetro de diámetro. Luego, éste recipiente se coloca dentro de otro más amplio y se vierte agua dentro del mayor. Se podrá observar que el recipiente perforado también comenzará a llenarse, creándose una corriente de agua en la perforación cuya velocidad será mayor conforme el nivel del agua en el exterior sea más alto que el del interior. Si se abre una válvula para vaciar el recipiente exterior se podrá ver que el fenómeno se repite pero en dirección opuesta. En ambos casos existirá una corriente de agua en el orificio perforado, circunstancia que puede aprovecharse colocando en la perforación una turbina que se activará gracias al impulso del agua.

Algo parecido es posible realizar sobre la costa de Baja California, entre el puerto de San Felipe y el delta del río Colorado, en donde existe una franja de alrededor de 50 kilómetros de longitud por un promedio de 15 kilómetros de anchura, que contiene unos 750 kilómetros cuadrados de esteros, marismas, salinas y tierras bajas que se inundan con las mareas. Si esta enorme superficie se aislara mediante un muro siguiendo la línea de la costa y dos largos y grandes bordos en las cabeceras, se alteraría el orden establecido y el mar no podría penetrar o el embalse no podría vaciarse a menos que sobre el muro costero se practicasen las perforaciones necesarias para ello, y si en cada una de éstas se instalara una turbina se podría extraer la energía maremotriz que contiene el movimiento del agua.

La línea costera baja californiana está orientada de norte a sur. Si se construye un tramo de 500 metros de muro costero con perforaciones en las paredes y delimitado por dos bordos oriente-poniente que lleguen hasta donde alcanza la marca máxima, se podría tener un embalse en una parcela rectangular con una superficie de 7.5 kilómetros cuadrados y un tirante medio de cuatro metros que almacenaría un volumen de 30 millones de metros cúbicos, cuya energía potencial, a 100 por ciento de eficiencia, sería aproximadamente de 50 megawatts. Es muy probable que en esta zona costera, además de las superficies de las islas Montague y Pelícano, que también se circundarían con muros perforados, se puedan construir alrededor de 150 de estas "parcelas eléctricas", las cuales pueden ser concesionadas a particulares o desarrolladas por la Comisión Federal de Electricidad.

Si se suma la energía potencial que existe en esta parte del territorio nacional, México podría generar 20 mil megawatts, más de 50 por ciento de lo que actualmente produce toda la industria eléctrica y hacerlo al más bajo costo posible. El país, que en la actualidad apenas cubre su necesidad eléctrica, pasaría a ser un exportador neto de energía casualmente instalado en la región que tiene la más atractiva demanda de fluido eléctrico: California.

Industria de Tecnología en Informática (ITI)

Esta industria que mueve en el mundo más de 500 mil millones de dólares al año está dominada por unas cuantas compañías estratégicamente localizadas en el conocido Silicon Valley de California. Actualmente presenta situaciones coyunturales que dan oportunidad a nuevos participantes:

- El negocio de conectividad computacional a través de la internet tiene un gran desarrollo, que se estima continuará creciendo aceleradamente los próximos 10 o 15 años, partiendo de una base de 407 millones de usuarios y servidores instalados que se han venido duplicando cada seis meses.
- Los principales participantes de la industria subcontratan cada vez más la manufactura de sus productos y gran parte de su software. Los países asiáticos son los que mejor aprovechan esta veta jugosa de negocios con programas nacionales bien orquestados.
- México tiene ventajas competitivas importantes: Cercanía al mercado más grande del mundo, horarios similares, una cultura más parecida a la de Estados Unidos que la de los asiáticos y acceso directo al mercado latinoamericano. En el país esta rama ha tenido un buen desarrollo, sin embargo, aún es deficitaria (4 mil millones de dólares en 2000).
- Los mejores jugadores en esta cancha tecnológica son las pequeñas y medianas empresas que representan al sector con mayor velocidad de crecimiento en el mundo. En nuestro caso, su desarrollo puede ser explosivo si se abre la posibilidad de capacitar estratégicamente a estas pequeñas entidades que están ansiosas de descubrir nuevos campos de operación.
- La necesidad de personal capacitado es y continuará siendo superior a la oferta. Se estima un faltante de cuando menos 190 mil ingenieros de informática en Estados Unidos[3]. Para el año 2005 aumentará a 755 mil[4]. Lo anterior ha provocado que el costo de los estudios universitarios en esta materia codiciada aumente, haciendo más atractivo subcontratar los servi-

---

[3] Harrison Miller, presidente de Information Technology Association of America.
[4] US Bureau of Labor Statistics.

cios de personas de otros países, cuyo costo no sobrepasa el 25 por ciento del norteamericano.

▪ Uno de los factores clave de éxito en centros de desarrollo de esta industria tecnológica ha sido la concentración del esfuerzo nacional en una zona geográfica determinada, donde conviene incluir, en el caso mexicano, la presencia del Consejo Nacional de Tecnología en Informática, el Centro de Excelencia Tecnológica, el primer parque tecnológico del país y el centro o eje de internet. Las razones son múltiples: Facilita la "presentación" de la industria ante el extranjero, fomenta la comunicación de empresarios y gobiernos, facilita la subcontratación de servicios y aumenta la disponibilidad de todos los recursos que demanda la industria.

▪ La oportunidad de empleo altamente remunerado es enorme, encontrar el lugar idóneo para desarrollar la industria no es problema alguno. La ciudad de Monterrey reúne sobradamente los requisitos más importantes: No tiene la concentración poblacional de la ciudad de México, cuenta con numerosos programadores que tienen un alto nivel académico, mayor cercanía con Estados Unidos y una cultura cibernética e industrial muy identificada con la que utilizan los productores y usuarios de los productos. Para manufactura del hardware, que es otra especialidad, las ciudades de Torreón, Chihuahua, Ciudad Juárez y Hermosillo, Sonora, reúnen un número importante de puntos positivos que les permitiría asumir esa responsabilidad.

▪ La estimación de una demanda de 132 mil empleos en México arroja un alto valor agregado porque están basados en el conocimiento, lo cual implica el crecimiento robusto de una clase media moderna, vital para el desarrollo del país, toda vez que cada empleo en software genera 3.3 empleos en otros sectores. El ingreso promedio de los programadores en México ha sido cuatro veces mayor que el sueldo promedio de un empleado de manufactura y se prevé que seguirá subiendo.

La visión a largo plazo de las oportunidades que ofrece esta moderna industria es que los servicios contratados de software para productos diversos, darán acceso a las tecnologías de punta de los principales fabricantes de hardware y software en el mundo, por lo que esta actividad se convertiría en el mejor vehículo para traer tecnología al país sin costo alguno.

Los principales fabricantes de productos de hardware en el mundo, tales como Hewlett Packard, Compaq, Sun Microsystems y varios más están subcontratando las manufacturas a compañías ensambladoras, como Selectron, Celestics, GSS y otras. México debe lanzar una ofensiva con estos fabricantes y convencerlos de instalar fábricas en el país en lugar de seguir creciendo en otras lejanas partes del mundo. Por supuesto que estas ensambladoras operan con márgenes muy bajos por lo que fabrican donde es más económico, pero México puede competir sobradamente contra los costos de sus competidores y agregar, además, las ventajas de cercanía que

USUARIOS ACTUALES DE LA INTERNET*

Total en el mundo	407.1 millones
Estados Unidos y Canadá	167.12 millones
Europa	113.14 millones
Asia/pacífico	104.88 millones
Latinoamérica	16.45 millones
Africa	3.11 millones
Medio Oriente	2.40 millones

*Fuente: Digital 4 Sight Corporation. The hipernet revolution.

CRECIMIENTO DE LOS USUARIOS DE INTERNET EN MÉXICO

Noviembre	1997	370 000	ComerceNet Research*
Diciembre	1998	504 900	Mori de México*
Septiembre	1999	900 000	Visa México*
Febrero	2000	1 300 000	Júpiter Comunications*
Julio	2000	2 500 000	ITU*

*Fuentes consultadas.

podemos ofrecerles en fletes y comodidad de sus ejecutivos, sin dejar de armar un paquete atractivo de incentivos que abata lo que ofertan Malasia, Singapur, Filipinas y la India, los principales protagonistas del momento.

Hace unos cuantos años se decía, que quien tiene la información es dueño del poder. Ya no, ahora el que tiene el conocimiento para aprovechar la información es el que manda. Una habilidad costosa que exige esmero y dedicación, concentración y criterio con el fin de extraer lo relevante en un mar infinito de datos. Es fácil perderse en ese laberinto, baste recordar que ahora los componentes de inteligencia electrónica cuestan más que las partes mecánicas de un automóvil, por ejemplo. Optimizar la inteligencia integrada se ha convertido en la ventaja competitiva más importante a la hora de diferenciar los productos y servicios que una empresa ofrece a sus clientes. En el futuro, la personalización de los productos será una de las actividades mercadotécnicas más activas. Hoy la gente se adapta a la tecnología, mañana la tecnología se adaptará a la gente. México no puede quedarse atrás, particularmente en los usos que necesita implantar en la administración pública con objeto de servir al ciudadano, simplificar sus obligaciones legales y fiscales, y vivir en sociedad sin que le cueste demasiado tiempo y frustración ser un ciudadano responsable y honrado.

Estos proyectos son solamente una muestra de las posibilidades que tiene el país. Existen muchas oportunidades más que pueden convertir a México en la gran Nación que muchos hemos soñado. El desarrollo de Baja California y sus ricos mares adyacentes es inimaginable; la recuperación de los bosques; el aprovechamiento tecnológico de los desiertos; la explotación inteligente y sustentable de los recursos hidráulicos, la restauración de los vestigios de nuestro pasado indígena –que es lo que nos distingue en el mundo–; la transformación y hermosamiento de las ciudades; la purificación de los ríos y el disfrute turístico de playas, montañas y reservas ecológicas que son únicas en el mundo. La incomparable diversidad de pueblos, costumbres, folklores, etnias y recursos naturales e históricos permiten vislumbrar grandes oportunidades de desarrollo, con tanto empleo que podría abatirse el rezago acumulado si gobierno y particulares asumen su papel correspondiente.

Pero igualmente acechan problemas y peligros. El hombre sigue siendo el mismo, con sus grandezas y miserias. Es la cultura, el avance de su civilización lo que permite ampliar los oídos de su conciencia y mejorar los modos y estilos de su conducta.

México, a pesar de sus contrastes, desequilibrios y conflictos posee un potencial como nación inmenso. Tiene una población de 100 millones de habitantes con un rico mercado interno; una superficie territorial de casi dos millones de kilómetros cuadrados (un millón 972 mil 547 km^2); una frontera con Estados Unidos, el mayor mercado del mundo y principal impulsor de la globalidad, de dos mil seiscientos kilómetros; diez mil kilómetros de costas con abundantes riquezas marinas y unas de las mejores playas del planeta; rebosante de petróleo y gas en el subsuelo; gente con creatividad mecánica y artística, poseedora de valores que han sido abandonados por pueblos más prósperos, como la cohesión familiar y el sentido de solidaridad social, y con capacidad empresarial para manejar grandes proyectos económicos a la vez que pequeños y medianos negocios de gran competitividad global; una renovada esperanza en los beneficios de la democracia y una masa de millones de trabajadores hambrienta de empleo de ser y de progreso.

Es el momento de echar andar todos los recursos de la patria, de armar una sinergia inteligible y voluntaria que incluya el conocimiento, la experiencia, el potencial y la determinación de los que tienen para que, junto con el gobierno, rescaten el recurso competitivo más importante del país frente al mundo: su pueblo, cuya mayor ambición es vivir su cultura y ¡conseguir trabajo!

Índice de fotos

Índice de fotos

Esta obra se terminó de imprimir
en junio de 2001, en
Editores Impresores Fernández
Retorno 7 de Sur 20, núm. 23
Col. Agrícola Oriental
México, D.F.